战时国防动员组织指挥概论

徐 涛 著

兵器工业出版社

内容简介

战时国防动员组织指挥，是在战争或军事危机的情况下，国家为达成国防动员目标，对动员资源进行的筹划、协调、控制活动。研究相关基础理论，是现实军事斗争动员准备的迫切需要，是完善我国战时国防动员组织指挥制度的迫切需要，也是丰富和发展国防动员应用理论和联合作战指挥应用理论的迫切需要。本书重点以解析工业时代、信息时代战时国防动员组织指挥案例为研究方法，以资源的控制、分配为研究主线，立足我国当前发展水平和现实需要，重点界定战时国防动员组织指挥基本概念、相关要素、基本内涵；回答战时国防动员组织指挥的基本任务、指导思想、基本原则是什么，有何作用，在实践中如何确定；阐明战时国防动员指挥体制的基本内涵、主要构成；提出战时国防动员组织指挥流程应遵循的 4 个阶段、38 个环节，揭示各阶段内在运行规律。通过本书的研究，尝试完善应对现代战争的动员组织指挥基本理论体系，为信息化时代战时国防动员组织指挥理论研究奠定基础。

图书在版编目（CIP）数据

战时国防动员组织指挥概论 / 徐涛著. —— 北京：兵器工业出版社，2017.10（2024.10重印）
ISBN 978-7-5181-0331-7

Ⅰ. ①战… Ⅱ. ①徐… Ⅲ. ①战争动员－概论－中国
Ⅳ. ①E258

中国版本图书馆CIP数据核字(2017)第166102号

出版发行：兵器工业出版社	责任编辑：林利红　刘诗灏
发行电话：010-68962596，68962591	封面设计：揽胜视觉
邮　　编：100089	责任校对：郭　芳
社　　址：北京市海淀区车道沟 10 号	责任印制：王京华
经　　销：各地新华书店	开　　本：710×1000　1/16
印　　刷：北京银祥印刷有限公司	印　　张：20
版　　次：2024 年 10 月第 1 版第 3 次印刷	字　　数：378 千字
印　　数：2601—3100	定　　价：80.00 元

序　言

习近平主席非常重视国防动员建设，强调要"健全国防动员体制机制，完善平时征用和战时动员法规制度"，为战时国防动员组织指挥建设指明了方向。加强战时国防动员组织指挥研究，探索特点规律、规范程序方法、形成理论体系，不仅能为健全战时国防动员组织指挥制度提供理论依据，而且能够为现实战争动员准备提供有力服务。战时国防动员组织指挥作为控制和运用动员资源的艺术，熟练地掌握和运用这个工具是战时动员潜力向动员实力高效转化的组织保证，是组织现代国防动员的基本要求。徐涛同志所著的《战时国防动员组织指挥概论》是对战时国防动员组织指挥理论和实践的有益探索。

我们党和国家历来十分重视战时动员支前，形成了光荣的传统和独特的做法。在革命战争年代和新中国成立以来历次作战中，积累了丰富的大规模战争背景下动员支前的有益经验，如实行党政军一体高度集权组织支前，建立完善的支前组织体系，发挥人民战争整体威力，广泛动员全民支前等。

伟大的实践产生理论，现实的需求催生理论。随着战争形态的加速演变，我国经济体制转型的不断深入，军事斗争准备的大力推进，未来战时国防动员组织指挥面临许多新情况新问题，赋予了理论研究崭新的课题。如：如何完整构建指导现代战争的动员组织指挥基本理论体系；在社会主义市场经济条件下，如何高效地获取和掌握所需动员资源；在军队新的体制编制条件下，如何明确军地各级各部门的职责任务，以实现动员供需顺畅对接；应对不同作战样式、动员规模的作战行动，如何建立针对性强、运转高效的动员指挥体制；在继承发扬人民战争传统优势的同时，如何借助现代动员指挥手段，实现精准动员，获取最佳动员效益；如何规范战时动员组织指挥的程序、内容和方法；如何组织电磁频谱等新兴动员资源等，都迫切需要从理论上加以回答，提出对策建议，为提升战时动员组织能力提供科学的服务和指导。

徐涛同志长期在国防动员系统工作，在中国人民解放军军事科学院攻读军事学博士学位期间，结合参加国家国防动员委员会和原总参谋部国防动员相关课题研究，撰写博士论文，对战时动员组织问题进行了较为系统的理论研究。这次出版的《战时国防动员组织指挥概论》，以探索基本规律、指导动员实践为目的，对战时国防动员组织指挥的研究对象、基本任务、指导思想、原则、指挥体制、基本制度、程序方法等问题，进行了系统分析研究，是一部具有较强理论性、指导性、现实性和针对性的学术理论著作。该理论专著的出版正值国防和军队调整改革持续深入之时，对于进一步加强新形势下战时国防动员组织指挥理论研究，具有积极的探索价值。

实践无止境，理论创新无止境。衷心希望从事国防动员事业的同志们，敢为人先，大胆探索，勇于探索，为丰富发展具有我国特色的军事科学理论，做出更大的新贡献。

是为序。

中国人民解放军军事科学院副院长　何雷　中将

2017 年 4 月 25 日

前　言

斯大林曾经说过："常有这样的情形，资源很多，但是使用得极不得当，使优势等于零。很明显，除了资源以外，还必须有关于动员这些资源的能力和正确运用这些资源的本领。"①战时国防动员组织指挥作为国家在遇到战争或军事危机情况下，为达成国防动员目标，对动员资源进行的筹划、协调、控制活动，是战时动员活动有序进行的组织保证，对战争的进程和结局，有着重大的、甚至是决定性的影响。因此，对战时国防动员组织指挥进行系统性研究，具有重要理论价值和现实意义。

战时国防动员组织指挥的发展状态直接取决于所处的时代背景，它在农业时代、工业时代和信息时代表现出不同的发展状态。世界发达国家由于较早实现了工业化，经过多次工业时代背景下的战时国防动员实践，对战时国防动员组织指挥问题有比较深刻的认识，很早就已经形成了一批与现代战争相适应的理论成果。而我国长期处于农业时代和农业工业过渡时代，工业时代尤其是信息化战争动员实践经验缺乏。虽然革命战争年代和新中国成立以来的战争动员实践比较丰富，但主要见之于军地领导的文章或讲话之中，相关专著也多是概略性的阐述，系统性、指导性强的战时国防动员组织指挥理论研究并不多。现实军事斗争准备的严峻形势对丰富完善战时国防动员组织指挥理论提出了紧迫要求，尤其是当前改革强军背景下，亟须通过对战时国防动员组织指挥理论进行系统研究，为今后军地各级形成可供遵循的办事规程和行动准则。

作者长期在省军区系统工作，战争实践中动员如何组织的问题

① ［苏］斯大林：《斯大林军事文集》，战士出版社 1981 年版，第 275 页。

始终萦绕在脑海里。2011年到中国人民解放军军事科学院攻读军事学博士后，开始对动员领域进行系统的理论研究。本书最初的框架是作者的博士毕业论文，选这个题目的直接缘由是入学不久跟随军事科学院张羽老师参加国家国防动员委员会的相关重大课题攻关。我在课题研究过程中愈加感受到战时国防动员组织指挥课题研究的极端重要性和现实急迫性，也坚定了研究的信念。

说实话，撰写博士论文之初本无发表之意，待到论文答辩之时自感略有小成，又有了急于出成果的冲动。毕业典礼中时任军事科学院政治委员孙思敬上将的一席话让我对军事理论研究有了全新的认识。孙政委说："毕业后要学会等待，不要急于秀自己，不要急于出成果，大棚里的蔬菜往往口味不佳，经历过磨难和岁月雕刻的事物更值得欣赏。"正是这句话激励着我在毕业后的工作中继续进行艰苦的理论研究。客观地说，虽然个人下了不少功夫，但本书的成果离孙政委提出的精品要求还有非常大的差距，权作抛砖引玉之用，也为下一步研究树标立靶。

在这里，我要衷心感谢我的博士生导师军事科学院何雷副院长。导师作为军队指挥和国防动员领域的泰斗，为本书的完成倾注了大量心血。感谢军事科学院军队建设部张羽老师，可以说没有张老师就没有本书，张老师无私培养提携后辈，从选题、写作到最后修改、定稿，牺牲了大量宝贵的时间和精力。感谢孟强、孙儒凌、乔杰、李纳荣、张培高、张异凡、夏文军、叶志强等专家给予的指导帮助。感谢我的单位浙江预备役师及浙江省军区领导战友的支持和鼓励。

读者有任何问题或意见，可发送邮件至我的邮箱 49831692@qq.com，或致电 13185053090。

作者于西子湖畔

2017 年 4 月

目　录

上篇　基本理论篇

中篇　组织制度篇

下篇 程序方法篇

上 篇
基本理论篇

第一章　概　述

战时国防动员组织指挥作为一项特殊的国家危机管理活动，有其自身的本质属性和特征。本章就是对战时国防动员组织指挥研究的内容、目的、意义、研究现状、研究思路与方法等问题进行总体界定和论述，为全书的研究奠定基础。

第一节　研究的内容、目的和意义

一、研究内容

战时国防动员组织指挥是动员指挥者为达到一定目的，在战时动员过程中进行的思维与行为活动。这种思维与行为活动是客观存在的特殊社会现象，具有特殊的矛盾性及其规律性。本书主要以动员指挥员及其指挥机关在战时的动员组织指挥活动为主要研究对象，对其进行的基础和应用理论研究。

（一）基础理论方面

主要体现在三个方面。一是研究原理，即揭示出纷繁复杂的战时国防动员组织指挥现象背后的理论支撑。二是研究理论体系，即阐明其理论体系构成和具体内容。三是研究历史发展演变，通过回顾新中国成立以来我国战时国防动员组织指挥理论、实践发展过程，找到战时国防动员组织指挥随着社会经济、战争形态、军事技术的变化而发展的规律，研究提出适应现代战争，尤其是适应信息化战争的动员组织指挥实践的理论指导。

（二）应用理论方面

主要包括以下几个方面。一是战时国防动员组织指挥体制的构建。二是建立完善的战时国防动员组织指挥制度。三是战时国防动员活动各阶段组织指挥的程序方法。

二、研究目的

（一）探索战时国防动员组织指挥的特点规律

对于规律的含义，马克思在《资本论》第三卷中指出："规律是两个现象之间内部本质的必然联系。"可以说，一切正确的理论思想，都是对客观规律的准确反映。战时国防动员组织指挥作为一种特殊的社会活动，除了遵循一般组织活动的基本规律，也有其自身特点。

通过研究，找到战时国防动员组织指挥自身规律，是本书研究的主要任务。本书主要揭示战时国防动员组织指挥各要素作用机理，厘清各要素之间的相互关系，如：各项动员活动之间的关系；在动员活动中，时间和空间的关系；动员活动和作战活动之间的关系；动员主体和客体之间的关系；动员各阶段之间的关系等。力求准确揭示战时国防动员组织指挥的内在规律。

(二)研究提出战时国防动员组织指挥的程序方法

我国在历次战争动员实践中，积累了许多切实管用的方法，形成了一套适合我国国情的战时动员组织指挥程序。这些程序方法，由于缺乏对战时动员组织指挥的内在规律进行系统的梳理和总结，只适用于某些特定情况下的战时动员活动，普遍指导意义不够，无法成为信息化战争动员组织指挥程序方法的基本指导。本书尝试通过对战时国防动员组织实施案例的深入研究，揭示其内在运行规律，研究提出具有普遍指导意义的战时组织实施程序、内容和方法。

三、研究意义

(一)为建立战时国防动员组织指挥制度提供理论依据

一项制度能够长期固化下来，成为大家共同遵守的行为行动准则，一定是符合事物内在运行规律，并揭示了事物内在本质的。在战时国防动员实践中，如果相关制度不健全，极易影响动员工作顺利开展。实践表明，战时组织指挥动员行动仅靠领导挂帅、机构完善、大权在握等优良传统是远远不够的，需要建立健全相关制度，通过规范的规程和准则指导动员实践。本书力图通过对战时国防动员组织指挥基本规律的系统性研究，为建立健全相关制度提供理论依据。

(二)为现实战争动员准备提供服务

为实践提供理论支撑是理论研究的出发点和最终落脚点。

现实军事斗争准备的严峻形势对丰富完善战时国防动员组织指挥理论提出了紧迫要求。新中国成立以来，我国在历次作战中颁布实施的动员法规，大都是应急的权宜之作，适时有余，严谨不足，而且多属于部门规章或地方法规，适用范围有限，约束力也较差。自 20 世纪 90 年代对台应急作战准备开始，我国应对战争动员准备现实、紧迫的要求与战时国防动员组织指挥不规范的矛盾日益突出。为此，东南沿海主要军区和相关省(市)研究制定了不少动员规章，下了不少功夫，但由于多为区域、战区级别的规定，且多为具体举措，对指导全国范围内的动员组织指挥实际效果并不理想。近年来，我国由应急动员准备转为大规模动员准备，这对战时国防动员组织指挥提出了更高的要求。

本书力图通过研究，形成系统性的战时国防动员组织指挥理论，为解决战争动员准备重大现实问题提供理论依据，为形成可供遵循的办事规程或行动准则奠定理论基础。

第二节　研究现状

一、国外研究现状

（一）理论深厚

发达国家很早就实现了工业化，经过多次工业时代背景下的战争动员实践，对动员组织指挥有比较深刻的认识和比较细致深入的研究，形成了丰富的、可直接指导实践的成果。尤其是美、德、法、英、苏联、日本等国，很早就形成了一批与现代战争相适应的动员组织指挥理论成果。

第一次世界大战期间，德国鲁登道夫的《总体战》对工业时代战时国防动员组织指挥有深刻的认识，提出"调动每一个德国人——不管在前线的还是在后方的，不管是军人还是百姓——的物质力量和精神力量，效力于战争"[1]。而调动一切力量用于战争，正是工业时代战争动员组织指挥的显著特征。鲁登道夫又提出"做出作战决定之后，便开始在军队、经济、人员方面为作战作准备"[2]。两次世界大战期间，苏联伏龙芝、沙波什尼科夫和伊万诺夫等军事学家提出了战争动员应以国家为主体的理论，指出"未来的战争将涉及社会生活的各个领域，要求动员全国的人力、物力"。由此可见，战争只能由国家统筹掌握，组织指挥并动员整个国家机器一致行动。[3] 苏联的沙波什尼科夫、特得安达洛夫和美国的史密斯将军提出"动员是战争的序幕"理论，认为要在战争发起前展开动员，并断言：在战争爆发以后，再来动员所有的人力和物力这种传统的军事政策像马车运输一样已经过时了。这些理论在第二次世界大战中被德国运用，在大战开始后迅速转化为战争实力、战略主动和战略优势。

冷战期间，盛行一时的核大战思想认为，瞬间就能消灭一切的核大战是十分短暂的。对此，美国希奇、麦基因和基辛格等专家提出了核战争不仅无

① ［德］鲁登道夫：《总体战》，解放军出版社 1988 年版，第 100 页。
② ［德］鲁登道夫：《总体战》，解放军出版社 1988 年版，第 99 页。
③ ［苏］伊万诺夫：《战争初期》，战士出版社 1978 年版，第 90 页。

须动员也根本来不及展开动员的理论，这段时期战时国防动员组织指挥理论发展比较缓慢。但在两极对峙的 40 多年间，苏美两国在多场局部战争动员实践中还是探索提出了一些现代局部战争动员组织指挥的理论，如美国在越战中的"添油式"动员理论和苏联在阿富汗战争中的"一次性"动员理论。

"冷战"结束后，随着世界格局的变化和战争形态的演变，以美国为首的西方国家提出了不对称高技术局部战争动员组织实施理论，并通过海湾战争、科索沃战争、阿富汗战争、伊拉克战争等动员实践，总结出一套适应现代局部战争的动员组织指挥程序方法。美国小威廉·G. T. 塔特尔上将根据其在海湾战争中担任陆军器材部部长的经历，紧密联系美军在伊拉克和阿富汗军事行动中的动员实践，编写了《21 世纪国防后勤学》。该书对信息化条件下局部战争动员行动展开阶段的动员资源集结、输送、交接等环节的程序方法进行了系统论述。

（二）成果丰硕

这些理论成果反映到执行层面，集中体现在以下两个方面。

1. 法律法规方面

发达国家在工业时代战争实践中，依据不断发展的动员理论，相继颁布、出台了一系列基本涵盖工业化条件下战时国防动员组织指挥各个方面的法令、法规，通过法律规范，基本实现了对战时国防动员组织指挥问题认识的固化。

例如，在战时综合性国防动员组织指挥法规方面，法国早在 1793 年颁布的《全国总动员法令》就对法国资产阶级革命期间的动员组织实施进行了详细规定。关于动员时限，该法令规定："从现在起到一切敌人被逐出共和国领土时为止"。关于动员范围规模，该法令规定是"全法国的一切资源"。关于动员指挥体制，该法令规定：行使战时动员指挥职权的是公安委员会和人民代表。法令还对兵员的征召、集结，武器装备的生产制造，房屋、口径武器、马匹等动员资源的分配等战时动员程序方法进行了明确。

又如，在战时专项动员组织指挥法规方面，日本在 1939 年颁布施行的《国民征用令》对战时人力动员的职权机构、动员范围、动员程序方法进行了明确。关于人力资源的申请程序和方法，该法令规定："执行总动员业务之官署之主管大臣或管理工场之事业主，依据征用，而有配置人员之必要时，应向社会大臣请求或申请之。社会大臣在接得前条规定之请求或申请之场合，认为有征用之必要时，颁发征用命令，通告管辖应予征用者居住地之地方长官。地方长官接到征用命令之通知后，应立即发布征用书，交付应予征用者。"①

---

① 《日本国民征用令》，敕令第 451 号，1939 年 7 月 8 日。

2. 计划、纲要方面

发达国家非常注重把理论研究成果转化为直接指导战争动员实践的计划、纲要，以此对战时动员组织指挥的程序、方法进行规范。

发达国家根据战争动员以国家为指挥主体的理论，强化政府在战时国防动员组织指挥中的主体地位，不断扩大各级政府机关的动员职能，并持续完善相关制度。在战争动员实践中，各国普遍建立了"战时内阁"制度，逐步建立并在战争动员实践中完善了等级动员制度、分层次动员制度、优先制度、战时动员需求提报等制度。例如，20 世纪 30 年代，日本根据总动员理论，为确保全面侵华战争战时动员有力，制订修改了《应急总动员计划》，对 1936 年或 1937 年发动侵华战争时武装动员扩编的规模、经济特别是工业生产等动员组织指挥的各个方面，做出了详细的计划和安排。

自第二次世界大战结束以来，美国的战时国防动员组织指挥理论研究长期位于世界前沿，其中，《国防部总动员计划》和《联合动员计划条令》的拟制、颁布，代表了当今战时国防动员组织指挥理论成果最高水平。

美国根据现代战争动员特点，于 1988 年颁布《国防部总动员计划》，对战时国防动员组织指挥的指导思想和基本政策、动员组织及基本运行模式、动员准备与实施等方面进行了明确。明确工业时代战时国防动员组织指挥指导思想为："动员是为应付战争或其他紧急状态而集中、组织和使用人力、物力及资源的准备过程。动员过程可以提高作战能力，从而有助于威慑并制止战争"①。规定了"国防部所属各部门都担负制订和执行动员计划的职责"②。关于战时动员决策的主要内容，该计划规定主要包括：宣布国家紧急状态、更改计划预算、加速和扩大工业生产、扩大军事人才资源保障、扩大运输资源、增扩建军事设施、重新分配物资、扩大能源供应、增加医疗人员、联邦机构转隶到国防部、实施非战斗人员撤离行动和遣返回国等。

自 20 世纪 90 年代以来，美国等发达国家瞄准信息化条件下局部战争，在机械化战争基础上，研究提出了适应信息化战争的动员组织指挥新思想、新方法，具体体现在近年出台的一系列条令、计划当中。以海湾战争为例，这场战争已经具备了信息化战争的部分特点，但由于对现代局部战争动员准备不足，美国的动员组织指挥像美国大兵不适应多变的沙漠气候一样，还是没能完全适应海湾战争的需要。如：缺乏应付局部战争动员准备的美国，破天荒地把动员期拉长到了半年。缺乏现代局部战争动员计划，动员资源调动不灵，战争中，除一些食品类的生活物资在规定时间内完成了动员任务外，

---

① ［美］爱德华：《国防部总动员计划》，军事科学出版社 2007 年 12 月版，第 4 页。
② ［美］爱德华：《国防部总动员计划》，军事科学出版社 2007 年 12 月版，第 9 页。

其他比较复杂的军品订货则未能如期完成。根据在信息化条件下局部战争动员实践中积累的经验教训，美国1995年出版了《联合动员计划条令》，对信息化条件下局部战争动员的原则、组织指挥体制构建、动员的资源领域、动员的计划与实施进行了初步规范，开启了发动不对称高技术局部战争动员的新模式。自第一版问世之后，美国结合战争实践不断总结，定期组织修订，使《联合动员计划条令》更加合理、可行。

二、国内研究现状

(一)历史积淀深厚

从20世纪初的革命战争年代到20世纪80年代，在长期革命战争和新中国成立后多次作战实践中，党和国家积累了丰富的大规模全面战争背景下的战时动员组织指挥经验，并形成了丰富的研究成果。

1. 理论研究方面

主要见之于党政军领导的文章或讲话之中，专门的著作不多。自革命战争年代以来，以毛泽东为首的老一辈革命家在战争实践中提出了许多关于战争动员组织指挥的宝贵思想。例如，关于复员的组织方法，毛泽东强调："一切空话都是没用的，必须给人民以看得见的福利。"关于人力动员的重要性，毛泽东强调："动员了全国的老百姓，就造成了陷敌于灭顶之灾的汪洋大海，造成了弥补武器等等缺陷的补救条件，造成了克服一切战争困难的前提。"①关于组织动员展开的方法，朱德提出："广大地征集资材，各方面地积极充裕消灭敌人的作战经费，是粉碎敌人进攻的总的动员力量之一。"②关于武器装备动员资源的集结，徐向前提出："应当做到，哪里有兵，哪里就有武器，哪里就有干部，哪里要配套起来。在哪里动员部队，就在哪里存放武器，就地装备。"③关于物力动员展开的特点和程序方法，洪学智强调："后勤管的是物资，物资的运输不像部队，部队下个命令就可以走，物资不行，需要道路，需要运输手段，需要搬运装卸，需要指挥，需要一整套具体的实际工作，否则寸步难行。"④

2. 理论成果转化方面

(1)法律法规方面。新中国成立以来，国家相继颁布实施了《中华人民共和国宪法》《中华人民共和国国防法》《中华人民共和国兵役法》《中华人民共和

---

① 毛泽东：《毛泽东选集》第2卷，解放军出版社1991年6月版，第480页。
② 朱德：《朱德军事文选》，解放军出版社1997年8月版，第98页。
③ 徐向前：《徐向前军事文选》，解放军出版社1993年7月版，第257页。
④ 洪学智：《洪学智后勤文选》，金盾出版社2001年10月版，第336页。

国国防动员法》等综合性法律，从宏观上对战争动员最高决策机构、战争动员规模划分、宣布进行战争动员的程序方法等进行了明确。例如，《中华人民共和国宪法》确定了国家最高权力机关——全国人民代表大会为战争状态和战争动员的最高决策机关，规定了国家最高权力机关决定和实施战争动员的基本程序，将战争动员区分为全国总动员和局部动员。

（2）计划纲要方面。新中国成立以来，国家和军地各级分别制订出台了各类应对大规模全面战争的动员组织实施计划纲要。

国家综合层面。20世纪五六十年代，国家借鉴苏联经验，制订了国家中长期动员计划、战争初期动员计划、年度动员计划等国防动员计划，初步形成了一套比较完整的战时动员计划体系。20世纪60年代初，以国家计划委员会为主，会同总参谋部，开展了研究制订《国防总动员计划》的工作。期间虽然因为形势的变化，计划拟制工作停顿下来，但国家根据当时的作战任务构想，进行的战时国家人力、物力、财力动员组织指挥方面的深入研究，是针对战时国防动员组织指挥问题进行的系统性研究探索。从20世纪60年代到冷战结束期间，国务院、中央军委根据大规模作战准备需求，又相继制定、出台了多个指导战时动员活动的条例、规定。总参谋部、总政治部、总后勤部颁发的《中国人民解放军动员工作条例（试行）》，规范了战时动员的类别、主要任务、基本原则、组织领导、职责分工以及动员扩编的准备和实施等一系列问题。

各专项动员领域。相关动员职能管理部门也制定了许多条例、计划、办法。例如，交通运输动员领域，国家有关部门颁布了《中华人民共和国战时汽车、拖拉机义务法》和《中华人民共和国战时马类、马车义务法（草案）》《战时铁路保障计划》《战时交通保障计划》《关于战时交通保障的原则要求》《交通运力动员条例》《民用运力国防动员条例》《国防交通动员条例》等交通运输专项法规条例。在物力、财力动员领域，颁布了《有关战备费用财务问题和文电处理问题的通知》《关于1962年动员民用工业部门生产军品的几项规定》等。人力动员领域，20世纪80年代初，总参谋部拟制了《全军战争初期动员方案》。近年，军队又相继出台了《预备役部队战时快速动员暂行办法》《战备工作规定》等办法规定。

总的来说，自20世纪初革命战争年代到20世纪80年代，我党我军在历次战争动员实践和国防建设中，各级领导提出了许多指导人民战争动员的重要思想。同时，国家总结战争支前组织的传统经验，重点借鉴吸收苏联战时动员组织指挥的做法，出台了一系列相关的法规，制订了大量可操作的计划、纲要，形成了一套具有中国特色的应对大规模战争的战时国防动员组织指挥体制。

但是，这些领导的思想多是对战时动员组织指挥某一方面的精辟论述，没有形成完整体系。形成的理论研究成果也多是在历次战争动员实践中出台的应急之作，适时有余，严谨不足。加之这一阶段历经的多场战争，也仅仅是工业时代初期阶段的战争，在完全工业时代背景下的战争动员实践经验不足，导致了工业时代战时动员组织指挥理论研究缺乏深度。

(二)现实研究薄弱

"冷战"结束以来，我国战争准备的重点从应对大规模战争逐步转移到应对信息化条件下局部战争，并相应开始了信息化条件下局部战争动员组织指挥研究，初步形成了一些成果。

1. 理论研究方面

军地动员学术界的不少理论研究都涉及战时国防动员组织指挥。军事科学院编写的《中华人民共和国国民经济动员史》《中华人民共和国人民武装动员史》，动员学专家张羽编著的《战争动员发展史》和《战争动员例评》，从历史的角度对历次战争动员组织指挥实践进行了总结论述。尤其是自 20 世纪 90 年代以来，国家面临的战争威胁加大，军地各界加强了战时动员组织指挥方面的研究。国家国防动员委员会、军事科学院分别形成了《东南沿海方向战时动员指挥体制研究》《国防动员指挥体制平战衔接问题研究》等探索性研究成果。

但是总的来说，目前国内关于战时国防动员组织指挥的专著寥寥无几。作者能够找到的，只有戴凤秀于 2007 年编著的《信息化条件下战时动员组织指挥》，该书主要对战时动员指挥机构设置、指挥任务、指挥手段、指挥方式进行了论述，对指挥程序方法只是进行了概略性阐述。近年，与战时国防动员指挥相关的学术文章可以看到一些，但多数只是提出加强战时动员组织指挥的建议，很少形成理论体系。

2. 理论成果转化方面

自 20 世纪 90 年代开始，由于台海形势恶化，军地各界均感受到战争随时可能爆发的现实性和紧迫性。一旦战争爆发，战时国防动员怎么组织指挥的问题切实摆在人们面前，对此军地各级均做了大量准备工作。

(1)法律法规方面。主要是 2010 年国家颁布了《中华人民共和国国防动员法》，对战时国防动员指挥机构及职权、动员计划、各类资源的储备、征用与补偿等方面进行了明确。对于战时国防动员指挥机构的主体，该法规定："国务院、中央军事委员会共同领导全国的国防动员工作，组织国防动员的实施。"国家决定实施动员后，地方人民政府"应当根据上级下达的国防动员任务，组织本行政区域国防动员的实施"。对于征用民用物资的时机和权限，该法规定："国家决定实施国防动员后，储备物资无法及时满足动员需要的，县级以上人民政府可以依法对民用资源进行征用。"关于复员阶段被征用民用资源的补偿,该法规定:"被征用的民用资源使用完毕,县级以上地方人民政府应当及时组织返还;经过改造的,应当恢复原使用功能后返还;不能修复或者灭失的,以及因征用造成直接经济损失的,按照国家有关规定给予补偿。"

这段时期,相关领域也出台了一些专项动员法规,如交通、人防领域出台了《中华人民共和国人民防空法》《交通运力动员条例》《国防交通动员条例》等条例法规,对本领域战时动员组织实施进行了规范。

(2)计划纲要方面。许多地区和单位组织了以战时国原防动员组织指挥为重点的动员演习,探索战时国防动员如何组织。尤其是东南沿海各省和原南京、广州军区处于对台军事斗争准备前沿地带,近年组织了多次动员演习、演练实践。中央军委于2005年制定了《关于对应急作战的若干规定》,原南京、广州军区制定了《战时国防动员指挥暂行规定》,华东、华南各省也制定了针对应急作战的计划、规定。

近30多年来,我国长期处于和平环境,整个社会对战争动员关注程度不够,国家对发展战时国防动员理论缺乏紧迫感和危机感,人们对国防动员的片面认识普遍存在。一是居安不思危,忽视必要的国防建设及战争准备。二是居安思危,但只重视国防实力建设特别是常备武装力量建设,忽视国防动员对于国家安全与发展的重要作用。三是把国防动员简单化,对现代战争动员特别是信息化局部战争动员的复杂性缺乏足够的认识。我国的传统战争动员理论和实践十分丰富,但缺乏现代战争动员特别是信息化局部战争动员的直接经验。我们目前得出的信息化战争动员组织指挥经验多是从平时组织的动员演练而来,因而易于把动员简单化。同时,我国的常备武装力量也过于庞大,且武器装备现代化水平提高得很快,易于使人们把国家安全的希望更多地寄托在常备武装力量身上。

实践是理论产生、发展的土壤,现实需求是理论进步的催化剂。由于缺少现代战争实践的推动,目前,我国信息化条件局部战争动员组织指挥理论研究还处于理论摸索阶段,相关的法规纲要还不够系统完善。可以说,战时国防动员组织指挥领域是当前军事斗争准备的"软肋"之一。

第三节 研究思路与方法

一、大量采用实证分析的方法

结合《战时国防动员组织实施纲要》《人民武装动员史》《国民经济动员史》等重大研究课题建立论文实证库,注重对长时段的研究,以历史的视野,大量掌握动员组织实施的实践、案例。在实践的基础之上研究理论，以实践作理论支撑，总结提炼出基础性、规律性的理论。

二、以动员资源的调控活动为主线

社会学在研究某一特定领域问题的方法，通常是面对复杂的现象，进行深入分析，透过各种复杂的现象看到事物的内在本质，进而通过认清事物的本质，解释事物表现出的各种复杂现象，并以此建立理论体系。在整个动员组织指挥活动中有很多现象，这些纷繁复杂的动员现象中哪些活动是其主线？什么活动最具核心、现实意义？

根据个人初步研究认为，在众多动员组织指挥现象中，最具本质意义的是：动员组织指挥活动实质是为了应对战争和军事危机的需要，对战争所需要的资源进行有效的控制、分配。因为战时动员最终目的都是为部队作战和其他资源需求单位及时提供所需要的资源，即保持和增强部队作战的力量，各种动员活动都是围绕这一目标开展的。而对资源的有效控制、合理分配是达成动员目标的核心要求，一切动员活动的现象实质都是为了实现对资源的有效控制和合理分配，并最终为部队作战等活动及时提供所需要的资源。本书的研究，就是把控制、分配资源作为钥匙和主线，解释现象，认清其基本规律，建立理论体系。

三、从我国的国情、军情和现实需要出发

目前，在国家层面，我国总体还是处于工业化时代，正在向信息化时代转变。在军队层面，我军的众多领域虽然具备了一定的信息化水平，但总体上还是处在由半机械化向机械化转变的历史阶段，需要同时进行机械化和信息化两个转变。

我国现在面临的最现实、最紧迫的需求不是超前研究信息化战时动员组织指挥，而是要构建起完整的，能够指导现代战争的国防动员组织指挥基本理论体系。这套基本理论体系应该能够对工业时代和信息时代的动员组织指挥均起到指导作用。本书大量分析人类现代战争动员实践案例，梳理已形成的动员理论，立足我国当前所处的发展水平和现实需要，总结工业时代战时国防动员组织指挥基本理论，研究提出应对现代战争的动员组织指挥科学理论、方法，为信息化时代战时国防动员组织指挥理论研究奠定基础。

第二章　研究对象内涵分析

第一节　基本概念和特点分析

一、基本概念

战时国防动员组织指挥理论研究，首先应该从科学界定"战时""国防动员""组织指挥"三个基本范畴入手，界定战时国防动员组织指挥的含义。

（一）战时

对于"战时"概念，各方从不同角度进行了界定。《中华人民共和国刑法》第 451 条规定："本章所称战时，是指国家宣布进入战争状态、部队受领作战任务或者遭敌突然袭击时。部队执行戒严任务或者处置突发性暴力事件时，以战时论。"《百度百科》对战时的解释为"交战之时"。《现代汉语词典》认为："战时是战争时期。"[①]综合各方的意见，作者为"战时"所下定义为：各国在遇到战争或军事威胁时，采取的作战准备和作战行动存续的时期。

（二）国防动员

什么是国防动员，目前理论界的认识还没有完全统一。归纳起来，主要有以下几类不同观点：

第一种："活动论"。这是目前我国国防动员理论的主流观点。《中国军事百科全书》认为，国防动员是"国家根据国防的需要，使社会诸领域全部或部分由平时状态转入战争状态或紧急状态所进行的活动"[②]。第二种："过程论"。《美军联合动员条令》认为："动员是为进行战争或应付其他紧急情况而进行准备的过程。"第三种："权限论"。美国动员专家哈诺德·J. 克莱姆认为，国民经济动员是"国家的经济和生产设施大规模转入为满足战时国防需要而运行的轨道。它包括暂时中断执行平时的条例法令，扩大总统控制和稳定经济的权限"[③]。第四种："行为论"。德国《梅耶尔大百科辞典》认为："动员泛指促使个人或集团加入社会行为或政治运动的行为。"第五种："需求保障论"。我国《辞

---

① 中国社会科学院：《现代汉语词典》（第五版），商务印书馆 2002 年版，第 1638 页。

② 《中国军事百科全书（第二版）》（国防动员分册），中国大百科全书出版社 2007 年版，第 20 页。

③ ［美］哈诺德·J. 克莱姆：《经济动员准备》，国防大学出版社 1991 年版，第 174 页。

海》认为，战争总动员是"国家把全部武装力量从平时状态转入战时状态，并统一调度、指挥、管理一切可以利用的人力、物力，使政治、经济、文化等活动服从战争需要"①。第六种："供需衔接论"。认为国防动员是协调和衔接国防动员需求与国防动员供给的重要方式和有效途径。第七种："组织艺术论"。美国动员战略与战略资源专家小约瑟夫·E. 玛切曼和拉尔夫·桑德在《动员的战略基础》一文中指出，"动员是指为应付战争或其他紧急事态而集中组织国家资源的艺术。"

上述观点有的是从战争动员、人民武装动员、国民经济动员等角度提出来的，有的是笼统地从动员的角度提出来的。它们都从一个侧面揭示了国防动员本质特性，因而都具有一定的科学性和合理性。

综上，作者对"国防动员"所下定义为：为了应对战争或者危机需要，国家采取紧急措施，有计划有步骤地把国家体制及其相应的活动，全部或者部分地由平时状态转入战时状态，统一调动人力、物力、财力为战争服务。

（三）组织指挥

"组织"在《现代汉语词典》的解释是"安排分散的人或事物使具有一定的系统性或整体性"②，在《辞海》的释义为"将分散的人或事安排成一定的系统或整体"③。

对于"指挥"一词，《辞源》释义是"本指手的动作，引申为发令调遣"④。在《现代汉语词典》中的解释是"发令调度"。在《辞海》中的军事释义为"在军事上，指指挥员及其指挥机关对所属部队作战行动的组织领导活动"。

综合上述解释，"组织指挥"通常指具有强制性的特殊的领导活动，其实质是发令调度。

（四）战时国防动员组织指挥

目前作者没有看到国内理论界对于"战时国防动员组织指挥"概念的明确界定，在相关学术专著和文章中对相似概念的认识，多是从军队指挥的角度进行界定的。戴凤秀对"战时动员组织指挥"概念所下定义为："决策指挥人员对所属动员力量的动员准备与实施所进行的运筹协调和控制活动"⑤。钟伟、吴国忠、解清对"国防动员应战组织指挥"概念所下定义为："是指挥机构和人

---

① 《辞海》，上海辞书出版社 1980 年版，第 294 页。
② 中国社会科学院：《现代汉语词典》（第五版），商务印书馆 2002 年版，第 1820 页。
③ 夏征农、陈至立：《辞海》（第六版普及本），上海辞书出版社 2010 年版，第 5348 页。
④ 《辞源》，商务印书馆 1990 年版，第 1619 页。
⑤ 戴凤秀：《信息化条件下战时动员组织指挥》，军事科学出版社 2007 年版，第 2 页。

员对所属动员力量的行动所进行的运筹协调和控制活动"①。这些定义，揭示了"战时国防动员组织指挥"活动发令调度的性质，但对活动主体、条件、目标缺乏清晰界定。

通过对"战时""国防动员""组织指挥"定义的界定，并结合理论界对"战时国防动员组织指挥"相似概念的分析，作者为"战时国防动员组织指挥"所下定义为：在遇到战争或军事危机情况下，国家为达成国防动员目标，对动员资源进行的筹划、协调、控制活动。

二、概念解析

对于"战时国防动员组织指挥"概念，我们可以从以下几个方面理解。

（一）以战时为基本条件

对于战时状态，从不同的角度有不同的界定。从法律角度分析，往往要考虑到政治、外交等因素，认为战时状态是从国家宣布进入战争状态到宣布结束战争状态之间的时间段。从战争实践的角度看，各国往往不会按照法律规定，公开宣布国家进入战争状态之后再进行战争准备或交战，而是会根据形势和本方准备情况进行确定。实际上，在战争爆发之前，出现战争征候时，国家为应对战争威胁，无论是否宣布进入战争状态，国家都要采取种种应对措施，开始战争准备。也就是说，从战争危机出现之时就已经是事实意义的战时状态了。出现军事危机，是本书讨论战时国防动员组织指挥存在的基本条件。

（二）以国家为行为主体

战时国防动员组织指挥主体通常是活动的发动者、组织者和受益者，其强弱往往对整个活动起决定性作用。而国家作为国防动员活动的最大受益者、最有能力的管控者和最终发起者，自然成为战时国防动员组织指挥的主体。

首先，国家是国防动员的受益方。马克思主义认为，人们奋斗所争取的一切，都同他们的利益有关，利益是人类活动的内在动力。就战时国防动员活动而言，国家组织和开展动员活动，也是利益驱动的结果。驱动国家组织开展国防动员活动的利益，属于国家的核心利益，也是国家的标志。出于维护国家主权完整和安全的需求，国家产生了对国防和国防动员的需要，才有了组织指挥战时国防动员的行为。

其次，只有国家拥有组织指挥国防动员活动的能力。国家具有其他社会力量难以具有的控制优势，即国家掌握着动员所需的全部资源，而这些资源是其他政治、经济、军事组织都难以全面拥有的。尤其是战时国防动员需要

---

① 钟伟、吴国忠、解清：《提高应战动员组织指挥效能的三个重点问题》，《国防动员研究》2011年第2期。

国家体制及其相应的活动，全部或者部分地实现由平时状态向战时状态的快速"转换"，这种转换通常是战略性、深层次和功能性的，只有国家这个主体才有能力组织。所谓战时国防动员所需的全部资源，主要包括四个方面：一是覆盖整个社会的行政组织资源，二是雄厚的财政资源，三是具有极高约束力的法律资源，四是确保其政策制度得到推行的强力组织——警察、军队、法院等国家专政机器。

需要注意的是，战争动员和战时国防动员组织指挥的行为主体是有区别的。战争动员组织指挥的主体具有多元性，既可以由国家发起和组织，也可以由政治集团，甚至可以由非政府组织发起和组织。《辞海》认为，战争动员是"国家或政治集团为应对战争，使社会诸领域全部或部分由平时状态转入战时状态的活动"[①]。

但是在特殊情况下，也可以由政治集团或群众团体作为主体组织指挥战时国防动员。抗日战争时期，中国共产党与国民党政府共同起到了抗日战争国防动员组织指挥主体的作用。第二次世界大战法国沦陷之后，当时的政府是德国法西斯傀儡政权，法国地下抵抗组织就担负起了反侵略战争国防动员组织指挥主体的职能。需要注意的是，无论哪个政治集团、哪个团体组织指挥战时国防动员，都要打着国家和政府的旗帜，这样才能名正言顺，有利于组织指挥动员。抗日战争时期，中国共产党在根据地建立了各级政府，以政府名义组织指挥动员。第二次世界大战，法国地下抵抗组织同样通过建立的流亡政权，代表国家组织指挥动员。

（三）以危机管理为基本模式

一般来说，国家危机问题，事关国家安全发展大局，是国家的全局性、战略性问题。国家危机管理通常是国家应对非常状态而建立的防范、处理体系和对应措施。对于非常状态的划分，世界各国不尽相同。大体上可以分为两大类：一类是将战争、灾害等所有危机引发的不安全状态，统称为紧急状态，例如欧美国家。美国在"9·11"事件发生之后迅速宣布国家进入紧急状态。2014年乌克兰在克里米亚危机发生之后宣布国家进入紧急状态。这些都是相关国家针对非常状态而进行的管理活动。另一类是将战争引发的军事危机与其他危机区分开来，把非常状态划分为战争状态和紧急状态。例如我国2004年修改宪法部分条款，将原有的非常状态包括战争状态和戒严状态，重新划分为针对国内突发情况的紧急状态和针对国外军事斗争的战争状态两种状态。

就我国而言，凡是针对战争状态和紧急状态的国家管理，均属于危机管

---

① 《中国人民解放军军语》，军事科学出版社2011年版，第31页。

理。战时国防动员组织指挥作为国家在战争状态下进行的动员组织指挥活动，实质上属于国家危机管理范畴。

（四）以非常措施为行为方式

自古以来，远离危险，向往和平，在正常的社会秩序下生产、生活一直是广大人民群众的共同愿望，因此平战国防动员活动组织领导区别明显。平时主要是组织管理性质的活动，管理者为达成目标，通常采取管理、协调等比较温和的方式。战时，国家为应对、消除危机所采取的动员活动，往往需要采取征用、管制、统制、戒严、冻结等强制手段。《中华人民共和国国防动员法》第六十三条规定：国家决定实施国防动员后，根据需要，可以依法在实施国防动员的区域采取特别措施。这些措施主要包括三个方面：一是对金融、交通运输、邮政、电信、新闻出版、广播影视、信息网络、能源水源供应、医药卫生、食品和粮食供应、商业贸易等行业实行管制；二是对人员活动的区域、时间、方式以及物资、运载工具进出的区域进行必要的限制；三是在国家机关、社会团体和企业事业单位实行特殊工作制度。

战时，指挥者为了统一意志、达成动员目标，通常采取指挥、控制等具有发令调度性质的方式，各项指令都具有强迫不可违背的特性。这一过程往往会破坏广大人民群众的正常生活，破坏人们习惯的生产秩序，不可避免地要牺牲部分公共利益和个人利益。人们一般不会主动打破业已习惯的正常生产生活，需要采取强制措施，以确保动员顺利。第一次世界大战中，"联邦政府并没有简单依赖市场的反应。实践证明它在"一战"期间是非市场调控机制的多产的创新者；其间设立了将近 5000 个新的联邦机构。政府希望快速组织资源，不管这些新的配置让那些生活因此而改变的群体是否满意。强制是必需的，因此集中的决策也是必需的。为了实现目的，不得不设立了调控管理局来指挥经济的集中流动。"①

（五）以适时、有效提供动员保障为主要目的

国家为了消除战争和军事威胁，可以采取政治、军事、外交等多种方法和手段。但最常用、最有力的手段是动用武装力量。而任何国家在和平时期并不完全具有这种国防能力，战时只有通过国防动员才能获得。另一方面，国防能力在应对战争和军事威胁的过程中，因战损、消耗等原因会发生衰减，需要通过国防动员得到补充和加强。

战时动员活动就是为军队作战行动持续提供所需要的动员能力，美国国防部《总动员计划》中明确："动员计划必须包括，在战争之前或战争过程中，

---

① ［美］路易斯·P. 凯恩等：《美国经济史》，北京大学出版社 2011 年 1 月第 1 版，第 461 页。

在军队战备、部署能力和维持能力方面所能实施的一系列分阶段的逐步改善。"[①]因此，虽然具体的某一次战时国防动员组织指挥的具体目标有大有小，不尽相同，但最终目的都是为增强和保持国家消除战争和军事威胁所需要的国防动员能力，也就是为军队作战等活动提供力量来源。

三、基本特点

战时国防动员组织指挥的特点，是其有别于一般组织领导活动的不同点，是其特性的外在表现。正确认识战时国防动员组织指挥的特点，有助于深刻把握其本质，并在此基础上展开对相关问题的研究。

（一）国防性

"国防"的含义为"保卫国家的主权、统一、领土完整和安全"[②]。某一项活动是否具有国防性，主要看其目的是否为维护国家主权、统一、领土完整和安全，其行为准则是否为服从、服务于武装力量作战。

首先，战时国防动员组织指挥活动是为了应对战争和军事威胁而产生的。其直接影响到战争的胜败，关系到国家的生死存亡。《中华人民共和国国防动员法》规定："国家的主权、统一、领土完整和安全遭受直接威胁必须立即采取应对措施时，国务院、中央军事委员会可以根据应急处置的需要，采取本法规定的必要的国防动员措施。"

其次，战时国防动员组织指挥活动是以增强国防能力为目的。战时国防动员组织指挥以保持和增强国家应战能力为第一要务。任何国家在和平时期并不完全具有这种国防能力，战时只有通过国防动员才能获得。另外，国防能力在应对战争和军事威胁的过程中，因战损、消耗等原因会发生衰减，需要通过国防动员得到补充和加强。

最后，战时动员组织指挥活动以为武装力量作战提供有效保障为准则。其围绕保持和增强武装力量这一核心问题进行，并以服从、服务于武装力量作战为基本准则。主要表现在：战时国防动员组织指挥活动源于武装力量的作战需求；国防动员计划服从于武装力量作战计划；国防动员进程取决于武装力量的作战进程。国防动员组织指挥的这些特性，为其打上了深深的国防烙印。

（二）非常性

战时国防动员组织指挥的非常性体现在活动的条件、目的、措施等多个方面。

---

① ［美］P. 爱德华：《国防部总动员计划》，军事科学出版社 2007 年 12 月版，第 4 页.
② 任民：《国防动员学》，军事科学出版社 2008 年版，第 2 页.

一是国家只有在非常状态下才会进行战时国防动员组织指挥活动。和平时期，国防动员活动通常是在平时法律规定下，主要靠管理教育，靠启发个人觉悟的方式展开活动，使公共利益能够得到有效维护。战时，维护主权和领土完整是国家首要考虑的问题，在非常状态下，需要采取与平时截然不同的动员组织方法和手段。

二是战时国防动员组织指挥本身是以消除这种非常状态为目的。战时国防动员组织指挥是为了更好地消除或降低军事威胁，也就是使国家从战争状态恢复到和平状态。非常状态必然需要非常应对，自然具有非常性。

三是战时国防动员组织指挥采取的许多措施是平时无权使用的非常措施。战争时期，国家为应对军事威胁、消除或降低危机，需要拥有一系列的特权来确保动员顺利实施。这一系列的特权实际上是由国家宪法或国家最高权力机关赋予的紧急管理权。紧急管理权顾名思义，是紧急状态下的管理权力，是常态管理权的扩大，权力扩大的部分来自公共利益对国家利益的让渡，即公民为了维护国家的主权、统一、领土完整和安全，牺牲部分个人利益。保加利亚宪法第五十一条规定：除在动员、战争状态下，或经法院或检察长许可外，通信、电话和长途联络的秘密不可侵犯。

需要注意的是，战时国防动员组织指挥的非常性并不是使人民群众无偿牺牲个人利益，而是应该在完成动员任务的同时尽量给予被征用对象补偿，这样不仅会激发人民群众参与动员的积极性，也会提高动员质量。解放战争时期，陈毅给毛泽东的信中提到："供给和战勤方面，主要斗争是废除军事共产主义的供给制和无偿支差制，转到用资本主义的有偿支差制，这是严重斗争。我们的财供行政干部思想仍旧惯，转不过来，例如雇商用汽车运伤兵，又快又节省。支差民力按劳动市价给钱，做衣服鞋子在洛阳等地订货，比自办被服厂、鞋厂或派军鞋均好。"[①]

(三)阶段性

阶段性主要是指在战时国防动员组织指挥过程中大体划分为几个阶段的特性。危机活动通常要经过危机出现、发生、发展、结束几个阶段，相应地，战时国防动员组织指挥活动通常分为准备、实施、复员阶段。

从古至今世界各国的战争动员实践中，动员组织指挥的外在表现形式不尽相同，但总的说，一项完整的战时国防动员组织指挥活动都要按动员准备、动员实施、复员三个大的阶段安排，每个阶段都不能缺失。哪一个阶段被省略或者没有完成好，都会引起整个动员组织活动的混乱。抗美援朝战争中，吉林、辽东几个市县没有做好战勤动员筹划准备阶段的工作，出现了很多问

---

① 陈毅：《中原局九月份综合报告》，1948年9月。

题："动员的急迫和零乱：过去动员任务没计划和预见，一来就是紧急的，使下面无时间作好思想和物资准备，也有一件任务今天要作，明天又取消，后天又要作，三翻四覆的，如代购车马。其次是缺乏通盘筹划，今天要一批卫生人员，明天要一点大车夫，零零星星，使下边疲于奔命。"[①]

在特殊情况下，某一阶段的时间可能大大缩短，有时甚至与其他阶段同时进行，但却无法完全省略。第二次世界大战的苏德战争，德国并没有给苏联留下大量的动员准备时间，双方主力在战争开始就进入大规模交战。但是，苏联凭借强大的军事、经济潜力，在动员行动展开初期，利用极短的时间完成了动员筹划准备。

需要注意的是，在动员组织实施按照三个阶段安排的前提下，随着历史的发展，其程序方法阶段性也会有不同的外在表现形式。第一次世界大战，各交战国都是在战前公开宣布动员，并经过动员筹划准备阶段后敌对双方才进行交战。第一次世界大战之后，战争的发展变化要求动员筹划准备阶段大大提前，并尽量进行秘密准备。曾任苏联总参军事学院院长的沙波什尼科夫在"一战"后指出："无论如何，今天我们将比 1914 年更多地看到，国家生活各个方面的动员准备是逐步和提前进行的。"[②]当今信息时代背景下，世界各国都在充分利用信息化手段，采取多种措施优化战时动员组织指挥程序。但平行作业法等新的程序方法只是将部分战时动员组织指挥的环节进行了合并，动员组织实施划分为三个阶段的特征并没有改变。

上面我们讲的是一个完整的战时国防动员组织指挥过程，需要经过筹划准备、组织实施、组织复员三个阶段。但是，在战时国防动员活动不得不临时中止的特殊情况下，动员组织指挥程序有可能跨越某一阶段。国家在动员筹划准备阶段，已经通过动员威慑，显示决心和力量，达成了不战而屈人之兵，遏制战争爆发之目的。这种情况下，就应该从动员筹划准备阶段直接进入复员阶段。

（四）复杂性

任何一项组织活动，都不是各种要素的简单相加，而是将分散的各种要素安排成一定的系统或整体。由于影响战时国防动员组织指挥的因素众多，因此其复杂性特征尤其明显。

一是动员资源所有权性质多元。平时，动员资源的所有者既有国家，又有集体、个人，甚至可能还有盟国。到了战时，要把分属于不同拥有者的资

[①]　东北人民政府：《吉林、辽东几个市县战勤动员工作中存在的几个主要问题》，1950 年 11 月17 日。

[②]　张羽：《战争动员发展史》，军事科学出版社 2004 年版，第 195 页。

源动员起来，本身就很复杂。

二是客体范围广泛。从广义上讲，一切可以利用的人力、物力、财力、信息资源、政治资源等都是战时国防动员组织指挥的对象。战时，国防动员指挥机构如何根据各方动员需求，及时获取、掌握、分配种类繁多的动员资源，具有高度的复杂性。

三是时间、空间多变。战时动员服务服从于军队作战行动，通过及时调整动员保障的时间和地点，适应不断变化的军队作战等行动对动员资源的需求。动员行动时间、地点的易变性不可避免地对动员组织指挥提出了很高要求，自然增加了动员组织活动的复杂性。解放战争平津战役与淮海战役相比，作战已经"由分散的运动战，转变为集中的攻坚战"，相应地，动员态势和动员涉及的地域发生了很大变化："在供给工作上因部队集中，固定性增大，且这些城市围困较久，民负已重，存粮减少，亦必须随之由分散的就地取给的供给方法转变为集中的补给方法。"[1]

四是动员任务多重。战时国防动员组织指挥不仅要完成为军队提供有效动员保障的基本任务，同时还要为应急防护、社会管控提供动员保障。

第二节　要素分析

准确把握战时国防动员组织指挥内涵，首先需要准确理解其基本要素的含义。战时国防动员组织指挥作为一项特殊的社会实践活动，与其他社会实践活动一样，也包含若干要素。具体来说，主要包括主体、客体、时间、空间、作用对象几大要素。

一、主体

国家作为战时国防动员组织指挥主体，其组织力水平高低，集中反映了国家应对战争和军事危机的动员组织能力。如果国家无法正常发挥动员指挥功效，就会引发严重后果。抗日战争时期，我党部分革命根据地的支前工作组织指挥主体不清，根据地政府与部队不分开，共同组织支前活动，"县区政府征集公粮、公草或抓犯人即派地方部队去，给群众影响不好。"[2]后抽出部队一部组织保安队，专门担任政府的各项勤务，直属于县政府领导指挥，才使支前指挥逐步变得顺畅。又如，第二次世界大战初期，波兰拥有强大的动员潜力，但由于战争动员组织能力的欠缺，致使强大的动员潜力无法迅速、有效转化为动员实力支援战争，是导致战争失败的重要因素。

---

① 1949 年 12 月 4 日，华北军区后勤供给部：《1949 年供给工作总结》。

② 黄克诚：《淮海区地方武装工作情况和发展方针的报告》，1941 年 6 月。

战时国防动员活动涉及领域众多的特点，决定了战时国防动员组织指挥的主体不可能只是由国家某一机构或部门担任，而是应该由横向包括决策、协调、执行多个层次，纵向从中央到地方各级贯通的体系共同构成。具体来讲，战时国防动员组织指挥主体通常由以下四个部分构成。

（一）国家最高权力机构

国家最高权力机构通常是指国家最高立法机构，负责决定战时国防动员重大事项，并适时进行监督，在战时国防动员组织指挥过程中起到战略决策、宏观监督的作用。

在我国，全国人民代表大会"决定战争和和平的问题"[①]。全国人民代表大会常务委员会"在全国人民代表大会闭会期间，如果遇到国家遭受武装侵犯或者必须履行国际共同防止侵略的条约的情况，决定战争状态的宣布"[②]。

西方国家的最高权力机构主要是国会或议会，决断和监督战时国防动员重大事项。在美国，国会作为国家最高立法机构，"宣布国家进入紧急状态可由总统、国会或两者共同执行"[③]，美国国会可以"通过公法或联合决议批准全面或整体动员"[④]，"在任何时候终止总统宣布的国家紧急状态，并且每6个月对宣布战争状态和局势进行一次审查"[⑤]。国会下设的众多委员会也承担某项战时动员监督职责："如参议院武装部队委员会负责军事计划和国防开支的核准、战备物资的确定、选征兵役制度的实行等；预算、拨款和财政委员会保障动员所需的财力；政府事务委员会在采购政策和机构调整方面具有立法权；能源委员会负责种类能源的生产和储备。"[⑥]

（二）国家最高行政机构

国家最高行政机构的核心通常由握有国家最高权力，能够统管国家政治、经济、军事、外交的国家最高领导人及其办事机构组成。最高行政机构是国家战时组织动员活动的统帅机构，是战时国防动员组织指挥体系的顶端，指导、控制全局性、战略性动员活动，起着非常关键的作用。在各类国家机关中，国家行政机关是唯一享有法律赋予的行政职权，能够以自己的名义代表国家进行动员组织指挥活动，并且承担由此产生的法律后果的行政组织。近现代以来各国的国防动员活动中，国家行政机关的主体地位和作用突显。

在我国近现代，国家最高行政机构由党政军最高领导人及其办事机构组

---

① 《中华人民共和国宪法》修正，2004年3月14日第十届全国人民代表大会第二次会议通过。
② 《中华人民共和国宪法》修正，2004年3月14日第十届全国人民代表大会第二次会议通过。
③ ［美］P.爱德华：《国防部总动员计划》，军事科学出版社2007年12月版，第5页.
④ 王美权：《美国战争动员与危机管理》，国防大学出版社2007年版，第89页。
⑤ ［美］P.爱德华：《国防部总动员计划》，军事科学出版社2007年12月版，第6页.
⑥ 王美权：《美国战争动员与危机管理》，国防大学出版社2007年版，第89页。

成。20 世纪上半叶，国民党执政时期，尤其是抗日战争全面爆发 3 年之后，1941 年 12 月国民党政府"检讨以往，深觉全国各方面动员之程度，距战争之要求，相差尚远，于潜蕴之国力，尤未能充分发挥"①，遂将原有的国民精神动员委员会、新生活运动委员会及其他有关法令机关合并，成立了由蒋介石任主席的"国家总动员会议"，作为国家战时最高行政机构，负责全国战时动员重大问题决策。新中国成立以来，我国国家最高行政机构的外在表现形式不够明显。在多次作战动员实践中，我国主要是由国家党政军最高领导人及核心部门的负责人共同行使国家最高行政机构的职责。抗美援朝战争中，国家主席毛泽东及其身边办事人员实际上就作为国家最高行政机构，指挥、控制战争动员全局。近年来，随着战争形态和战争动员需求的变化，我国国家最高行政机构在战时动员组织指挥方面的职能作用也不断健全、完善。2013 年我国成立了国家安全委员会，战时可以作为国家最高国防指挥机构，更好地发挥指挥、控制全国动员行动的作用。

关于国家行政机关在战时国防动员组织指挥中的主体地位和作用，有一个趋势值得注意。即主要参战国以总统（总理、首相）等国家行政首脑为代表的最高行政机关，每经历一次较大的国防动员，其危机管理权及国防动员管理权就扩大一次。"诸多事实表明，从 19 世纪后期开始到'一战'结束之时，英国内阁权力不断扩张"，"内阁取代议会一跃而成国家权力的核心，所谓'议会至上'原则已大打折扣。"②美国人也认为，美国总统作为武装部队总司令和国家最高行政长官，在第二次世界大战以后已经逐步取代了国会的首要位置。"如果全国处于紧急状态，那么政府内外的大多数人都会站在总统一边，把他看作说明形势严峻性的最权威人士。""在危机发生时，美国人民向总统而不是由几百人组成的国会参众两院寻找领导作用。"③

（三）政府和军队两大执行机构

各级政府在战时国防动员组织指挥中处于非常重要的角色。"国家政府部门是组织国家政治、经济、科技、文化建设的职能机构，战争动员又牵涉到社会生活的方方面面，需要在人力、物力、财力、科技等各个方面进行动员，没有政府各部门的参与，要想实现动员目标是不可能的。"④战时，各级政府实际上承担大多数具体的国防动员组织指挥职责。在我国，从法律上对国家政

---

① 张羽：《战争动员发展史》，军事科学出版社 2004 年版，第 269 页。
② 韦荣建：《论英国内阁制度形成与发展》，2000 年 8 月 20 日，华中师范大学硕士论文，见豆丁网。
③ 官进胜：《美国对华政策中的国会因素》，2006 年 5 月 20 日，华东师范大学博士论文。见豆丁网。
④ 谭冬生、雷渊深：《战争动员学》，军事科学出版社 1997 年版，第 131 页。

府部门在战时国防动员组织指挥中所处的主体地位进行了明确。《中华人民共和国国防法》规定："地方各级人民政府依照法律规定的权限，管理本行政区内的征兵、民兵、预备役、国防教育、国民经济动员、人民防空、国防交通、国防设施保护、退出现役的军队的安置和拥军优属工作。"①新中国成立以来的历次作战动员中，以各级政府为主建立的支前委员会，作为动员实践中的主体组织指挥本级的国防动员活动。

军队在战时国防动员组织指挥过程中所处的地位与所起的作用，决定了军队也是战时国防动员组织指挥主体的重要组成部分。其一，武装力量动员是战时国防动员的核心，军队各级动员部门是实现动员目标的核心指挥部门。其二，为了迅速完成武装力量扩编任务，将军队纳入动员指挥主体至关重要。战时，军队作为使用方，接受动员资源，因此，政府要会同军队共同制订动员计划，以完成动员需求的提出和对接。其三，在战时国防动员过程中，军队还要根据活动进展，对政府组织的动员活动及时给予指导。我党我军自革命战争年代，就在军队设立了动员专职机构，与各级政府共同负责武装群众的战争动员工作。新中国成立之后，我军在军委、军兵种、各级军区、作战部队均建立了动员工作机构，作为战时国防动员指挥主体的重要组成部分，完成动员需求提出、对接、接收，并完成武装力量动员工作。世界上许多国家也在军队内部设立了比较完备的各级动员机构。"美国在参谋长联席会议、三个军种部队及其所属部队设有不同名称的动员处（科），三军司令部还在各州设立了后备兵员征募、训练司令部，其负责人由各级司令部指派一位副职或帮办，具体负责组织实施动员任务。"②

可以说，政府和军队作为战时国防动员指挥主体的重要组成，联系紧密。我国《国防法》规定："国务院和中央军事委员会共同领导动员准备和动员实施工作。"③在具体战时国防动员实践中，为了更好地完成动员资源需求对接，往往是以各级政府为主，吸收军队人员，共同组织指挥动员活动。以抗美援朝战争为例，1950 年 8 月 23 日中央首次召开的战争动员决策会议，参加会议的共 5 人，包括了政府和军队相关领域的重要领导。具体人员构成为：政务院总理、中央军委副主席周恩来，代表政务院和中央军委对战争动员统一领导；代总参谋长聂荣臻、总后勤部长杨立三，作为中央军委分管作战和后勤保障的主要负责人，代表军队提出动员需求，并对政务院有关部门的动员工作提出指导意见；政务院副总理、中央财政经济委员会主任陈云和中央财政经济委员会副主任、财政部部长薄一波，作为政务院主要负责人，代表政务院接

---

① 《中华人民共和国国防法》，2009 年 8 月 27 日第十一届全国人民代表大会常务委员会修正。
② 谭冬生、雷渊深：《战争动员学》，军事科学出版社 1997 年版，第 133 页。
③ 《中华人民共和国国防法》，2009 年 8 月 27 日第十一届全国人民代表大会常务委员会修正。

受中央军委总参谋部、总后勤部提出的动员需求，统筹组织政务院主要经济部门开展经济动员，以此实现军政之间、军需与民用之间的统筹。

（四）非政府公共组织

公共组织主要包括各行业协会、企事业单位、民间团体等各类组织，其不仅是国家组织力量的重要组成部分，也是战时国防动员指挥主体不可缺少的辅助力量。战时，公共组织依靠其自身的组织力、影响力号召本行业系统积极参与动员活动，组织、监督本行业系统执行动员任务，往往会收到政府和军队很难取得的效果。

我国在中国共产党领导下的历次革命战争中，主要是通过工会、农会、共青团、妇女联合会、工商联合会、学生会、文化教育、新闻界等群众团体及海外华侨联合会、商会等组织动员广大人民群众参军参战、捐款、捐物、捐献药品支援革命战争。新中国成立以来，各社会团体、企事业单位在战时国防动员组织指挥中发挥了重要作用。抗美援朝战争期间，各社会团体就组织了动员全国人民捐献飞机大炮运动。世界各国在历次战争动员实践中，均非常重视公共组织作为战时国防动员组织主体重要辅助力量作用的发挥。第二次世界大战期间，苏联通过"共青团及其他社会团体组织动员人民群众捐款捐物，支援前线，从而弥补了战争初期储备不足的问题。"[1]

实践证明，各类社会团体是战时国防动员执行层的重要组成部分，其作用发挥情况直接影响整个动员组织指挥成效，在未来战争中还将继续发挥重要作用。

二、客体

战时国防动员组织指挥客体，主要是指国家应对战争或者其他军事威胁所需要的社会性、物质性的各类资源，属于物质基础范畴。

战时国防动员组织指挥客体作为动员活动的主要对象，是动员组织指挥顺利开展的前提和基础。如果没有足够、高质的动员资源，整个战时动员活动就会成为无源之水、无本之木，尤其是持续时间较长的大规模作战，动员客体的数质量水平对整个战争动员成败往往会起到决定作用。第二次世界大战初期，德国、日本凭借周密的准备和强大的动员组织能力，取得了较大主动。但随着战争的持续和规模的不断扩大，德国、日本动员潜力不足的劣势逐渐显露出来。而苏联、美国具备强大的动员潜力，保证了在长期的战争消耗中损失的动员资源能够得到及时补充，为战争最终胜利奠定了物质基础。第二次世界大战以来的多次局部战争中，动员客体的数量因素对战争的影响

---

① 谭冬生、雷渊深：《战争动员学》，军事科学出版社 1997 年版，第 134 页。

有所减弱，但是动员资源的质量水平对动员成败起到越来越关键的作用。

目前，国内外对战争动员资源的分类主要是从动员资源属性的角度划分，刘鸿基的《战争动员学》将动员资源划分为人力、物力、财力及其相关的信息等。在研究战时国防动员组织指挥客体时，如果按照属性分类，就不便于根据不同的动员组织指挥任务，有区别地进行分类指导。本书从用途的视角将战时国防动员组织指挥客体分为保障战争类资源、保障动员类资源和保障组织类资源三类。

（一）保障战争类资源

保障战争类资源主要指供武装力量作战、维护社会生产生活稳定和消除战争灾害等活动使用，直接作用于战争的动员资源。这类资源与其他类资源的区别是，保障战争类资源经动员后，其使用权和管理权将移交给国防动员指挥者以外的使用方。如将动员的人力、物力和财力移交给遂行作战任务的武装力量，成为武装力量的组成部分，直接作用于武装力量的作战行动。以抗美援朝战争期间我国人力资源动员为例，从1950年11月至1953年9月，动员直接作用于战争的新兵2073279人，从1950年11月至1951年4月，东北地区先后动员入朝支前的民兵、民工累计达15万人。这些人力资源均是由政府征召后，移交给军队使用。

整个动员组织指挥活动的最终目的是为战争提供所需的资源。因此，直接用于保障战争的动员资源是战时国防动员组织指挥客体的核心，是最关键的组成部分，是战时国防动员的主要着力点，整个动员组织指挥都要围绕这类动员资源展开。第二次世界大战中，主要参战国"每年生产数万辆坦克、自行（强击）火炮、火箭炮、飞机，数十万门火炮和迫击炮。绝大部分钢材、几乎全部有色金属、大量化工产品、各种原材料和燃料，都耗费在制造武器上。各主要交战国把国民收入的百分之四十到三分之二直接用于满足战争的需要。"[1]

由于保障战争类资源的极端重要性，如果这类动员资源不足，会对战时国防动员组织指挥活动造成重要影响。以日本侵华战争中，日本对参战兵力的动员组织指挥为例，"日本于1937年发动全面侵华战争时，动员兵力108万，占总人口的1.5％。"[2]战争初期，日本通过征召等常规动员手段，较好地完成了兵员动员任务。到了1945年日本投降时，动员的总兵力达到720万，占总人口的9.9％。有限的人力资源供给和过量的兵力需求之间的矛盾，给日

---

① ［苏］阿奇卡索夫、普洛特尼科夫：《第二次世界大战史》第11卷，上海译文出版社，第232页。

② 张羽：《战争动员例评》，白山出版社1996年版，第92页。

本的动员组织指挥提出了无法解决的难题。最后战争的结局证明，如果没有足够的可以直接用于战争的动员资源，再高明的动员指挥方法、手段也无济于事。

（二）保障动员类资源

保障动员类资源主要是指保障动员活动顺利实施所需资源，也就是直接作用于动员活动的资源。因为动员行动顺利展开需要相应的资源作保障，由此产生了对保障动员类资源的需求。例如，组织资源集结时，需要运输工具、交通设施、生活物资、营房和场地等资源。组织资源输送时，需要运输力量、装卸力量和存放场所等资源。对越自卫反击作战期间，为满足动员组织指挥对通信保障的要求，邮电通信系统以广州、昆明两战区为主，进行了通信保障动员。广西壮族自治区"在通信保障方面，各边防县（市）都以民兵通信为基本队伍，以邮电局（混合通信民兵排）为骨干，立足于现有民兵通信装备和地方现有通信设施，采取兵民结合的办法，千方百计搞好通信联络。"由于这类资源并不直接作用于战争，而是通过作用于动员活动间接作用于战争。因此，其在战时国防动员组织指挥客体中处于辅助地位。

需要注意的是，这类资源相较于作战保障类资源处于辅助地位，但却是必不可少的。1943 年 11 月 6 日，斯大林在庆祝十月革命二十六周年大会上指出："大家知道，运输是前线后方之间最重要的联系手段。我们可以生产出大批武器和弹药，但是如果没有运输部门及时地送到前线，那么，它们就可能成为对于前线毫无用处的东西。应当说，在把武器、弹药、粮食、军服等等及时送上前线的工作中，运输部门起着决定性的作用。"[①]

如果指挥者忽视、轻视对这类动员资源的组织指挥，这类因素就可能发展成为影响动员组织指挥效能发挥的"瓶颈"，造成整个动员效率的极大降低。1905 年日俄战争期间，俄国在远东地区拥有大量的武装力量资源和物资资源，但是只有一条铁路可供动员资源输送，致使大量动员资源积压。可以说，决定这场战争动员的决定性因素，不是保障战争类资源，而是由于保障动员类资源严重不足，致使动员组织指挥的计划方案无法顺利实施，造成了动员的被动，进而影响了战争结局。海湾战争中，美军"一些陆军和海军陆战队的后备役部队在部署前要在动员站度过几周（有时五六周）"。其中的主要原因是"由于战略运输能力的限制、战区基础设施的局限以及作战安全的考虑。"[②]

（三）保障组织类资源

保障组织类资源主要是指处于基层，执行具体动员任务的动员组织力量。

---

① 中央编译局：《斯大林文集》，人民出版社 1985 年 12 月第 1 版，第 393～394 页。
② 《海湾战争》，军事科学出版社 1992 年 8 月第 1 版，第 248 页。

通常我们说战时国防动员组织指挥活动，是动员指挥员及其机关指挥动员资源的活动，实际上动员指挥员及其机关往往并不是直接组织指挥动员资源。因为战时国防动员指挥从某种程度上讲，是组织指挥相关人员及机构的过程，整个动员组织指挥的意图最终都要落到外围、基层、不参与决策的动员组织力量上，并通过这些基层动员组织力量的具体组织指挥，最终达到组织指挥动员资源的目的。新中国成立以来我国历次战争动员中，村（大队）一级成立的支前组织，就是典型的保障组织类资源。村（大队）支前组织没有筹划指导动员活动的职权，只是负责贯彻落实上级支前指挥机构的决策意图，将上级的决心、计划落到实处。

可以说，战时国防动员组织指挥很大程度上就是对基层动员组织力量的合理利用。保障组织类力量是最终实现动员决策的具体基层执行力量，是达成动员组织指挥目标的关键执行力量。解放战争期间，我党我军在新解放区组织指挥动员活动时，许多地区就出现了由于基层保障组织类资源不足而影响动员正常开展的情况。淮海战役中，江淮地区解放之初，县以上动员指挥机构基本建立，并发挥了动员组织指挥主体的功能作用，但是乡、村级动员组织资源严重不足。为此，江淮区支前委员会"大胆地使用了旧保甲人员并从老区抽调了一些干部，做到每区每乡至少有一二个干部去维持工作。如此做的结果，相当于发挥了新区的支前作用"①。

三、时空及社会条件

人类活动都是有一定的时间、空间和社会条件限制的，战时国防动员组织指挥活动同样如此，认识并合理利用时空及社会条件，是战时国防动员组织指挥所要解决的重要问题之一。

（一）时间

影响战时国防动员组织指挥的时间因素主要包括所处的时代、动员持续的时间、动员预警的时间、组织动员的季节等。

1. 所处的时代

主要是指战时国防动员活动所处的时代背景。不同的历史条件，决定了战时动员组织指挥程序、方法、内容各有不同。农业时代，军队主要是通过"以战养战""就地取给"的方式组织战时动员。工业时代特别是美国南北战争之后，国家主要是以整个社会经济和每个社会成员为对象组织大规模动员。信息时代，战时国防动员组织指挥活动表现出了一些新的形式。现代战争动员范围广、内容多、易暴露目标，反映在动员组织指挥程序方法上，就应该

---

① 曹荻秋：《关于江淮区支前工作向华中工委及华东局的综合报告》，1948 年 12 月。

适当组织秘密动员；现代战时动员速度快，反映在动员组织指挥程序方法上，就要求动员阶段提前，尽早准备，加大动员资源的预置，提高动员资源的远程投送能力；现代战时动员信息对抗强，反映在动员组织指挥程序方法上，就应该在动员计划中增加并充实动员信息防护计划。

战时国防动员组织指挥所处的时代背景包含两层含义。一方面是世界意义上的经济和社会发展水平。另一方面是本国经济和社会发展水平。对于发达国家，这两个时代背景是一致的，因此其动员基础、动员条件、动员体制和思想方法，通常也是最先进的。对于发展中国家，这两个时代背景是不一致的，本国的经济和社会发展水平落后于世界经济和社会发展水平。这种同一时空中的时代差距，就成为国防动员组织指挥所要解决的主要矛盾，即相对落后的动员能力与信息化战争动员的要求不相适应的矛盾。

当今世界已经处于后工业时代或信息时代，但中国目前还处于由工业化向信息化过渡的阶段。现阶段我国战时国防动员组织指挥水平，与信息化战争的要求还存在一定差距，需要借鉴和吸收发达国家先进经验，利用现有条件改进动员组织指挥程序方法，提高信息化动员水平，努力适应信息时代的要求。

2. 动员持续的时间

主要是指战时国防动员开始到结束的时间。从不同的角度，对动员持续的时间有两种分类。

一是分为规定持续时间和实际持续时间。规定持续时间主要指动员开始之前，指挥员经过综合考虑，预计动员活动应该持续的时间。实际持续时间主要指动员活动实际持续的时间。通常，由于动员活动的复杂性，动员的规定持续时间和实际持续时间往往不完全一致。

二是分为整个动员活动持续时间、各动员阶段持续时间及一次动员行动持续的时间。整个动员活动既是由动员准备、实施、复员三个阶段构成的，也是由若干次动员行动构成的。对越自卫反击作战，整个动员活动持续时间是从 1978 年 11 月 21 日，中共中央发出《关于中越边防斗争和战备工作的指示》开始，至 20 世纪 80 年代中后期完全结束。动员准备阶段是从 1978 年 11 月 21 日至作战开始的 1979 年 2 月 17 日，动员实施阶段是 2 月 17 日至作战结束的同年 3 月 17 日，复员阶段是 3 月 17 日至 20 世纪 80 年代中后期。

动员持续的时间对动员指挥起到重要作用。通常对整场战争来说，动员持续时间越长，各种因素交织影响可能导致动员复杂程度加大，进而对动员组织指挥的稳定性要求就比较高。

在具体实践中，动员任务一定的情况下，动员持续时间越长，动员组织指挥就越从容，就容易达到高质量的组织指挥。动员持续时间越短，动员组织指挥越紧迫，动员质量可能受到较大影响。因此，指挥员为了保证动员组织指挥效能的更好发挥，倾向于给动员安排较长准备时间。但是动员准备时间过长，不仅可能贻误战机，还会增大动员成本。因此，在动员组织指挥过程中，应综合考虑各种因素，合理确定动员持续时间。

世界各国对动员时间有不同的规定。以色列预备役部队规定的动员时限是 24 小时，其动员效果是预备役部队从分散状态变为成建制可遂行作战任务的状态。美军对预备役部队的动员要求，也是在规定的时间里，从分散状态变为成建制可遂行作战任务的状态，即美国人所说的"可部署的水平"。为此，美军将预备役部队的动员分为三个阶段，即从分散状态到进入动员站集结，再从动员站到国家训练中心，并在国家训练中心经 6 周的临战训练考核达到标准方能进行部署。因此，美军预备役部队所需的动员时限较长。海湾战争时，美国有两个预备役师因临战训练迟迟达不到标准，直到战争结束仍在国家训练中心驻训。

需要注意的是，综合性动员总的动员时限取决于用时最长的某项动员。例如，武装力量动员包括兵员动员、军需物资动员、政治动员和武器装备动员等。如果武器装备需要生产的话，则武装力量动员的时限，就要以武器装备生产动员所需的时间而定。第二次世界大战前，美国从 1936 年开始实施"防卫性动员计划"。根据该计划，美国陆军预计在 1940 年春开始扩编动员。在开始动员以后的 90 天之内，美国陆军要增加到 73 万人，尔后再很快征召 27 万补充兵员，使陆军总数达到 100 万人。因此，陆军的后勤部门必须在动员日前后，准备好 100 万人的装备物资。这就意味着，1936 年到 1940 年这 5 年，是美国军事工业完成动员的时限。

3. 动员预警的时间

主要是指动员开始之前预先警示的时间。动员预警时间虽然不在动员持续时间范围之内，但是对动员时机的选择起到关键影响，并且直接影响到动员准备阶段可利用的时间。

通常，动员预警信号发出得越早，可以越早进行动员准备，动员组织指挥的难度就会减小。反之，动员准备就越仓促，动员组织指挥的难度就会加大。20 世纪 80 年代的英阿马岛战争，在开战前的一个多月，种种迹象表明，阿根廷正在有计划地进行开战前的各种准备。但是这些反常的信息均没有引起英国的高度重视。直到英国发现阿根廷的一支舰队改变了原航向，正向马岛方向驶来，另有一艘阿根廷潜艇正在马岛附近海面侦察登陆场之后，英国才发出动员预警，并成立特混舰队。很明显，英国在马岛出现战争征候的 20 多天之后，才发出动员预警信号，使动员准备过于仓促，极大地增加了动员组织指挥的难度。

4. 组织动员的季节

主要指动员行动在什么季节条件下进行。季节条件对于战时国防动员组织指挥来说，并不只是我们常说的一年四季，还具有多重含义，而且每重含义都有可能对动员组织指挥造成影响。

(1)四季对动员组织指挥的影响。通常来说，春季动员有利的方面是粮食供给相对充裕，陆路运输条件相对较好。不利的方面是春耕春种占用大量农业资源，枯水期的河流运输能力有限。1979年对越自卫反击作战动员是典型的春季作战动员。主要动员地域的广西、云南两地正处旱季，陆路交通条件较好，但水路运力受限，大量农村民兵参战支前使当时的早稻生产受到很大影响。两地的倒春寒现象均比较严重，气温较低，防寒保暖成为人力、物力动员所要解决的问题之一。夏季动员有利的方面是农业资源相对处于闲置状态，不利的方面是粮食筹集和供给相对困难，降雨集中给陆、海、空运输带来许多不便，外出休假避暑使人口的流动性增大，因防雨、防湿、防潮和防洪产生的费用，也会增加动员的成本。秋季动员有利的方面是粮食筹集和供给相对容易，不利的方面是秋收时节农业资源相对紧张。在以农业资源为主的战争中，作战和动员往往选择在秋收以后至春耕开始前的这段时间。秋收后动员，春耕前复员，是这一时期战争和战争动员的常态。冬季动员有利的方面是城乡人口相对集中，粮食筹措和供给条件相对较好，物资储备相对充足。不利的方面是交通运输易受天气影响，寒冷天气对保障提出更高的要求，树木干枯增大了资源集结和输送的防护难度。

第二次世界大战德国入侵苏联，在莫斯科战役中遭遇失败，这是季节因素影响动员组织指挥成败的典型案例。战争中，德国因为各种因素，迟至10月2日，也就是苏联的初冬季节，才向莫斯科发起进攻。而11月上旬，莫斯科整个大地就开始上冻，这给动员资源输送造成了极大困难。"汽车的点火系统、车用机油和散热器都常发生问题。不过，严寒造成的最大恶果还是在铁路方面。德国机车的给水管不是造在锅炉之内，因而70%~80%的给水管因结冰而破裂。随之而来的运输危机，其严重性超过了以往任何一次。"[1]

(2)降雨、潮汐等气候天文条件对动员组织指挥的影响。以雨季为例，为了防雨，动员过程中要对相关动员资源采取防水防潮措施，相应就会增加动员资源集结、输送、交接的难度和成本。有的时候，暴雨甚至会对动员组织指挥造成重大影响。我国1962年东南沿海紧急战备正值南方雨季，由于南平闽江铁路大桥被洪水冲毁，导致鹰厦铁路中断行车55天。第二次世界大战，德军向莫斯科进攻过程中，"中路集团军群的物资储备工作，因洪水中断8

---

[1] [以]克列威尔德：《战争与后勤》，战士出版社1982年版，第194页。

天"，"从 10 月 9 日至 11 日，天气变坏，大雨把原野变成了泥淖，能使用的少量道路在往来车辆的重压下很快就毁坏了。从这时起，所有集团军都陷入进退两难的困境"①。这些情况，给动员组织指挥造成了很大困难，甚至影响了动员全局。

(3)农作物播种、生长、收获时节对动员组织指挥的影响。农业时代的战争经常发生在农作物收获的时节，是农作物的自然生长周期影响战时动员时机的典型例子。农作物耕种季节，百姓忙于耕种，且每家每户存贮的粮食也较少，增加了征召兵员、筹集粮草的难度。庄稼收获后的时节，农民拥有了大量空闲时间，且粮食充足，有利于动员农民参战，并且方便粮草筹集。但是，随着生产力的不断提升，今后农作物播种、生长、收获时节对动员组织指挥的影响将越来越小。

(二)空间

影响战时国防动员组织指挥的空间因素主要包括国土面积的大小、动员区域的大小、地理条件的优劣、空间距离的远近等。

1. 国土面积的大小

国土面积较大，动员的空间就大，动员的选择性和回旋余地就大，动员规模和防护问题就易于得到解决。第二次世界大战中的苏联和中国，都采取了"以空间换时间"的后发制人战略，以失去大片国土为代价，换取了进行长期动员，不断积蓄力量并最终改变力量对比所需的时间。相反，国土面积较小，动员的余地就小，如果不能先发制人，则极易被人所制。

2. 动员区域的大小

主要是指战时国防动员涉及的地域范围。一旦动员区域确定，相应的动员潜力也就确定了。通常情况下，作战区域较大，则动员区域较大，动员资源较多且质量较高。反之则动员区域相对较小，动员资源较少且质量较差。因此，动员区域通常要大于作战区域，以便能够更多、更好地动员。1962 年对印自卫反击作战，作战规模较小且主要在西藏、新疆西南部地区，动员区域主要为西藏、新疆两地。1979 年对越自卫反击作战的作战规模较大，动员区域涉及昆明、广州、成都和武汉战区，尤以广西、云南两省为重点。

合理确定动员区域范围，在保障需要的前提下，尽可能将动员区域控制在较小的范围内，是战时国防动员组织指挥的重要工作。一般来说，动员区域越小，动员组织指挥层次就越少，涉及的各种因素就相对简单，动员组织指挥的难度相对较小。但是，动员区域过小，可供动员的资源就比较少，在

---

① ［以］克列威尔德：《战争与后勤》，战士出版社 1982 年版，第 192 页。

动员组织指挥中筹集足量、高质动员资源的难度就比较大，难以实现"优中选优"。抗美援朝战争初期，我国主要动员区域为东北行政区。到了阵地战阶段，前线需要持续补充大量的人员、物资，而战争之初确定的动员区域无法满足战争所需。为此，国家将人力动员区域扩大至全国范围，在中南、西南、华东分三批进行动员，华北、西北一次性完成动员。

由于动员区域越大，动员回旋、机动的余地就大，因此，指挥者通常倾向于扩大动员区域，但是，动员区域不适当地扩大，动员参与的方面增多，指挥层级就可能增多，控制的难度也会相应增加。另外，动员涉及区域过大，还有可能对国家整个社会生产、生活造成过度冲击。20 世纪 60 年代中期到 70 年代，我国在全国范围内进行了长时间、全方位的应战动员准备，为遏制战争、维护国家安全发挥了重大作用。但是，由于涉及的动员区域过大、时间过长，使全国长期处于临战状态，给国家经济建设和发展带来了诸多不良影响。

3. 地理条件的优劣

主要是指国家的地理条件和动员区域的地理条件，涉及气候、海拔、地形、地貌、植被等地理因素。在一定的空间范围内，不同的地理条件对战时国防动员组织指挥方法手段的选择有重大影响。平原和山区，高海拔地区和低海拔地区，沙漠和雨水丰沛地区对动员的要求各不相同。1962 年对印自卫反击作战中，我国需要在中印边境高寒地带动员民力急造军路，极其恶劣的地理条件导致施工效率非常低。在这种情况下，中共西藏工委和西藏军区在动员组织指挥过程中，采取增加投入施工人员、装备等方法，保证任务顺利完成。仅错那至达旺 81 公里的路段，就组织了 3 个民工大队共 8000 多人，与工程兵部队苦战 9 昼夜才完成。如果在平原急造相同里程的军路，动员的人力和所需的时间将大大减少，动员组织指挥的难度也会减小。

4. 空间距离的远近

主要是指战时国防动员活动涉及的距离跨度。重点把握两方面。首先是动员资源与集结地域间距离因素。一般来说，动员资源输送的距离较长，空间障碍对动员行动的影响就较大，动员及时性就会受影响，动员成本也会增加，相应动员组织指挥的难度也会增大。战争中，交战国通常会选择交战地区或临近交战地区作为动员地域，主要就是为了缩短动员资源与集结地域的空间距离。1812 年拿破仑入侵俄国，在莫斯科战役中遭到惨败，其中一个重要原因就是补给线过长，给法军超远程动员保障制造了极大的难题。需要注意的是，在战时动员实践中，要灵活确定动员输送距离。因为有时为了保证动员资源的质量，需要组织远程输送。当今时代，随着交通运输技术的不断发展，动员资源的远程输送能力大大提高，输送距离因素对动员组织指挥的影响已经变弱。通过远程输送，集全国优势力量于一域，是信息化条件下组织动员资源输送的发展方向。

其次是动员集结地域与前线间距离因素。动员集结地域临近交战地区还是远离交战地区，直接关系到动员行动的安全稳定。通常，动员集结地域临近前线，遭敌破坏的威胁就比较大，但是动员输送比较便利。反之，动员集结地域远离前线，遭敌破坏的可能性就比较小，但是动员输送距离加大，增加输送环节的难度。因此，战时国防动员组织指挥要综合考虑空间距离的各种因素，合理决策。第二次世界大战之前，苏联大量能源、钢铁等军工生产企业集中在西部地区。德国从苏联西部突然入侵之后，苏联将西部地区大部分工业企业和人员转移到比较安全的东部地区，并以东部地区作为动员资源生产、集结地域。此举虽然对动员资源输送造成了一定困难，但保存了战争潜力，积蓄了战争力量，为最终战争胜利奠定了物质基础。

（三）社会条件

战时国防动员组织指挥需要注意的社会人文状态，包括民众对国家及国防的认知程度、教育水平、民族构成、宗教信仰、经济发展水平等。

1. 民众对国家及国防的认知程度

即民众对待国家应对战争及战争动员行动的态度，这是重要的社会条件之一。第二次世界大战前的一段时间里，大部分美国人都坚持"不卷入战争"的立场，国会中的大多数人也坚持不要理睬"欧洲那些好战分子"，齐声警告"不要卷入推行强权政治者的狡猾把戏"。在"孤立主义""和平主义"弥漫的社会环境下，以罗斯福总统为代表的美国政府难以采取必要的战备动员措施，对英、法等国有限的支援也只能隐蔽地进行。直到1940年春夏之际，德国相继攻占丹麦、挪威和比利时，又兵临法国的时候，罗斯福才"要求国会批准达几十亿美元的巨款，作为增加国防开支之用"[①]。1940年6月10日晚上，当法国已接近崩溃，意大利又火上浇油对法宣战后，罗斯福才明确"宣布了美国在此危急时刻的政策"："我们美国人团结一致，将致力于两项明显的、并行不悖的事业，这就是对于抗暴者我们尽全国的物力财力给予支援；同时，我们自己也要充分利用和加快利用这些资源，以保证我们美洲国家本身有足够的武器装备和训练以巩固国防和应付突然事变。"[②]

---

① ［美］詹姆斯·麦格雷戈·伯恩斯：《罗斯福传：狮子与狐狸》，商务印书馆1987年版2月版，第535页。

② ［美］詹姆斯·麦格雷戈·伯恩斯：《罗斯福传：狮子与狐狸》，商务印书馆1987年版2月版，第537页。

2. 民族宗教问题

典型例证是苏维埃俄国内战时期。1918 年 5、6 月间，为抗击内外敌人对苏维埃政权的绞杀，最高苏维埃人民委员会决定在顿河、库班、西伯利亚和奥伦堡等哥萨克地区实施动员，组建红军哥萨克部队。6 月 22 日，身处前线的斯大林电告列宁和托洛茨基："我们所宣布的对哥萨克人的动员同我们自己开了个恶毒的玩笑，我们武装了数千哥萨克人，他们从我们的司令部得到了火炮和弹药，然后就离开了我们，现在正用我们的炮弹打我们的部队。"[①]7 月 11 日，斯大林就此问题再次电告列宁和托洛茨基，指出在哥萨克地区动员失败的主要原因，是"我们这里没有一个能够将哥萨克群众团结在苏维埃政权周围的革命的哥萨克核心"。1918 年 5 月底仓促成立的管理哥萨克地区的机关——"顿河苏维埃政府"只是一个神话，掌握这个政府的哥萨克人和非哥萨克人，大多数是反苏维埃的人，7 月 10 日就自行宣布解散了。

3. 动员区域的交通、通信等基础设施状况

美西战争中，美国"准备进攻古巴的部队都在南方集结，这是很不恰当的，因为南方的交通网不像北方那样发达"。"特别是佛罗里达州，现代化的观光事业和相应的交通设施刚开始在沙漠和沼泽地带之间出现。通向坦帕集结区的铁路有两条，其中只有一条可以联通集结区和坦帕港。"[②]

（四）时间与空间的关系

时间、空间作为战时国防动员组织指挥的重要客观要素，它们之间也存在着紧密联系，互为影响。

1. 时间对空间的影响

一般来说，在同一时代背景、动员任务一定的情况下，留给动员准备的时间越仓促，动员行动持续的时间越短，动员涉及的地域就会小些。尤其对于突发性的军事冲突，由于准备仓促，通常会首先就近进行动员。以我国珍宝岛自卫反击作战动员组织指挥为例，由于事发突然，加之作战持续时间较短，规模有限，我国没有在较大地域范围进行动员，而是将主要动员地域限定在黑龙江省合江地区。

2. 空间对时间的影响

通常来说，同一时代背景下，动员涉及的空间越大，动员资源集结、输送所需要的时间就越多，动员组织指挥的复杂程度就越高。但是，有些情况

---

① 沈志华等：《苏联历史档案选编》第 1 卷，社会科学文献出版社 2002 年 8 月第 1 版，第 198～199 页。

② ［美］拉塞尔·韦格利：《美国陆军史》，解放军出版社 1989 年 9 月 1 日版，第 310 页。

下，可以利用空间的变化影响动员时间，进而赢得主动。在战争动员实践中，经常会出现为了动员全局，通过牺牲一定的动员空间，换取动员时间主动的情况。第二次世界大战苏德战争中，战争开始不到半年时间，苏联就失去了全国1/3的工业生产能力。但是，苏联拥有幅员辽阔的国土，通过"以空间换时间"，在节节抗击迟滞他国入侵的同时，加紧在后方进行动员，逐步由被动变为主动。

需要注意的是，随着工业时代和信息时代交通运输能力的极大提高，战时国防动员组织指挥时间与空间要素之间的影响已经有所减弱。但无论科学技术发展到什么程度，这些要素之间存在的内在必然联系不会变化，变的只是外在表现形式。

四、作用对象

作用对象主要指战时国防动员组织指挥的作用目标，也就是动员资源的接受方。可以说，动员活动的最终目标就是适时、适地向作用对象提供所需要的动员资源。能否满足作用对象的动员需求，是衡量动员组织指挥水平高低、效果好坏的重要标准。因此，应把作用对象作为战时国防动员组织指挥的基本要素重点研究。从用途角度划分，战时国防动员组织指挥作用对象可以分为作战行动、社会管控和消除战争灾害三类。

（一）作战行动

主要是指军队作战及其相关行动。战争时期，军队作战行动对战争的胜负乃至国家的存亡关系重大，是战时动员活动的主要保障对象，应予以优先安排，充分保障。

第二次世界大战，1939年8月，为入侵波兰，德国陆军在这1个月的时间里，先后进行了4个波次的动员。在第一波次动员中，德国将原有的35个陆军师从平时编制扩大到战时编制达到齐装满员。在第二、三、四波次动员中，德国先后新建了16个师、21个师和14个师。至对波兰开战前，德国陆军步兵师的数量，已经由战前的35个扩大到86个。"1943年至1944年，欧洲各机械设备生产能力的50％～52％为战争服务。苏联在此期间动员了全苏78％的民用工业投入军品生产。"①

（二）社会管控

主要是指维护社会正常生产生活、保证社会安定的活动。社会管控关系到人民安居、社会稳定，直接影响国家动员潜力的保持，决定了国家持续动员能力高低。战时国家调配动员资源时，应注意兼顾社会管理的需要，拿出

---

① 张羽：《战争动员发展史》，军事科学出版社2004年1月版，第284页。

一部分资源，用来保证社会正常运转和人民基本生活。第二次世界大战期间，苏联在动员大量劳动力保障军队作战之外，还要求大量有劳动能力的居民参加国民经济各部门的工作，以保证社会稳定，并且保持动员潜力持续处于合理状态。"为此，苏联设立了一个专门机构——劳动力登记分配委员会。"[①]在战争期间，该委员会共动员了300多万人长期参加工业部门和建筑部门工作。

在特别困难的情况下，战时可以减少投向社会管控的资源，但要保证其最基本的资源需求，否则很容易造成人民恐慌，引起社会动乱，进而影响国家应对战争的能力。第一次世界大战期间，1916年冬天，德国人民只得依靠萝卜充饥，法国人为了几片面包或几公斤煤，往往得露宿街头，排上几天队。由于人民生活水平的急剧下降，交战国时常发生由于人民最基本的生活都无法维持而引发的暴动、罢工、示威游行。

（三）消除战争灾害

主要是指消除由敌方破坏而引起的灾害的各种行动。具体来说，战争灾害既包括敌国造成的破坏，也包括国内敌对势力造成的破坏。战时搞好安全防护，及时组织人员疏散、难民救援和抢救抢修，可以减少战争损失，是保持战争动员潜力的重要手段。

人力资源是战争潜力的重要组成，在工业时代战争中，敌对双方经常会通过杀伤平民来削弱对方战争动员潜力。据统计，第二次世界大战中，平民死亡2400万人。抗日战争中，国民政府在难民救助方面，投入了大量的人力物力。据统计，1937年7月至1938年3月，中国的难民总数已达2000万。为此，"国民政府于1937年9月7日通过《非常时期救济难民办法大纲》，成立非常时期难民救济委员会，专职办理难民收容、运输、给养、保卫、救护、管理及安置等事项。"[②]

近年来，通过重点打击经济中心、交通枢纽等重要目标来削弱对方战争动员潜力，成为战争中许多国家的基本选择。海湾战争中，多国部队对伊拉克大型工业区、通信枢纽、发电厂、输电系统等目标进行了高强度空袭，极大地削弱了伊拉克的战争动员潜力。

在战时动员组织指挥过程中，通过消除战争灾害行动，可以减少敌人破坏造成的损失，有效保护战争动员潜力，同时，还可以降低人民群众对战争的恐慌心理，使参战人员无后顾之忧。"第一次世界大战结束时，德国的军队还有相当的实力，且战线还在敌国的领土之上，但支持战争的物资资源枯竭，

---

① 张羽：《战争动员例评》，白山出版社1996年版，第143页。
② 王同起：《抗日战争时期难民的迁徙与安置》，载2002年12月《历史教学》。

人们的精神状态崩溃，导致了战争的失败。"①

（四）各类作用对象间相互关系

保障作战行动处于核心地位，同时各类作用对象相互影响。保障军队作战是战时国防动员的首要任务，因此，军队作战是战时国防动员组织指挥的重点保障对象。第一次世界大战初期，法国的工业部门在战争的头一个月里，被动员用于保障军队作战的劳动力就占当时劳动力总数的24%。

在重点保障军队作战的同时，还要兼顾社会管控和消除战争灾害的需求。否则，如果社会正常生产不能保持，人民群众的基本生活不能维持，军队扩充、军品生产供给也难以维持。"第一次世界大战中后期，当滥用人力引起经济破产的危险出现之后，各国不得不增加熟练工人免服兵役的人数，并且从前线遣返一部分熟练工人。"②日本在第二次世界大战期间，动员的船舶一直是重点保障军队作战所需，放弃了战争必须以国力为基础的基本原则，就连运煤船和运油船的数量也没有得到保证，"导致以船舶运输为基础的日本战时经济体制无法正常运输，整体上处于无序的混乱状态之中"③。

解放战争淮海战役极为激烈的第二阶段，华野、中野都要求补充新兵。分管支前工作的邓子恢本着兼顾战争需要与人民生产需要的原则，于1948年10月3日、12月20日分别致电中央军委和刘伯承、邓小平、陈毅，专门提到，今天靠中原新区扩兵尚有困难，如单靠俘虏补充，部队素质又受影响，一般以调地方武装建制团营升级为最好。前线部队需急切补充，但补充计划应照顾三个方面：一要保证补充后能巩固；二要保证以后还能继续扩大，以便第二线兵团源源不断送上前线；三还应照顾到不致妨碍目前群众运动之开展，以便打下一切工作的深厚基础。他主张，豫西补充中野1.5万人，豫皖苏补充华野也以2万人为度。正是在兵员动员中兼顾了社会基本生产生活，避免了涸泽而渔，保证了持续动员的能力。

各类作用对象的重要程度会随着形势发展而变化。在"军队作战优先保障"的大前提下，各类作用对象的重要程度会随着形势发展而变化。一般来说，在动员准备阶段和动员展开初期，首先需要最大限度确保军队提高作战能力，这一阶段重点保障的作用对象通常是军队兵力扩充、武器装备生产。随着动员行动逐步展开，战争形势相对稳定，可以适当地加大对社会管控和消除战争灾害的动员保障力度，以积蓄足够的战争后劲，为下一阶段作战储备足够的力量。

---

① 刘鸿基：《战争动员学》，国防大学出版社1992年版，第290页。
② 张羽：《战争动员例评》，白山出版社1996年版，第141页。
③ 张羽：《战争动员发展史》，军事科学出版社2004年1月版，第286页。

五、各要素之间相互关系

我们认为战时国防动员组织指挥的理想境界是在规定的时间、规定的地点，提供军队作战、应急维稳、社会管控等行动所需要的动员资源，这种境界就是战时国防动员组织指挥各要素有机结合的结果。厘清战时国防动员组织指挥各要素之间的相互关系，并据此指导组织筹划行动，是动员组织指挥的重点，也是难点。战时国防动员组织指挥各要素之间交织作用，构成了主动与被动、服从与被服从、决定与被决定、相互影响等多种关系。

(一)主体与其他要素的关系

1. 主体与客体之间存在主动与被动的关系

客体是动员组织指挥的物质基础，客体的数量、质量、可利用程度，直接决定了主体组织动员行动的方式方法。如果没有动员资源，主体的筹划指导活动就没有任何意义，动员组织指挥也就无从谈起。第一次世界大战，由于以德国为首的同盟国战前动员准备比较充分，在战争初期，德国动员了大量动员资源保障军队作战，取得了战争的主动。但随着战争的持续和规模的不断扩大，德国可供利用的动员资源在旷日持久的战争中迅速消减，这种情况下，再高明的指挥员也无能为力，只能吞下失败的苦果。因此，战时国防动员组织指挥主体要根据客体的情况筹划组织。我们日常所说的厨师要根据原料的品种、数量、质量进行烹饪，就是这个道理。

当然，具备可供利用的动员资源物质基础之后，动员指挥员通过组织筹划，可以把动员资源的效能充分发挥。正如毛泽东所说："军事家活动的舞台建筑在客观物质条件的上面，然而军事家凭着这个舞台，却可以导演出许多有声有色威武雄壮的活剧来。"[①]如果没有善于动员这些资源的能力和正确运用这些资源的本领，拥有再多的动员资源也无法发挥出其理想效能。

2. 主体与时空存在互为影响的关系

首先，主体的组织指挥水平影响组织实施的时间、空间。通常，动员指挥体制健全，动员程序方法规范，动员指挥员筹划水平高超，动员组织筹划准备的时间就比较少，所需动员的空间范围就可以相对小些。第四次中东战争，由于以色列拥有健全的战时动员指挥体制，具备高超的"动员艺术"，在面对埃及、叙利亚的突然袭击时，在非常短的时间内迅速完成了动员准备。

反过来，时空要素对动员组织指挥主体也有多重影响。首先，时空要素影响主体组织筹划的难度。通常，在相同时代背景的战争中，动员持续的时

---

① 吴景亭：《战争动员》，解放军出版社 1988 年版，第 132 页。

间越短、空间越小，动员的规模就相对较小，进而组织指挥的难度就比较小。相比于长期、大规模战争，短期、小规模军事冲突在动员组织指挥方面的复杂程度就会小很多。另外，时间、空间要素还会影响主体对动员类型和方式方法的选择。通常，动员持续时间短、空间范围小时，倾向于采取就地就近局部动员。动员持续时间长、空间范围大时，倾向于采取全国范围总动员。

但需要注意的是，不同时代背景下的战争往往不能简单地对比。信息化条件下局部战争与工业化时代大规模战争相比，动员组织实施的时间缩短，动员区域变小，但由于信息化时代背景给动员提出了更高要求，因此，实际上主体组织指挥动员活动的难度反而增加了。

3. 主体与作用对象存在供需关系

作用对象是战时动员活动的需求提出方，一个完整的战时国防动员组织指挥过程，就是动员指挥主体根据军队作战提出的需求进行动员准备，通过落实需求而展开，随着需求消失而结束的过程。在动员筹划准备阶段，动员组织指挥主体根据军队作战对动员资源需求的数量、质量、种类、完成时限和交接地点的要求，确定动员资源筹划方式，拟制动员计划，定下动员决心，也就是古人常说的"兵马未动、粮草先行"。解放战争淮海战役之前的一个月，华东支前委员会根据军队作战计划，并适当提高动员保障的富余量，按照"百万人3个月以上的粮草供应"的规模进行动员筹备，从而确保了在军队作战过程中能够及时、足量提供作战所需粮草。在动员行动展开阶段，动员组织指挥主体根据军队作战行动的变化，督导动员行动，修订、调整动员计划，并组织动员行动转换。在复员阶段，动员组织指挥主体根据军队作战对动员需求的减弱和消失，组织动员资源向地方移交。

（二）客体与时空、作用对象的关系

1. 客体与时空存在互为影响的关系

首先，时间、空间要素影响动员组织指挥客体的数量、质量、种类。战时国防动员所处的季节、气候、地形、地势，影响动员资源的数质量、种类。抗美援朝战争第一、第二次战役在冬季进行，由于气候寒冷，参战官兵和随军民工需要大量的棉衣棉鞋。由于战前总后勤部下达的计划任务较小，东北库存的棉花根本无法满足战争的需要，致使许多参战官兵穿着破烂的棉衣棉鞋作战，更出现了志愿军在严寒中作战，由于保暖不够而冻伤冻亡的情况。

反过来，客体的规模、质量、可利用程度也影响动员准备时间和动员涉及地域。通常，可利用的动员资源数量多、质量高，动员需要的时间就少，涉及的动员空间范围也相对小。抗美援朝战争人力资源动员方面，由于东北地区拥有大量可供动员的劳动力，支前指挥机构在东北地区较短时间内就完成了人力动员任务。

在可利用的动员资源数量少、质量差的情况下，就需要适当增加动员准备的时间，扩大动员范围，以保证符合数量、质量要求的动员资源由平时状态转换为战时状态。抗美援朝战争交通运输资源动员，在运动战阶段初期，我军作战需要动员近 7000 辆运输汽车，但由于当时全国运输车辆缺乏，只能在全国范围内抽调，动员所需的时间也大大增加。客体的生产周期也对动员组织指挥时间、空间产生影响。一般来说，生产周期长的动员资源，需要提前进行组织筹划，并尽量采取提前、多地贮备的方式预先准备。

2. 客体与作用对象存在被决定与决定的关系

战时国防动员组织指挥作用对象的用途决定了客体的类别。通常，军队作战需要的客体，主要是现役部队和预备役部队需要补充的兵员、武器装备、后勤物资和军工生产所需的原材料。

社会管控需要的客体，主要是保障重要厂矿企业正常运转所需要的劳动力和原材料物资，维持社会正常秩序和人民群众基本生活的日常物资。第二次世界大战前夕，苏联意识到工业时代战争一旦爆发，为了保持社会正常生产生活，需要大量掌握生产技能的劳动力。为此，苏联依托厂矿企业，建立了众多劳动后备学校，通过对青少年进行培训，为战争期间社会管控提供专业劳动力。1941—1945 年，共培训 248 万多青少年，其中近 80％ 的人员被动员到燃料、动力、冶金、建筑和交通运输等行业。

消除战争灾害需要的客体，主要是防护工事、个人防护器材和抢修遭敌破坏区所需的专业人员及物资器材。海湾战争期间，伊拉克动员 13 万民防人员，并进行了专业培训。在遭多国部队长达 1 个多月的猛烈轰炸中，伊拉克动员大量人员和装备，进行重要目标的抢修。

(三)时空与作用对象的关系

时间、空间与作用对象存在服从关系，战时国防动员组织指挥的时间、空间要素应服从并服务于动员对象。

首先，作用对象的规模对战时国防动员组织指挥时间、空间具有决定性影响。对于武装力量动员组织指挥来说，在同一空间范围中，动员 10 万人还是 100 万人所需要的时间是不同的。在同一时间段内，动员 10 万人与动员 100 万人所涉及的地域也不同。

另外，作用对象涉及的时间、空间决定了战时国防动员组织指挥的时间、空间。需要注意的是，军队作战与动员组织指挥的时间、空间关系紧密，又不完全相同。由于动员组织指挥包括动员准备和复员，因此动员组织指挥持续的时间通常要长于军队作战时间。另外，出于保证动员资源数量、质量的考虑，在动员过程中，往往倾向于在比较大的区域范围筹集、输送动员资源。

因此，战时动员涉及的地域，通常要大于军队作战地域。抗美援朝战争，军队作战地域主要是在中朝边境和朝鲜境内，而动员地域范围是以东北地区为主，涉及全国大部分省份。军队作战时间主要是从 1950 年 10 月 19 日志愿军正式入朝作战开始，到 1953 年 7 月 27 日签订停战协议为止，而战争动员组织指挥活动从 1950 年 7 月 7 日组建东北边防军就开始了，一直到 20 世纪 50 年代中期完成复员工作后才完全结束。

第三章　新中国战时国防动员
组织指挥的历史考察

马克思历史唯物主义认为，事物不是孤立不变的，而是发展延续的，研究事物要在历史的大背景下，在一定条件下的历史过程中来分析。古希腊哲学家亚里士多德曾说过："我们如果对任何事物，对政治或其他各问题，追溯其原始而明白其发生的端绪，我们就可获得最清晰明朗的认识。"[①]历史可以为我们提供一个回头看、往前看的坐标，我们只有把事物的历史发展过程搞清楚，才能真正认清事物本质，把准事物发展的方向，找到解决问题的方法对策。研究新中国成立以来我国战时国防动员组织指挥的发展历程，可以探寻到其历史发展的轨迹，发现其发展的内在规律及作用机理，从而更深刻地理解现在和科学地预测未来，更好地指导战时国防动员活动。

第一节　主要实践

新中国成立以来，我国经历了多次规模不等的局部战争和军事冲突。其中，抗美援朝战争、对印自卫反击作战、珍宝岛自卫反击作战、西沙群岛自卫反击作战，在动员组织指挥上更具有代表性和典型性。这几场战争和军事冲突的动员活动，反映了不同条件下战时国防动员组织指挥的特点，创造了许多管用的经验。

一、抗美援朝战争动员组织指挥

(一)基本情况

抗美援朝战争是新中国成立后不久，我国为应对美国的战争威胁，应朝鲜党和政府的迫切请求，被迫进行的一场反侵略战争，是人民解放军以志愿军形式参加的第一场现代化大规模局部战争。朝鲜战争于 1950 年 6 月 25 日爆发，中国人民志愿军于同年 10 月 19 日入朝标志着抗美援朝战争正式开始，至 1953 年 7 月 27 日朝鲜停战协议签订，抗美援朝战争结束。

抗美援朝战争动员所处的历史条件是新中国成立之初，百废待兴，国家经济基础薄弱，工农业生产水平较低，同时缺乏组织现代战争动员的经验。

---

① 亚里士多德：《政治学》，商务印书馆，2010 年 11 月第 11 次印刷，第 4 页。

在这种条件下，国家进行了一场以东北地区为主要动员区域，涉及全国大部分地区的大规模局部战争动员。整个战争动员组织指挥活动从 1950 年 7 月 7 日政务院总理周恩来主持召开国防会议开始，至 20 世纪 50 年代中期复员工作全部完成为止。整个动员活动涵盖多个领域，采取了包括冻结、管制、统制、没收西方在华资产和捐献等多种战时动员手段。动员保障的规模，从战争开始前保障 25 万人，至战争初期保障 70 万人、100 万人，在战场需求最高峰期，同时为 130 万人提供保障。

为组织好这次动员，国家从上到下建立了完整的指挥体制，充分利用新建立的国家政权，建立了政务院和中央军委共同领导、东北人民政府为主具体组织的战时动员指挥体制，同时注重发挥社会团体作用。国家在整个战争动员组织指挥过程中，调动全国人民的力量，克服困难，保证了志愿军作战需求。人力动员方面，从 1950 年 11 月至 1953 年 9 月，全国共动员新兵 2073279 人；物力动员方面，在动员需求高峰时期，即 1951 年 7 月至 12 月，达到了为 130 万人保障半年的物资动员保障能力；交通动员方面，全国的主要汽车资源和东北的主要铁路、公路资源均用于支援保障作战；财政动员方面，最高时期，全国 48.5％的国家年度财政预算用于战争。

（二）基本方法

1. 人力动员

以东北地区为主要动员地域，组织随军支前人员动员。抗美援朝战争随军支前人员，主要是组成担架队和运输队伴随保障军队作战。人民志愿军入朝前夕，东北人民政府组织的担架队人员动员地域主要是吉林省、辽西省，之后又逐步扩大至松江省、辽东省和黑龙江省。

采取先就近动员，后逐步扩大动员范围的方式组织兵员动员。首先在涉战地区征集兵员，1950 年 10 月 21 日开始的首次大规模兵员征集，主要征集地域为东北地区，全区共动员新兵 10 万人。到了运动战阶段，随着兵员补充需求的增加，仅仅在东北地区征集兵员，已经无法满足作战的需要。1950 年 12 月 3 日，中央军委发出《关于新兵分期动员和分期补充规定的指示》，将兵员动员地域由东北地区扩大到中南地区、华东地区、西南地区。随着战争的持续，到了阵地战阶段，又将兵员动员的地域范围扩大至华北地区和西北地区。

2. 武器装备动员

关于武器装备的筹集。战前，国家的兵工生产能力远无法满足军队入朝作战需要。对此，国家采取加快生产、向苏联订货、抽调其他部队武器装备和开展捐献武器运动等办法，筹集军队作战所需武器装备。1950 年 10 月 6 日，重工业部组织召开军工生产动员大会，要求军事工业部门按照军队军需部门提出的武器装备需求清单，组织生产，确保足额供应。同时，中央军委从其他部队抽调相对较好的武器，补充东北边防军。在联合国通过全面对华禁运的决议后，中苏经过谈判签订了 1951 年至 1954 年苏联向中国提供 60 个步兵师武器装备的协议。此外，根据战争需要，苏联还向中国提供了飞机、坦克、高射炮和汽车等武器装备。

关于武器装备动员的调控。国家针对武器装备动员过程中出现的新情况、新问题及时进行调控，保证了动员行动的顺利进行。针对武器装备生产速度赶不上部队作战消耗速度的情况，各兵工企业采取了许多行之有效的办法。抽调有实践经验的干部和老工人加强到生产第一线；延长工作时间，实行 11 小时战时生产制度，24 小时两班轮换；抽调青年学生和转业人员归队支援兵器工业生产等。针对运动战阶段前期志愿军缺少有效的反坦克武器的问题，重工业部向西南、华北两地的兵工厂下达了反坦克武器研制任务，负责设计、制造任务的军工厂克服巨大困难，在极短时间内完成了研制、生产任务，并且造一批，送一批，直接送到人民志愿军手里。针对人民志愿军弹药消耗过大，而兵工企业生产子弹装药比较困难的问题，沈阳等东北城市组织党、团员参加义务拆子弹工作，从其他口径子弹中拆出装药，装入新的子弹壳内，保证了前线单兵弹药的及时供应。针对许多兵工企业临近朝鲜边境，战时遭敌打击破坏威胁大的情况，从 1950 年 10 月开始，东北人民政府有计划地组织沈阳、丹东等地的 20 多个工厂，向松江省和黑龙江省搬迁。

3. 军需物资动员

动员准备阶段。国家根据入朝参战部队和民工需求不断增加的情况，及时调整了动员保障任务。1950 年 7 月份，国家确定的动员保障任务是"按 31 万人员、3 万头牲口、1000 辆汽车、4000 辆大车的数目，准备 3 个月的粮食、草料、汽油"[①]。至同年 8 月份，国家根据《关于加强东北边防军的计划》中确定的东北边防军由 25.5 万人增加至 70 万人的情况，确定了新的动员计划。"关于被服、帐篷、鞋袜、粮料、干菜、油盐等等，均照 70 万人准备。汽车准备分批购置 1 万辆，汽油照 1 年需要购存。卫生组织照 20 万人伤亡布置，医药器材照 70 万人准备。"[②]

动员行动展开阶段。由于主要作战地域为朝鲜北部，粮食、油料、被装等给养物资无法在当地筹措，勉强能够筹措的只有烧柴、稻草、部分食盐及咸鱼。为此，东北支前指挥机构根据不同类别的动员资源分别采取不同的筹集方法。"被服、装具、压缩干粮、部分药品、汽车配件等，大部分取自于后

---

① 中央军委关于组建东北边防军的命令，1950 年 7 月 10 日。

② 《周恩来军事文选》第四卷，人民出版社 1997 年 12 月版，第 53 页。

勤系统的军需工厂生产；汽车轮胎、橡胶雨衣、油桶、部分胶鞋、汽车零件配件等，国内公私营工厂订货；汽车、油料、机器五金、械弹、药品等，则多从苏联等国家订购。"①同时，为了提高军需物资的保障效率，同时降低敌打击破坏威胁，东北支前指挥机构对军需物资按照3线进行纵深梯次储备。第1线在朝鲜境内，即龟城、新仓、别河里、长津线；第2线在鸭绿江岸即长甸河口、辑安、临江线；第3线为凤城、灌水、宽甸、通化线。

4. 交通动员

成立了统一的铁路运输指挥机构。铁路运输是整个作战交通运输动员的重中之重。为了加强国内铁路运输的统一组织指挥，经铁道部与东北局、东北军区商定后，1950年11月11日，成立东北铁路沈阳临时指挥所，受国家铁道部委托，在东北人民政府和东北军区的领导下，统一组织指挥东北铁路的军事运输和抗美援朝运输工作。同时为了指挥朝鲜境内的铁路军事运输，在朝鲜定州和军隅里设置两个临时军运管理局。

对铁路运输动员组织指挥进行了明确规范。战争初期，国家颁发了《中央人民政府人民革命军事委员会军事运输机关临时条例》《中国人民解放军铁路运输规章》《铁路军事运输计划规则》《铁路军运调度工作暂行办法》《铁路军事运输付费办法》等。上述规定明确了铁路军事运输按军运范围实施计划运输，由规定的单位提出军运计划，计划分全局性和区域性两类，分别由总部和军区军事运输机关管理。军事运输分成特殊、重点、一般三个等级，由总部、军区和交通沿线军事运输机关分级管理，实行局部服从全局、一般服从紧急、后送服从前运的原则。重要铁路军事运输实行密语调度组织指挥，以保守国家的军事秘密。军事运输费采用后付办法，由军事运输部门统一向国家铁道部交纳结算。

(三) 主要经验

抗美援朝战争动员以建立指挥体制为主要标志，积累了利用国家机器组织动员的经验。

1. 积累了以国家政权为组织指挥主体，统筹组织全国动员资源的直接经验

革命战争年代，中国共产党没有掌握国家政权，党领导下的红色政权主要任务是夺取国家政权、抵御外敌入侵。在这一过程中，各地的革命进程和军事斗争任务不尽相同，很难统一组织筹划各解放区的动员行动。为了保证动员组织指挥的灵活性，建立了以各解放区、游击区为单位，相对独立的战争动员指挥体制，形成了一整套"因地而异、分区而治"的战争动员组织指挥程序方法，并经受住了革命战争动员实践的检验。新中国成立之初，全国上

---

① 《杨立三文集》下卷，金盾出版社2004年7月版，第253页。

下对如何使用国家机器在全国范围利用丰富资源，科学组织战时国防动员活动的经验还十分匮乏。通过抗美援朝战争动员实践，国家积累了统筹全国力量组织指挥动员活动的经验。

人力动员方面。以兵员征召为例，国家不仅重点在东北地区组织了大规模的兵员动员，而且在中南地区、华东地区、西南地区、华北地区和西北地区征召兵员，保证了兵员质量要求。物力动员方面。对于武器装备动员，国家专门召开会议，要求全国各地的相关军事工厂立即投入战时生产，按军队提出的需求清单，组织生产。对于军需物资动员，在组织动员行动展开过程中，面对巨大的物资需求，国家在全国范围内筹集军需物资。财力动员方面。战争的前两年，中央财政按照"国防第一、稳定市场第二、其他第三"的原则组织动员经费保障。到抗美援朝战争结束时，国家共开支战费 62.5 亿元人民币，几乎等于国家 1950 年全年的财政收入。正是由中央集中全国的财力保障作战动员，使动员经费有了可靠保证。运力动员方面。由于大量动员资源从全国各地输送至东北地区，国家成立了专门的运力指挥机构，统一调配交通运输资源。医疗卫生动员方面。在全国范围内组织支前医疗队，共动员了全国 27 个省、市、自治区的优质医疗卫生力量赴朝，遂行医疗保障任务。

2. 积累了现代大规模局部战争条件下，战区主导的动员指挥体制建立和运转经验

新中国成立之初，国家没有应对现代大规模局部战争动员组织指挥的经验。抗美援朝战争初期，国家对于战时国防动员指挥体制如何建立、运转并没有清晰的认识，对纵向中央到地方、横向军队与政府各界的动员指挥职责、权限、相互关系也没有形成明确的规范。抗美援朝运动战初期，动员指挥体制运转并不顺畅。政务院有关部门与东北人民政府之间的动员指挥关系不清，影响了整个动员的及时性。据此，1950 年 10 月 8 日，毛泽东发布命令："中国人民解放军以东北行政区为总后方基地，所有一切后方工作供应事宜，以及有关援助朝鲜同志的事务，统由东北军区司令员兼政治委员高岗同志调度指挥并负责保证之。"至此，在政务院和中央军委的共同领导下，以东北人民政府为主的战时动员组织领导体制得以确立。在战争进入运动战阶段，随着动员规模的逐步扩大，东北方面感到以他们的权力范围不能保证他们"全权负责志愿军供应的一切事宜"。为此，周恩来召集国家军政方面负责人，"检讨并解决了富春所提及与东北有关的若干问题"。进一步明确了东北方面在动员指挥体制中所起的主导作用，并最终确立了由政务院、中央军委统一领导，中央军委总参谋部、总政治部、总后勤部与政务院有关部门协调配合，中共中央东北局、东北人民政府会同东北军区直接组织的局部战争动员指挥体制。战争动员组织指挥实践证明，这种动员指挥体制保证了动员行动的有序、高效。

3. 充分发挥了社会团体的作用

战争期间，国家在建立、完善军政系统动员指挥体制的同时，也注重发挥非政府公共组织在动员组织指挥中的独特作用。

动员筹划准备阶段，"中国人民保卫世界和平大会"和"中国人民反对美国侵略台湾朝鲜运动委员会"相继建立。1950年10月下旬，这两个机构又合并改组为"中国人民保卫世界和平反对美国侵略委员会"（简称中国人民抗美援朝总会），各行政区、省市先后成立分会。

动员展开阶段，以中国人民抗美援朝总会为主的非政府公共组织，发出了开展捐献武器运动的号召。捐献武器运动开始后，各地工厂、农村、机关、学校、街道以及工会、青联、妇联等人民团体和工商业者协会等组织，普遍制订了捐献武器的计划。很多地方、单位都把捐献武器列入爱国公约，作为参加抗美援朝的一项重要实际行动。

可以说，非政府公共组织在抗美援朝战争动员指挥过程中，充分依靠自身的组织力和影响力号召本行业系统和全国人民积极参与动员活动，收到了官方动员很难取得的效果，为政府和军队动员组织指挥起到了重要辅助作用。同时，国家也积累了非政府公共组织参与动员组织指挥的宝贵经验。

二、对印自卫反击作战动员组织指挥

(一)基本情况

对印自卫反击作战，是我国为维护国家领土主权和尊严，打击印度当局反华、排华嚣张气焰，进行的一场中等规模的反侵略作战。作战行动始于1962年10月20日，至次月21日结束。

对印自卫反击作战动员，是一场持续时间较短、在特殊高原地区进行、规模有限的局部动员活动。整个对印自卫反击作战动员组织指挥，是从1962年5月29日、30日，总参谋部向新疆军区、西藏军区下发《关于中印边境军事斗争的指示》开始，至1963年复员结束为止。主要动员地域为新疆、西藏地区。国家在动员过程中，建立了中央统筹，中共西藏工委、新疆维吾尔自治区人民政府分别负责东线、西线动员活动的战时动员指挥体制，积累了高原山区条件下现代局部战争动员组织指挥的基本经验。

(二)基本方法

1. 人力动员

主要是进行支前保障方面的人力动员。由于此次作战，我国参战兵力有限，且兵员损失不严重，因此，国家并没有组织大规模的兵员动员，而主要是进行了抢修和急造军路、输送弹药和武器装备、后送和救护伤员等动员保障方面的人力动员。在东线，中共西藏工委在山南、昌都、林芝、江孜、阿里等 5 个地区和拉萨市，共动员民工 3.22 万多人，用于支前保障，占西藏自治区总人口的 2.66％。在西线，新疆维吾尔自治区人民政府先后动员民兵、民工 2 万多人，担负前运物资、后送伤员以及护路、物资装卸等任务。

2. 武器装备动员

(1)从国家全局的高度组织武器装备生产动员。对印自卫反击作战，正值国家在东南沿海进行紧急战备。为此，国家将对印自卫反击作战与东南沿海紧急战备的武器装备生产统筹组织。1962 年 6 月，国家在安排东南沿海紧急战备第二批"备战增产"任务时，一并安排了为西藏、新疆边防部队生产武器弹药的任务。

(2)有针对性地组织生产适应高寒山区作战的武器弹药。国家在组织武器装备生产中，要求军工企业赶制出 120 毫米迫击炮、82 毫米迫击炮、榴弹炮、加农炮、75 毫米无后坐力炮、40 毫米火箭筒、自动步枪、手提式冲锋枪等适合高寒山区作战使用的武器装备。574 军工厂根据前线需要恢复了 40 毫米火箭筒的生产，年产量从 1961 年的 3000 多具增加到 1 万多具。

3. 军需物资动员

(1)主要依靠后方补给的保障方式。作战受地理自然条件的限制，在交战地区就地补给比较困难。尤其是东段作战地区居民较少，参战部队多，物资消耗量大，所需物资除木料和烧柴外，都不能就地补给。为此，西藏和新疆的支前指挥机构均采取了以后方补给为主的物资保障方式。西藏"全区支前的主要物资：糌粑 237 万斤①、酥油 6.4531 万斤、牛羊肉 31.7316 万斤、烧柴299.3056 万斤、马草 151.8834 万斤、马料 9.5 万斤、蔬菜 31 万斤。"

(2)加大军需物资预储力度。作战地域主要在高原山区，交通运输不便。为此，国家有关部门会同总参谋部、总后勤部，为西藏军区和新疆军区边防部队调集大量作战物资和军需给养。到开战前，西藏、新疆中印边境各作战方向上，均储备了较为充足的给养、弹药、战救药材，以及油料和取暖器材等。具体情况是，为一线部队储备了 11 个月的粮食，9 个月的副食，6 个月的燃料；为二线部队储备了 6 个月的主食。

4. 交通动员

(1)由国家层面组织战役后方到前线的支前输送。战前，大量的兵员和作战物资需要从国家中部地区和西南地区输送至西藏、新疆地区。各参战部队分别在全国 70 多个站点组织了兵员集结登车。

---

① 1 万斤＝5 吨。——编辑注

国家铁道部和交通部会同总参谋部、总后勤部运输部统筹将参战部队和作战物资输送至涉战地区的任务。1962年10月13日，总参谋部军交部在北京召开了有关军区军交部长会议，对军事运输进行了研究部署。对于相关运输，一律按"特殊运输"掌握，有些情况特别紧急的任务，可以打破常规组织抢运。对于零装整车随最早列车挂运，必要时可开专列。为加强卸载的组织领导，避免出现堵塞、积压和混乱现象，总参谋部和总后勤部要求相关军区在盐湖、柳园、西宁、成都等重点卸载站，组成由军区军交部门、参战部队和铁路部门参加的卸载指挥所，统一组织领导卸车工作。

（2）涉战地区党委、政府因地制宜，采取多种形式组织战役前方运输力量动员。由于战役前方通往作战前沿地带的道路较差，许多地段汽车无法通行。大量物资用汽车运达战役前方后，各级支前指挥机构针对不同的情况，灵活采取不同形式，组织人力和畜力输送。一种是在后方基地和前方补给站之间，以当日可以往返的路程设置多个转运站，实施逐站接力倒运，形成站供点、点供面的物资保障格局。另一种是跟随部队补给。某师在纵深穿插迂回作战中，组织民工1500人，随队跟进前运给养13日份，弹药0.5个基数。

（三）主要经验

1. 积累了局部作战条件下，在不同作战方向分别建立、运行支前指挥机构的经验

由于此次作战规模有限，作战持续时间约一个月，因此，在动员组织筹划过程中控制动员范围，主要以西藏和新疆为主要动员地域。同时，由于作战战线涉及中印2000多公里的边境线。因此，在中央统一筹划下，作战东线和西线分别成立由中共西藏工委、新疆维吾尔自治区人民政府和军区为主体的动员指挥体制，各自负责本地区的动员组织指挥，以确保动员高效。

在西藏，1962年10月14日，中共西藏工委组成了由副书记、军区副政委王其梅负责的支前工作领导小组。西藏自治区工委下属的各部门及有关地（市）相继成立了支前指挥机构。军队方面，西藏军区后勤部抽调540名干部分赴前线，在达旺、瓦弄等方向开设了后方指挥机构。同时在部队前进方向上，沿线开设基地兵站、补给站和转运站。

在新疆，1962年10月，自治区成立了以辛兰亭副主席为主任委员的支前委员会，自治区粮食、商业、交通、卫生、民政等各厅厅长担任委员。同时，抽调干部组成支前办公室。喀什、和田专署及有关县、市，组成了由主要领导参加的支前委员会，设立了支前办公室。军队方面，新疆军区抽调350人组建了前指后勤部，并在部队开进沿线开设基地兵站、补给站和转运站。

2. 积累了在高寒山区条件下组织指挥动员活动的经验

通过前文论述我们知道，作战空间对动员组织指挥具有重大影响，此次

作战动员所处的空间情况：东段西藏方向，在喜马拉雅山脉的南侧，是高山、峡谷、密林地区；西段新疆方向，地处喀喇昆仑山、冈底斯山山脉，大部地区在海拔 5000 米以上，气候恶劣，高寒低压，干燥多风，缺氧缺水。地方各级支前指挥机构在组织指挥动员活动的过程中，针对高寒山区的特点，采取了许多行之有效的方法，总结出一套高寒山区条件下组织动员活动的经验。

由于作战地区地处高原，平时建设的公路根本无法直接到达作战前沿。东段战区公路终点离作战前沿有 100 公里左右，西段战区公路终点离前沿更远。因此，西藏、新疆维吾尔自治区都在战前组织大量民工配合部队急造军用公路，缩短了人力、畜力运输的距离，以保证汽车直达前沿阵地，为大量物资和伤员的前运后送提供了重要保障。

由于山高林密，道路崎岖，汽车运输根本无法到达，物资用汽车送达前沿地带后，通常还有几十公里至百余公里的路程。为此，西藏、新疆维吾尔自治区均动员大量的人力、畜力，担负前沿地段和随军物资的运输任务。

3. 积累了在少数民族聚居区组织指挥动员活动的经验

此次作战动员主要涉及西藏、新疆等少数民族地区，从中央到地方各级政府，在实践中摸索积累了在少数民族地区组织动员活动的宝贵经验。

在动员准备阶段，中央就意识到融洽的民族关系是完成好动员任务的重要条件。为此，1962 年 6 月 19 日，总参谋部就指示西藏军区会同西藏工委做好部队预定行动地区的群众工作，改进民族关系，以利于巩固后方交通和补给。

在组织动员行动展开过程中，各级支前指挥机构注重发挥当地少数民族群众熟悉当地情况的优势，鼓励他们积极参加支前活动。有的单位给参加支前的少数民族群众佩戴红色布条，增强他们的荣誉感。有的单位给表现突出的少数民族群众"分十元、七元、五元三等价值的物质奖励"①。

三、珍宝岛自卫反击作战动员组织指挥

（一）基本情况

珍宝岛自卫反击作战是我国应对苏军不断制造边界事端而进行的一次目标有限的边境武装战斗。战斗始于 1969 年 3 月 2 日，至同月 17 日结束。

珍宝岛自卫反击作战动员，是国家以黑龙江省为主要动员地域实施的低强度应急性局部动员。整个战时动员组织指挥活动，是从 1969 年 2 月 19 日中央军委批准黑龙江省军区上报的珍宝岛地区军事斗争方案开始，至同年 7 月中央军委发布命令表彰先进集体和个人为止。在实践中，国家临时以涉战

---

① 中共西藏工委：《中印边界东段自卫反击战支前工作总结》，1963 年 3 月 17 日。

的合江地区革委会和合江军分区为主组织动员活动，摸索总结了面对突发军事冲突组织动员的经验。

（二）基本方法

1. 人力动员

（1）人力动员来源以基干民兵和复员军人为主。由于此次军事冲突事发突然且规模有限，合江支前委员会将基干民兵和复员军人作为人力资源动员重点，充分发挥他们训练有素的优势。在整个动员过程中，合江支前委员会共动员 8730 人参与作战保障。其中动员"基干民兵 3383 人，用于担任火线抢救伤员、修公路、运送装卸弹药、搭帐篷、修工事、修直升机机场、修炮阵地、绞坦克、埋地雷等支前战斗任务"①。动员的 1300 多名用于保障交通运输的司机中，有 53% 是复员转业军人。

（2）人力动员单位以林场、农场和大型企业为主。此次作战之前，我国多是从广大农村动员农民参加支前活动。珍宝岛自卫反击作战地区主要是在黑龙江省合江地区，当地林场、农场、大型企业众多，为成建制组织人力资源支前保障提供了有利条件。整个动员过程中，合江支前委员会共动员了黑龙江生产建设兵团三师二十一团，合江林业管理局革委会（工程公司、东方红局、迎春局）、哈一机等单位的员工参与支前保障。

2. 武器装备动员

以地方力量为主组织军械保障。珍宝岛自卫反击作战，参战部队使用的武器装备种类较多，加之该地区冬季漫长、气候寒冷，无论是军械修理还是武器弹药前送任务都十分艰巨。同时，部队自身的军械保障力量十分有限，成建制的军械修理分队只有 4 个。为解决这一问题，经沈阳军区前指与地方支前指挥机构协调，从虎林、饶河和黑龙江生产建设兵团农垦第三师动员大量人员参加军械保障。

重点组织反坦克武器的生产研制。战斗中，苏军的坦克对我军造成了巨大威胁，参战部队配备的反坦克武器无法对苏军坦克实施有效打击。为此，战斗打响后，国家迅速组织国防工业特别是枪炮工业转入战时生产。针对部队作战急需数以百万计的破甲弹防滑帽，国家迅速组织 296 厂、456 厂、127 厂等 10 多家枪炮厂，开足马力，昼夜不停，以最快速度突击生产，按期完成了计划。同时，国务院及时主持召开反坦克武器科研生产会议，研究解决解放军反坦克武器薄弱的问题。

3. 军需物资动员

主要实行就地就近动员的保障方式。一方面，此次武装冲突事发突然，

---

① 沈阳军区前指战勤组：《珍宝岛自卫反击作战中支前民兵政治工作总结》，1969 年 4 月 30 日。

且规模有限；另一方面，涉战的黑龙江省物质资源丰富，工农业比较发达，可以为作战提供有力的物资保障。因此，国家确定物资动员的地域范围为黑龙江省内。全省"从3月初到5月中旬，为前线部队提供主食8种2110吨，副食品41种2940吨，其他各种生活必需品如炉具、帐篷等计31种27.8万多件"。其中，位于珍宝岛作战地区的合江地区，"供应支前物资，钢材116.7吨，木材443.5立方米，水泥59吨，炸药332.3吨，原煤296吨，汽车、拖拉机等配件22万多件，电机22台，地方工业产品240种2万余件，粮食685.5吨，基本上保证了前线的需要"[1]。

4.交通动员

由沈阳军区交通部门统一指挥铁路运输。虽然作战主要集中在合江地区，但铁路运输涉及因素众多，铁路系统与地方政府又不存在直接隶属关系，当地支前指挥机构很难直接对铁路运输实施有效动员。因此，由沈阳军区司令部军事交通部统筹组织作战的铁路运输保障，收到了很好的效果。为了先于苏军将击毁的苏军坦克拖回，军区交通部门协调铁路部门，组织专门车辆，以附挂于旅客快车和单机专送等办法，从旅顺将绞盘机快速运至前线。

开设多条兵站运输线，保证人员、物资运输畅通。战前，作战地区的交通状况较差。通往前线地区的铁路、公路多为林业生产用路，道路少、通行能力低。战斗初期，只有一条兵站运输线，不仅无法满足日益增加的运输需求，而且如果遭敌破坏，会引起整个交通运输的瘫痪。为此，作战期间，在交通部的有力组织和支持下，黑龙江省动员大量人力、物力，抢修抢建战区公路。"从3月2日至20日，共动员黑龙江生产建设兵团和宝清、饶河两县8000多人，对宝清、饶河地区288公里公路进行了紧急维修，清除积雪，加固桥梁，建立标志，基本保障了通车。"[2]沈阳军区前指积极组织抢修东方红至858农场的森林铁路，作为第二条兵站运输线。同时，合江地区、饶河县和生产建设兵团农垦第三师又共同开辟了第三条兵站运输线。各级支前指挥机构利用这3条兵站线组织人员、物资前运后送，大大提高了动员输送的效率。

(三)主要经验

1.积累了临时建立应急性局部动员指挥体制的经验

珍宝岛自卫反击作战支前动员指挥体制，是在事发后短期内迅速建立起来的。3月2日战斗打响时，由于事发突然，完整的支前动员指挥体制尚未建立，支前动员活动主要由合江地区革委会战备领导小组和合江军分区组织实

---

① 合江地区革委会、合江军分区：《关于后勤支前工作的总结报告》，1969年5月29日。

② 总后勤部军事交通部：《中国人民解放军军事交通史》，解放军出版社1990年11月版，第316页。

施。战斗开始后，沈阳军区成立了前方指挥部，黑龙江省革委会和合江地区革委会分别成立了由3至4名常委组成的支前领导小组，设立了支前办公室。合江地区各县、特区革委会也建立了支前领导小组，有的边境县成立反侵略斗争指挥部，处于作战地区核心地带的饶河、虎林、宝清、集贤等县的所有公社都建立了支前组织。另外，由于黑龙江生产建设兵团农三师地处中苏边境地区，有4个团与苏联只有一江之隔，农三师"在前指设立了保障领导小组，在福利屯派专人参加兵站的工作"[①]。

整个作战动员，主要由沈阳军区前指统一领导，前指后勤机构与合江地区支前指挥机构具体组织指挥，以保证军地协调顺畅，动员有序。

2. 积累了"三结合"式军地供需协调的经验

军地供需衔接一直是战时国防动员组织指挥的重点和难点。在珍宝岛自卫反击作战动员开始阶段，也出现了由于军地协调不畅，导致动员忙乱、被动的情况。大岱支前物资供应站最初隶属于饶河县革委会，它担负着接纳、储存从合江地区各市县、生产建设兵团三师及全省各地运进的支前物资，并直接供应作战部队的任务。但供应站无权直接从生产建设兵团和各兄弟市县征集、调拨物资。军区前指或各部队向供应站提出需用物资品种、数量后，供应站要报给前指战勤组，并委托前指转告合江军分区，再由军分区转告地区支前办，地区支前办再组织货源、调配车辆，大大影响了动员保障效率。3月上旬，部队需要猪肉、粮、油和其他副食品，本来就近的生产建设兵团就有，但受供应站的权限制约，无法调拨。军地有关单位针对这些问题，摸索建立军队、兵团、地方"三结合"的支前指挥机构，在动员实践中收到了良好效果。大岱支前物资供应站建立了由作战部队军需后勤部门、合江地区革委会支前办、合江军分区后勤部、省生产建设兵团三师后勤部、饶河县革委会支前办代表参加的支前指挥机构。具体运行中，由军队代表提出需用物资供应、储备、分配计划；地区、兵团、饶河的代表负责组织货源，调拨运输车辆，具体安排、执行物资的进货、供应计划。

3. 积累了应对突发性军事冲突动员筹划准备的经验办法

珍宝岛自卫反击作战动员组织指挥中，我国积累了在可能爆发战争的敏感地区预有准备，避免仓促应对的动员筹划准备经验。虽然珍宝岛自卫反击作战是突然发生的，但是在冲突爆发之前，主要涉战地区已经出现了一些战争征候。从20世纪60年代中期开始，苏军就开始拦阻中国边民进入珍宝岛，制造边界纠纷，并对七里沁岛和珍宝岛多次进行武装挑衅，制造了多次流血事件。对此，1968年2月24日，黑龙江合江地区革命委员会、合江军分区就

---

① 黑龙江生产建设兵团三师：《在珍宝岛自卫还击作战中支前工作情况和体会》，1969年6月。

联合发出通知，要求机关、团体、学校、事企业和国有运输部门参加战备公路建设。同年 3 月 20 日，合江地区人民武装委员会召开落实战备工作座谈会，统一战备工作思想。1969 年 1 月 25 日，黑龙江省军区就提出了珍宝岛地区干涉斗争方案，并于 2 月 19 日得到中央军委批复同意。2 月 23 日，沈阳军区也对此做出具体指示。按照中央军委和沈阳军区的指示，黑龙江省革委会和省军区在中苏边境地区进行了一系列的支前动员准备。战斗爆发后的动员组织指挥实践证明，事先进行适当的组织、计划准备，是动员成功的重要因素。

四、1974 年西沙群岛自卫反击作战动员组织指挥

(一)基本情况

西沙群岛自卫反击作战"是一次远离大陆以海战为主的陆军、海军、空军和渔民及民兵参加的协同作战，是中国人民解放军第一次海岛反侵略作战，赢得了战斗胜利"①。主要战斗始于 1974 年 1 月 19 日，至 20 日结束，共持续两天时间。

西沙群岛自卫反击作战动员，是一场规模较小的海上局部动员活动。整个战斗的动员组织指挥，是从 1974 年 1 月 16 日地方支前机构组织开展小规模的军需物资动员保障开始，至同年 2 月份复员工作完成为止。主要动员区域为海南行政区。动员过程中，海南支前委员会共组织 10329 人参加支前活动，筹措各类物资四十余种、416 吨。通过实战动员，我国摸索了现代海上联合作战动员组织指挥的特点规律。

(二)基本方法

1. 人力动员

主要是动员民兵参加支前保障。战前，民兵就在保卫与建设西沙群岛活动中发挥了重要作用。从 1969 年夏季开始，海南军区就开始有计划地组织海南各地民兵轮换驻岛，一边生产，一边守岛。

自卫反击作战期间，军地充分发动广东及海南相关行业的民兵为作战提供有力支援。战斗中，动员了驻西沙群岛的民兵进行话务保障，连续坚持工作 10 昼夜，及时、准确地完成了收发报任务，并完成了野外开通电话线路的任务。广泛动员财贸系统的民兵筹集军需物资。海南支前指挥机构动员财贸系统的民兵，在一夜间将前线急需的大量主、副食品和日用品，满满装上了 3 条货轮。动员广大民兵参加海上支前运输，仅 1 月 19 日至 21 日 3 天的时间，

---

① 《中国人民解放军军史》第 6 卷，军事科学出版社 2011 年 6 月版，第 231 页。

海南行政区动员民兵操作 8 艘运输船,分两批向西沙群岛运送军需物资。南海水产公司的 402、407 号渔轮的民兵,在 5 昼夜中运送人员 400 多人次,粮食、弹药和各种物资 70 多吨。

2. 物力动员

武器装备动员。由于此次作战主要是远离大陆的海战,而且规模较小,持续时间较短,因此武器装备动员主要是以海、空军的特种装备为主。对此,军地各级在动员组织筹划过程中,均对海空军特种装备动员投入了很大力量,进行重点保障。在铁路运输中,广州军区共装运 128 批车,其中,海、空军的特种装备共 767 车,占铁路运输的 91%,其中海军装备占 72.2%。

军需物资动员。战前,部队在主要涉战地区永乐群岛没有设防,也没有进行军需物资的储备。因而,此次作战的军需物资保障动员,是在作战发起后仓促筹划和展开的。为此,军地采取了非常规的办法,多渠道、分类别筹集军需物资。对于日常物资,主要是以地方支前机构为主组织筹集、调拨。战斗期间,"海南行政区、自治州及海口、文昌、琼海、崖县等县(市)的财贸部门,组织调拨供应支前的物资有 70 余种,主要是粮、油、豆、麻袋、饼干、肉类罐头、水果罐头、蔬菜、脱水菜、粉丝、柴油、煤油及其他日用品和副食品,做到随要随调,保证了前线的需要"[①]。对于部队作战专用物资,主要是由军队从各类物资仓库调运。从 1 月 18 日开始,广州军区驻海南的部分军需仓库就开始组织对西沙参战部队的供给。到了 19 日,军队大规模的专用军需物资动员全面展开。

3. 交通动员

加强海上交通运输保障的筹划组织。此次作战,参战部队的一切供应,从作战物资,到衣、食、住和日常生活用品,都从 185 至 416 海里[②]以外的后方补给。因此,组织筹划海上运输力量是此次交通动员组织指挥的重中之重。为此,军区和海南先后借用地方船舶 15 条,用于作战动员保障。另外,军队交通运输部门向地方提报计划,地方交通部门又安排大小船舶 21 条,用于动员人力、物力的海上输送。同时,南海舰队对 4 条在厂修理的油船进行突击抢修,在较短时间内修复 3 条,并迅速投入使用。

周密组织海运、陆运之间的衔接。在动员过程中,大量的人员物资首先由铁路、公路集中在海港,再通过船舶输送、卸载,才能送达参战部队。为此,军地各级非常重视人员物资倒运环节的组织指挥。在铁路终端和

---

① 海南行政区革命委员会财贸办公室:《关于支援西沙群岛自卫反击战的情况报告》,1974 年 3 月 15 日。

② 1 海里＝1852 米。——编辑注

海港之间，军地协同组织了汽车运输队和船舶装卸队，担负物资的倒运和装卸任务。海南行政区在海口港、清兰港、三亚港和永乐群岛，组织了4个船舶装卸队、4个民兵连和1个50人的民兵分队，担负船舶的装卸任务。

（三）主要经验

1. 积累了建立三军联合动员指挥机构的经验

新中国成立以来，我军在历次作战动员中，大多是建立以单一军种为主的动员指挥机构，建立三军联合动员指挥机构的经验不足。在西沙自卫反击作战动员实践中，军队初步积累了建立三军联合动员指挥机构的基本经验。

1月21日，广州军区为了加强对参战的海、陆、空军作战部队的协调保障，以海南军区后勤前进指挥所为基础，成立了有广州军区后勤部工作组、海军榆林基地、榆林要塞、广州军区空军等单位后勤领导参加的西沙作战指挥部联勤指挥机构。由海南军区副司令员乔怀宝负责组织，集体办公，负责协调联络，掌握情况，督促检查各军种完成后勤物资保障任务。1月23日，为了进一步加强三军动员协同，广州军区根据总后勤部的指示，在广州军区后勤部成立了三军联勤办公室，对西沙作战的后勤保障实施统一指挥。

三军联勤指挥机构在运行过程中，虽然在有些方面不尽如人意，如有关业务部门并没有真正联系起来，车辆、运输船只和前运物资也未统一调度使用，后方仓库物资管理、武器装备实力、医院的收容协同等都未统一掌握等，但是，通过三军联勤指挥机构的建立并运行，我军还是积累了宝贵的现代联合作战动员指挥经验。对于海上运输所需要的船艇，统一由军区组织征调、计划安排，尔后由海军南海舰队和海南军区具体落实，并将情况每日报广州军区军事运输部，由此避免由于海军掌握船艇，私自动用而导致动员混乱情况的发生。这些动员组织指挥经验，对于今后我国应对军事冲突，建立和运行联合作战动员指挥体制机制，也有重要的借鉴价值。

2. 初步探索了组织指挥海上动员的程序方法

长期以来，我国进行的作战行动多数在陆上进行，并在大量的实践中积累了丰富的应对陆上作战的动员组织经验，相应地，海上作战动员的经验却非常缺乏。此次作战中，国家依靠长期战备打下的动员基础，在没有进行战前动员准备的情况下，仓促进行了一次小规模的海上作战动员，开创了新中国远海作战动员的先例。动员指挥机构按类别组织筹划海、空军专用物资动员，军区统一组织海、空军动员物资的供应。对海、空军的物资供应，由南海舰队、广州军区后勤提出计划，军区统一组织供应；专用物资由海、空军按系统上报请领，同时抄报军区。

又如，把海上运输动员放到重中之重的位置。由于海上作战很难在涉战的岛屿就地筹集资源，大量资源补给都要依靠海上运输，因此海上运输动员是否顺畅是整个动员组织指挥成败的关键。作战中，军地动员指挥机构精心组织海上运输动员，对于海上运输所需船艇，由广州军区统一计划安排，具体由海南革委会、海军南海舰队和海南军区组织征调。

3. 探索了联合作战动员需求提报的程序方法

这次动员的需求提报最初不统一，没归口，各级的部队都直接向地方提出需求。在海南的部队，有的向海南军区提需求，再由海南军区告之海南行政区，有的则直接向驻地各县提出物资补充的要求。其次是事先无预告，临时需要临时提出，使地方动员被动应付。广州军区后勤部在战后总结中称，动员无预告"给军队和地方造了一时的忙乱，也给市场带来了压力，影响计划供应，这是个教训"。

为了在第一时间掌握参战部队的动员需求，各参战部队的后勤机关几乎无一例外地派出了后勤前指，海南行政区也派出多个工作组到各级前指或后勤指挥机构中。尽管如此，仍不能解决供需对接混乱的问题。主要原因是通信联络不畅，参战部队后勤机关难以掌握前方部队的实际需求。据海南军区后勤部战后总结：这次作战，后勤没有配专用电台，后方指挥上情况掌握不及时，前线的需要不明，基本上是靠分析判断来进行工作的。19 日至 30 日，虽由司令部了解一些情况，但前方具体需要哪些物资，武器、弹药和主副食消耗数量，则一直不太详细了解。一海之隔，没有通信工具造成指挥上的被动。我们只好派机关干部随船只上岛向返航船只有关人中了解一些情况，组织物资供应工作。

军队需求提报进入有序状态是在 1 月 23 日之后。当日，广州军区经与南海舰队、广州空军协调，南海舰队、广州空军后勤部都派人到军区后勤联合办公，组成联勤办公室，力求对西沙作战的后勤保障实施统一指挥。同日，广州军区《关于动用地方物资问题》电告军区空军、南海舰队、海南军区：西沙作战以来，地方支前工作很好，并运用了一些地方物资，运用数量请速清理上报。今后凡运用地方物资时，要先报军区批准，由军区后勤部归口办理。紧急情况，一边动用，一边上报。不得多要。

第二节　概括总结

我国通过新中国成立以来历次战时国防动员实践，积累了丰富的具有中国特点、时代特色的动员组织指挥经验，但还没有形成成熟的现代战时国防动员指挥体制制度。

一、大规模机械化战争条件下的战时国防动员组织指挥实践丰富

新中国成立以来，我国虽然没有经历大规模全面战争，但国家在 20 世纪 90 年代之前 40 多年时间里，基本上都是处在严峻的全面战争威胁背景之下。在此期间，我国历经了多次机械化条件下的大规模战争动员活动，积累了各种时间、空间要素条件下，不同动员规模、保障重点的动员组织指挥经验。

(一)战时国防动员组织指挥活动频繁

可以说，新中国成立七十多年以来的历史也是一部战时国防动员实践史。其中，除了改革开放初期安全形势比较平稳之外，我国在大多数时间都受到来自多个战略方向的战争威胁，迫使国家多次采取军事行动，或者进行不同规模的战备行动。

其中，仅较大规模的局部战争和紧急战备动员实践活动，就有解放军对国民党实施战略追击作战动员、抗美援朝战争动员、一江山岛作战动员、炮击金门作战动员、对印自卫反击作战动员、1962 年东南沿海紧急战备动员、珍宝岛自卫反击作战动员、西沙自卫反击作战动员和对越自卫反击作战动员等。

(二)战时国防动员组织指挥涉及空间环境多样

这几场作战规模不同，相应的动员地域范围大小也有区别，有的涉及多个省份，有的只涉及个别地市。抗美援朝战争动员地域覆盖整个东北地区，而珍宝岛自卫反击作战主要动员地域限制在黑龙江省合江地区。

另外，这些作战和紧急战备动员地域也分别涵盖全国不同地区。抗美援朝战争、珍宝岛自卫反击作战的动员地域在我国东北地区。一江山岛作战、炮击金门作战、东南沿海紧急战备主要动员地域集中在东南沿海地区。对印自卫反击作战动员地域主要在西部地区。

此外，每次作战动员地域类型也不尽相同。对印自卫反击作战动员地域主要是高原地区，对越自卫反击作战动员地域主要是热带丛林地区，珍宝岛自卫反击作战的动员地域主要是在高寒林区，西沙自卫反击作战动员地域主要是在海岛和沿海地区。

(三)战时国防动员组织指挥持续时间、所处时节多样

在这些战争和紧急战备动员组织指挥活动中，有的持续数年，我国在20世纪60年代进行的立足"早打、大打"的战备动员时期，前后共持续了10多年之久。抗美援朝战争动员活动也持续了数年。而有的应急性军事冲突，动员持续时间只有数月。珍宝岛自卫反击作战和西沙自卫反击作战动员，从动员准备到复员结束，前后只持续了数月。西沙自卫反击作战动员行动展开实际上只持续了数天。

另外，这些作战动员组织指挥活动也在不同的时节进行。抗美援朝战争运动战阶段动员活动在冬季，天寒地冻。珍宝岛自卫反击作战动员在初春进行，江河还未融化。1962年东南沿海紧急战备主要在夏季进行，洪水多发。我国积累了在不同时节、不同时长条件下的战时国防动员组织指挥经验。

(四)战时国防动员组织指挥规模和作战类型也不尽相同

有的局部战争动员规模很大，例如抗美援朝战争共动员新兵两百多万人。而有的军事冲突动员规模有限，例如珍宝岛自卫反击作战只动员了合江地区的几千名人员保障作战。西沙自卫反击作战动员，总计也只是动员上万人参加支前活动，且多以民兵为主。另外，在历次作战动员实践中，既有以保障陆上作战为主的动员活动，也有以保障海上作战为主的动员活动。

二、动员指挥体制和方式具有中国特色和时代特点

我党我军自革命战争年代起，就在长期战争实践中积累了许多切实管用、富有特色的动员指挥体制建立和运行的方法。新中国成立以后，我国进一步丰富和发展，并形成了一整套具有中国特色和时代特点的战时国防动员指挥体制和程序方法。

(一)中国特色方面

自革命战争年代起，我党我军在历次作战动员组织指挥实践中，依靠制度优势，形成了共产党"一元化领导""军政一致"等具有鲜明特色的传统经验，并在历次战争动员中发挥了重要作用。

一是实行战时国防动员"一元化领导"。中国共产党统一领导战时国防动员活动，以实现动员组织指挥的集中统一。在中央层面，实际上由中央政治局负责动员活动的核心决策。在地方层面，主要由各级党委统筹动员活动。为了方便统筹协调，省、市、县级党委书记通常兼任本级支前指挥机构的最高领导者。

二是建立党政军一体的战时国防动员指挥体制。自革命战争年代起，我党我军在作战动员中就建立了军民一致的动员协调机制，新中国成立后的历

次作战动员实践中，又继承发扬了这一优良传统，各级支前指挥机构成员均是由党政军的相关负责人及办事人员构成。抗美援朝战争中，政务院总理、中央军委副主席周恩来，因身兼党政军要职，协调党政军游刃有余。国家负责筹划组织财经动员的"五人小组"，也是由党政军相关部门的主要领导组成。

三是形成了从中央到地方各级分工的战时动员指挥运行机制。我国基本形成了中共中央决策、部署，国（政）务院、中央军委统筹领导，国家计委（经济动员计划局、国防司）协调组织，国务院各有关部门分工负责，若干战区具体指挥，相关省、市、自治区落实的战时动员组织指挥格局。

（二）时代特点方面

新中国成立至 20 世纪 80 年代末，国家都是基于"早打、大打"的战略方针，应对美、苏战争威胁进行的大规模全面战争动员准备。相应这段时期的战时国防动员组织指挥建设也体现出鲜明的时代特色。

这段时期，国家工业发展水平不高，物质基础比较薄弱。我国在战时国防动员组织指挥中，往往通过采取扩大动员区域范围，提前动员准备等办法确保动员保障工作的顺利完成。抗美援朝战争中交通工具动员，由于国家汽车资源缺乏，国家被迫在全国范围内调集车辆，用于支援战争。

这段时期，我国长期实行计划经济，与计划经济相适应的战时动员组织指挥经验非常丰富，基本掌握了计划经济条件下战时国防动员组织指挥的成熟方法。在历次作战中，由国家统一掌握、调配动员资源，均收到了很好的效果。

这段时期，国家法制水平比较低，人民法律意识也比较淡薄。战时组织指挥动员行动时主要依靠国家号召和广大人民群众的觉悟。在历次作战动员中，承担支前任务的民众，为了国家利益，在个人利益上做出巨大的让步和牺牲。

三、动员指挥体制、制度具有临时应急烙印

革命战争年代，我党我军在长期战争动员实践中积累了许多管用的组织经验，但程序制度缺乏规范性一直是战时动员组织指挥建设的薄弱环节。新中国成立后，我国通过自身实践以及学习借鉴国外先进经验，战时国防动员指挥体制、制度建设取得了很大成绩。

学习国外先进的动员组织指挥经验主要有两个阶段。一个阶段是通过向苏联和欧美发达国家学习借鉴先进经验，大大提高了战时国防动员组织指挥程序制度规范化水平。在苏联的大力帮助下建立了具有现代意义的战时国防动员组织实施体系。从 20 世纪 50 年代中期开始，新中国借助"后发优势"，走"以苏为师"的发展道路，仅仅利用了 10 年左右的时间，就基本掌握了适应

计划经济体制，从动员准备到实施的整套战时国防动员组织指挥程序方法。另一个阶段是改革开放以来，尤其是 20 世纪 90 年代以来系统学习世界各国的先进经验。主要是系统学习以美国为首的西方发达国家应对现代条件下局部战争动员组织指挥程序方法。我国借鉴这些国外先进理论和实践成果，结合自身实际，起草、颁布了一系列相关的法律规章。

但总的说，我们没有形成各方均可遵循的、系统的战时动员组织指挥制度。加之由于各种因素影响，整个战时国防动员组织指挥体制建设连续性不够。因此，一直以来，我国战时国防动员指挥体制、制度建设还是有着很深的临时应急烙印，以致每遇战时，责权不清，程序不明，常打乱仗。抗美援朝运动战初期，由于中央和东北方面在动员指挥权限方面的规定不够明确，致使东北人民政府与政务院打交道颇费周折。1958 年金门炮战，由于各地对支前工作范围不够明确，大事小事都找支前委员会解决，影响了动员保障的效率。1974 年西沙群岛自卫反击作战，对物资的前送组织混乱，岛上物资的请领和分发也没有明确规定。1979 年对越自卫反击作战，省军区组织部队作战和动员民兵参军、参战的动员职责分工不明确，导致民兵参战支前组织指挥弱化。

新中国成立以来作战动员实践证明，战时动员组织指挥仅靠领导挂帅、机构完善、大权在握是远远不够的，还需要完善的制度作保证。因此，去除战时国防动员指挥体制、制度临时应急的烙印，建立起科学完善的制度规范是今后我国战时国防动员组织指挥理论研究的重点。

四、现代意义的国防动员指挥体制、制度尚未形成

尽管我国在战时国防动员组织指挥建设方面取得了很大的成绩，但由于国家长期实行计划经济体制，改革开放以后长期和平建设，信息化战争动员实践缺乏等诸多原因，我国战时国防动员组织指挥建设规范化、制度化水平距离现实要求仍然存在较大差距。

(一)主要差距

差距主要体现在国家战时动员组织指挥整体性规范化建设水平方面。规范化水平是衡量战时国防动员组织指挥水平的重要标志。新中国成立初期，通过学习苏联，使我国战时国防动员规范化、制度化水平有了很大提高。但由于各种原因，国家战时动员组织指挥规范化建设受到严重破坏。时至今日，我国战时动员组织指挥整体规范化水平依然比较低。

具体说，在动员理念方面，由于我国长期实行粗放式动员，导致我们没有完全建立起"精确动员""降低成本"等先进的动员理念。在理论研究方面，针对战时国防动员组织指挥的理论研究还不够系统、深入，没有形成系统成

熟的理论体系。在相关人才培训教育方面，没有形成战时国防动员组织指挥教育、培训制度。从政府到军队，相关的学科教育没有开展起来，导致战时国防动员组织指挥人才不足，同时使相关理论研究缺少动力。在立法方面，由于我国长期不重视程序立法，涉及战时国防动员组织指挥的法律法规，通常不讲具体指挥程序，而相关的纲要又没有出台，导致关于战时国防动员组织指挥详尽、具体、可操作的程序方法很少看到。

（二）造成差距的主观因素

造成这种情况的原因是多方面的，有我国社会发展水平还比较低的客观原因，也有很多主观原因。客观原因可以随着经济社会发展而逐步解决，而在客观条件一定的情况下，主观原因就成为影响我国战时动员组织指挥现代化建设的重要制约因素。

新中国成立以来，我国战时动员组织指挥建设，经历了两次由于人为因素引起的停顿和反复，浪费了大量的时间和精力，严重影响了建设发展的连续性，致使我国错失了借助新中国成立初期的后发优势迅速完成战时国防动员组织指挥建设现代化的黄金时期。

第一个是20世纪50年代末至60年代初。这段时期，国家进行了"反教条主义"和"反右倾"运动，加之中苏关系逐步破裂，使"以苏为师"的战时国防动员组织指挥建设起步不久便戛然而止。与此同时，频繁的政治运动和国防部长的非正常更替，使战时武装力量动员计划和国家动员计划工作被一拖再拖。另外，"大跃进"运动及其造成的浮夸风气，也对战时国防动员组织指挥基础建设造成很大的负面影响。

第二个是"文化大革命"时期。这段时期，整个国家的正常体制遭到严重破坏，对战时动员指挥体制建设造成了很大影响。这些深刻的教训对我们具有很大的教育和启示，保证战时国防动员组织指挥建设持续发展，避免出现大的波动，是我国今后需要时刻注意的问题。

当前，制约我国战时国防动员组织指挥现代化建设的主观因素，主要是人们对现代战争动员组织指挥的重要性缺乏共识。首先，由于我国缺少现代战争动员实践，许多人对战时国防动员的认识还停留在过去计划经济体制时期的层面，对信息化战争动员组织指挥的新特点、新要求认识不清，对现代战争动员组织指挥的艰巨性、复杂性、科学性缺乏足够的认识。少数人甚至认为战时国防动员组织指挥是很简单的组织活动，不需要下大力气建设。其次，对于新形势下战时国防动员组织指挥问题，很多人还存在过多依赖国家政治体制优势的思维惯式。认为依靠国体、政体优势，在战时我们仅仅依靠国家的号召，就可以组织好动员活动。另外，自改革开放以来，我国经历了长期的和平建设阶段，人们普遍重建设，轻打仗。期间虽然有对台应急作战动员准备等活动，但总体上，上下各级以"真打、准备打"的思想抓战时国防动员组织指挥建设的紧迫感不够，导致相关的理论研究和成果不多。

思想观念上的落后，直接影响了我们系统借鉴和吸收国外先进理念，严重制约了我国战时国防动员组织指挥建设的步伐。以至于时至今日我们还没有一部专门规范战时国防动员组织指挥的法规、纲要正式出台，距离建成系统完善的战时国防动员组织指挥体系更是存在很大差距。

中 篇

组织制度篇

第四章　战时国防动员组织指挥的基本任务

　　战时国防动员组织指挥是控制和运用动员资源的艺术。《经济动员准备》一书的作者美国人克莱姆指出："人们普遍认为，可靠的国家安全，取决于一个国家在危机时迅速、果断地做出反应的能力，即集中和组织人力物力资源，并运用于共同防御的能力。"①通过有效掌握、合理分配、有力控制动员资源，获取动员最佳效益并规避降低风险，是战时国防动员组织指挥的基本任务。影响战时国防动员组织指挥任务的因素有很多，但决定其基本任务的根本成因主要是战争的本质、动员的根本作用和组织指挥的功能。在战争实践中，应综合考虑各方对动员的需求、拥有的动员条件和相关环境条件等因素合理确定动员组织指挥任务。

第一节　基本任务的主要内容

　　战时国防动员的核心任务就是在需要的时间、地点为军队作战等行动提供所需资源。因此，一切动员组织指挥活动都是紧紧围绕对动员资源的有效控制这一根本任务。具体包括：适时做出动员重大决定、获取和掌握动员资源、分配动员资源、调控动员行动、获取动员最佳效益、规避和降低动员风险。

一、适时做出重大动员决定

　　战时国防动员组织指挥头等重要的事项，莫过于国家高层适时地做出动员的重大决定。这些重大的决定，包括动员的规模、地域、时机和关键措施等。适时则要求国家高层能够在战争出现、战争发生、战争发展和战争结束的关键时刻，不失时机地做出相应的重大动员决定。

　　要适时做出动员的重大决定，难点是能否科学评估和承担由此引发的风险。基辛格在他的回忆录中曾指出："任何一个新总统在没有面临这样一个紧急局面时，是不会真正知道他的'班子'的水平的。问题在于必须在压力之下

---

　　①　[美]哈诺德·J.克莱姆：《经济动员准备》，北京理工大学出版社 2007 年 4 月第 1 版，第 5 页。

迅速做出冒很大风险的决定。"①1940 年 7 月 27 日，在短期侵占中国的企图破灭，而德国又在欧洲战场连续取胜的形势下，日本军国主义政府做出了一个冒险的动员决定。当日，日本召开第二次大本营、政府联络会议，就动员问题做出四项决定：一是"实行强有力的政治"，二是"广泛发动总动员法"，三是"确立战时经济体制"，四是"储备战争资材和扩充船只"②。从此，日本"向长期对华作战态势转移"的同时，把战火烧到了东南亚，在战争的道路上越走越远，越陷越深。

二、获取和掌握动员资源

获取和掌握动员资源是把动员所需资源有效掌控在组织者手中的过程，是战时动员行动的第一步。鲁登道夫认为，总体战时期"统帅的职责在于，在战争爆发之际，集中全民力量——前方的和后方的力量——供其调遣"③。

有效掌握所需动员资源，主要通过打破动员资源分散掌控的状态，对所需的动员资源集中掌握，用于应对战争和消除危机。从某种意义上讲，一个国家的国防动员能力，不仅取决于一个国家拥有多少可用于国防的资源，更取决于一个国家能够在多大程度上有效获取和掌握这些资源。

和平时期，社会处于正常产生、生活状态，动员资源分散在拥有者手中，多数资源国家无法直接掌控，即使是国家平时掌握的动员资源，也存在战时能否真正有效控制的问题。战时，通常是赋予动员指挥机构指挥权，通过政策调节，采取强制手段有效掌握这些动员资源。国家获取和掌握动员资源的渠道主要有六个。

一是国家直接掌握的国有资源。如国家财政资源，国家机关拥有的人力、物力，国家战略储备物资和国有企业的资源等。

二是国家通过行政授权或法律授权获得的社会资源。这是国家获取和掌握动员资源的主要途径。由于这些社会资源原本用于经济社会发展和民众的日常生产、生活，通常不会自行流向国防领域，需要依法改变其属性和用途，即改变社会资源的所有权和使用权。如第二次世界大战期间，为了最大限度掌握人力资源，"苏联最高苏维埃主席团通过了一项《战时动员有劳动能力的城市居民参加生产和建设》的法令。根据这个法令，除在工厂学校、技术工程学校、铁道学校和中高等学校学习的青年，以及正在哺乳和有 8 岁以下的孩子而家中又无人照顾的妇女外，凡是有劳动能力而未在国家机关和企业中工

---

① [美]亨利·基辛格：《基辛格回忆录》第一册，世界知识出版社，1980 年 9 月第 1 版，第 417 页。

② [日]服部旧四郎：《大东亚战争史》第一卷，商务印书馆 1984 年 12 月第 1 版，第 34～35 页。

③ [德]鲁登道夫：《总体战》，解放军出版社 1988 年 11 月版，第 128 页。

作的城市居民，年龄在 16 至 55 岁的男子和 16 至 45 岁的妇女，都在被动员之列"[1]。

三是国家从国内外市场购买的资源。如日本政府在"二战"期间为了加强对粮食资源的掌控，"1939 年 11 月 6 日，日本发布强制收购粮米的命令。由于粮食严重缺乏和米价暴涨，日本农林省特发此令，规定每石米的官价为 43 日元，并强制收购"[2]。需要注意的是，这种获取动员资源的方式可靠性比较低。第一次世界大战期间，俄国工厂制造炮弹的生产能力与军队的需求不相适应，俄国政府不得不把炮弹的生产订货交给国外。在大战期间在国外订货生产的口径为 3 英寸[3]的炮弹共有 5600 万发。实际运送到俄国的大约只有 1300 万发，即 25％。因而，俄国军队在整个第一次世界大战期间感到军需物资严重缺乏。

四是国内外援助的资源。如抗美援朝战争期间，截止到 1951 年 9 月 25 日，全国各地捐献钱款折算后可购买飞机 2481 架。第二次世界大战期间，苏联从美国那里得到了 1600 万吨的军事物资。

五是冻结和没收敌对国家在本国的资产。如抗美援朝战争期间的 1951 年 7 月中旬，我国对在沪的美孚、德士古、美中三家美国石油公司，除办公处以外的全部财产和油料，均全部予以没收。

六是作战过程中缴获的动员资源。解放战争后期，到 1949 年年底，人民解放军接管国民党政府的军工厂有 41 座，职工约 6 万余人。其中，生产枪炮的工厂 8 座，有职工 2 万余人，建筑面积 38 万多平方米，主要生产设备 5914 台，工业总产值 2698 万元。

需要注意的是，掌握动员资源并不是仅仅凭借强制手段随意控制动员资源那么简单。还需要遵循合理负担的原则进行科学统筹，合理分配动员任务。解放战争三大战役期间，各地支前委员会以合理负担为原则，科学制定粮草筹借政策，即：主要向地主富农借，其次向中农借，迫不得已时向贫农借，一般这一比例控制在地主占 35％ 至 40％，富农占 25％ 至 30％，中农占 10％ 至 15％，贫农只占 5％。这样，既能够确保完成动员任务，又防止了给贫下中农过重的负担，影响他们的正常生活。

如果不加区分地筹集动员资源，会降低动员质量，影响动员的可持续性。抗美援朝战争时期我国主要动员区域为东北各省，但由于没有科学统筹，导致各省之间、城市与农村之间的动员任务相差极大，影响了整个筹集动员资源的质量。东北民政部在总结中提到："各省间战勤任务的负担悬殊，距支前

---

① 张羽：《战争动员发展史》，军事科学出版社 2004 年 1 月版，第 279 页。
② 张羽：《战争动员发展史》，军事科学出版社 2004 年 1 月版，第 240 页。
③ 1 英寸＝2.54 厘米。——编辑注

地区较近的吉林省平均 99 人中就有 1 人出过战勤，距支前地区较远的黑龙江省平均 588 人才有 1 人出过战勤，而热河省则根本没有负担。省内各地区的负担不平衡，特别是城市与乡村的负担极不平衡，城市自停征战勤费后，只有一点技术人员和零星负担，民工大车的动员大部分都分配到农村。"[1]

三、分配动员资源

分配动员资源实质是在掌握动员资源的基础之上的，按照作战、维稳、消除战争灾害的需要，对所掌握的资源进行定量、定时、定向的分配。第二次世界大战时，苏联"在战争过程中，解决了国家因遭到侵略而面临的一项最困难和刻不容缓的任务——把国民经济转入战争轨道，即将企业转产军工产品，根据前方需要重新分配力量和资源"[2]。

战时动员需求的多样性、动员资源的有限性和动员行动的时效性要求动员指挥机构需要对动员资源进行科学统筹分配。首先，战时国防动员不仅要保障军队作战对动员资源的需求，还要保障社会管控、应急维稳之需。同时，任何动员资源都是有限的，战时动员资源尤其是紧缺资源，如何调配，优先保障哪里，都需要动员指挥机构进行统筹调配。另外，动员资源的运输条件，资源需求方对资源时间和空间的要求，各方对动员资源需求的紧迫程度等因素也对动员资源分配造成直接影响。

分配动员资源作为战时国防动员组织指挥的基本任务，并不是简单、随意对动员资源处理，而是要把握以下基本原则。

一是建立不同于平时的分配标准。平战时期对资源的分配方针、重点、手段的巨大区别，要求战时动员资源分配时要建立全新标准。平时对资源的分配原则往往是优先保障社会生产和人民生活。战时，军队作战行动直接影响战争的胜负，资源分配的原则就要调整为军事第一、战争需要第一、一切为了前线，资源分配也要从市场调控转变为集中统一的计划调控。美国学者威廉姆·艾伦·汉考克在其《动员：美国战略政策的工具》一书中指出：动员基本上改变了一个国家和国民经济的正常运行。在和平时期，经济通常关注的是稀缺资源的配置和资本最大限制地满足消费者的需求。当国家实行动员时，这一目标明显地改变了，动员强调的是把用于满足消费者的生产更多地转向战争需求。即一旦主要目标是建立生产军品能力，或是从事战争、赢得战争，那么满足消费者的需求就成为次要考虑，根据自愿原则或是法律规定，民用消费减少了，而资源最大限度地分配或是转到军事领域。

二是明确资源分配的优先顺序。通常，战时动员资源优先分配总的顺序

① 东北民政部：《东北区一九五二年战勤动员工作总结》。

② ［苏］丘什克维奇：《第二次世界大战史》第 12 卷，上海译文出版社 1987 年版，第 260 页。

是先保障作战，后保障生产，再保障生活。对于军队作战所需资源分配，应优先确保军队作战直接需要的人力、生活给养、武器装备，再保障军队其他所需。对于生产所需资源分配，一般应当优先保障军工生产，再保障民用生产。对生活所需资源分配，一般应当优先满足人民基本生活所需，再保障人民改善生活条件之需。

历史上的战争动员实践也证明，国家获取和掌握的动员资源，大部分用于武装力量作战或与武装力量作战密切相关的领域。"美国政府在第二次世界大战期间，将 9 万多家民用企业转产军品，总计生产军品的企业约占 1939 年美国工厂总数的 2/3，占其工业生产能力的 60%。"[①]

三是寻求动员资源平衡分配。虽然我们对动员资源的分配原则是先军事，后生产，再生活，但这三个方面是相互影响的，某一方面资源分配的失衡会影响其他方面，甚至影响整个战争局势。第二次世界大战中，希特勒政府战前在连续推行两个"经济动员四年计划"，大肆扩军战备的基础上，1941 年又把军费增至国民收入的 58%，征兵年龄扩大到 15 至 60 岁，居民食品供应量压缩到战前的一半。这种倾全国之力保障军事，忽视生产和人民基本生活的做法，造成工业、农业生产因原料和劳动力短缺大幅度下降，人民最基本的生活无法保障。社会生产和人民生活的极度不正常反过来导致了军队作战物资供应急剧减少，影响了国家军事能力。

因此，在分配动员资源过程中，要科学制订分配计划，明确分配方向、数额，做到动员资源分配的平衡。1942 年 4 月 11 日，丘吉尔致枢密院长："我们都同意你的文件中关于煤的种种建议，只是从野战军中抽调受过训练的 7000 兵士往矿井工作这一点例外。这 7000 人如果跟一般矿工一样生产，他们在一年内可以挖煤 200 万吨。在这种紧急的时候，这样不适当地使用军队人员，会产生很严重的影响，因此我希望另想办法来找回这 200 万吨煤。我以为有许多办法，这些办法初步看来对于我们的一般战争任务损害较小。"

四、调控动员行动

调控动员行动主要是通过有序的活动性安排和控制，保证动员任务顺利完成。对整个战时国防动员组织指挥活动而言，从开始掌握动员资源，到动员资源发挥效益，中间由若干个环节构成。要使动员资源真正发挥作用，需要对动员行动进行有效调控。应重点完成好以下几项工作：

一是把握动员态势。这是调控动员行动的前提，只有采取多种手段，全面及时掌握动员行动的进程，才能为控制动员行动提供依据。抗美援朝战争

---

① 张羽：《战争动员发展史》，军事科学出版社 2004 年版，第 284 页。

第五次战役结束后，战争进入打打谈谈的相持阶段，主要作战样式由之前运动战变为相持阵地战。战争阶段的变化决定了动员态势也要随之改变。支前动员指挥机构及时掌握动员态势的变化，调整参战支前的方式、方法。针对转入阵地战后交通运输路线基本明确，易受敌轰炸破坏的情况，支前指挥机构加强了交通线的保障，并努力开辟新的动员保障路线。

二是处理好供需双方、各类动员资源之间的相互关系。通常是遵循先保障前方、后保障后方，先保障主要方向、后保障次要方向，先保障紧急需求、后保障正常需求的原则，根据自身动员保障能力和动员需求变化，通过及时、有效的调控，实现供需协调顺畅、动员资源流动有序。

三是面对临时出现的重大问题及时应变处置。现代战争，动员态势瞬息万变，当情况发生重大变化需要动员计划做出变更时，动员指挥机构需要及时做出处置，调整动员部署。在抗美援朝战争初期，入朝参战部队数量急速增加。1950年7月上旬为25.5万人，8月底参战的兵力达到70万人，动员保障的时限也从最初确定的3个月，变为"处处作长期持久的打算"。根据这种情况，中央迅速将军需物资动员任务由保障30多万人、3个月所需服装给养，调整为保障70万人、1年所需服装给养。

五、获取动员最佳效益

将获取动员最大效益作为战时国防动员组织指挥的基本任务主要基于四点考虑。

第一，只有在规定的时间、地点，将动员资源送达指定的需求者，才能充分发挥动员资源的作用。第二次世界大战的北非之战，在战局最胶着的1942年夏季，交战双方在连续作战中均损失了大量的人员、武器装备和油料，急需补充。德军元帅隆美尔于1942年"提出的物资申请是六万吨，实际该月收到的供应品仅三千吨，而且，这些供应品又未能按照隆美尔的要求运到有利于作战的地点"[1]。德、意当局直到1942年11月中旬，也就是北非之战败局已定，西方盟军已经完全夺取海、空优势时，才下决心采取措施加大动员保障力度，但为时已晚。美国历史学者莱顿和柯克莱在《1940至1943年的全球后勤与战略》一书中指出："在战争条件下的动员行动，为保证运输效率，必须强调物资和人员的大批量输送；但是，为保证补给效率，却要求将特定的物资在特定的时间送到特定的地点。当一船军用品被安全地送到目的地时，其中一半是并不急需的填空货（注：即占用船体的货物）。与此同时，真正迫切需要的坦克和通信设备，因为体积太大，为了节省载货空间，反而被装上

---

① ［美］亨利·E. 艾克尔斯：《国防后勤学》，美国斯塔克波尔公司1959年版，第336页。

了晚出发的船只。"

第二，无论进行何种程度的动员，其投入都是巨大的，若不加以控制会造成重大损失。过去，尤其是工业时代的战争动员，随着战争规模的不断扩大，对动员资源的需求和消耗也不断增大，指挥员为了"以防万一"，往往储备充足的备用动员资源用来保障战争所需的物资和装备的"钢山铁海"。这种铺大"摊子"的做法虽然利于应对急剧变化的战场形势对动员资源的需求，但需要大量的动员资源，大大增加资源储存和管理的经费开支，同时给动员资源的防护带来很大压力。

第三，对动员的投入过大，就意味着对其他方面投入的减少，特别是对经济和社会发展的投入就会削减。对动员活动成本实施有效的控制，就可以减少对经济和社会发展带来的负面影响。

第四，是为了遏止动员活动中的腐败浪费现象。可以说，世界各国在战争动员实践中普遍存在腐败浪费现象，需要有效的制度机制加以控制。1948年1月10日，由太岳解放区岳北专署主办的《岳北人民报》第1版专题批评了民工动员中的浪费现象。当时，岳北专署召集全区10个县的"差务干事"会议。会议了解到，仅在9个县列举的24项民工动员活动中，"由于不该要乱要、计划不周到、集合地弄不清、用不了多要、仓库收粮时秤少或摆架子、带民工干部不负责任办不到硬办"等原因，"就浪费民力两万二千七百三十六个，牲口工五百零五个"。与会人员最终认识到："我们不是拿出了力量，而是群众拿出的力量，我们不负责任而浪费了它"[1]。

随着时代的发展，战争形态的变化，更加要求动员展开行动在完成动员任务的同时，一定要注意提高动员效益。"看来只有最能经济地使用其资源的一方，也就是谁最能从其资源的耗费中获得最大效果，最善于选择最经济的武器（即以一定成本生产的武器，能最大限度地破坏敌人的战争资源）等，谁才能赢得战争。"[2]

衡量动员效益主要有时间、地点、数量、种类、质量和成本等指标。一是时间要准时提供，既不能过早也不能过迟。二是地点要到点到位，不能南辕北辙。三是数量要不多不少，需要多少就提供多少，既不能过多，更不能过少。四是种类要供即所需，即要什么给什么，不能供非所需。五是质量要精益求精，也就是不能滥竽充数。

历史上，战时国防动员的成功战例均是将保持动员最佳效益作为动员组织指挥的关键点把握好。解放战争淮海战役期间，华北局赋予冀鲁豫区支前委员会保障战役南线粮食供应的任务，期间根据形势需要，要求冀鲁豫区支

---

① 1948年1月10日，《岳北人民报》第1版。原件存山西省档案馆。
② ［美］乔治·C.索普：《理论后勤学》，解放军出版社1986年10第1版，第94页。

前委员会运一部粮食去平津。据此，冀鲁豫区支前委员会及时进行调整，"对靠近南线地委的任务略有增加，以免将来又要北运，浪费民力，增加群众负担。"①

当今，信息化战争对提高动员保障效益提出了新要求，同时，新技术和后勤管理创新也使动员活动的"精确"和"高效益"变得可行了。直接把动员物资、装备和勤务运送给战斗空间用户的理念必成为动员行动的核心要素，这样才能使动员资源库存的"摊子"最小化，达到精准、高效益动员。2001年美军在阿富汗的"持久自由"行动提供了一个实例。为了部署到阿富汗，美空军在密苏里州为B－2轰炸机装载了弹药，并且把弹药直接用到其目标上面去了，这样，昂贵的库存集结、中间储存和配送就都不需要了。

六、规避和降低国防动员风险

同任何事情一样，国家在战时采取的动员措施，也是利弊相间的。国防动员的有害性，缘于其本身是非常状态下的非常措施。国外有学者将国防动员比作关在闸门里面的洪水猛兽，动员令就如同开闸泄洪的命令，一旦闸门打开，洪水一泻而下时，水库的危机可能解除了，但新的危机可能随之而来。这种新的危机，包括因动员引发的政治危机、军事危机、经济危机和社会危机。竭力规避由此产生的各类风险，是战时国防动员组织指挥的重要使命。

1. 规避政治风险

由国防动员活动引发的政治风险，主要是原有政治秩序的破坏。国防动员之所以能够引发政治风险，主要原因在于国家为实施动员，需要对政治权力做出新的安排。比如，赋予国家首脑以更大的权力、成立跨部门的"超级"行政管理机构行使更大职权等。更重要的原因还在于，这些新的权力，较少受到立法或司法机关的限制，极易偏离宪法为国家权力运行所设计的正常轨道，使滥用权力的可能性增大，容易引发严重的政治危机。

动员政治风险的极端代表是德、日两国。第二次世界大战中的德国和日本，之所以走上军国主义道路，主要原因是这两个国家的军方以战争动员为由，扩大了对国家政治活动的干预程度，最终左右国会和政府，形成军方主政的局面。德国的军国主义始于魏玛宪法。1919年，德国魏玛宪法规定："如果公共秩序和安全受到严重扰乱或威胁，总统可采取必要措施恢复公共秩序与安全；如果必要，他可使用武力。并且他可宣布暂时全部或部分中止公民的基本权利。"

---

① 中共冀鲁豫区党委：《关于运粮工作的紧急指示》，1948年12月17日。

2. 规避军事风险

国防动员活动因指挥不善，也可能引起严重的军事风险。如动员过早，可能会暴露国家的军事行动意图，导致军事行动不能按原计划实施。动员过迟，则可能使自己陷入极端被动的状态。

苏联在卫国战争初期之所以陷入全面被动的局面，一个重要的原因就是施行全国总动员的决策过迟。根据苏军战前拟制的作战计划，一旦苏联遭到军事威胁，全部武装力量便立即进入高度战备状态，同时苏联军队进行总动员，按战时编制扩编，将完成动员的军队集中和展开于西部边境地区。这一计划只有在最高当局做出"特别决定"后方可实施。1941 年 6 月中旬，苏联最高领导层召集会议，讨论如何应对日益严峻的安全局势。斯大林并没有果断决定进行全国动员。直到 6 月 22 日凌晨 3 时零 7 分以后，黑海舰队、西部军区、基辅军区先后向朱可夫报告，德国已经向苏联发动大规模进攻，战争已经爆发，斯大林还要求对总参提出的动员范围要进一步压缩。当天下午 1 时，最高苏维埃主席团才发布全国动员令。此时，德军对苏联的"闪击"行动已经进行了 10 个小时，并且完全掌握了战场的主动权。

3. 规避经济风险

动员组织指挥需要规避的经济风险是多方面的，其中最大的经济风险莫过于造成严重的经济危机。关于动员对经济和社会发展的负面影响，毛泽东早在 1954 年 10 月 23 日会见印度总理尼赫鲁时就指出："我们现在正执行五年计划，社会主义改造也正在开始。如果发生战争，我们的全盘计划就会打乱。我们的钱都放在建设方面了。如果发生战争，我们的经济和文化计划都要停止，而不得不搞一个战争计划来对付战争。这就会使中国的工业化过程延迟。"[1]1973 年第四次中东战争时，以色列过早地下达了总动员令，把预备役人员全部动员起来，最高动员量达 40 余万人，接近全国人口总数的 13%，导致 80% 的非军事企业因劳动力短缺而处于停工或半停工状态，国家经济陷入瘫痪。

动员对经济的有害性不仅体现在大规模全面战争动员，也体现在有限的局部战争动员。对此，美国学者施莱辛格在他的《国家安全的政治经济学》一书中指出："有限战争所隐含的经济压力尽管不如全面战争那么严峻，但也不容忽视。"

4. 规避社会风险

动员组织指挥所要规避的社会风险，主要包括因违反公共利益的原则导

---

[1] 《毛泽东年谱》1949—1976 第二卷，中央文献出版社 2013 年版，第 307 页。

致社会对动员的抵触甚至反抗；违反公平原则引起的社会不满及其对抗行动；负担过于集中造成区域性经济和社会生活水平明显低于其他地区；由于动员的经济政策不合理，导致部分企业或行业原有生产能力和竞争力的严重扭曲以至破坏和大量失业；大量难民因得不到及时救助而引发的动乱和骚乱等。

20世纪60年代美国为扩大侵越战争进行的大规模兵员动员，最终酿成一场严重的社会危机。1964年10月，即美国介入越南战争之初，许多美国政界要人都认为，在越南的美军人数可以控制在10万人左右。但实际的情况是，随着越南战争的逐步升级，美国向越南派出的兵力不断增加。1967年4月已达到48万人，超过了朝鲜战争的顶峰时期。随着兵员动员规模的逐步扩大，特别是美军在越战中伤亡人数的不断增加，导致美国国内反战活动也愈演愈烈。

第二节　基本任务的根本成因

战争的本质、动员的根本作用、组织指挥的功能等几方面因素，决定了战时国防动员组织指挥的基本任务具有高度稳定性。

一、战争的本质

列宁曾经对战争的本质做过精辟阐述："谁的后备多，谁的兵源足，谁的群众基础厚，谁更能持久，谁就能在战争中取得胜利。"[①]"战争是对每个民族全部经济力量和组织力量的考验。"[②]毛泽东在《论持久战》一文中指出："主动是和战争力量的优势不能分离的，而被动则和战争力量的劣势分不开。战争力量的优势和劣势，是主动和被动的客观基础。"[③]可以说，战争的本质就是交战双方力量的较量，谁的力量大，谁就有可能最终取得胜利。

"战争的最终目的决定着战争力量投入的方向和强度。满足战争的要求，是战时国防动员的基本着眼点。战争力量投入的方向和强度决定着国防动员的规模和范围。"[④]获取、拥有、保持足够的用于战胜敌人或者消除战争和威胁的力量，是对战争组织者最大的要求。同时也决定了战时国防动员组织指挥的根本任务就是持续保持并不断增强应对战争的力量，确保能够赢得战争、消除危机。

---

① ［苏］列宁：《列宁全集》，中文2版，第37卷，人民出版社1986年版，第231～232页。
② ［苏］列宁：《列宁全集》，中文2版，第37卷，人民出版社1986年版，第316页。
③ 《毛泽东军事文集》第2卷，军事科学出版社、中央文献出版社1993年版，第316页。
④ 曾仲秋：《国防动员基本理论》，解放军出版社2000年版，第71页。

二、动员的根本作用

战争力量主要包括军力和民力两部分。军力主要指狭义的单一军事力量，即战争实力。民力主要指可以动用的民用资源，即战争潜力。毛泽东曾经指出："军力加民力就是现代战争。"国家的战争实力通常以武装力量作战能力的形式表现出来，战争潜力通常不能直接作用于战争，往往需要通过动员活动进行转化，才能用于战争。

动员的根本作用是把民用资源充分动员起来，使它们转化为战争实力。在一定的国防实力的基础上，把战争潜力充分动员起来，才有可能获得足够的、源源不断的消除战争的力量，才能在战争的较量中掌握主动，赢得胜利。所以动员的根本作用决定了战时动员组织指挥的主要任务是使战争潜力有效转化为战争实力，以保持和增强战争实力，达到赢得战争消除危机之目的。

三、组织指挥的功能

动员活动中如果想要顺利掌握动员资源，将战争潜力转化为战争实力，首先要保证对动员行动的有效控制，这种有效控制的水平就是动员的组织指挥能力。战时国防动员组织指挥作为一项组织活动，主要功能就是统筹安排动员活动的各要素，并使其具有一定的系统性或整体性。同时战时动员组织指挥活动的国防属性，决定了其强制性比一般组织实施活动要强，具备指挥特性。所以战时国防动员指挥具备的指挥属性决定了其基本任务是实现对动员资源的有效控制。

第三节　具体任务的确定

以上是对战时国防动员组织指挥任务内涵和由来进行的宏观论述。在具体操作层面，即某一场战争或某一次动员组织指挥活动中，需要有一套可供参照的方法来指导具体任务的确定。通常应统筹把握好各方对动员的需求、拥有的动员能力和相关环境条件。

一、各方动员需求

军队作战、社会管控、应急维稳等行动对动员资源的需求是确定战时国防动员组织指挥任务的基本因素，其中军队作战需求是重中之重。以保障军队作战需求动员组织指挥基本任务为例：作战准备阶段，应根据对军队主要参战兵力和战争持续时间的科学评估，确定战时国防动员组织指挥的基本任务。在大战备时期，1960 年 2 月在广州召开的中央军委扩大会议确定了"积极防御，北顶南放"战略方针，明确了未来战争防御的主要方向和重点地区，以及卫国战争包括防御、反攻、追击三个阶段。根据我军的战略方针和作战规划，1961年总参谋部动员部《战时兵员动员计划大纲》预计整个战争过程分为从发现战争征候到战争打响、从战争打响到转入反攻前、从战略反攻到战略追击三个阶段，并对每个阶段的人力动员需求做了预先估计。

需要注意的是，战争的不同阶段军队作战对动员的需求是不同的，相应的各阶段动员组织指挥任务也会有变化。解放战争平津战役第一阶段部队作战任务是割裂、合围平、津、塘（沽）、张（家口）、新（保安）各地域的敌军集团。这一阶段动员组织指挥主要任务是保障东北野战军主力入关和作好攻城准备，保障华北野战军在平绥线上对傅作义集团的牵制作战。第二阶段部队作战任务是歼灭新保安、张家口和天津的敌军集团，尔后消灭唐山之敌，合围北平。这一阶段动员组织指挥主要任务就是保障东北野战军进攻天津的任务，保障华北野战军围攻北平。第三阶段部队作战任务是合围北平，迫使傅作义率部起义。这一阶段动员组织指挥主要任务就是以就地筹集和远程供给相结合，保证参战部队的后勤供应。

二、拥有的动员能力

从实际情况出发，是确定动员组织指挥任务时应该坚持的一条基本原则，也是动员任务科学合理的重要保证。

确定动员组织指挥任务时，应充分考虑国家拥有的可以动员的人力、物力、财力等动员潜力和国家及各级政府具备的控制、协调动员行动的组织力。第一次世界大战中德国军政当局主观唯心地认为大日耳曼的民族主义精神"比单纯的数字更为重要"，过高估计本国的力量，把动员任务建立在一厢情愿的基础上，实行超量动员，结果战争打了三年就陷入困境。

同样，在抗日战争初期，面对严峻的形势，毛泽东对敌我双方实力和我国拥有的动员潜力客观分析后指出：当时的情况下，中国的军事实力远不如日本，但"战争的伟力之最深厚的根源，存在于民众之中"[①]。要赢得战争，必须要最广泛地发动人民群众，战争动员组织指挥最主要的任务就是"依靠人民，坚决地相信人民，和人民打成一片"[②]，因为"动员了全国的老百姓，就造成了陷敌于灭顶之灾的汪洋大海，造成了弥补武器等缺陷的补救条件，造成

[①]　《毛泽东关于人民军队人民战争及其战略战术论述的摘录》，战士出版社1977年版，第177页。

[②]　《毛泽东关于人民军队人民战争及其战略战术论述的摘录》，战士出版社1977年版，第183页。

了克服一切战争困难的前提"①。可以说毛泽东正是看清我们国家拥有巨大的动员潜力，而且这些动员潜力蕴藏在人民群众之中，从而提出抗日战争动员组织指挥最重要的任务就是发动群众、依靠群众，把蕴藏在民众中的巨大的动员潜力转化为动员实力。

三、所处环境条件

所处的环境条件也是确定战时具体动员组织指挥任务时应考虑的重要因素。一般来说，交战地区环境干扰因素较多，动员组织指挥就相对复杂，难度较大。远离交战地区的动员活动受到敌方破坏的威胁比较小，动员组织指挥任务相对单一，主要是保障军队作战行动，应急维稳和社会管控的动员保障任务比较轻。但远离前线，往往动员资源运输距离就比较长，交通运输动员压力比较大，动员调控和保障动员的任务就比较繁重。

在战时动员中，应根据不同的环境合理区分动员组织指挥任务。1960 年2 月，中央军委广州扩大会议部署了反侵略战争的准备工作，提出了国防工业布局"三线"建设思想。由于当时是设想在敌人实施大规模原子战略轰炸的情况下，第一线以及暴露的部分工业基地遭受严重破坏，所以"三线"的动员组织指挥的任务因地理位置不同而有所侧重。当时设想战时东南沿海一线动员组织指挥的重点是组织筹划好人力动员，第二线和第三线地区动员组织指挥的重点任务是组织筹划好以武器装备为主的工业动员。

---

① 《毛泽东关于人民军队人民战争及其战略战术论述的摘录》，战士出版社 1977 年版，第 181页。

第五章　战时国防动员组织指挥思想、原则、措施

第一节　指导思想

战时国防动员组织指挥指导思想是组织动员活动所必须遵循的总要求和总体方略，它能够传达指挥员的意志决心，统一指挥活动，是各级开展具体动员行动的依据和总纲。在战争动员实践中，通常依据上级意图和动员计划，经过必要的决策程序，确定动员组织指挥的指导思想。

一、指导思想的构成要素

完整的战时国防动员组织指挥指导思想通常包括目的、依据、核心举措、预期成效等内容。在具体动员组织实践中，指导思想不一定包括全部要素，但基本目的和主要举措通常要明确。20 世纪 60 年代，我国确定战时大规模武装力量动员的指导思想是：必须坚决贯彻人民战争思想，把战争的胜利，放在武装群众、全民皆兵的基础上，在党的统一领导之下，紧紧依靠人民群众，广泛发动群众，实现主力兵团与地方兵团相结合，正规军和游击队、民兵相结合，武装群众和非武装群众相结合的全民战争。

（一）基本目的

基本目的通常指本次动员所要达到的目标，主要阐述为什么组织动员活动通常包括直接目的和间接目的。战时国防动员组织指挥的间接目的是消除危机，但动员活动本身无法消除危机，需要通过有效的组织指挥活动才能得以实现。因此，战时动员组织指挥的直接目的是使军队获取和保持遂行作战任务所需要的力量或者资源。

具体到每次动员实践中，由于每次动员条件、保障对象不同，目的也不尽相同，因此，在明确指导思想时，首先要明确本次动员所要达到的目标。1948 年 9 月 30 日，中共中央东北局在辽沈战役打响之后发出的指示对支前组织指挥基本目的进行了明确：克服一切困难，勇敢地坚决动员一切力量，支援这次伟大的战役，以便减轻主力一切不必要的负担，造成主力更加机动，集中攻歼敌人的有利条件。其中，"支援这次伟大的战役，以便减轻主力一切不必要的负担"是直接目的，而"造成主力更加机动，集中攻歼敌人的有利条

件"是间接目的。

(二)主要依据

主要是确定根据什么来组织指挥战时动员活动，通常包括以下几个方面。

1. 国家应对战争和军事威胁的总方略

国家制定的关于战争的总体思想和原则是应对全局的总方略，因此也是战时动员组织指挥需要遵循的重要依据。这些总方略，因涉及国家政治、军事和经济全局，因而成为各方面行动的重要依据，尤其是国家预估战争的规模、强度和持续时间决定了动员范围、程度和持续性，因此也是组织动员的依据。

朝鲜战争初期，由于美军从朝鲜西海岸的仁川港大举登陆，朝鲜战局发生逆转，新中国领导人根据对战局的科学分析得出了战争有可能长期化的结论。为此，周恩来总理要求动员组织指挥应该"在持久战的原则下，必须充分地估计到困难方面。一切人力物力财力的动员和使用，必须处处作长期打算，防止下级发生孤注一掷的情绪"[①]。1962年对印自卫反击作战，国家确定的战争构想是打一场规模有限、时间有限的局部战争。在这个全局背景下，国家主要是以西藏自治区和新疆维吾尔自治区为主，进行规模有限的局部动员。20世纪70年代，为应对美、苏两大强敌大规模全面战争威胁，我国党和政府确定了实行长期坚持由守转攻的积极防御战略。在这一战略思想指导下，国防动员进行了以"三线"建设为标志的大规模全面动员准备，形成了依托战略后方、立足战区自我保障的动员保障布局。

2. 上级的具体动员指示精神

上级指示是下级确定动员组织指挥指导思想的重要依据，也是下级组织具体动员活动的基本遵循。淮海战役期间，由于需要筹措大量粮秣，中央指示"指定由华北区拨给华野粮食一亿至一亿五千万斤"[②]。对越自卫反击作战动员准备阶段，广州、昆明军区前指要求广西、云南按照出境作战部队每团配属1个营的标准落实随军担架的保障。这些上级指示都是下级确定动员组织指挥指导思想的基本依据。

3. 军队作战需求

军队作战需求是确定战时国防动员组织指挥指导思想的首要依据，军队作战对动员的需求通常包括以下几个方面。①资源的品种、数量、质量等要求。抗美援朝战前准备阶段，1950年7月13日中央军委正式决定组建东北边

---

① 中央军委致彭德怀电，1950年8月19日。
② 《华北局关于拨运小米支援华野部队给冀鲁豫区党委的指示》，1948年11月25日。

防军时，预计军队作战需要"31 万人员、3 万匹牲口、1000 辆汽车、4000 辆大车的数目，准备 3 个月的粮食、草料、汽油"①，对战争初期军队作战需要资源的品种、数质量进行了明确。②时间、空间要求。1948 年解放战争秋季第二战役，华东野战军对华东支前办的粮食筹集地区、完成时限、输送目的地提出了要求，明确"蒙山县 160 万斤"②，并规定同年 10 月 20 日前完成任务。

4. 维护社会稳定和消除战争灾害需要

战时国防动员组织指挥在满足军队作战需求的同时，还要考虑到维护社会稳定和消除战争灾害对动员资源的需求。应明确的是，动员活动以保障军队作战为主，同时兼顾社会稳定和人民生产生活需求。

确定战时国防动员组织指挥指导思想的依据是多方面的，当这些要求发生冲突时，应遵循一定的原则。通常，应首先依据战争全局情况和上级指示精神，再根据军队作战需求，最后考虑维护社会稳定和消除战争灾害需要。当军队向动员指挥机构提出动员需求，但上级动员指挥机构没有明确指示之时，原则上不能违背上级意图直接为军队提供具体保障，防止下级动员指挥机构随意满足军队直接需要而打乱整体部署，影响全局。

（三）组织指挥重心

所谓组织指挥重心，既可以是某个时期国防动员的重点领域、主要地域和关键物资，也可以是动员过程中的关键环节，还可以是政策、法规、人员等影响全局的组织措施。

就一次综合性的动员活动而言，其组织指挥重心通常是动员资源的输送。淮海战役初期，豫皖苏分局支前工作指导思想确定的组织指挥重心是"保证大军作战之需要，特别修通公路、铁路、电话，这是争取决战胜利的重要一环"③。特殊情况下，则视情况而定。对于预备役部队动员而言，动员召集是一个关键环节。对于民用企业转产军品而言，解决好军品生产技术可能是一个关键环节。对于交通运输而言，道路的通行能力可能是一个关键环节。国防动员指挥员，应准确把握关键环节，并在指导思想中加以明确，以便上下对这一环节给予足够的重视和加强，从而确保动员任务的完成。

（四）核心举措

主要是明确以什么为重点，采取什么途径实现基本目的，为保证动员活动顺利进行而采取的主要方法、手段，即行动路线图。核心举措通常是影响

---

① 《中央军委关于组建东北边防军的命令》，1950 年 7 月 10 日。
② 《华支前办对华野秋季第二战役支前工作计划》，1948 年 10 月 13 日。
③ 《中原局致豫皖苏分局的指示》，1948 年 11 月 16 日。

整个动员行动的重点或难点。

对于不同的动员任务和阶段，动员组织指挥需要解决的重点和难点不尽相同，因此在动员实践中应根据实际情况合理确定核心措施。淮海战役期间，"前线参战部队和民工已达一百数十万人，每月所需粮食在百万担以上"[①]，后方老根据地粮食供应压力极大，加之战局发展顺利，"我军可能迅速向南、向西开展攻势"[②]，后方粮食输送可能一时接应不上。针对这种变化情况，1948年11月9日，中共中央华东局及华东支前委员会做出《关于淮海战役支前工作的几项新规定》，适时提出应立即采取后方输送与就地征借相结合的粮食保障举措。

1962年东南沿海紧急战备夏季紧急征兵不同阶段的动员措施也有区别。第一阶段重点是从全国大中城市征兵19万人，征集的对象主要是高、初中学校的应届毕业生和厂矿、企业、事业单位多余的职工。第二阶段为了提高征兵质量，将征兵范围调整为在民兵组织中进行，原则上农村和城市各占二分之一。

（五）预期成效

主要是指预先期待将要达到的效果。战时国防动员组织指挥预期的理想效果是在规定的时间、规定的地点为军队作战等行动提供所需的动员资源。实际上，由于主客观因素的影响，那种理想效果往往很难达到，通常所谓预期成效就是我们尽最大努力有可能实现的动员程度和产生的效果。

确定预期成效时应与基本任务相联系，通常应明确完成任务的时限和标准。中共中央东北局在辽沈战役打响之后发出的指示中，明确此次战役支前组织指挥要达到的预期成效为：保证一边秋收，一边百分之百地完成东北局所规定的任务。淮海战役中，为了做好支前和秋收工作，各级支前委员会对支前工作的预期为：支前生产两不误。1962年东南沿海紧急战备，第三机械工业部在完成国防工业"备战增产"任务时，于1962年6月30日提出的预期成效为：1962年年底前能全部交付、部分交付和进行试制的共1729项，与工厂研究后逐步安排的895项，从调整分配中解决的13项。

二、指导思想的作用

在指导思想中明确总体思路，清晰传达动员指挥员决心意志，统一各级思想，对于保证动员组织指挥活动顺利开展具有重要作用。

---

① 《华中工委关于筹借公粮确保战争供应的决定》，1948年12月13日。
② 《中共华东局关于淮海战役支前工作的几项新规定》，1948年11月9日。

(一)动员组织指挥行动的总纲领

战时国防动员组织指挥指导思想是指导动员行动的总方略，起到纲领性作用。实践证明，制定符合客观实际的动员组织指挥指导思想，对动员任务的完成，甚至战争顺利进行都会起到重要作用。以第二次世界大战交战国德国和波兰为例。波兰预想交战之前有 15 至 20 天左右的动员期，军队经过动员、集中、展开这样几个典型阶段后，才真正开始作战行动。而德国总结第一次世界大战的经验教训，根据客观条件的变化，发展了动员理论。其战争动员组织指挥指导思想的基础前提是：战争初期的动员不再是局部的，而是全面的动员，动员不仅提前进行而且从公开变为秘密的。可以说，波兰和德国根据当时形势下动员组织指挥活动发展变化产生的不同认识制定了迥然不同的指导思想。正是交战双方由不同的指导思想来指导动员组织指挥活动，产生了完全不同的效果，最终影响甚至决定了战争的胜负。

1940 年 5 月 13 日，丘吉尔代表新组建的战时内阁，向英国国会和英国人民表达了政府的动员政策："你们问我们的政策是什么？我要说，我们的政策就是用我们的全部能力，用上帝所给予我们的全部力量，在海上、陆地和空中进行战争，同一个在人类黑暗悲惨的罪恶史上所从未有过的穷凶极恶的暴政进行战争。"[①]

(二)传达指挥员的意志决心

动员指挥机构通过指导思想向下级指挥机构及人民群众传达指挥员的总体决心和意志，表明立场态度，使全体人员增加信心，坚定必胜信念。第二次世界大战中，苏联人民委员会和联共(布)中央在 1942 年 6 月 29 日提出"一切为了前线，一切为了胜利"的动员纲领。斯大林在 7 月 1 日向全国人民发表的广播讲话中，要求全国上下"使一切服从于粉碎敌人的组织任务"。这些动员纲领和领导人的讲话实际上就是苏联动员最高决策机构提出的战争动员组织指挥指导思想。这些战时动员组织指挥指导思想的提出，使各级政府和广大人民群众清楚国家面临的严峻形势，感受到国家抵御侵略的坚强决心和意志，激发广大人民群众的战斗热情，使全国上下真正行动起来。

解放战争淮海战役后，由于解放区的人民常年经受战乱之苦，民生凋敝，各级政府和广大人民群众对战后复员工作在认识上存在混乱，对战后重建工作普遍存在畏难心理。为了使广大人民群众树立克服困难、重建家园的信心，豫皖苏三地委就战区善后救济工作明确了指导思想："全区人民，特别是战区人民为革命战争不惜倾家荡产支援战争，战争结束党与上级及各地人必以大力来救济，没口粮发给口粮，没房子帮助修建房子，没家具协助重置，解放

区人民是一家。实行互救济，恢复生产，重建家园，并非难事。"①

(三)统一动员组织指挥的思想

任何一项组织活动，都需要统一各方思想，形成凝聚力，发挥整体优势。指导思想通常是动员指挥决策机构根据对自身动员能力准确评估和对客观形势正确判断的基础上做出的科学决策，是各级动员指挥机构都要遵循的指导方针。上下级之间、同级之间共同以指导思想作为一切动员组织指挥活动的基本依据，就能够起到统一各级思想的作用。

抗美援朝运动战初期，由于国家没有提出明确的动员组织指挥的指导思想，影响了东北方面正常的动员开展。当时，国家财政部派往东北了解情况的艾楚南、张伯涛在报告中称："东北对中央各部门有个总的意见就是中央没有一个通盘筹划，东北财政部对工作摸不着底，不知道什么该准备什么不准备，什么由中央准备什么由东北准备，他们感到分工不明确，互相依赖，很容易就误事情。"②

三、指导思想的确定

科学合理的指导思想是在全面分析动员组织指挥各要素之间的关系及现实情况的基础上产生的，是对战时动员组织指挥客观规律的反映。只有准确领会上级意图，并经过严谨的组织决策程序，将集思广益与统一决策相结合，才能确立符合实际的指导思想，给各级动员指挥人员以正确指导。

(一)充分体现上级的意图

上级的意图是决定整个动员组织指挥行动的"指针"，确定指导思想首先要理解上级的动员意图。

1962年中印边境自卫反击战，党中央、中央军委的战略意图是为了维护国家领土主权和尊严，打击印度当局竭力反华、排华的嚣张气焰，给入侵中国领土的印度军队以应有的惩罚，创造和平稳定的中印边境。也就是说战争的规模和持续的时间都要有所控制，不能打成大规模的持久战。根据上级的战略意图，国家动员决策层提出了实行区域性动员和就地就近动员为主，全力动员新疆维吾尔自治区、西藏自治区资源来保障军队作战的指导思想。中央人民政府驻藏代表、西藏工委第一书记张经武在前指会议上提出"你们管打仗，我管支援，要什么给什么"的口号。正是由于动员决策层提出的指导思想符合上级意图，动员范围和动员规模适度，既为军队作战提供了强有力的动员保障，又没有对国家整体的经济建设和人民群众的正常生产生活造成较大

---

① 《豫皖苏三地委关于战区善后救济工作的通知》，1948年12月26日。
② 艾楚南、张伯涛：《关于东北支前工作情况的简单报告》，1950年11月24日。

的影响。

(二)经过必要的组织决策程序

战时国防动员组织指挥指导思想作为对动员组织指挥客观规律的反映，在不同的条件下表现的形式也各不相同，需要全面分析、判断，才有可能合理确定。同时，指导思想是指导战时国防动员全局的总纲，是一切动员组织指挥活动的基本依据，意义重大，要慎重确定。

我们知道，个人决策往往受其观念和水平所限，因此，动员指导思想往往是在指挥员的主导下，经过集体讨论，综合分析各种因素，经过必要的组织决策程序确定的，力争使确定的动员组织指挥指导思想符合客观实际。通常情况下一个指导思想的产生，应经过以下程序：一是领导层集体研究理解上级意图，听取参谋班子的建议，形成初步意见；二是由参谋班子研究制订方案对已经形成的初步意见进行论证，提出补充、修改和调整意见；三是领导层集体讨论确定。

第二节 原 则

战时国防动员组织指挥原则是动员必须遵循的行事规则，是对动员组织指挥约束权限、指挥关系的抽象凝练。在战时动员活动中，动员组织指挥原则起着行动指南、关系准则、判定标准的重要作用，对战时动员实践具有重要的指导意义。

一、原则的内涵

对于每一个战时国防动员组织指挥的参与者而言，动员原则是处理矛盾的准则，是处理关系的依据，也是判定功效的标准。

(一)行事规则

制定战时国防动员组织指挥原则的主要目的，是为了规范指挥者的行为，指导指挥者按规律行事，也就是解决如何正确组织指挥的问题。这就要求动员组织指挥原则必须有较强的现实指导性和规范性，在理论概括上要具体明确，在实践指导上要切实可行，真正成为指挥者组织动员活动的行动指南。

如美军参联会联合出版物《联合动员计划条令》中提出的灵活性原则，对指挥员组织联合动员行动提出了具体规范："动员计划与实施时的灵活性是在联合行动和执行系统内必有的，并通过法律赋予总统在应对不断恶化的危机，扮演宪法规定的统帅角色时使用紧急备用权力。在宣布紧急状态之前总统就拥有充分的紧急权力。例如发布动员号令的权力和为国防需要优先进行工业生产的权力。总统还拥有一些其他在国家出现紧急情况时的权力。在总统宣布紧急状态后国家转入紧急状态，他必须详细说明哪些力量需要动用。"灵活性原则规定了美国最高决策者在战时组织动员行动时应遵循的行事规则，防止了组织指挥的盲目性。

(二)约束权限

形成一套合理、稳定的指挥体制，需要明确各要素的职责划分，也就是对各级的权限进行限制。由于战时国防动员活动参与单位众多，涉及军队和地方，尤其需要对各级、各单位之间的权力进行规范。

通过战时国防动员组织指挥原则对各级的权力运用进行总体规范，可以防止职权不明、多头指挥等问题的发生。抗美援朝战争准备阶段，针对中央与东北政府关于动员指挥权限不清的问题，1950 年 7 月 14 日，政务院总理周恩来致电东北党政军主要领导，确立了东北边防军供给保障以东北人民政府为主的基本原则，明确："由于币制不同，决定凡四野在东北境内的机关、部队，除武器、弹药、服装、医药器材、电讯器材、汽车油料，由军委直接补给外，其余粮料、柴草及一切经常费与作战费等，完全由东北人民政府负责供给，经过东北军区后勤部转发边防后勤司令部李聚奎。"[①]这实质上是对中央和东北人民政府的动员权限进行了约束。

(三)指挥关系

我们知道，组织的定义是安排分散的人或事物使具有一定的系统性或整体性。各要素之间的关系明确是一个系统能够有序运转的重要前提。因此，明确各级、各单位之间的指挥关系，是战时国防动员组织指挥原则的主要内容。

由于战时动员涉及军队和地方，如何处理军队和政府之间的关系，力求达到关系顺畅、协调一致，就是战时国防动员组织指挥原则需要重点明确的问题。我国在历次作战动员组织指挥中，均强调要明确军政之间的组织指挥关系。抗美援朝战前动员准备阶段，国家就提出了"军政一致""一元化领导"等动员组织指挥原则。东北地区的高岗、李富春等也都是身兼军政要职，易于协调军政关系。

二、原则的作用

对于原则的作用，美国海军上将阿尔弗雷德·泰尔·马汉曾经说过："在考虑具体事项时，如能找出并明确其中的指导原则(此种指导原则通常为数不多)，则混乱的印象必可化为简明而直接的思想，从而使人易于理解。"[②]战时

---

① 周恩来：《东北境内机关部队的供给办法》，1950 年 7 月 14 日。
② [美]阿尔弗雷德·泰尔·马汉：《海军战备》，小布朗公司 1911 年版，第 118 页。

国防动员组织指挥原则作为其指导思想的具体体现，起着行动指南、关系准则和判定标准的作用。

（一）行动指南

原则来源于实践，我们揭示战时动员组织指挥原则，并不只是为了要解释规律，更重要的是指导实践，使动员组织指挥活动符合客观实际，符合战时动员组织指挥规律的内在要求。

提出合理的动员组织指挥原则，可以为指挥员组织动员行动提供指南。美军在海湾战争之前，提出了动员组织指挥灵活性的原则，并以此原则指导了 1990 年至 1991 年海湾危机和海湾战争动员行动，克服了计划、军队结构和能力上的不足，保证了动员行动的顺利实施。战争之初，美军没有足够的运输能力将军队部署至前线，美军参联会和美国政府紧急强力动员应急力量为美国和盟国运输人员物资以达成进攻计划。当时联合雷达监视及攻击系统的原型机仍然在做进一步的试验，但为了战争之需，将其提前投入实战中使用，这种高科技武器装备给作战司令部指挥员提供了前所未有的战场监视能力。

（二）关系准则

战时多方参与动员组织指挥行动，军队系统、政府系统、动员资源涉及的各行业系统、社会团体等共同参与其中。战时动员组织指挥原则就是为参加动员组织指挥行动的各部门和单位之间，提供相互协调的基本准则。

中外各国在确定战时动员组织指挥原则时，均把协调参与动员组织指挥各方的关系作为重点提出。如美军参联会联合出版物《联合动员计划条令》第二章"动员原则"中，专门对相关各方在动员组织指挥中的相互关系进行了规定："协调行动。动员中的协同行动要求国家军事力量和资源领域为了达成共同的目标能很好地协同。协调行动需要动员行动在所有不同的资源领域统一动作。如果在不同的资源领域内动员协同失败，那么在战场上会延误作战单位和个人的轮换或削弱他们的战斗力。"[1]

（三）判定标准

指挥员由于个人阅历、能力素质和主观认识水平的不同，在组织指挥动员活动时往往会有较大的差异。战时国防动员组织指挥原则是确定各级动员指挥人员组织决策合理性的基本依据，它可以规范指挥员行为，指导指挥者按规律办事，防止由于指挥员个人差异而造成的重大组织指挥失误。

美军参联会联合出版物《联合动员计划条令》规定，指挥者在指挥联合动

---

[1] 《联合动员计划条令》，美军参联会联合出版物 JP4－05，2006 年 1 月 11 日。

员行动中应遵循"目标、协调行动、灵活性和适时"①的原则。也就是说，美国各级指挥员行为是否科学合理的重要判定标准，就是看其是否遵循了这些原则。1990 年至 1991 年的海湾战争中，美国决策层根据对国际局势的分析，判断苏联不可能直接介入战争，据此将美国军队的第二梯队和大量动员资源从欧洲调往海湾前线，这一决策在整个战争中被证实对弥补战争前线动员保障上的不足起到了巨大作用。可以说，美国的这次决策，是动员决策层根据灵活性原则进行动员组织指挥的成功例证。

三、原则的确定

确定战时国防动员组织指挥原则时，通常应注意从属于指导思想、符合组织指挥规律和反映特定任务。

（一）从属于指导思想

动员组织指挥原则是其指导思想在动员活动中的具体反映，因此各级动员指挥员在确定动员组织指挥原则时，首先应该认真领会上级意图，准确把握指导思想。我国在抗美援朝战争中确立的动员组织指挥指导思想主要是发动群众、依靠人民，集全国的力量支援东北。正如 1953 年 9 月 12 日毛泽东主席指出的："抗美援朝战争是靠什么得来的呢？主要是因为我们的战争是人民战争，全国人民支援。"根据这一指导思想，在战争动员准备阶段，中央财政经济委员会、总后勤部与东北财政部、东北后勤部共同研究讨论后，提出了在组织动员经费保障时应坚持的基本原则，"即：凡作战费、临时费均由今年攻台作战费中支出；凡经常费均由中南原有预算中拨去；凡粮食、马料、柴草等实物均由东北支付。"②

我国 20 世纪 60 年代，以当时我国拟制的《战时武装力量动员计划》明确的战时武装力量动员的基本思想为依据，我国武装力量动员工作的基本原则：必须是全党动手，全军总动员，全民总动员，以现役部队为骨干，以民兵组织为基础，实行全民防御，并在此基础上，本着多快好省的精神，动员民兵参军、参战，大量加强军工生产，从各个方面积极支援前线，争取战争的最后胜利。

（二）符合组织指挥规律

规律是确立原则的基本依据。恩格斯在《反杜林论》中，就军事原则的理解问题提出："原则不是被应用于自然界和人类历史，而是从它们中抽象出来的；不是自然界和人类去适应原则，而是原则只有在适合于自然界和历史的

---

① 《联合动员计划条令》，美军参联会联合出版物 JP4—05，2006 年 1 月 11 日。
② 《杨立三文集》下卷，金盾出版社 2004 年 7 月版，第 98 页。

情况下才是正确的。"动员组织指挥原则的确立，是以动员组织指挥规律为客观基础的，只有正确地揭示和把握这些规律，才能确立合理原则。

要做到符合组织指挥规律，主要是从本质上弄清楚影响动员组织指挥诸要素之间相互关系、相互作用的机制与过程，即从整体上把握战时动员组织指挥的必然的趋势，并据此制定原则。我们以"统一指挥"这条古老的指挥原则为例进行分析。战时国防动员指挥的基本要素是主体、客体、时空和社会条件、作用对象。这些要素中，主体是国家，但代表国家行使职能的动员指挥机构构成复杂。客体包括一切可以利用的人力、物力、财力、信息资源，政治资源等，种类繁杂。时间空间必须在规定的范围内才有效，限制严格。作为动员对象的军队作战、应急维稳、社会管控等行动对动员资源的需求多样。因此，统一指挥不仅是组织指挥活动的一般原则，也是战时国防动员组织指挥活动必须遵循的原则，它符合动员指挥规律，对战时动员组织指挥具有普遍的指导意义。

(三)反映特定任务

制定原则的目的，是为指导和规范动员指挥员的组织指挥行为，因此，原则如果成为浮在一切问题之上的可有可无、上下一般粗的通则，就失去了对具体任务的指导意义。

任何事物都有一个不断发展变化的过程，不同时代背景下的动员组织指挥原则也不可能是完全相同的。毛泽东说过："一切带原则性的军事规律，或军事理论，都是前人或今人做的关于过去战争经验的总结。这些过去的战争所留给我们的血的教训，应该着重地学习它。这是一件事。然而还有一件事，即是从自己经验中考证这些结论，吸收那些用得着的东西，拒绝那些用不着的东西，增加那些自己特有的东西。这后一件事是十分重要的，不这样做，我们就不能指导战争。"①农业时代与工业时代为了完成同一类动员任务所运用的程序方法是有区别的，同样，不同领域的动员行动，各自也具有特殊性。动员组织指挥原则只有具备具体指导性，才能跟上时代的步伐。

因此，不同时期、不同领域动员组织指挥基本原则的确立，应根据具体动员任务的特点，从客观实际出发，注意把一般的战时动员组织指挥同具体动员任务有机结合起来，在内容上充分体现具体动员行动的规律和特点。

我国 20 世纪 80 年代针对战争初期这一特定条件下的兵员任务，提出的兵力动员组织指挥基本原则为：从全局出发，统筹安排，军民兼顾，平战结合；就地出兵员、就地出干部、就地出装备；动员的速度要快，兵员质量要好；动员工作要在党中央、国务院、中央军委的统一领导下进行。

---

① 《毛泽东选集》，人民出版社 1991 年版，第 165 页。

四、基本原则

战时国防动员组织指挥的基本原则，是某一个时期，各动员领域、各动员阶段、各方都应共同遵循的、基本的战时动员行动准则。俄罗斯近年根据现代战争动员特点，在《俄罗斯预备动员与动员法》中规定了"集中领导、预先准备、计划性和监督性、综合运作和相互协调"等动员组织指挥基本原则。我国《人民防空法》《国防交通条例》和《民用运力国防动员条例》等法律法规，也都对本动员领域的组织指挥原则做出了明确规定。归纳起来，今后一段时期战时国防动员组织指挥应遵循的基本原则主要包括以下几项。

（一）统分有度

即重大事项坚持集中统一与具体事项处理适度分权相结合。一方面，集中统一是合力制胜原理对动员组织指挥的基本要求，是一条古老的指挥基本原则。主要包括两层含义：第一，某种事项的决定权只能集中到某一组织体系之中，不允许其他组织拥有同类决定权；第二，某种事项的决定权只能集中到相应组织的高层组织，不允许中、下层组织拥有同类决定权。对于战时国防动员而言，需要集中的决定权，主要指决定是否进行动员和复员，以及与此密切相关的事项，如决定动员和复员的时机，决定动员和复员的规模，决定动员和复员的类别，决定战略性动员资源的分配等。

"后勤的舵轮将有一只坚强的手来掌握"①，这只手就是集中统一指挥，如果没有这只坚强的手掌控整个动员活动，必定会导致整个动员行动的混乱。第二次世界大战突尼斯战役，盟军司令部管控动员全局，但由于盟军司令部没有进行集中统一的指挥，下属的英国第 1 集团军独自"下达命令要给 25 磅② 炮弹的供应以绝对优先权，在另行通知前，不得从船舶和车皮卸载或运走任何别的物资"，致使"装 25 磅炮弹的船只满载不动，中转车皮不准脱钩和离去，整个交通线逐渐陷于瘫痪"③。最后，盟军总司令艾森豪威尔的首席行政官盖尔将军全面接管战役动员指挥权，实行强有力的统一指挥，才扭转了局面。

古今中外均强调战时动员活动集中统一指挥。古埃及就在中央政府设"征收录事"和"分配录事"，由这些官员集中负责装备物资动员。近现代，各国也非常重视动员的集中统一指挥。1919 年俄国社会主义自卫战争期间，俄共中央确认：①在整个社会主义自卫战争期间，把红军的供给事宜全部交由俄罗

---

① ［美］朱利安·汤普森：《战争生命线》，中国人民解放军总后勤部 1997 年版，第 56 页。
② 1 磅≈0.4536 千克。——编辑注
③ ［美］朱利安·汤普森：《战争生命线》，中国人民解放军总后勤部 1997 年版，第 56 页。

斯联邦国防委员会和其他中央机关统一领导，是绝对必要的；②在整个社会主义自卫战争期间，把各兄弟社会主义共和国境内的铁路运输和铁路网归由俄罗斯联邦交通人民委员部统一领导和管理是绝对必要的；③在各兄弟苏维埃共和国设立独立的红军供给机关和独立的交通人民委员部是同国防利益不相容的；在战争期间，必须把这些机构改组为俄罗斯联邦红军供给机关和俄罗斯联邦交通人民委员部的下属机关，由俄罗斯联邦红军中央供给机关和俄罗斯联邦交通人民委员部直接管理和全权管辖；④一切有关红军供给、铁路运输或铁路网管理的法令，凡同俄罗斯联邦调整红军供给、铁路运输和铁路网管理的决议和法令相抵触的，均应予以撤销。

我国《宪法》和《动员法》明确规定：国务院、中央军委共同领导动员准备和动员实施工作，国家国防动员委员会在国务院、中央军委领导下负责全国国防动员工作。

现代战争，动员涉及的领域广泛，动员资源种类增多，要确保在规定的时间、地点，提供军地所需的动员资源，更要在重大事项上实行集中统一指挥。

另一方面，适当分权可以增加组织体系中各单元特别是中、下层组织的权责，以调动他们的主动性和积极性，弥补集权制的某些缺陷，进而增加整个组织的灵活性和应变能力。适度放权也是必要的，但是过度放权又可能造成组织指挥的混乱，影响全局。

适当分权可以对战时国防动员组织指挥产生以下几方面的积极影响：第一，合理的分权，使中、下层动员组织以及外围组织的规模得到相应的扩大，增强动员执行力；第二，中、下层动员执行组织为有效行使所获得的权力，通常会增设相应的机构和人员，从而改变基层动员指挥机构结构单一、人员不整的情况。第三，适当分权会使中、下层动员组织指挥对动员专业人才的需求增加，促进动员指挥机构成员不断提升动员专业能力素质。

1917 年 7 月 16 日，丘吉尔受命出任英国军需部部长，当时一切重大的和诸多次要的决定仍集中在大臣本人。每个部门有权与大臣直接联系，并要求他就十分复杂相互联系的问题做出迅速的一连串决定。丘吉尔接手后，便着手"划分和分配这一危险的权力集中"。他将 50 个署合并为 10 个大组，各由一人主管，此人直接向大臣负责，每个负责人都能够就其所辖范围的事务做出最终的决定。委员会每日会议使各委员相互之间保持密切联系并熟悉部的总计划；同时，委员会制度能使特殊问题迅速得到了结。对此，丘吉尔在回忆录中不无骄傲地写道："我无须徒步披荆斩棘，只要轻松自如地骑在一头大象身上；象鼻子可以同样不费吹灰之力拾起一根小针或者连根拔起一棵大树；

从象背上登高望远，一览无遗。"①

（二）协调一致

瑞士著名军事理论家若米尼指出："一致可以产生力量，秩序可以保证一致，而纪律又是秩序的先导。如果没有纪律和秩序，是绝不可能取胜的。"②协调一致，是战时国防动员目标的多样性和利益的多样性对组织指挥提出的要求。目标的多样性主要是指国防动员需要保障的对象，不仅有军队的作战行动，还有维持社会生产、生活稳定和消除战争灾害的行动。利益的多样性，主要是指军队与政府、中央政府与地方政府、职能部门之间，会因为强调各自的利益，导致目标冲突。

整体大于各孤立要素之和，这是系统论的一条基本定律。如果协调配合出了问题，那么整个动员行动也会发生混乱。在海湾战争期间，尽管美国国会与盟国刻意保持一致进行大规模动员，但由于在一些动员行动上，没有给敌人、盟国和本国民众提供清晰的信号，致使美国与盟国之间动员行动的协调并不顺畅，进而导致了一加一小于二的结果。

经验表明，在战时动员协调的问题上，最大的冲突存在于军队和政府之间。表现为，军队为保持和增加作战力量以实现其战略目标，竭力从政府手中获取更多的动员资源。而政府往往是既要维持军力，又要维持国力、民生和社会稳定，以实现国家战时总体的政治方略为目标。解放战争期间，辽宁省政府在辽沈战役后的总结中提到：有的部队动员人员、车辆，不但不通过省、县，连区都不通过，个别地区的部队抓车现象严重，如营口群众反映说，"不怕要车，就怕抓车，抓去干完了也不顶工"。在对越自卫反击作战动员中也存在类似的问题。有的部队没有经过地方政府，而是直接动员人员参战支前。战争结束后，这些被动员的人员回到家乡后当地政府不承认，而动员他们的部队又因为经常换防而联系不上，使人民群众的权益无法保障。

为确保整个动员活动的协调一致，主要采取出台相关规章制度、建立协调组织和建立仲裁组织的方法。①有针对性出台规章制度，对各方动员权限的划分进行明确规定。例如我党我军在解放战争期间就制定出台了许多行之有效的规章制度。1948年2月13日颁发的《东北解放区人民爱国自卫战争勤务条令》规定：各后方作战部队的作战需求由军队后勤机关汇总至总后勤部或军区后勤部，经过专属县政府向群众动员。邻近作战区的政府于战时不得借口农忙拒绝动员。凭票供应制度规定：在解放战争辽沈战役中，地方政府发给部队粮草票，各部队凭票到指定的地方动员机构领取所需动员物资。支差

---

① ［英］丘吉尔：《第一次世界大战回忆录》中卷，南方出版社2005年6月第1版，第824页。

② ［瑞士］若米尼：《战争艺术概论》，解放军出版社1988年10第1版，第61页。

制度规定：作战部队根据不同的动员需求类别、规模向相应级别的地方政府提出申请。如在解放战争中规定，部队动员 30 辆以上的大车或 30 副以上的担架需由省政府批准，30 辆或 30 副以下者由县政府批准。②将同一层级相互关联的不同行为主体，组成联合的协调组织，通过协商解决目标冲突。但是，协调组织所能解决的问题有很大的局限性。协调组织所能解决的问题，通常只是那些各方可以让步的问题，因而是妥协的产物，而妥协的产物，往往不是最佳的目标。③当协调组织难以解决各方均重大关切的问题时，就要在同一层级的行为主体之上，建立高级别的权威组织，以弥补协调组织的功能缺陷，解决他们的目标冲突。

(三)适时适度

动员是可控的，动员组织指挥实质上就是在适当的时间、空间，为军队作战等行动提供适量动员资源的过程，因此，适时适度是战时国防动员组织指挥需要遵循的基本准则。适时适度本身具有两个方面的含义。

第一层含义是适时，也就是把握好动员时机。首先，要注意时效性，我们常说的"时间就是资源""时间就是胜利"等口号，说的都是战时动员要特别注重时效。如果没有在动员资源需求方规定的时限内完成有效保障，动员的资源再多，也是失败的动员。第一次世界大战中，美国由于战争初期没有及时进行工业总动员，到 1919 年工业动员水平才达到顶峰。而 1918 年是交战双方的动员资源需求最高时期，结果是在战争最艰苦的时期，许多担负任务的美国战斗部队只能使用英法式的武器装备。到了第二次世界大战，美国人力资源动员的步伐常常与动员需求不一致，导致在征召预备役军官上总是发生周期性的过剩或缺乏。"二战"结束后，由于对军事准备的忽视，导致美国在没有警示的情况下缺乏应对危机的能力。1950 年 6 月份朝鲜对韩国发动进攻时，美军由于战争准备不足，只能推迟行动。

当前信息化战争，高技术形成的技术密集优势为在较短时间内迅速达成战争目的提供了可能，作战节奏加快，动员筹划准备的时间缩短，对战时国防动员组织指挥的时效性提出了更高的要求。各国业已习惯的以空间换时间、积小胜为大胜、慢慢地变劣势为优势的工业时代动员方法已无法适应信息化条件下的战争要求。可以说，没有高效的动员组织指挥，就称不上现代战时国防动员。

同时，在保证时效性的同时还要注意，完成动员任务并不是一味越快越好。因为速度与质量通常是一对矛盾的两个方面。首先要制订合理的动员计划、方案，各阶段完成时限的确定要切实可行，以保证相关单位有足够的时间完成本职动员任务，在此基础上，再努力提高动员时效性。

第二层含义是适度，也就是把握好供需平衡。首先，要保证动员资源的数量能够满足军队作战需求。第一、二次世界战争中，各国普遍实行国家总动员，动员国家一切力量和资源用于保障作战。

同时，战时国防动员规模也不是越大越好，需要把握好度。一方面，战时军队作战、社会正常的生产生活均需要动员资源。如果在动员过程中，不考虑社会生产、人民生活需要，一味保障军队作战，就可能导致社会动乱，全盘皆输。另一方面，从动员效益角度来说，如果动员规模过大，超出了作战需要，就是对动员资源的浪费，而且会导致战争经费的巨大支出。尤其是信息时代，实施规模有限、够用的精确动员，确保"在正确的时间和地点，能够提供管用、够用的资源"，是今后动员组织指挥的努力方向。美国在近年发动的科索沃战争、阿富汗战争和伊拉克战争中，动员规模均不大，但是实行高技术密集的武装力量动员＋以战略投送能力为主的交通动员＋既可壮大力量又可分摊风险的聪明动员＋小规模的军品生产动员，收到了很好的效果。

（四）灵活应变

灵活应变，是战争盖然性、动员资源需求多变性和现代战争动员节奏快速性等特性对战时国防动员组织指挥提出的要求，是指挥员发挥主观能动作用的具体体现，各国均对此十分重视。我国的政治家、军事家历来推崇"不知权变、危亡之道也"等谋势用兵之法。毛泽东指出："许多国家颁布的军事条令书上，都指示了按照情况活用原则的必要。"战争充满不确定性，指挥员需要充分发挥主观能动性，在不影响国家战略利益，不违背上级总的意图的情况下，根据战争态势、动员需求和动员资源掌控等情况变化，审时度势，机断行事。重点把握以下两点。

一是着眼于"变"。临机应变是灵活的一个突出特点，以"变"制胜，是灵活指挥的关键。情况瞬息万变是现代战争的特点，当情况发生根本性变化时，应坚决地根据新的情况，适时果断地修正、改变决心，推动动员活动适应需求变化。

二是善于用"活"。"活"是组织指挥的灵魂，是指挥员的一种创造性的才能，是高超指挥艺术的集中体现。不同性质、条件、阶段下的动员活动情况有别，组织动员活动时，应从实际出发，切忌对书本生搬硬套。要根据实情，善于把握时间、地点、掌握的资源、动员需求等关键环节，审时度势，灵活指挥。抗美援朝战争，1950 年 10 月 14 日中央军委做出决定，要求志愿军于10 月 19 日向朝鲜出动。10 月 15 日"东北军区、志愿军第 13 兵团正式下达志愿军部队开进、集结和准备渡江命令，训令志愿军各军师于 10 月 20 日前全部推进到辑安、长甸河口、安东一线隐蔽集结，待命过江"①。10 月 15 日，

---

① 军事科学院：《抗美援朝战争史》第一卷，军事科学出版社 2000 年版，第 200 页。

东北人民政府召开各省市民政厅、局长会议，研究安排支前工作。在时间紧急的情况下，各县接到通知后，"星夜召集区干、区长会议，简单地谈了一下朝鲜战局后，即分配各区任务数字。各区回去再召集各村党政干部，按照各村劳动力的多少，平均分配各村的数字，由村回去布置动员，因为任务来得突然，时间紧迫，没有明确宣传动员口号和具体指示。所以在动员完成任务的方式方法上是各种各样的"①。在时间紧迫的情况下，正是不拘泥于教科书式的每个程序步骤，在保证基本次序的前提下，根据实际情况灵活处置，确保了动员快速高效。

第三节　特别措施

国家在战争时期组织动员活动，通常要采取许多与平时有别的非常措施，《中华人民共和国国防动员法》将这些非常措施称为特别措施。该法第六十三条规定：国家决定实施国防动员后，根据需要，可以依法在实施国防动员的区域采取特别措施。这些措施，其实质是国家依靠强制力，对社会组织和公民的权利加以限制，直接或间接地作用于动员活动。

一、特别措施的内涵

战时国防动员组织指挥的特别措施，是国家机关依法享有的紧急管理权，公共利益的需要来源于公民权利的克减，是不可诉的行政行为。

（一）属于国家紧急管理权

战时国防动员组织指挥的特别措施，是国家机关在非常状态下采取的非常措施，来源于法律授予国家机关的权力。此种权力，在宪法学上被称为"紧急权力""紧急状态权力"，通称为紧急管理权。其主要特征是以国家强权为后盾，对社会组织和公民具有强制性和不可抗拒性。

（二）是公共利益的需要

按照马克思主义的观点，人的活动都是在各种利益驱动下产生的。那么，促使社会组织和公民战时接受强制性战时国防动员组织指挥的，又是一种什么样的利益呢？是公共利益，即利益各不相同的政治团体、社会阶层和家庭共有的利益。它可能是共同的政治利益，也可能是共同的经济利益，更多的则是共同的安全利益，有时则是政治、经济和安全利益的混合体。当这些共同的利益，需要用暴力、强制的行为来维护时，战时国防动员组织指挥的特别措施便应运而生了。

---

① 东北人民政府民政部：《第一批担架初步总结》，1950 年。

（三）属于克减公民权利的行为

战时，因公共利益需要产生的特别措施，并不是和平时期所固有的，而是来自于公民权利的让渡，即公民把本属于自己的权利交给国家机关来行使。为此，法律中需要对公民的权利克减情况做出明确规定。1971 年阿拉伯埃及共和国永久宪法第三十四条：私人所有制受到保护，除非有法律明文规定和有法律裁决，否则不得对私有财产实行扣押。根据法律，只有为了公益才能征用私有财产，但有赔偿。第四十八条：保证发行报刊、出版和新闻自由。在紧急或战争时期，可以对报刊和新闻就有关国家安全事务进行有限的检查。正是从这个角度，战时国防动员组织指挥所采取的特别措施，是一种克减公民权利的行为。

20 世纪初期的苏维埃俄国在领导和实施战争的过程中曾发生这样一件事。1919 年 4 月 10 日，当苏维埃共和国人民委员会讨论动员的决议案时，列宁指出，宪法第 23 条规定："俄罗斯社会主义联邦苏维埃共和国为了整个工人阶级的利益，对利用权力来危害社会主义革命利益的个人和集团，得剥夺其一切权力。""我们公开声明过，在过渡时期，在激烈斗争的时期，我们不但不随便许以自由，反而预先说，我们将剥夺那些妨碍社会主义革命的公民的权利。"①

（四）是不可诉的行政行为

所谓不可诉的行政行为，是指法院不予受理、不能进入行政诉讼程序的行政行为。按照我国《行政诉讼法》关于行政诉讼受案范围的规定，国防及国防动员行为，同国家对外宣战、宣布战争状态、设立军事禁区，以及国家紧急状态下采取的非常措施，均属于不可诉的行政行为。

多国的战时司法实践也表明，那些涉及战时国防动员组织指挥特别措施的诉讼，也多以原告败诉而终了。在美国学者所著的《光荣与梦想》一书，在谈及美国在第二次世界大战期间对日裔美国公民进行集中管制的诉讼时有这样的记叙："但甚至最高法院对维护公民自由也并不热心。1944 年 12 月 18 日星期一，法院把裁决公布。这样的裁决，在和平时期是不可想象的。法官道格拉斯对是否合乎宪法的问题，避而不谈。法官布莱克在这个现在研究法律的人都还认为很不好的决定中写道，加利福尼亚一直受到入侵的威胁，军方的权威是最高的权威，反正这些日裔并没有因为种族偏见而被驱逐。"②

---

① 中央编译局：《列宁全集》第 36 卷，人民出版社 1985 年 10 月版，第 281 页。

② ［美］威廉·曼彻斯特：《光荣与梦想》第一册，商务印书馆 1978 年 8 月第 1 版，第 430～431页。

二、特别措施的作用

战时国防动员特别措施，直接或间接地对国防动员活动发挥作用。要么有利于有效地控制动员资源，要么有利于为国防动员活动创造有利的动员环境和条件。

（一）使动员资源得到有效控制

实施战时国防动员特别措施的目的之一，是为了获取和掌握动员资源。例如，物资的强制征用，是为了获取必要的物资设施；强制公民服兵役或履行其他国防勤务，是为了有足够的人力补充武装力量或承担大量的作战保障活动；强制公民参加劳动和强制企业事业单位承担国防生产任务，是为了满足国防工业转扩产军品的需要。

（二）为动员创造良好的条件

实施战时国防动员特别措施的另一重要作用，是为动员创造良好的环境和条件。例如，控制新闻报道，使其有利于战时宣传，进而有利于政治思想动员；进行交通运输管制，有利于保持交通运输秩序，进而有利于动员资源的集结、输送。

三、特别措施的内容

美国历史学家卡顿曾指出："所有政府在极端危急关头都试图防止国内和国外两方面的敌人。"[①]战时国防动员组织指挥采取的特别措施，主要目的也是为了"防止国内和国外两方面的敌人"。主要包括政治、经济、社会方面的特别措施。

（一）新闻管制

1. 统一宣传口径

统一宣传口径，是各国战时控制大众传媒及社会舆论的首选措施。基本方法就是由国家对战时宣传的主要内容、基本原则和公开宣传的时机等做出统一规定，并严令大众传媒遵从执行。

统一的宣传口径，通常是由国家最高当局确定。新中国在以往历次作战动员和重大战备活动中，也都采取了统一宣传口径的做法。1950 年 11 月，中央人民政府新闻总署、新华通讯社下发《关于抗美援朝保家卫国运动的报道应注意问题的指示》。该指示规定，关于抗美援朝保家卫国运动的报道，目前应

---

① ［美］阿瑟·林克、威廉·卡顿：《1900 年以来的美国史》（上），中国社会科学出版社 1983 年 6 月第 1 版，第 238 页。

注意两项：一是支援中国人民志愿部队；二是展开时事宣传，"反对美国，肃清亲美恐美思想"。"关于支援中国人民志愿部队"，规定明确可以报道的事项是三个方面：一是"各地人民因我志愿部队参加朝鲜战事，并获得初战胜利而发生的兴奋鼓舞情绪，及确信我志愿部队与朝鲜人民军比肩作战，必获最后胜利的信念"。二是"各地人民对我志愿部队的慰问（不要注重物资慰劳）"。三是"各地各界人民如何各自作好实际工作，如剿匪、反特务、土地改革、稳定物价、反对投机、开展爱国主义的生产竞赛，以巩固人民民主专政，增强国防力量，来支援我人民志愿军部队等"。"至于各地人民要求参加志愿部队，或到朝鲜战地参战，除接近朝鲜的东北地区以外，其他各地目前不必多作报道。"[①]

2. 实行新闻检查

新闻检查以"提前限制"为特点，是国家在新闻发布前对新闻报道的内容进行检查，未经检查或未通过检查的新闻不得发布。检查的内容主要是那些与政府战时的主张不一致甚至唱反调的报道。包括反战、怯战、厌战的言论，易于引发社会不安和动乱的言论，恶意降低政府权威和公信力的言论等。

实行新闻检查制度，是各国战时的普遍做法。1942 年 6 月，美国成立了战时新闻局。"战时新闻局的一个职能是像本市新闻编辑部一样发布国家战争新闻。政府各部门和战时机构继续处理大约 40% 的政府公共报道，而无须经过战时新闻局。但是与战争努力密切相关的消息，或者涉及不止一个政府机构的活动的消息，必须通过战时新闻局的新闻处发布。"

3. 限制媒体运作

政府在战时实行的新闻管制，还包括采取取消邮寄权和控制纸张等措施，对大众传播机构的运作进行种种限制。在今天看来，限制媒体运作就是取消了新闻媒体输出、输入信息的权利。1917 年 6 月 15 日，参战不久的美国颁布《间谍法》。"该法案关于使用邮件的部分授权邮政总局局长艾伯特・S. 伯利森（Albert S. Burleson）宣布所有违反该法案规定的信件、传单、报纸、小册子、书籍和其他材料一律不得邮寄。"1940 年，日本政府掌握了纸张分配权，对于不愿接受合并的报社，以削减或停止供应纸张相威胁。在政府的威逼下，很快实现了一县一报。1936 年，日本全国有缴纳保证金的日报 1200 家，到1943 年，只剩下区区 55 家了。

4. 政府接管媒体

接管媒体，通常是指国家采取行政管制或军事管制的方法，接管媒体的

---

① 中共中央宣传部办公厅、中共档案馆编研部：《中国共产党宣传工作文献选编 1915—1992》第三册，学习出版社 1996 年第 1 版，第 154～155 页。

管理权。接管的媒体通常是影响力较大的主流媒体。作为战时新闻管制的极端做法，政府接管媒体常见于以往大规模的全面战争中，鲜见于今天信息化局部战争。

（二）政治活动管控

战时国家从有利动员的角度，对非官方的政治活动会实行严格的限制措施，包括打压反当局者，特别是持敌对态度的不同政见者，限制政治性的集会和结社活动，禁止成立新的社会团体和政治团体。

1. 压制不同政见者

战时，国家从有利应战和动员的角度，对不同政见者特别是反当局者采取打压的措施。俄联邦宪法法律紧急状态法规定：根据俄联邦总统关于实行紧急状态的命令，在实行紧急状态地区可采取的补充措施和临时限制，包括"暂时中止妨碍局势的政党和其他社会团体的活动"。

美国号称自己是"自由民主"的国家，但却不乏战时打压反当局者的记录。第二次世界大战中，司法部根据总统命令，对 30 个主要煽动分子起诉，其罪名是阴谋在美国建立纳粹政府，在军队中煽起不忠。

2. 集会管控

集会是指两人以上为共同目的聚集在一定场所进行活动。集会自由作为一项基本人权，已得到国际人权法和大多数国家宪法的确认。《公民和政治权利国际公约》规定："和平集会的权利被承认。对此项权利的行使不得加以限制，除去按照法律以及在民主社会中为维护国家安全或公共安全、公共秩序，保护公共安全或道德或他人的权利和自由的需要而加以限制。"所谓的"例外"，就包括战争状态或紧急状态下可以采取的限制措施。俄联邦《紧急状态法》第十一条规定：在紧急状态条件下，政府可以"禁止或限制举行会议、集会、游行、设置纠察和其他聚众活动"，"禁止罢工和其他方式的停工罢业活动"。

3. 对特殊人群管控

美国在第二次世界大战期间，将大约 41 万名未取得公民资格的日本人和 71 万名日裔美国公民实行集中管制。1942 年 2 月 19 日，美国"总统授权军队主持其事。此后不久，德威特将军即下令迁走下述地区所有的日裔美国人。最后，有一万八千名被怀疑不忠的人被关在加利福尼亚州图利莱克的集中营，其余的人被允许在中西部和东部建立新家园或上大学。大约有三万六千人在战争期间选择了重新找地方安家的道路。"①

---

① ［美］阿瑟·林克、威廉·卡顿：《1900 年以来的美国史》(中)，中国社会科学出版社 1983 年 6 月第 1 版，第 216、217 页。

4. 对特殊地区实行军事管制

第二次世界大战中，德军对苏联发动突然袭击后，苏联最高动员决策层要求从 6 月 23 日起，在 14 个军区，即除中亚、外贝加尔和远东军区以外的几乎所有军区，对 1905 至 1918 年出生的有服兵役义务的公民实施动员，并在本国欧洲部分实行军事管制。实行军事管制的地区内，国家政权机关在国防、保持社会秩序、保证国家安全方面的全部职能，均移交给军事当局。军事当局有权调派劳动者及一切交通工具①。

（三）特别司法监管

1. 特别立法措施

特别立法措施主要是指立法权从国家权力机关转移到行政机关。以色列《基本法——政府》第 50 条规定："在紧急状态下，为了保卫国家及公民的安全，维持基本物资供应，保护基础服务设施，政府可以制定适用于紧急状态的法规。紧急状态法规制定后，应立即提交议会外交与安全委员会审批。"

在抗日战争全面爆发后，中国国民党中央政治会议于 1937 年 8 月 11 日召开第 51 次会议，决议设立国防最高会议，作为国家战时国防最高领导机构。为了明确国防最高委员会与立法院的关系，国民党中央制定了《国防最高委员会与立法院关系之调整办法》。其主要内容有三条：一是国防最高委员会决定之立法原则，立法院如有意见，应尽速向国防最高委员会陈述；二是法案如无紧急或特殊情形仍应交立法院审议；三是国民政府依国防最高委员会决定公布之法令，应告知立法院，立法院对于此项法令无须再行审议。此后，中国战时立法权从立法机关转移到国防最高委员会手中。国防最高委员会自行制定法令，直接交国民政府公布，而不经立法院审议通过。

2. 特别仲裁措施

法律案件的仲裁权平时掌握在各级法院手中。战时，一些国家出于危机管理的需要，往往通过建立新的仲裁机构的办法，采取特别的法律仲裁措施。

3. 从重处罚措施

太平洋战争爆发后，日本政府颁布《战时犯罪处罚特例法》。该法增设了"变乱国政"等新罪名，凡在战争期间有杀人、伤害、暴力胁迫、骚扰等行为的一律为"变乱国政"罪论处。同时增加了对防空、通信、电气、生产事业的破坏罪和生活必需品的囤积居奇罪等。该法规定：凡在灯火管制或敌方袭击的情况下，犯有放火、猥亵、奸淫、偷盗、抢劫、恐吓、骚扰罪者加重判刑。

---

① ［俄］亚历山大·尼科夫：《朱可夫》（上），京华出版社 2009 年 1 月版，第 166～167 页。

(四)生产管制

生产管制，是战时国防动员组织指挥非常措施的主要方面，涉及生产资料、订货、产品、企业利润等生产的主要环节。民国时期著名军事经济学家董问樵认为：生产管制的目的在于扩大生产，主要方法一是充分利用原有的生产能力；二是扩大战时的生产力；三是实行战时生产顺序计划，即优先生产制。

1. 对生产资料的管制

管制的基本方法是国家对生产资料实行统一分配，主要目的是满足战时国家计划生产，特别是军工生产对生产资料的需求。

抗战时期，国民政府授权资源委员会对特种矿产实行了管制。管制的特种矿产有钨、锑、锡、汞、铋、钼六种，其中又以钨、锑、锡、汞四种为主。通过对特矿的管制，国民政府手中掌握了大量的特矿产品，以此为抵押获得了外国信用贷款，通过易货贸易从国外换回了大量的武器装备和进行重工业建设的机器设备，还用特矿收益进行了重工业建设，这些都在一定程度上增强了国民政府抵抗日本侵略的军事和经济实力。

2. 对生产企业的管制

对生产企业的管制包括两个方面：一是国家主导新建和扩建生产企业，主要用于满足民品企业转产军品和军工企业扩产军品的需要；二是限制"非必要"生产企业的建设，以便将有限的生产资料和劳动力用于完成国家战时生产计划。

战时，国家投资新建和扩建军工企业，是国家干预生产企业最直接的方法。俄国在第一次世界大战中，国家出资新建了 10 个大型的军工生产企业。强制民用企业转产军品，是国家统制生产企业的主要活动。第一次世界大战中，随着战事转入持久的消耗战，各国都制订了庞大的军品生产计划，为此强制大量的民品生产企业转产军品。德国从 1914 年 8 月开始，将军品生产扩大到民用生产企业。到 1914 年年底，已有 7500 个以上的大企业转产军品，仅制造火炮的工厂就发展到 182 个，能够生产步枪零件的私营工厂有 150 家。

3. 强制工厂接受订货

战时，企业是否接受政府或军方订货，是军品生产能否按计划完成的关键。实践证明，政府或军方的订货，如果完全由企业自主生产，或完全依赖优惠政策，都是难以保证的。因此，强制工厂接受政府或军方订货，便成为战时生产管制必须采取的特别措施。俄国在第一次世界大战之初，负责军工生产订货的是总军械部。工业部门中的资本家也按行业组成种种委员会作为争夺军事订货、分配原料、规定价格的机构。直到 1915 年 8 月，俄国成立了由政府高官和工业巨头组成的国防、燃料、粮食和运输等军事工业委员会之后，俄国的民用工业才开始转产军需品，并新建了 10 多个兵工厂。

4. 产品的禁止和限制

禁止或限制的目的因产品的不同而不同。禁止和限制的产品主要分为两类：一类是国家统管的产品如武器弹药，另一类是战时"非必需品"，如高档消费品。禁止国家统管产品的生产，目的是保证这些产品的质量并为国家所用。禁止"非必需品"的生产，是保证将有限的资源用于战时需要的生产。

中国抗日战争中，国民政府颁布实施《战时禁制品条例》。该条例禁制的产品主要是国家统管产品。这些产品分为两类：一类是绝对禁制品。另一类是条件禁制品。绝对禁制品包括兵器、弹药、爆炸物及军用化学品，陆上、海上或空中之运输工具，燃料及润滑剂，军用被服、装具，通信器材，军用地图、照片、模型仪器及文书、图表，军用建筑材料，银行有价证券及本国及外国货币，金属矿产及其成品、半成品，属于战略物资之非金属矿产及其成品半成品，以及上述产品的配件附件。条件禁制品包括粮食、食品、饲料及非军用被服，供给前款物件之生产或制造机械及材料物品。

（五）兵员统制

战时，国家通常会采取一系列严格的征兵措施，以保证兵员需求。通常措施有：

1. 延长服役年限

各国在战时为了解决兵员不足和新兵质量不高的问题，通常会延长兵员服役年限，并通过为延期服役的人员提供工作机会的办法鼓励士兵延长服役。

2. 增加征兵人数

法国大革命期间，法国资产阶级为保卫革命成果，抗击欧洲干涉军的武装入侵，在很短时间内征集了 42 万兵员，使军队迅速扩大。

3. 扩大征召范围

德国在第一次世界大战中实行"兴登堡计划"即《国民服役法》。依据该法，德国所有未服兵役的 17～60 岁的男人，都被看作辅助勤务人员，受陆军大臣管辖，强制参加生产劳动及与战争相关的事务。

4. 加强后备人员训练

1935 年 6 月 26 日，德国为向军队提供充足、训练有素的兵员，建立军队后备队，要求德国 18～25 岁男青年必须劳动服役 1 年，成员着统一制服，过兵营式生活，接受体格锻炼和军事训练，参加修筑军事设施。至 1939 年，德国强制参加劳动服役的人员有 280 万。

5. 强化兵役征召

美国在第一次世界大战选征兵役实行"不是去干活，就是去打仗"的政策，除参加生产劳动的人员以外必须服兵役，以此强力推动兵员征集工作。

（六）劳动力资源管制

劳动力是生产力要素，也是动员的要素。战时，出于生产动员的需要，国家都将对劳动力采取程度不同的统制措施。《1900 年以来的美国》一书在论述美国一战动员时曾指出："在军事需要的刺激下，政府里一部分先进分子曾表明，在既不奴役工人又不引起资方过分困难的条件下，由政府控制工时、工资和工作条件是可行的。固然，这种试验在战后放弃了，但为将来在另一次紧急关头采取行动开创了先例。"①

1. 强制参加生产劳动

战时生产的规模一旦扩大，对劳动力的需求随之扩大。第二次世界大战中，各参战国普遍加强了对劳动力的控制，强制参加生产活动成为普遍现象。1940 年法国战败投降后，法国维希政府屈从于德国的指令，不断向德国提供廉价劳动力。1943 年 2 月 6 日，法国维希政府颁布实施《义务劳动服务法》，驱使人民为纳粹德国服劳动役。该法规定：凡 1920—1922 年出生的法国公民，包括大学生，均应前往德国服劳役两年。

2. 推行义务劳动

1919 年春，欧洲联军对苏维埃俄国发动大规模的武装干涉。苏维埃俄国后方的工人积极响应列宁的号召，加紧工作支援前线。1943 年，即抗日战争中后期，中国国民政府废止《国民工役法》，颁布实施《国民义务劳动法》，规定"中华民国男子年满十八岁至五十岁，依本法之规定，服义务劳动"。

3. 限制劳动力自由流动

限制劳动力自由流动，简单讲就是劳动者被迫放弃自主择业的权力，听命于政府的安排，不能任意离开工作岗位。采取这一措施的主要目的，是保证军工企业或与军工生产密切相关的企业有足够的工人。

德国在第二次世界大战爆发之前，就开始限制劳动力的自由流动。颁布的一系列补充条款废除了工人更换劳动场所的自由权，禁止农业工人为了逃避徭役而流入城市。从 1935 年 2 月开始，德国又在全国实行"工作簿制度"，又称"劳动册制度"，以应付大规模扩军备战后劳动力日渐缺乏的现象。该制度规定：每个工人领取一本记载其种族、技能和职业经历的工作簿，就业时

---

① ［美]阿瑟·林克、威廉·卡顿：《1900 年以来的美国史》(上)，中国社会科学出版社 1983 年 6 月第 1 版。

须出示。雇主或政府当局可以通过扣押工作簿阻止工人离职。1938年6月起，德国政府禁止军工企业工人离职。1939年2月在全国推行强制劳动，规定所有工人必须到官方就业处指定的岗位工作。

4. 限制罢工和停工

战时因种种原因导致的罢工和停工事件，对战时生产和社会稳定都有较大的负面影响。因此，国家在战争期间，通常会采取限制罢工和任意停工。美国在第一次世界大战期间规定：禁止罢工和工厂私自停工，负责劳工事务的战时劳工委员会在紧急情况下，可以行使政府的优先调拨权和接管工厂企业的权力。

5. 强制延长工作时间

1941年6月25日，也就是苏德战争爆发的第4天，苏联就通过并下达了《战时职工工作时间规定》。到1942年，苏联军工生产企业的工人，每天工作的时间法定为14个小时。

6. 人口强制疏散

人口疏散动员，通常限于局部地区，这些地区包括：①军队实施作战行动的核心地区。②受到敌空袭威胁的地区。③将要被敌方攻占的地区。其种类可按疏散活动的最终目的，分为安全性疏散和重建性疏散。安全性疏散是单纯以人员脱离危险，得到安全保障为最终目的。抗日战争中期，重庆作为国民政府战时首都时，将城市人口疏散到农村地区。重建性疏散，是在人员脱离危险的同时，还要继续进行生产建设。我国在20世纪60年代东南沿海紧急战备中将人员从东南沿海向内陆转移，这就是典型的重建性疏散。

(七)财经管制

财政金融的管制，目的在于集中财力，以满足战时庞大的财政经费支出的需要。

1. 冻结银行存款

存款冻结就是限制该存款(账户)的使用。《中华人民共和国商业银行法》第二十九条第二款规定：对个人储蓄存款商业银行有权拒绝任何单位或个人查询、冻结、扣划，但法律另有规定的除外。抗美援朝战争期间，国家曾采取短期冻结存款的措施。1950年10月，占国家银行存款90%以上的机关、部队、团体大量提款，10余天内就达6000万元，用于抢购所需的物资。当时估计，如果部队、机关、团体继续向银行提款，国家银行现金将短缺6至7亿元。为此，10月24日，中央财政经济委员会向中共中央提交了《关于防止物价波动》的报告，建议采取短期冻结存款的措施，其实施后达到了预期的效果。

2. 控制银行信贷

控制银行信贷，主要是指国家要求银行按国家指令投放贷款。1931 年发动侵略中国的满洲事变后，日本便进入了战时金融管制时期。金融管制的核心是控制资金分配，以保证军需企业优先获得所需的资金。

3. 发行战争公债

发行战争公债是国家筹措战争经费的主要手段之一。德国在"一战"中，仅发行战争公债一项，就获得 620 亿马克，相当于其全部军费支出的 4/5。1916 年，英国成立全国战争储蓄委员会，发行总额为 14 亿英镑储蓄券，从社会各阶层吸收了大笔资金。

4. 增加税种税率

战时，"政府的不断扩大，军队建设计划，外事干预，军队抚恤金体系的建设，以及政府正在膨胀的管制功能，都需要一个新的和可持续的收入来源。"[1]其中最好的"收入来源"就是税收。

第一次世界大战中，参战国家均主要依靠增加税收来弥补战争经费的不足。美国在第二次世界大战中实行的税收法，被美国学者称为"历史上税额最高，涉及范围最广的税收法"[2]。统计显示，1943 年美国政府的财政支出为790 亿，是第一次世界大战最高年份的 5 倍。从 1940 年 7 月 1 日到 1945 年 7 月 1 日，美国政府共花费了 3230 亿美元，其中的大部分用于战争及相关活动。

5. 限制资本市场

限制资本市场包括限制各类证券市场和股票市场。第一次世界大战期间，美国政府依据《战时金融公司法》，在联邦政府中建立了"资本发行委员会"。该委员会从联邦储备委员会手中接管了新证券发行的监督权，对私人公司发行新的股票和债券实行控制，以保证资本不要流向与战争无关的企业。

6. 控制市场物价

有学者指出，战时"除动员战士和保证作战物资源源不断地运往前线以外，国内方面最重要的问题，大概就是防止会造成战费倍增并加重各阶级负担的疯狂的通货膨胀"。"反对通货膨胀最明显的武器，也是首先试行的办法，即控制物价与租金。"[3]1939 年 10 月 18 日，日本发布价格统制令，对法令适用的范围、价格的时限、政府对价格调整的权限、例外规定等进行了详细说明。

---

① [美]乔纳森·休斯等：《美国经济史》，北京大学出版社 2011 年 1 月第 1 版，第 454 页。

② [美]阿瑟·林克等：《1900 年以来的美国史》(中)，中国社会科学出版社 1983 年 6 月第 1 版，第 198 页。

③ [美]阿瑟·林克、威廉·卡顿：《1900 年以来的美国史》(中)，中国社会科学出版社 1983 年 6 月第 1 版，第 203 页。

通常各国在战时还会采取控制工资水平来辅助控制市场物价，方法是政府规定企业员工的工资标准，企业按照政府规定的工资标准执行。1939 年 3 月，日本政府根据 1938 年颁布实施的国家总动员法第六条之规定，颁布实施"赁银统制令"，并据此限制军需工业、矿山、化学工业等部门初次任职员工的薪金。1940 年，日本又全面实行法定工薪制度。

7. 压缩公共支出

1947 年 1 月 27 日，冀南区党委行署军区发出厉行节约，克服困难，支援前线，争取胜利的号召。

（八）物资管制

面向社会的物资管制措施，主要对象是社会生活物资和设施。主要措施包括重要物资的统购统销、对民用资源实施征用，以及对主要生活用品实行供给制等。

1. 物资的统购统销

1938 年 5 月 5 日，日本颁布实施《国家总动员法》。该法规定在战时统制的物资包括：兵器、舰艇、军需品、被服、粮食、医药品、船舶、飞机、车辆、马、通信机械、土木建筑物资、燃料、电力等。统制的范围包括：物资的生产、流通、进出口、运输、通行、金融、工业生产、教育、研究、情报、宣传、警备等。

2. 物资的强制配给

"在生产迅速转移到为战争生产的情况下，政府尽力保证每一种配给商品给予消费者一个很小的数量，而不是让消费者在黑市上与短缺商品供应相斗争。"[1]德国在第二次世界大战开战不久就不得不实行配给制。1939 年年底，德国平民每天的食品配给：340 克面包（普通平民）或 685 克面包（重体力劳动者），70 克肉类（普通平民）或 170 克肉类（重体力劳动者），50 克脂肪（普通平民）或 110 克脂肪（重体力劳动者）。每日所需热量折算：普通平民 2570 大卡，重体力劳动者（如建筑工人）4652 大卡，国防军士兵平均 3600 大卡。

3. 物资进出口限制

限制或禁止进口和出口，主要目的有两个：一个是防止物资流向敌对国家和地区，二是保持本国的经济动员能力。第一次世界大战中，美国国会于 1917 年 10 月 6 日通过《对敌贸易法》，授权政府管制对外贸易、检查外国邮件、没收并接管德国人在美国开办的工厂。

---

① ［美］乔纳森·休斯等：《美国经济史》北京大学出版社 2011 年 1 月第 1 版，第 547～548 页。

4. 冻结境内敌方资产

冻结境内的敌方资产，一方面是出于政治的需要，进一步表明对抗立场，另一方面则是出于战争的需要，防止这部分资产成为敌方的战争资源。

1950 年 12 月 28 日，即抗美援朝战争爆发两个月之后，针对美国冻结在美华人资产的行为，政务院发布《关于管制美国在华财产冻结美国在华存款的命令》。命令说：鉴于美国政府已宣告管制我国在美国的公私财产，加剧对我国的敌视破坏活动，决定管制美国政府和美国企业在华的一切财产，冻结一切美国在华公私存款。很快，美国的电力、公用事业、房地产等 1000 多家外国资本企业均受到军事管制，美国人在这些企业里面的股权、债权由中国人民银行设立专门账户予以冻结。美国人所属的码头、仓库、船舶、石油公司等立即征用。对一些物资、房产以及其他可以作价的财产，一律由人民银行按物作价，所收资金由中国人民银行予以冻结。除此之外，对帝国主义过去凭借特权占有的地皮、农田、跑马场之类的地方也都全部收回。

5. 民用物资设施的征用

民用物资设施的强制征用，是战时国家获取民用资源的主要手段。《中华人民共和国国防法》第四十八条规定：国家根据动员需要，可以依法征用组织和个人的设备设施、交通工具和其他物资。

2004 年 6 月 14 日，作为"有事法案"的一部分，日本国会通过《国民保护法》，该法规定：一旦遭受外国武力攻击或国际恐怖分子袭击，日本各级地方政府可以征用日本国民个人的土地、房屋和其他财产。

6. 物资的强制转移

第二次世界大战中，苏联在遭到德国突然袭击的情况下，组织了大规模的工业搬迁活动，将西部众多的工业企业搬迁到东部，并用一年多的时间进行重建，使其成为支持战争的战略基地。抗日战争中，当上海和南京将要沦陷时，国民政府在工商界的主动配合下，先后进行了两次大规模的搬迁和重建活动，涉及政府机构、工商企业、文化教育等各个方面。最终搬迁到西南地区的工业企业，大部分得以重建，为战争做出了贡献。俄联邦《紧急状态法》第十一条规定：在实行紧急状态的地区，如果紧急情况对贵重物品和珍贵文物构成了毁灭、偷盗抢劫或损坏的现实威胁，应将其转移到安全地区。

7. 强制节约

经济学家约翰·莫里斯·克拉克估计，"'一战'中战时物资的约 60％来自于消费者的节约，而只有 40％来自于产量增长"①。

---

① ［美］乔纳森·休斯等：《美国经济史》，北京大学出版社 2011 年 1 月第 1 版，第 457 页。

1917 年 8 月美国国会通过的"食物和燃料管制法"（因议员胡佛提议又称胡佛法），除对每个家庭粮食的配给数量做出规定外，甚至做出了"喝咖啡不要放糖，除非已经有了长期养成的习惯，但在这种场合也只放一匙"的规定。

有组织地回收废料运动，也是强制节约的措施之一。在第二次世界大战中，美国始终在开展一项收集物品废料以进行武器加工的运动。当时，美国的"每个社区都开展了某种形式的废料收集运动，几乎没有什么东西能逃脱收集者的眼睛"。"截至战争结束，废料为美国武器产品提供了所需的大部分钢材和一半的锡料。同样重要的是，所有这些废物收集运动，都有助于使后方人民参与到鼓舞士气的事业中来。"[1]

（九）交通运输管制

交通运输管制，从社会角度讲主要是对交通运输工具和设施进行管制，实质是限制社会成员交通运输资源的使用权，目的是将有限的交通运输资源用于应对战争和军事威胁。

1. 接管交通运输机构

接管交通运输系统，是整体地将某一交通运输领域全面纳入国家统制的范围，由国家直接管理。第一次世界大战时，美国为加强对铁路运输的管理，经国会同意，威尔逊总统发布公告，宣布由联邦政府接管铁路，以使其被"用于军队、战争物资和装备的运输"。为此，联邦政府设立了美国铁路管理局，由财政部长威廉·麦卡杜兼任局长。1918 年 3 月，国会通过《铁路管理法令》，对联邦政府接管铁路作了如下规定：联邦政府对每条被接管的铁路支付年租金，其数额不高于 1917 年 6 月 30 日以前 3 年各条铁路的平均营业纯收入；国会拨款 5 亿美元作为铁路运营的经费；在停战协定签订后的 21 个月内，将铁路归还原主；归还铁路时，各条铁路应全部修复并具备政府接管时的一切设备；废除联邦州际贸易委员会有关命令铁路公司取消某项运价的权力，但保留其他各项权力。

2. 控制交通运输工具

控制交通运输工具，是国家采取征用、管制等措施，将主要交通运输工具的使用权或管理权，从社会组织和私人手中转移到国家手中，由国家调度使用。

按照美军现行的"交通战备紧急反应计划"，在发生紧急事件时和动员之前与动员期间，由国防部、联邦其他部局和民用运输业的主要官员组成的应急反应领导小组，应迅速了解军事运输需求，以便安排和准备运力的预置。

---

[1] ［美］弗朗西斯·罗素等：《图文第二次世界大战·战争中的美国》，中国社会科学出版社、海南出版社 2004 年 1 月第 1 版，第 107 页。

当接到运送部队和物资所需费用已获批准的通知后，应急领导小组即开始解决运力的不足部分。当未解决的重要运输工具缺额有所增加，需要为国防从运输部获得运输勤务优先权时，由军事交通管理司令部司令负责实施应急反应计划。运输部一接到通知，将授权州商务委员会、联邦铁路管理局、民用航空委员会和海事管理局安排卡车、铁路、汽车客车和航空运输方式，包括集装箱、终端站服务、设施和设备等方面的优先运输服务。

3. 控制交通运输线路

对交通运输线路的管控，包括对道路、航路及车站、机场、码头等设施的管制。此举的目的，一是确保军需物资和部队的运输，二是防止交通线路出现无序的混乱状态，三是对交通线路实施安全防护，防止受到人为破坏。

第六章 战时国防动员指挥体制

战时国防动员指挥体制，是指国家为组织战争动员活动而建立的指挥系统，及对其职责、权限、相互关系和有关制度所做出的规定，是国防体制的重要组成部分，是国家战时实施快速动员的重要保证，对国家的安危具有重大影响。

第一节 基本内涵

战时国防动员指挥体制作为动员活动的行政主体和国家危机管理体制的组成部分，体现了战时特定条件下动员权力的安排，具有高度的权威性、广泛的代表性、组织的连续性、体制的暂存性等基本特征。建设好战时国防动员指挥体制，对于增强国防动员组织能力，顺畅实现平战转换，确保动员法规落到实处具有重要意义。

一、基本性质

战时国防动员指挥体制作为特定条件下特定领域的指挥体制，其内在含义主要包括以下几个方面。

（一）是战时国防动员的行政组织体制

战时国防动员活动涉及的领域众多，需要建立动员指挥体制以加强统筹组织。对于战争中国家行政组织能力的重要性，毛泽东在抗日战争中有过精辟论断："日本敢于欺负我们，主要的原因在于中国民众的无组织状态，克服了这一缺点，就把日本侵略者置于我们数万万站起来的人民之前，使它像一匹野牛冲入火阵，我们一声唤也要把吓一大跳，这匹野牛就非烧死不可。"[1]如果战时国防动员指挥机构无法充分发挥行政组织职能，极易引发混乱。美英等国在第二次世界大战初期，由于相关的动员机构没有行政组织职能，曾经一度出现过军事部门争先订货、军工生产部门抢夺原料和人力、征兵部门任意征用工业技术骨干等混乱现象。

实践中，为了保证战时国防动员指挥机构能够有效行使行政组织职能，通常会以社会管理机构——国家各级行政机构为主建立战时国防动员指挥体

---

① 《毛泽东选集》，人民出版社 1991 年版，第 511 页。

制。因为国家各级行政机构作为"国家的行政机关，是社会管理的法定职能机构，具有计划、管理和调动社会资源的职权"①。另外，国家行政体制能够实现对全国各地区、各级、各行业的全覆盖，只有各级国家行政机构才可以很好地担负战时国防动员指挥体制的职责。

（二）是战时国家组织体制的平战转换的产物

出现战争征候或发生战争时，国家组织体制需要在短时间内完成平时向战时的转换。平战体制转换十分复杂，"在转变的范围上，不仅涉及从中央到地方各级政府机关和各类社会组织，还涉及相关企事业单位；不仅涉及经济、军事、政治，还涉及文化、科技、外交等方方面面。在转变的内容上，不仅包括政府机构的调整、职责的改变和领导关系的变化，还包括各经济部门的任务、计划以及领导、管理手段的改变"②。因此，为了把国家由适应和平建设状态向适应战争需要状态的转变迅速、顺畅地衔接起来，需要有坚强的领导和高度集中统一的指挥，而这有赖于战时动员指挥体制的组织功能。

历次战争动员实践证明，战时国防动员指挥体制是平战转换顺利实施的可靠保障。第四次中东战争中，以色列由于动员指挥体制比较健全，战争爆发后 10 分钟就通过广播电台播发了动员令，1 小时后征用的民间汽车就投入了军事运输，48 小时内后备役人员就开赴到了指定地域参加作战，较快扭转了不利局面。建立完善的战时国防动员指挥体制，是国家平战体制顺利转换的标志。"第二次世界大战中波兰之所以在战争爆发后 28 天就惨遭沦亡，一个重要原因就是战前动员领导体制不健全，国家不能迅速转入战时轨道，致使临战动员一拖再拖，军队迟迟不能实现扩编，现有部队也只有 2/3 能够勉强应战。"③

（三）是战时国防动员权力安排的组织体现

平时和战时，国家对动员组织体制权力的安排是有区别的，主要表现在以下两个方面。一是平时的权力较小，战时的权力较大。通常情况下，战时国防动员指挥机构，不仅拥有平时的所有权力，而且拥有许多平时没有的权力。二是平时的管理权相对分散，战时的管理权相对集中。原本由较多的人和较多的机构掌握的权力，变为由少数人和少数机构掌握。

可以说，建立起战时国防动员指挥体制，是国家在战争时期完成动员权力重新分配的重要标志之一。第二次世界大战开战前夕，各主要参战国家根据战争的需要，对国家权力进行重新安排，均建立了战时国防动员指挥体制。

---

① 曾仲秋：《战争动员规律论》，解放军出版社 2009 年版，第 295 页。
② 吴子勇：《战争动员学教程》，军事科学出版社 2001 年版，第 83 页。
③ 谭冬生、雷渊深：《战争动员学》，军事科学出版社 1997 年版，第 123 页。

德国成立了直接隶属元首的最高国防会议，统一指挥一切行政及经济事宜，并"向 10 个国防管区派驻代表机构，代表中央对各管区的战争事务特别是动员活动进行节制"①。

（四）是国家应战指挥体制的重要组成部分

国家应对战争通常需要完成两个方面的活动。一方面是通过运用军队等作战力量打赢战争，另一方面是为保障和增强军队作战能力提供必要的资源。只有同时使这两方面的活动协调顺畅进行，才能达到消除或降低危机的目的。

相应地，国家应战指挥体制也主要包括两个部分。一部分是运用力量消除危机而进行的组织机构设置及其运行机制，通常包括国家军事系统建立的作战指挥体制。另一部分是为获取应对危机的力量而进行的组织机构设置及其运行机制，主要指战时国防动员指挥体制。

二、基本特征

战时国防动员指挥体制的特征，是区别于一般的组织领导体制的不同点，通常包括以下几个方面。

（一）高度的权威性

主要是指动员指挥体制一定能够代表国家对相关单位、人员真正具有管辖权力。可以说，高度的权威性是战时国防动员指挥体制顺畅运行，正常行使职权的主要保证。首先，战时国防动员活动在国家危机管理中起到获取力量的重要作用，是国家能够运用力量消除或降低危机最基础、最关键的活动，事关重大，需要相应的战时动员指挥机构具有高度权威性。第二次世界大战期间，"虽然德国当时已经是法西斯独裁国家了，但在 1939 年 8 月 30 日，即战争爆发的前一天，还是成立了直接隶属元首的最高国防会议，议长为戈林，成员包括内政部长、经济部长、国家社会党代表、陆海空三军首长。其宗旨是应付目前极度紧张之国内外情况，统一指挥一切行政及经济事宜。"②另外，战时国防动员活动需要调动各类资源，这些资源通常是分属于国家、社会、集体、个人等不同所有者。为了能够有效调动所需动员资源，需要相应的战时动员指挥机构具有高度权威性。列宁在 1919 年 5 月曾就革命战争胜利的条件指出："这次战争取得胜利的必要条件是统一指挥红军的一切部队，最严格地集中管理各社会主义共和国的一切力量和资源。"③权威性既是战时国防动员指挥体制的基本特征，也是衡量其是否科学合理的重要标准。

---

① 张羽：《战争动员发展史》，军事科学出版社 2004 年版，第 232 页。
② 张羽：《战争动员发展史》，军事科学出版社 2004 年版，第 232 页。
③ 《列宁全集》1956 年版，第 29 卷，第 366 页。

为保证战时国防动员指挥体制的高度权威性，世界各国通常采取以下两种办法。一是以本国最高行政领导机构作为战时最高动员决策机构。在美国，总统及其办事机构作为国家战争决策的核心机构，同时也是战时国防动员最高决策机构。我国近期成立的国家安全委员会，汇集了国家党政军最高领导人，今后战争爆发时，将其作为国家最高动员决策机构是比较理想的选择。推而广之，由于地方各级政府拥有对本级相关机构、单位的管理权，通常战区、省、市、县各级应以地方行政机构为主建立本级战时国防动员指挥机构。另外，我国在新中国成立以来历次作战中建立的动员指挥体制，其中各级支前委员会的主要领导主要由本级党委、政府"一把手"担任，也体现了高度的权威性。二是上级赋予相关机构相应权力，使其作为动员指挥机构行使职权。某些情况下，局部地区进行的战时动员行动，可以由国家或者上级授权相关机构指挥动员行动的权力。淮海战役期间，中共中央中原局对所属支前机关的权力与职责进行了明确："加强支前机关与支前工作，授权支前机关全权征调粮食与民工担架，保证一切作战需要，不惜任何损失与负担。"[①]另外，国家还可以向涉战地区派出工作组，以使战区动员指挥机构具备代表国家的权威性。但无论在何种情况下，重大的动员决策仍然需要国家或相应的上级参与并起决定作用。

（二）广泛的代表性

主要是指机构人员构成应该能够代表政治、经济、社会各领域和国家各级政府部门、军队系统、群众团体及各行业系统。一是战时动员活动涉及众多行业系统，动员资源来自多个渠道，需要多方配合，要求战时国防动员指挥体制具有广泛代表性。苏联前革命军事委员会主席 M. B. 伏龙芝说过："全体人民几乎无一例外是战争的参加者。直接作战的不是几千人、几万人，而是几百万人。战争把社会生活的一切方面都彻底地卷进了自己的漩涡，触及整个国家和社会的利益，使社会的全部生活都服从战争。"[②]要将各动员领域全部纳入战时动员指挥体制，否则会引起不良后果。第一次世界大战前，德国仍然把经济领域看作独立于动员组织体制之外的领域，"就是在战备阶段也最好让经济自行其是，只有当战争进程完全出乎意料时，才能运用共同的经济手段"[③]，这直接影响了动员指挥机构的运行效果。二是参与动员活动的各方立场不一致，为了统一各方的意见，需要战时国防动员指挥体制具有广泛代表性。国家内部各民族、各阶层、各行业拥有不同的利益诉求，各政党、派

---

① 中原局：《关于全力支援淮海战役的紧急指示》，1948 年 11 月 15 日。

② 张羽：《战争动员发展史》，军事科学出版社 2004 年版，第 190 页。

③ 张羽：《战争动员例评》，白山出版社 1996 年版，第 46 页。

别也常有不同政见。尤其是西方资本主义国家，各政党、各阶级为了各自的利益，往往不能站在国家利益全局的高度看待问题，甚至有可能做出损害国家整体利益的举动。为使各方意见一致，步调一致，发出同一个声音，就要尽可能多地吸收各方的人员参与到战时动员指挥活动。三是战时国防动员指挥机构拥有比平时大得多的权力，为了保证这些权力可控，需要其人员的构成具有广泛代表性。战时，各级动员指挥机构代表国家行使紧急管理权，可以使用管制、征用、统制等非常措施占用公民和组织的公共权益。为了保证行使紧急管理权的可控性，除了利用法律进行约束外，还需要战时国防动员指挥机构人员构成要广泛，确保各阶层、各领域均能发出自己的声音。

为了使战时国防动员指挥体制真正具有广泛代表性，需要考虑到国家最高动员决策机构、各动员领域指挥机构、相关民间组织团体等不同层面。一是国家动员决策机构层面。首先，要将国家元首、国家行政机构领导及下属主要部门、军队主要领导吸收进来。通过国家最高领导人、动员资源需求方、动员资源提供方共同决策，保证决策的权威性、合理性。另外，还要吸收主要政党领袖，将不同政见者团结起来。在第二次世界大战期间，英国于1940年重组的战时内阁的5名正式成员，"都是主要政党的领袖，由他们集中掌握英国的军政大权，能够得到议会所有政党的支持和广大人民的拥护"[1]。二是各动员领域层面。首先是把对本动员领域相关的部门全部吸收进来。如1918年美国成立的经济动员机构"军事工业委员会下属的各类商品处组织多达60多个，从设备、原料、燃料、运输、劳工等各个方面对国家的经济活动进行全面管理"[2]。另外，同业协会在本行业领域拥有较强的影响力，应充分发挥同业协会在战时动员指挥体制中的作用。第二次世界大战期间美国的油料领域动员，就是由美国石油协会主席出任油料动员指挥机构负责人。三是社会性动员组织层面。主要是成立社会性组织，充分利用其自身的组织力和号召力进行动员。抗美援朝战争期间，由全国政协发起，多个社会团体合并建立的抗美援朝总会，实际上组织了医疗卫生、捐款捐物、爱国生产、爱国公约等大量的动员活动。

（三）组织的连续性

主要是以平时体制为基础，通过平战转换，实现动员组织领导体制的顺畅转换，并保证动员业务工作的无缝衔接。首先，平战国防动员组织体制在权力安排和运转方式上的区别，需要以平时动员体制为基础建立战时动员指挥体制，以确保体制相衔接、协调，防止指挥中断。例如在和平时期，我国

---

①　张羽：《战争动员发展史》，军事科学出版社2004年版，第232页。

②　张羽：《战争动员发展史》，军事科学出版社2004年版，第167页

各级国防动员委员会在国务院、中央军委领导下，作为国防动员工作的议事协调机构。从机构性质及法理上讲，国防动员委员会不具备战时国防动员组织指挥所必需的行政权力。如果不对其权限进行适当调整，在战时很难直接作为动员指挥机构行使职权。其次，动员组织形式是根据战争需要而建立的，当战场形势发展迅速，对动员提出了新的要求时，动员指挥体制也需要相应及时调整，以保证对动员行动的连续有效指挥。

要做到战时国防动员指挥体制的连续性，主要是做好平战转换阶段的各项工作，并根据战争的发展变化适当调整动员指挥体制。一是做好平战转换阶段人事、业务衔接的连续性。为了降低战时建立国防动员指挥体制的难度，各国通常是以平时动员组织机构及其人员为基础，经过必要调整之后建立战时国防动员指挥体制。①关于人事衔接，战时各级动员指挥员及其机关成员应以平时从事此项工作的人员为主，尽量避免临阵换将，指挥员通常由各级国防动员委员会主要领导担任，指挥机关也应该以平时各级国防动员委员会办公室人员为基础扩充组建。新中国成立以来，我国历次作战动员指挥机构成员多数是由平时各领域动员工作的主要领导担任，这样就保证了主要指挥人员的连续性。②关于业务衔接，战时动员指挥机关在制定计划、法规时，通常不会有充足的时间从零开始详细调研、论证，主要是以平时准备的预案、规定为基础，加以适当修改。因此，需要在平时加强各类战备方案、计划的制定，以提高动员业务的平战衔接顺畅程度。例如，我国在战时就可以以20世纪80年代初制订的《全军战争初期动员方案》作为制订战争动员计划、方案的基础。二是随着形势发展及时调整动员指挥体制。当战争态势发生重大变化时，应及时对动员指挥体制进行调整，以适应形势需要。在解放战争中后期，华东支前委员会就根据战局的变化而对各级动员指挥机构进行了调整和完善，以保证组织的连续性和适用性。济南战役时期，支前组织形式是省支前办，鲁中南支前司令部，各分区司令部和3个民管处。淮海战役时期，在华东地区建立了统一的华东支前委员会，并组成"华支"前方办事处，统筹前方支援工作。南下蚌埠时期，又以"华支"与江淮区党委为主，组成"华支"委员会和华东支前司令部，在皖西成立前方指挥所，并建立合肥、滁县两个办事处，协同地方建设支前基地。渡江后建立了赣东北、皖南、苏南、浙江4个前办。京沪战役结束，"华支"改组为运输司令部，专门担负支援京沪煤粮任务。

（四）体制的暂存性

主要是指这种体制根据战争的需要而建立，并随着战争结束而废除。战争活动和战时国防动员指挥活动具备的特性决定了战时国防动员指挥体制的暂存性。一是战争持续时间的有限性决定了战时国防动员指挥体制的暂存性。

任何战争持续的时间都是有限的，战时国防动员指挥体制作为国家为应对战争而建立的动员指挥系统，必然会随着战争的爆发而开始，并随着战争的结束而废除。二是战时国防动员指挥的国防性和强制性决定了其指挥体制的暂存性。在战时国防动员指挥过程中，通常要采取征召、征用、管制、冻结等"危机管理权"，必然会有部分组织和公民的公共利益受到损害。英国在1914年第一次世界大战期间通过的《王国防务法案》规定："政府对个人自由有一定程度的干预权。"①第二次世界大战期间，英国"数以百万英镑计的计划只要费希尔稍微点点头，就算通过。过去，战争看来还远时，经常很容易就推翻原议和考虑反对经费支出的意见。现在战争临近了，国库对财政的管制却销声匿迹了"②。可以说，这些情况在和平时期是根本无法想象的。战争时期，公民和组织为了维护国家权益和确保个人利益得到长久保障，同意把自身的部分权利暂时让渡给国家。但这种权利的让渡只能是临时的，战争结束，需要恢复到正常的组织体制。

处理好战时国防动员指挥体制的暂存性，需要着重把握"头尾"两个时机。一是建立战时国防动员指挥体制的时机。实质上就是确定组织平战体制转换的时机。一般来说，战争爆发后，必须要尽快组织平战体制转换，以使国家尽快进入战时轨道。当战争征候比较明显时，应综合分析，合理确定何时进行平战体制转换。二是废除战时国防动员指挥体制的时机。实质上就是确定大规模复员的时机。通常，战争结束后，应尽快组织复员，废除战时国防动员指挥体制，使国家尽早恢复到平时状态。当战争没有结束，但战局已经明朗时，也应根据情况确定何时废除战时国防动员指挥体制。需要注意的是，在具体实践中，建立和废除战时国防动员指挥体制的时机并不完全固定，需要根据实际情况灵活确定。

三、地位作用

战时国防动员指挥体制的地位作用主要体现在以下几个方面。

(一)动员权力的主要行使者

战时国防动员指挥体制作为动员权力的主要行使方，根据需要，将国家机关、军队系统、各群众团体、企事业单位的资源迅速整合，实现战争状态下动员资源的高效快捷配置，为前线源源不断地提供人力、物力和财力支援。

现代战争条件下，战时国防动员指挥体制通过严密的组织和高度的集权，高效行使动员权力，确保动员资源供应顺畅的作用愈加明显。"海湾战争仅美

---

① 张羽：《战争动员发展史》，军事科学出版社2004年版，第169页。
② ［英]米德尔·马斯：《绥靖战略》，上海译文出版社1978年版，第590页。

军一方就消耗了 610 亿美元的国家资财。"①在各类资源消耗巨大的情况下，正是美国健全的战时国防动员指挥体制保证了各类动员资源的有序供应。

(二)动员任务的主要责任者

权力与职责是辩证统一的，战时国防动员指挥体制在行使动员权力的同时，也要担负指导完成相应动员任务的责任，各级动员指挥机构既是发号施令者，也是督促指导相关单位完成动员任务的责任方。

各级动员指挥机构本身无法直接完成动员任务，主要是采取检查监督的方式，督促各方完成动员任务。通常，动员指挥机构向动员执行单位派遣协调小组，以督促指导相关单位完成动员任务。在动员资源集结、分配、交接等关键环节，指挥员还应尽量亲自监督实施。2003 年的伊拉克战争中，美国陆军第 3 机械化步兵师"在空运卸载港部署了一个联络官小组，以跟踪归航班机，安排客车，区分士兵行李，并将货物运往多个目的地，协助接收、集结、前送与合成进程。师还在海运卸载港部署了一个联络官小组，以促进师对战略海运装备的接收、集结与前送"②。

(三)动员法律法规的执行者

由于战时国防动员活动会对整个国家的运转产生重要影响，因此，国家通常会出台法律法规，以便为动员组织实施提供法律依据。《中华人民共和国国防动员法》规定："地方人民政府应当贯彻执行国防动员工作的方针、政策和法律、法规；国家决定实施国防动员后，应当根据上级下达的国防动员任务，组织本行政区域国防动员的实施。县级以上地方人民政府依照法律规定的权限管理本行政区域的国防动员工作。"③

战时国防动员指挥体制作为动员法规的监督执行者，是这些法规能够贯彻实行的重要保证。一是可以保证战时动员法规得以真正落实。战时国防动员法规要求比平时更加严格。"战争胜负关系到国家安危和民族存亡，在战时违反动员法规，就会导致局部乃至全局的失败，造成千万人的流血牺牲。所以，战争动员法规对平时与战时的要求，有所区别。"④战时国防动员指挥体制拥有高度的权威性，可以在组织上保证这些法规真正执行落实。二是可以保证战时动员法规最大限度得到广大民众的支持。战时动员法规往往涉及军队和地方，既包括基本法规，又包括专项法规。战时动员指挥机构具有广泛的

---

① 吴子勇：《战争动员学教程》，军事科学出版社 2001 年版，第 84 页。

② 军事科学院世界军事研究部：《伊拉克战争——来自参战国军方的报告》，军事科学出版社 2005 年版，第 301 页。

③ 《中华人民共和国国防动员法》，2010 年 2 月 26 日第十一届全国人民代表大会常务委员会通过。

④ 谭冬生、雷渊深：《战争动员学》，军事科学出版社 1997 年版，第 151 页。

代表性，由其执行相关动员法规，可以保证广大人民群众更好地理解、支持法规，有利于他们自觉贯彻落实。三是可以最大限度保证战时动员法规的严肃性。战时动员法规一经颁布，就具有了高度的权威性，任何违反法规的行为都要受到惩罚。战时国防动员指挥体制拥有扩大的"公权力"，可以对违反相关法规的单位、个人做出严厉处罚，从而保证法规的严肃性。

第二节　基本构成

战时国防动员指挥体制横向涵盖决策、执行、协调机构和社会组织，纵向包括从国家到地方各级机构。

一、横向结构

某一个层级的战时国防动员指挥体制，通常由动员决策组织、政府动员执行组织、军队动员组织、动员协调组织和社会组织构成，四者各司其职，共同担负本级动员活动的组织职能。

（一）动员决策组织

1. 基本构成

一是国家权力机构。主要是国家各级权力机关，即我国的各级人民代表大会和西方的各级议会。在国家权力体系中，对战时国防动员组织指挥起决定作用的通常是国家最高权力机关。国家最高权力机关拥有国防动员的最高决策权，并凭借其独有的立法权、预算审批权和对行政机关的监督权等诸多权力，以最高决策形式对国防动员活动实施顶层指挥。对此，美国学者总结为："国会为动员提供财政支持和法定的框架，实施其监督职能，检查动员准备情况。当动员付诸行动时，检查动员本身的情况。"[①]各国的国家最高权力机构设有多种委员会，拥有对政府动员决策的监督职能。

二是动员决策机构。主要以国家行政机构为基础，吸纳军队系统主要领导组成。

指挥长通常由本级最高行政领导担任，以确保发号施令的权威性。最高动员决策机构的指挥长通常由握有国家最高权力，能够统管国家政治、经济、军事、外交的国家最高领导人担任。其余各级战时动员决策机构，主要由本级最高行政主官担任。在我国，战时国家最高动员决策机构的指挥长由党和国家最高领导人担任，其余各级动员决策机构的指挥长通常由本级党委书记

---

① ［美］威廉姆·艾伦·汉考克：《动员：美国战略政策的工具》，军事科学出版社 2006 年 12 月版，第 103 页。

担任。对越自卫反击作战期间，广西壮族自治区、云南省分别成立省级支前指挥机构，广西壮族自治区党委书记和云南省委书记分别任各省级动员决策机构的指挥长。

副指挥长和成员通常由本级政府主要部门、军队主管部门的主要领导担任，统一组织各部门开展动员，实现军政之间、军需与民用之间的统筹。以对越自卫反击作战为例，在省级层面，广西壮族自治区成立的支前领导小组中，由广西军区1名副司令员和广西壮族自治区党政负责同志任副组长。云南省成立的支前委员会中，由省委副书记兼任分管主任，省革委会副主任兼秘书长、昆明军区后勤部副部长、云南省军区副司令员任副主任。这些成员中，军队领导通常是分管后勤的主要负责人，代表军队提出动员需求，并对地方政府有关部门的动员工作提出意见建议。地方政府相关负责人，主要是代表相关部门接受军队提出的动员需求，并分口指挥各领域的动员工作。

2. 基本职能

主要有三项职能。一是决定重大事项。战时国防动员的重大事项通常包括动员准备、动员行动展开、复员的时机，动员规模，动员涉及地区，动员法规的出台，动员计划的批准及变更等。这些事项对整个动员活动有重要影响，只能由核心决策机构研究决定。1941年6月22日即苏德战争爆发当日，苏联最高苏维埃主席团颁布命令，宣布西部边境各加盟共和国和俄罗斯联邦共和国的某些州进入战时状态，在这些地区实行军事管制，在14个军区对1905至1918年出生的应服兵役义务者实行动员。

二是指导、监督、控制重点方向的动员指挥活动。重点方向通常是指对动员全局具有重要影响的方面或领域。动员决策机构需要关注重点方向，并对出现的情况及时给予指导。解放战争淮海战役中，渤海行署二专署从汇报中发现济阳急于完成任务，不按规定数送粮，造成卸粮点混乱拥挤的情况，立即用电话通知纠正，并通告地县，迅速解决，同时警示了其他单位。

三是制定颁布本级战时国防动员法律规定。国家权力机关和行政机关应根据需要制定颁布相关动员规定，以达到规范动员活动、处理好各方利益关系、调动各方积极性的目的。国家层级的动员法律的审议、颁布，通常由国家最高权力机关完成。国家以下层级的动员规定，通常由各级政府行政机关制定颁布。抗美援朝战争期间，东北人民政府就颁布实施了《动员组织民工、担架暂行办法》《东北区战勤动员暂行办法》《东北区战勤动员暂行办法试行实施细则》等有关动员指挥的规定。

（二）政府动员执行组织

在某一层级的战时国防动员指挥体系中，政府执行机构通常包括主管机构和分管机构，是实现动员决策意图的具体办事部门。

1. 政府动员主管机构

政府系统中的动员主管组织是这一组织体系中的核心机构。其主要特点是职能任务的专业化和组织机构的实体化。其成员主要由政府动员主管部门的人员组成。

（1）县级以上地方政府层级。主要是由重要部（委办）的主要领导组成。美国最高动员决策机构下设的动员主管机构构成为：总统安全事务助理任主席，成员由 13 个内阁部、7 个白宫直属局委和参谋长联席会等 20 多个部署级官员组成，下设秘书处，按不同动员方向和职能，组建 12 个组，每个组下设专门委员会，战时对所属动员部门实施具体指导。

对越自卫反击作战期间，云南省支前委员会下设的支前办公室，主任由支前委员会秘书长兼任，副主任分别由省委财贸办公室主任、省劳动局一名副局长、省军区后勤部一名副部长兼任。办公室成员由省委财贸办公室、计划委员会、交通安全委员会、省军区后勤部、省劳动局、交通局、财政局、商业局、粮食局、邮电局、民政局、卫生局、昆明铁路局等有关部门的 18 名领导组成。下设秘书行政组、物资计划供应组、交通邮电组、战勤组。

（2）县级以下基层。通常我国行政村、社区的支前机构由本行政单位负责人和不脱产的相关人员构成。解放战争淮海战役之前，冀鲁豫战勤总指挥部规定"村级战勤指挥部设指挥长 1 人（村主任兼）、副指挥长 1 人（武委主任兼）、战勤委员 1 人（称职者）共 3 人，皆不脱离生产"①。

需要注意的是，新中国成立以来的历次战争动员实践中，我国地方各级党委政府往往是成立几套班子，分别负责作战、支前、日常工作。对越自卫反击作战期间，中共云南省红河州委专门就本州各级动员执行机构的构成进行了明确规定："为了做到支前、生产两不误，州以下各级领导都必须组成两套班子，一套搞好支前，一套搞生产。做到党委统一领导，分工分口负责。既要搞好支前，又要搞好生产。要以支前促生产，以搞好生产，保证支前。"②其中，州以下政府机构成立的负责支前的领导班子实质上就是政府动员执行机构。对越自卫反击作战结束后，广西靖西县委副书记在参战支前总结中也提到了靖西县战时动员执行机构的编组情况："根据上级指示和我县情况，党委分别组成作战指挥领导小组、支前领导小组和生产指挥小组。作战指挥组，由县委三名正副书记、武装部政委、部长、公安局长负责。支前领导小组，由一名副书记和一名副主任挂帅，下设 7812 办公室。生产领导指挥班子，由县委副书记、革委主任黄修明同志负责，下设生产办公室。三摊子既有分工，

---

① 《冀鲁豫战勤总指挥部关于规定分区县区村各级战勤指挥部编制的通令》，1948 年 8 月 26 日。

② 中共云南省红河州委：《关于坚决贯彻执行中共中央（1979）11 号文件的紧急通知》。

又有合作，有了问题集体研究决定，各方去办。"①

2. 政府动员分管机构

除主管机构外，政府中还有分管专项动员的组织。这些组织通常设在政府的各职能部门。

在美国，联邦政府各部、署、局大都担负着一定的动员职责，并设有相应的动员机构。它们根据国家对战争动员准备的总体要求和总统行政命令，负责本部门职能范围内的动员。例如，美国的交通运输动员由运输部和商务部负责。运输部设有紧急运输处、紧急状态体制指挥部和紧急状态体制地区办事处，平时负责拟制和修订紧急状态下的运输计划，战时作为全国民用运输资源的管理机构参与紧急状态下国家运输动员的领导工作。商务部海事管理局也设有相应的机构，负责对海洋船舶、港口及港口设施进行紧急情况下的运营管理。

3. 基本职能

(1)做好指挥员的决策助手。主要是制订本级动员计划、方案，为指挥员定下决心提供建议。以第二次世界大战德国入侵波兰为例，离开始还有4个多月时间时，德国最高动员执行机构便根据德军之前制订的入侵波兰的"白色方案"，拟制了与军队作战相适应的战争动员计划，明确了战前动员的方针、任务及实施办法。德国最高统帅部根据执行机构提出的计划，颁布了《关于1939年至1940年武装部队统一战备的指令》。

(2)落实指挥员决策。执行机构是实施指挥的具体组织部门，是完成动员任务的枢纽。指挥员针对重大问题做出决策后，执行机构要负责把指挥员的决心落到实处。1962年东南沿海紧急战备期间，国务院"国防工业办公室遵照中央6月10日指示，从6月12日开始，会同国家计委、国家经委、总参装备计划部、总后勤部等部门有关负责同志，按照罗总长指示的三条原则(积极安排，保证质量，需要和可能结合)进行研究安排和逐项落实"②。

(3)指导下级的动员活动。决策机构是对重要方向、领域的动员活动进行重点指导，而执行机构需要对下级各方向、各领域的动员活动予以具体指导。以1962年对印自卫反击作战为例，西藏、新疆方向动员执行机构分别对本地区的武器装备生产动员、军需物资的预储和动员、民力动员、支前运输动员、卫生勤务力量动员等各个方面进行了具体指导，保证了各领域动员行动的协调一致。

① 广西靖西县委副书记王德斌：《民兵群众参战支前的情况和经验》，1979年。
② 第三机械工业部：《关于第二批备战急需装备和物资安排情况的报告》，1962年6月30日。

(三)军队动员组织

军队系统的动员指挥体制是围绕着武装力量动员建立的，涉及军队各个层级的许多方面。对于军队动员系统，英国的李德·哈特有过精彩论述：军队动员系统的"责任即为在指定给他的战场中，使用分配给他的力量，以求对于较高级的战争政策，作最有利的贡献。假使他认为所分配的力量，不足以完成这个指定任务，他应该据理力争，假使政府不听信他的意见，他可以去力争；但是假使他要想企图'命令'政府，把何种力量交给他指挥运用，那么便超出了合理限度了"[①]。

1. 主管组织

军队各级机关均有动员主管组织。我国国家层面军队动员主管组织为中央军委国防动员部，其他各级主要由司令部门作为本级动员主管组织。

在俄罗斯，军队动员的主管部门是总参谋部，具体指挥机构为组织动员总局，各军区(舰队)参谋部也设有组织动员局，受总参谋部组织动员总局的垂直领导。各集团军、军、师、团均编有专职动员军官，分别负责所属部队的动员。各共和国、边疆区、州和市、区政府的兵役委员会，属军队建制，受总参谋部和所在军区的领导，同时享有地方同级政府中一个部门的权限。战时，在国防部长的监督下，总参谋部通过组织动员总局向各军区、各舰队发出指示。军区首长通过军区司令部、军区各军兵种部门、军区物资装备部以及各兵役委员会，下达指示。

2. 分管组织

同政府的分管组织一样，军队国防动员体制中的分管组织，也包括军队各级领导机关的职能部门。这些职能部门主要涉及作战、军务、干部、装备、后勤等机关。其中，作战部门主要负责与作战计划关联的兵力动员总需求、动员行动与作战行动的协同等问题；军务部门主要负责参战部队扩编、兵员补充动员等事项；干部部门主要负责军官和文职人员的动员补充；装备部门主要负责武器装备动员；后勤部门负责与财政经费、医疗卫生、物资给养、运输油料、交通运输、工程建筑等方面相关的动员事务。

我军动员体制机制是20世纪50年代中后期仿照苏军建立起来的。1985年开始试行的《中国人民解放军动员工作条例》将这一体制机制固定下来。但是，该条例颁布试行30多年来，我军体制编制已经过多次重大改革，各类职能部门的设置和职能已经调整，作战及其对武装力量动员的要求也发生了巨大的变化，由动员工作条例确立的军队动员体制机制已逐步荒废，而新的动

---

① ［英]李德·哈特：《战略论：间接路线》，上海人民算出社 2010 年 4 月第 1 版，第 276 页。

员体制机制却迟迟没有建立。军队动员体制改革作为军队改革的重要内容，应以校正军队动员职能为重点，以修订《中国人民解放军动员工作条例》为抓手，重建军队动员体制机制。

（四）动员协调组织

1. 基本构成

动员协调机构有可能单独成立，也可能由动员执行机构代行协调职能。战时动员活动具有高度的复杂性，涉及的领域、部门众多，决策机构通常是分领域、分部门下达动员任务。在遂行动员任务时，为了使整个动员活动协调一致，各动员协调机构需要协调好相关方面的关系，如执行机构各部门之间的关系，执行机构与保障对象的关系等。战时，国家可以采取多种手段提高动员的协调性，如各动员执行机构之间互派联络人员，动员执行机构向军队互派联络小组等。但为了提高动员活动整体协调性，通常是成立协调机构，专门负责动员协调工作。

单独成立的协调机构的构成形式主要有两种。第一种是在某一领域设立的协调机构。通常，可以赋予相关行业、领域协会等社会性组织相应的协调职权，如平时存在的交通运输协会、医疗卫生协会等在战时即可担负本系统的动员协调任务。另一种是根据需要抽调相关人员新成立动员协调机构。美国在第二次世界大战前夕，在国家层面成立的动员协调机构——"战时资源委员会。该委员会成员都是商业界巨头，成立时的主席由美国钢铁委员会主席E. R. 小斯特蒂纽斯出任"[①]。

军队作为独立的系统，其内部也需要建立相应的协调组织，以统一各方面在动员上的思想和行动。美军负责三军动员协调的机构，是参谋长联席会议。其主要职能是根据战略要求和作战计划，拟制军队的动员计划，并由国防部长转交政府有关部门。其主要办法是按照优先顺序制度，统一物资和运力分配，妥善处理三军不同的动员需求。负责这一事务的是设在参谋长联席会议之下的三个机构，一个是联合调度局，一个是联合物资优先使用和分配委员会，还有就是联合运输委员会。

另一种是跨领域设立的协调机构。主要是当动员规模比较大，涉及部门比较多，协同任务比较重时，建立一个跨部门的协调机构进行统筹协调。英国在国家层面成立的部际委员会，负责协调战时互不隶属的各政府部门之间的动员行动，收效明显。

2. 主要职能

（1）协调政府与军队之间的供需关系。由政府动员协调机构对各部门统筹

---

① 张羽：《战争动员发展史》，军事科学出版社 2004 年版，234 页

之后，再与军队动员系统协调，可以防止政府各部门分别与军队协调而导致的混乱。

（2）协调动员系统内部之间的关系。战时，政府各部门对动员活动各司其职，需要对这些部门的活动进行必要的协调，以保证动员全局有序。

（3）就重要动员问题向本级决策机构提供咨询建议。动员协调机构的成员通常是各行业、领域的重要人员，熟悉本领域情况，可以向本级动员决策机构提供客观、可行的咨询建议。第二次世界大战初期，法国在国家层面设立的动员协调机构是直接隶属于总理的国防总秘书厅，其职责之一就是向以总统为核心的最高动员决策机构提供咨询建议。

（五）相关社会组织

战时国防动员指挥仅靠国家机关是远远不够的，还需要得到社会组织的参与和协助。日本的《武力攻击事态法》和《国民安全措施法》均规定，在应对"武力攻击事态"和国家采取"国民安全措施"的活动中，除中央和地方行政机构外，"指定公共机构"也负有组织之责。所谓"指定公共机构"，是"指政令规定的独立行政法人、日本银行、日本红十字会、日本广播协会及其他公共机构以及电力、煤气、运输、通信及其他经营公益事业之法人"[①]。战时国防动员相关社会组织依其与政府关系的远近，可分为官方社会组织、半官方社会组织和非官方社会组织。

1. 官方社会组织

主要是由官方发起并由官方直接主持运作的社会组织。此类组织又分为平时常设的社会组织和战时建立的社会组织。平时常设的社会组织，在社会主义性质的国家主要是工会、妇女联合会、共青团组织及少年先锋队组织。中国在抗美援朝战争期间成立的抗美援朝总会和各分会，就是官方的社团组织，是社会动员的有力组织者。在资本主义性质的国家，通常是指政党和政府的外围组织，如美国的退伍军人协会、英国的童子军等。

2. 半官方社会组织

主要是由官方发起并间接领导的社会组织。如第二次世界大战期间，日本成立的"大日本青少年团"是日本政府以大日本联合青年团为核心，将大日本联合女子青年团、大日本少年团联盟和帝国少年团协会合并成立的，全国的青少年自国民学校初等科三年级以上的学生到 25 岁的毕业生，均须加入此团体。文部大臣兼任全国最高领导人，各道、府、县青少年团团长由地方最高长官兼任，以学校为单位成立"团"，团长由校长兼任。任务是组织青少年

---

① 见日本《武力攻击事态法》。

援助伤残军人及其家属，进行义务劳动和国防训练等活动。

第一次世界大战，起初美国宣布中立并扮演了参战者的银行家的角色，慢慢地，帮助就转向了支持同盟国，到1916年开始准备参战。为了参战，需要人员就训练、武器装备生产及运输的地点、数量做出计划。因为联邦政府不能提供这些专业技能，所以私人企业的领袖被召集到华盛顿计划和组织动员这些资源。

3. 非官方社会组织

主要是由非官方的社会组织或人员发起，自主开展社会动员的社会组织。如抗日战争时期的"中华全国文艺界抗敌协会"，该会宗旨是：联合全国作家共同反对日本帝国主义侵略，建设中华民族革命文艺，保障作家权益。又如抗战期间的全欧华侨抗日救国联合会、旅美侨胞义捐救国会、南洋华侨筹赈祖国难民总会等团体。他们"输财助战"，捐款总数达50亿法币，还大量认购公债，捐献抗战物资，并积极回国参加抗战。

非官方的社会组织与民众有着紧密的联系，没有民众与政府之间的隔阂，具有群众自己动员自己的特点，易于得到民众的响应。1917年，美国征兵充分利用了当地社会组织"你的朋友和邻居"，使征兵工作顺利进行。"还有一些民间团体组成的委员会提供医疗和法律服务，在应征者前往集训营地前负责为他们提供帮助。"①

日本在第二次世界大战中建立一种名为"邻组"的社区性动员组织。高峰时"邻组中的基本单位已经达到了170万个，每一个由10到12个家庭组成，而大约20个邻组在一起又组成了一个社区协会。每个邻组都有一个负责人，通过协商一致选出。他负责从东京的内务省那里接受命令，然后以布告的方式传达给本组成员。通过这种方式，邻组履行着几乎没完没了的各种全国性和地方性的任务，它们征收赋税、分发口粮、组织防空和消防演习；它们还要鼓励存款，执行防范犯罪措施，以及协调邻里关系。"②

（六）影响横向组织结构的关键因素

确定动员机构的两个关键因素包括下设部门单元数量和主要编组形式。

1. 下设部门单元数量

一般来说，下设部门单元越多，指挥的复杂程度越高。随着下设部门单元的增多，决策机构指挥动员活动时需要考虑的因素会明显增加，相应指挥

---

① ［美］阿伦·米利特等：《美国军事史1607—2012》，解放军出版社2014年7月第1版，第286页。

② ［美］弗郎西斯·罗素等：《图文第二次世界大战史·战争中的日本》，中国社会科学出版社、海南出版社2004年1月第1版，第57页。

难度就会加大。从心理学角度看，人的大脑是依次接收外部信息的，当大量信息涌来，指挥员很难对每条信息都做出及时准确的反应。通常来说动员决策机构下设较少的部门单元是有利的，克劳塞维茨曾经对军队指挥机关应控制部门单元的数量情况进行过阐述："一个军团的司令部要指挥八个部分已经不容易了，因此，区分的部分最多不超过十个。在师里，由于传达命令的手段少得多，因此，区分的部分要少一些，分为四个，最多五个部分，是比较合理的。"①

但是，动员机构下设部门单元的数量也不是越少越好，为了保证动员指挥工作的条理性，应保证基本的部门单元数量。另外，动员指挥体系的纵向结构也会对横向结构造成影响，在动员规模一定的情况下，减少动员指挥层次会使各级动员指挥机关工作量增大。为了完成任务，通常需要相应增加下设部门单元数量。因此，对于战时动员指挥横向结构来说，动员指挥机关在确定下设部门单元数量时，应该综合考虑各种因素，使下设的部门单元保持在一定的范围内。

在新中国成立以来的历次军事冲突中，我国各级动员执行机构下设的部门单元数量通常在 10 个以内。动员规模大小通常与下设的部门单元数量成正比。抗美援朝战争东北战区支前机构层面，动员执行机构下设财政、贸易、民政、工业、商业、农业、交通等 7 个部门单元。对越自卫反击作战广西战区支前机构层面，支前办公室下设粮食、供销、商业、交通、邮电、卫生等 6 个动员支前单元。一江山岛作战浙江省支前机构层面，动员执行机构下设了动员、供应、联络 3 个组。

需要注意的是，动员机构下设的部门数量并不是一成不变的，应根据实际需要和作战类别进行确定，并在动员组织实施过程中根据形势要求灵活调整。解放战争中，华东支前委员会在淮海战役中下设粮食、交通、人力、政治、财政五个部门。到了渡江战役，解放军担负横渡长江任务，并且渡江之后军队主要作战地域江南地区水网密集，需要大量的船只保障作战，据此增设了船舶管理部，专门负责动员各类船只。

2. 主要编组形式

战时国防动员执行机构的编组形式是随着战争形态的演变而不断发展的，但基本形式主要有两种。

（1）资源型。主要是以不同类型的动员资源为主线对动员执行机构进行编组，通常是在平时国防动员办事机构的基础上，通过平战职能转换调整而成。这种类型主要是根据动员资源的类别进行编组，一般由指挥协调单元、专项

---

① ［德］克劳塞维茨：《战争论》第 2 卷，军事科学出版社 1965 年版，第 514 页。

资源动员单元、综合保障单元等几大部分组成。指挥协调单元负责协调本级指挥机构中各要素的工作，主要是集中接收动员需求信息，并将动员需求按照任务区分传达至专项任务动员单元，同时随时掌握各专项动员任务完成情况，并及时将整个动员活动的情报信息汇总。专项资源动员单元通常下设人民武装力量、经济、交通战备、人民防空、政治工作等专项动员组，负责指挥完成各专项动员任务，主要是接收来自指挥协调单元的专项动员任务，并在其指导和监督下完成动员任务，及时将完成任务情况反馈。综合保障单元负责提供情报、通信、经费、人事、物资等组织保障，确保动员指挥活动的顺利开展，同时接收组织协调单元和专项任务单元提出的指挥活动保障需求，在指挥协调单元的指导下完成相关保障任务。这种编组形式的主要优点是组建简单、平转战快，保留了原部门的职能，是目前世界各国普遍采用的战时国防动员横向指挥结构类型。其缺点：横向部门多，遂行不同动员任务时，相互之间协调复杂。尤其是战时军队作战、应急处突、社会管控等活动的动员需求可能同时提出，对各单元的有效协调、快速运转提出了很高的要求，各专项动员资源单元分别组织各方向动员行动的复杂程度增大。资源型战时国防动员执行机构横向编组如图 6—1 所示。

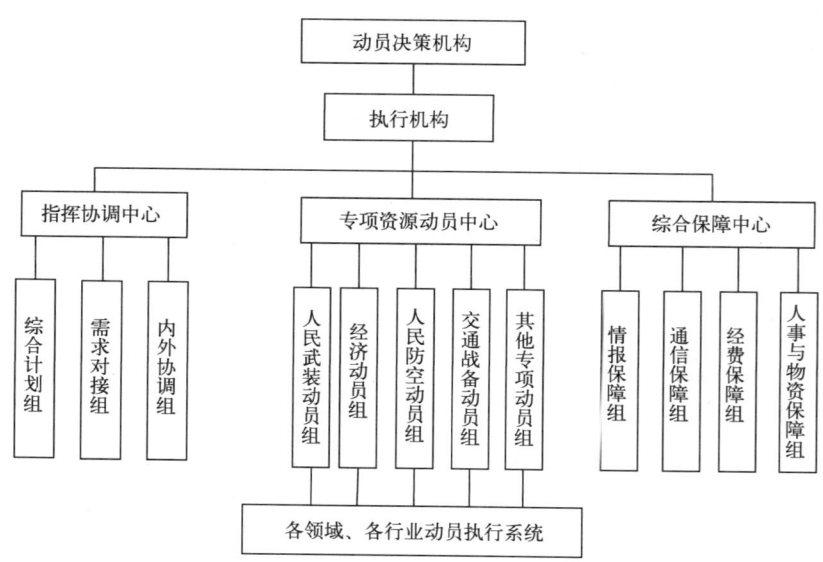

图 6—1   资源型战时国防动员执行机构横向编组示意图

(2)任务型。主要以担负的军队作战、应急处突、社会管控等动员保障任务为依据进行编组，通常由指挥协调、专项任务、综合保障等几大单元组成。任务型编组与资源型编组最大的区别是专项任务单元。该单元主要由军队作战动员、应急处突动员、社会管控动员、新闻宣传等要素构成，各要素分别完成各自的动员指挥任务。具体来说，指挥协调单元集中接收各类动员信息，并按照作战、维稳、社会管控等不同任务进行分类后转至专项任务单元。专项任务单元所属各任务要素根据分工，分别组织完成各自方向的动员行动。这种编组形式的主要优点是针对军队作战、应急处突、社会管控等动员任务分别指挥，可以迅速对各项活动的动员需求做出有效反应，同时满足战时各项动员任务的需求，是顺应信息化战争发展要求的主要动员编组形式。其不足：平转战需要重新组合，影响反应速度，各专项任务动员要素编入单位多，构成相对复杂，协调任务较重，对各专项动员要素指挥员的素质、能力要求高，对指挥信息系统依赖大。任务型战时国防动员执行机构横向编组如图6—2所示。

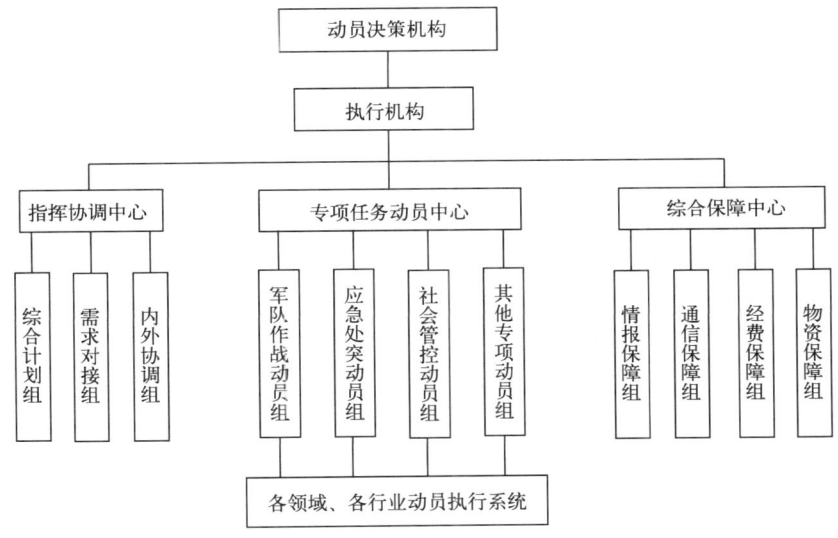

图6—2 任务型战时国防动员执行机构横向编组示意图

二、纵向结构

战时国防动员组织指挥体系的纵向结构应综合考虑适应动员行动要求和提高动员指挥效能要求两方面的因素合理确定。

(一)层级数量要素

指挥层次即动员指挥员及其指挥机关在指挥动员行动时所要经过的层级数，是战时动员指挥体系纵向结构的重要参数。一是应努力减少层级数。关于纵向层级数对指挥的影响，克劳塞维茨曾经指出："增加任何传达命令的新层次，都会从两方面削弱命令的效力，一方面是多经过一个层次，命令的准确性就会受到损失；另一方面是传达命令的时间拖长，会使命令的效力削弱。"①同样，对于动员指挥活动来说，层级数越多，反应时间就越长，可靠性越弱。二是并不是层级数越少越好。保证一定的动员指挥层级，是指挥能够顺利进行的基本保证。在最高动员决策层与基层动员执行系统之间需要保证一定的层级，降低动员指挥的复杂程度，保证动员指挥正常开展。

（二）基本层级结构

世界各国在不同时期组织战时动员活动时，设立的动员指挥纵向层级数量不尽相同，但通常分为国家—战区—县级以上地方政府三个基本层次。

1. 国家级动员指挥机构

主要指国家级战时动员统帅机构，其作为战时国防动员层级的顶层，对整个动员活动能否有序进行起到关键作用。第一次世界大战期间，英、美等国之所以常常在动员活动中陷入被动，重要原因之一就是它们的最高动员决策机构没有绝对的权力，无法及时做出强有力的动员决策。

战时，国家级动员指挥机构通常是以国家元首为核心，包括最高动员决策机构、执行机构、协调机构。我国自近代开始，也开始注重战时国家级动员指挥机构的建设。早在抗日战争时期，时任国民党政府建立了以蒋介石为核心，包括国家总动员会议、战时金融委员会、战时经济委员会、战时贸易委员会、战时生产局等机构的国家级动员指挥机构。新中国成立以来，战时国家级动员指挥机构的建设不断发展完善。目前，已经基本形成了以党和国家最高领导为核心，包括国务院、中央军委以及改组后的国家国防动员委员会共同构成的战时国家级动员指挥机构。在世界范围内，第二次世界大战期间，美国的国家级动员指挥机构是以总统为核心，由战时内阁、军事生产委员会、战时资源委员会共同构成。法国在二战初期建立的国家级动员指挥机构有 3 个，包括内阁会议、国防委员会和限制性国防委员会。

2. 战区级动员指挥机构

主要是介于国家和省、市、县之间的动员指挥层级。战区级动员指挥机构最大的特点是与战区作战指挥机构的高度融合。因为国家和省、市、县动员指挥机构主要依托相应级别的政府机构建立，具有稳定性。但战区是根据作战需要成立的，通常涵盖若干个地方行政区域。由于战区级别没有对应的地方行政机构，因此战区动员指挥机构通常纳入战区作战指挥体系，其编成主要由战区作战指挥机构确定，也可根据需要单独建立。

世界各国均十分重视战时战区级动员指挥体系的建设。我党我军自革命

---

① ［德］克劳塞维茨：《战争论》第 2 卷，军事科学出版社 1965 年版，第 517 页。

战争年代起积累了丰富的战区动员指挥机构建设经验。如解放战争期间，中共中央以大战略区为单位先后建立了晋察冀中央局、晋冀鲁豫中央局、东北局、华北局、华中局、中南局、西南局、西北局，并在这些战略区分别成立了相应的支前委员会，负责指挥本地区的动员工作。新中国成立以来，我国将国土分为若干军区，战时这些军区可以根据作战需要，调整为战区作战指挥机构，同时还可以担负战区动员指挥机构的职能。对越自卫反击作战期间，国务院、中央军委依托广州军区后勤部、昆明军区后勤部组建了两个相对独立的支前动员指挥系统，如图 6－3 所示。当前我军体制编制改革，取消军区，成立战区，战时可以直接履行战区动员指挥机构的职能。

目前，美国在本土划分了 12 个国民战备区，联邦紧急管理署向各战备区派驻人员，分别设立动员机构，在战时经过必要调整后，即可作为战区动员指挥机构统一指挥本区域的动员行动。

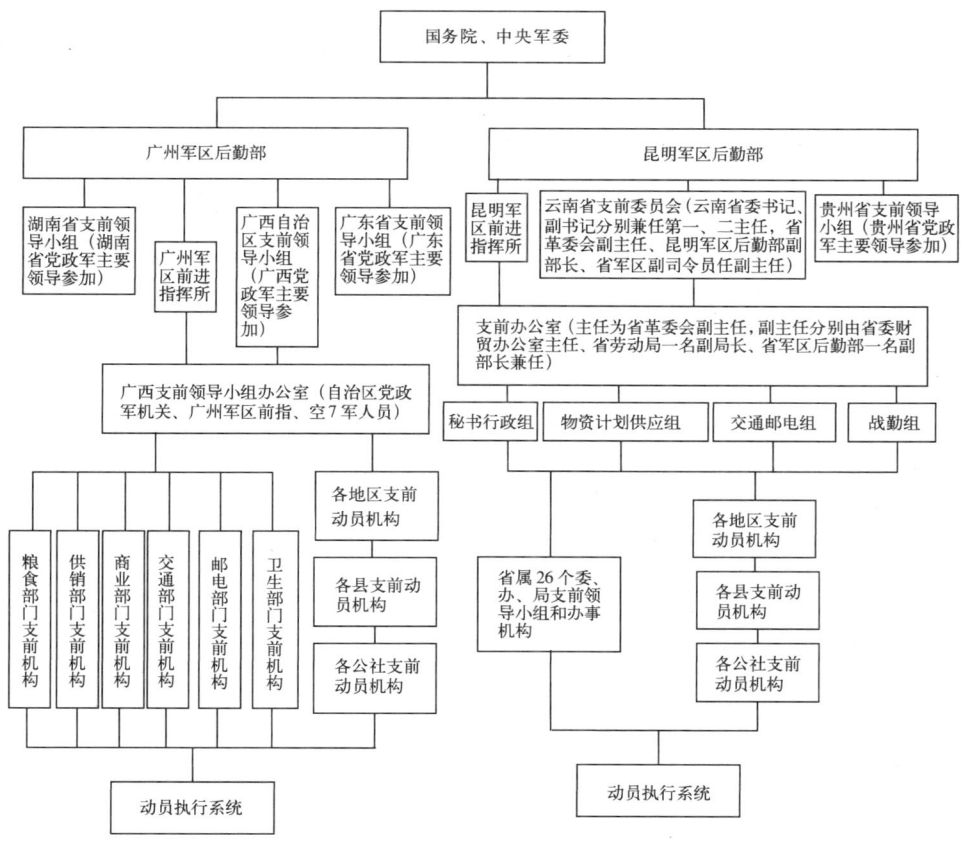

图 6－3　对越自卫反击作战动员指挥机构层级结构示意图

3. 地方级动员指挥机构

地方级动员指挥机构作为战时国防动员层级的基础层，是国家和战区级动员指挥机构决策意图的具体落实机构。我国的地方级动员指挥系统主要包括省、市、县、乡、村多级。我党我军自革命战争年代起，以人民战争思想为指导，建立覆盖地方各级的地方动员指挥体系，为赢得战争胜利奠定了坚实的动员组织基础。淮海战役中，中共中央华北局建立了"从军区到村，在各级人民政府与各级军区首长领导下，组织统一的后勤部，二级军区以上以军队为主，分区以下以地方为主"[①]的行之有效的地方各级动员指挥机构。

新中国成立以来，我国在历次作战动员实践中，均建立了比较完善的地方各级动员指挥机构。对越自卫反击作战广西作战方向，广西壮族自治区、广东、湖南等省分别成立由党政军主要领导参加的支前领导小组。广西壮族自治区作为主要涉战省份，其自治区政府所属相关部门，有关地区、县(市)、公社均成立了支前领导小组和办事机构。地处作战最前沿的凭祥市成立了作战支前指挥部，实行作战与支前动员一体化指挥，如图6—4所示。指挥部由该市的市委、市政府、人武部、公安局、铁路、海关和边境林场等单位负责人组成。市委书记任指挥长，市委副书记和人武部部长、政委任副指挥长。指挥部下设军事保卫、政治工作、后勤保障、通信联络

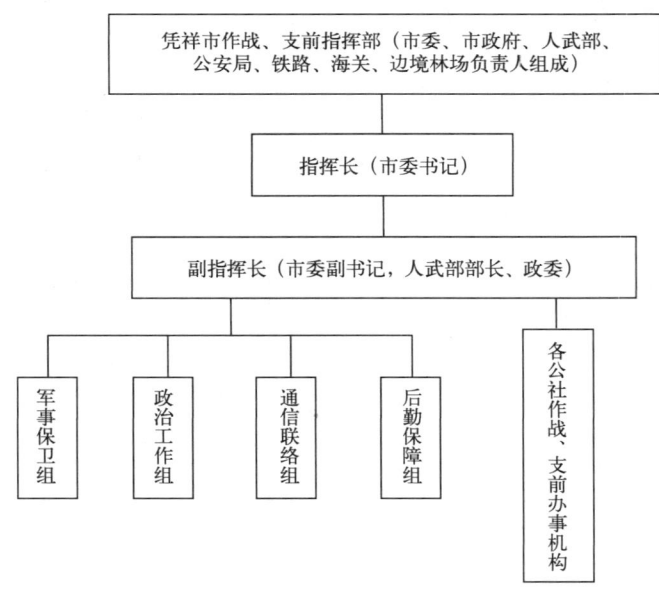

图6—4　对越自卫反击作战凭祥市作战动员指挥机构示意图

---

① 《中共华北局关于建立统一后勤组织的决定(草案)》，1948年10月20日。

四个小组。

我国自 20 世纪 90 年代开始，逐步建立了国防动员委员会体制。战时，可以依托县级以上各级国防动员委员会及其办事机构，建立相应级别的地方动员指挥机构。

欧美国家地方级动员指挥体系也十分完善，美国在各州均设有动员部、处，战时以这些动员部、处为基础建立州动员指挥机构。

(三)特殊层级结构

通常来说，国家总动员要建立从国家—战区—省—市—县，甚至到乡村，覆盖全国各个地区和各个领域，完善的动员体系。但是战争冲突具有高度的复杂性，尤其是对于局部战争，为了适应不同战争规模、作战样式的需要，常常会省略或越过若干层级，建立高效的动员指挥体系。从近现代我国历次作战动员实践来看，主要有几下几种特殊的层级结构。

1. 国家—某一战区—若干战区—省—市—县层级结构

当主要动员活动以某一战区为主导，其他战区进行配合时，国家动员指挥机构可以赋予主要战区相应权力，由主要战区统筹其他战区共同遂行动员任务。解放战争平津战役中，东北野战军担负平津战役的主要作战任务。为便于统一指挥，中共中央决定建立以东北野战军后勤部为主，华北军区后勤司令部和东北后方后勤部配合的支前动员指挥体系。东北野战军后勤部下设 6 个分部，华北军区后勤司令部下设北岳联合后勤指挥部、冀中后勤指挥部和华北 5 个地区动员指挥部，东北后方后勤部下设冀东区战政委员会、冀热察后勤司令部和东北各地区动员指挥部。由东北野战军后勤部统筹计划协调平津战役的动员活动，统一领导华北军区后勤司令部、东北后方后勤部的动员行动。解放战争平津战役我党我军动员指挥体制如图 6—5 所示。

2. 战区—省—市—县层级结构

对于规模较大、持续时间较长、涉战地区相对固定的局部战争，可采取这种动员指挥层级结构，由国家赋予战区动员指挥机构相对独立指挥本战区动员活动的权力。例如抗美援朝战争中，党和国家为了减少动员指挥层级，提高指挥效率，赋予东北党政军机构全权指挥动员行动的权责。对此，在战区层面以东北人民政府和东北军区主要领导为核心建立了动员决策机构，中共中央东北局书记、东北人民政府主席、东北军区司令员兼政治委员高岗统一协调军地动员一切事宜。并以东北人民政府下属的相关部门人员为主，成立了动员执行机构。在县以上地方人民政府层面，东北各省、地区、县均成立了支前领导小组和办事机构。抗美援朝战争我国动员指挥体制如图 6—6 所示。

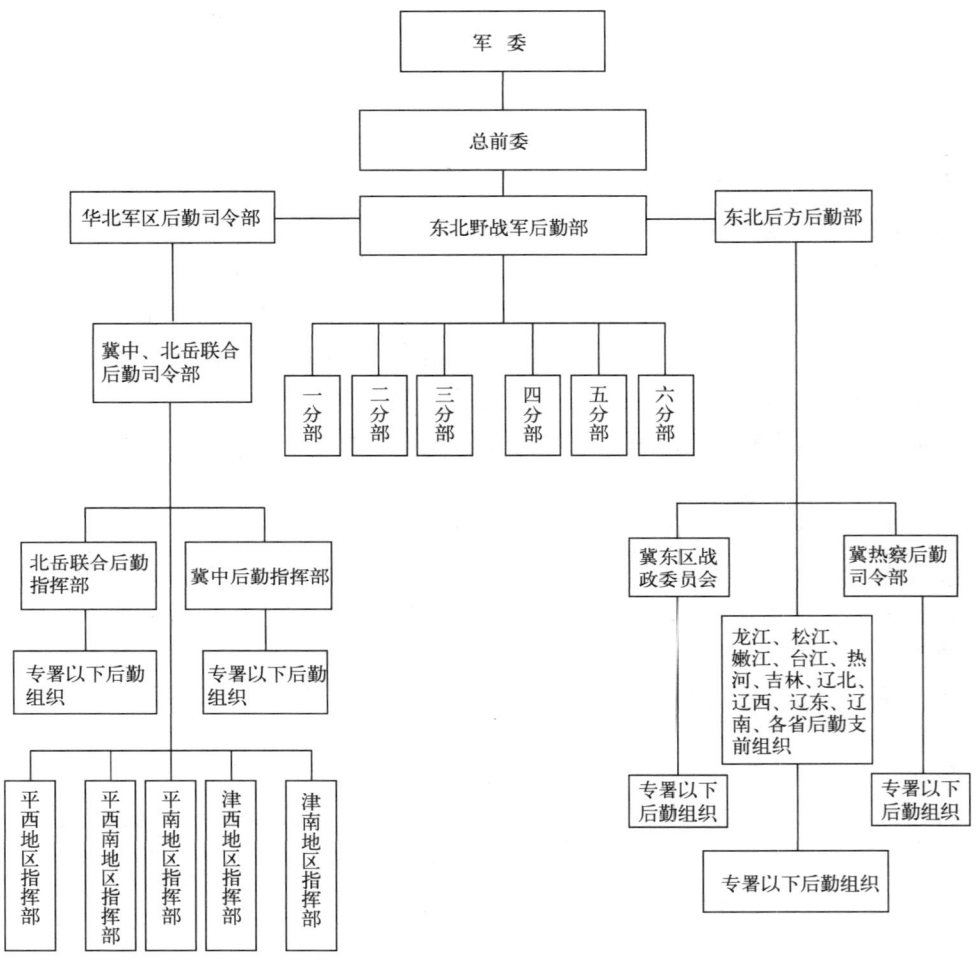

图 6—5　解放战争平津战役我党我军动员指挥体制示意图

3. 战区—市—县层级结构

在偶发性、规模有限且主要动员区域集中在某一市、县的军事冲突中，由于动员规模有限，可以建立战区直接领导相关市、县的动员指挥体系。以我国在珍宝岛自卫反击作战中建立的动员指挥体制为例，军事冲突爆发后，在战区层面，沈阳战区成立了前方指挥部，如图 6—7 所示。在地市层面，合江地区以黑龙江省革委会部分领导和合江地区革委会领导为主建立了支前领导小组，并设立支前办公室。合江地区各县、特区革委会也建立了支前领导小组，处于作战地区核心地带的饶河、虎林、宝清、集贤等县的所有公社都

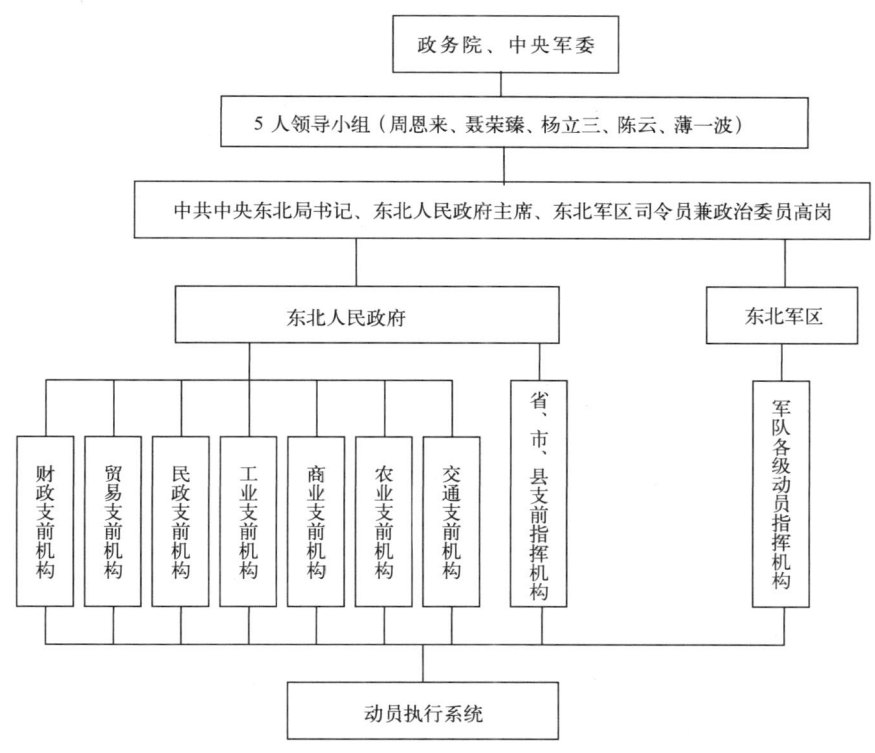

图6-6　抗美援朝战争我国动员指挥体制示意图

建立了支前组织。黑龙江生产建设兵团在全面开展支前动员的同时，特别加强了农三师的支前动员，"从师、团到营、连，自上而下，都分别建立了支前领导小组"[1]。形成了沈阳军区前指—合江地区支前领导小组—各县支前领导小组的纵向动员指挥层级结构。

4. 省—市—县层级结构

当涉战地区主要在某一省内时通常建立这种动员指挥层级结构。通常是以涉战地区政府为主指挥动员行动，在某些情况下也可以由该省党委统一组织实施。新中国成立初期，一江山岛作战动员指挥体制就是以浙江省政府为主建立的，国家和战区并没有建立专门的动员指挥机构，如图6-8所示。浙江省是承担一江山岛作战动员支前任务的主要省份，主要动员地区在温州、宁波、舟山一线，核心动员区为温州地区的台州专区及其所属的温岭、黄岩、临海等县区。1954年11月，浙江省政府决定在黄岩设立浙江省人民政府黄岩

---

① 《黑龙江生产建设兵团三师在珍宝岛自卫还击作战中支前工作情况和体会》，1969年6月。

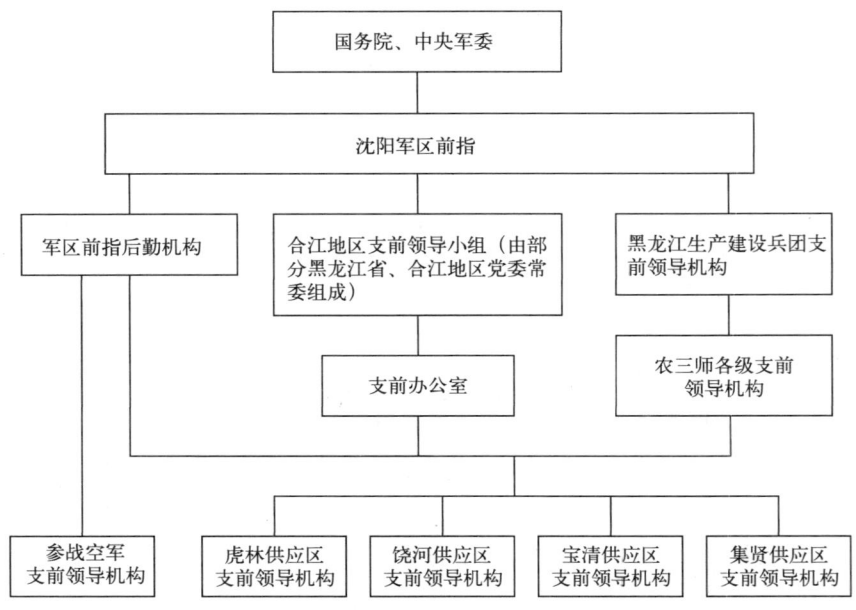

图 6—7 珍宝岛自卫反击作战应急性动员指挥体制示意图

支前办事处，由温州专署副专员兼任办事处主任，省政府民政厅优抚处一名副处长兼任办事处副主任，各组干部由省政府民政厅、财委、省供销合作社、浙江军区后勤部调配，相关各县也建立了支前委员会。

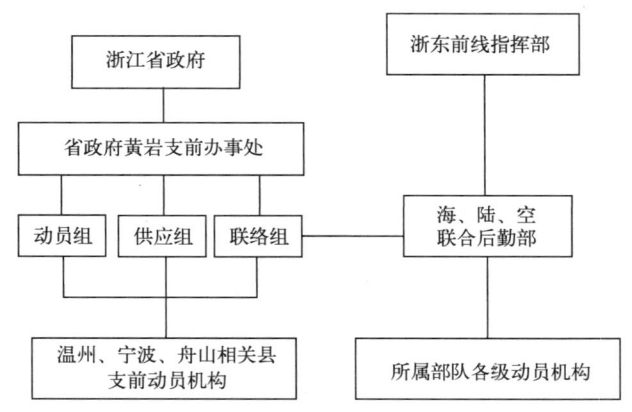

图 6—8 一江山岛作战动员指挥体制示意图

西沙群岛自卫反击作战也是这种情况。中共海南行政区党委成立了支前领导小组，由海南军区副司令员乔怀宝和海南区革委会副主任窦英俊负责。"派出 4 个支前工作组分别加强海口、崖县、清兰、西沙革委会的支前组织领导工作"①，并在这些市、县分别成立了支前动员指挥机构，如图 6—9 所示。

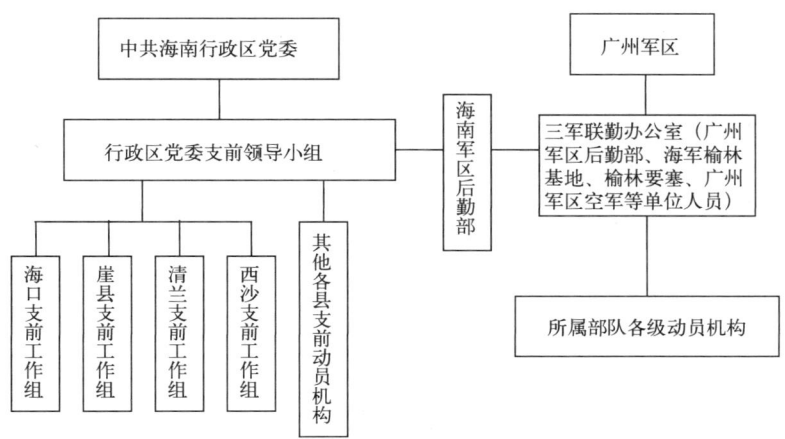

图 6—9　西沙群岛自卫反击作战动员指挥体制示意图

三、与相关组织的关系

战时国防动员指挥体制与作战指挥体制、维稳管控体制关系密切，处理好几者之间的关系意义重大。

（一）与作战指挥体制的关系

战时国防动员指挥体制与作战指挥体制的关系，本质上是政府动员指挥机构与军队作战指挥机构的关系。两者之间的关系体现在两个方面。一方面，在战时动员活动中，作战指挥机构提出动员需求，动员指挥机构根据需求进行保障，两者建立起需求与保障的关系。另一方面，动员指挥机构与作战指挥机构分别隶属于政府系统和军队系统，两者在行政上互不隶属。在处理两者之间关系时应统筹考虑以下两个方面。

1. 两者间的从属属性对处理相互关系提出的要求

（1）动员指挥体制应以服从作战需求为最高原则。动员行动与军队作战行动之间存在服从关系，是两者之间关系的基本前提。也就是说，一切的动员活动都应围绕军队作战提出的需求而展开。相应地，动员指挥机构的建立，职责、权限的划分，也要以服从作战对动员的需要为最高原则。我党我军在淮海战役解决作战指挥与动员指挥之间关系的办法，是在总前委之下设立支前委员会，将支前动员置于总前委的直接领导下。其中，支前委员会的负责

---

① 海南军区后勤部：《西沙群岛自卫还击作战后勤保障工作总结》，1974 年 2 月 16 日。

人可列席参加总前委会议，直接掌握作战意图、作战行动和作战态势，从而有针对性地组织领导支前动员。

在历史上的战争动员实践中，经常会出现由于动员指挥体制没有完全以军队作战要求为最高准则设立和运转，而影响作战的情况。淮海战役期间，粟裕在给毛泽东的报告中专门提到："后勤工作同志认真负责，遵守制度，甚可赞佩，但他们对前方实况缺乏了解，且某些干部有单纯财政观点，虽有高度之工作精神，常有远水难以救近火，接济不及，影响作战。最近因大批新俘仍穿蒋军服装，又无识别标记，常致发生误会，互有伤亡，为数不少。我们曾请财办从徐州赶制十万顶军帽，补发新俘，以资识别，但财办却坚持从远后方运来（后同意，但延长一周始做），以致战场一再发生误会。"对此，粟裕提出："我们建议，如不能给予前方以较多之预备基数，则请后勤仓库尽力向前推移，接近前线，以便及时补给，并拨给一定之修枪、修炮、修车工厂，随军修理。同时为方便交流工作经验，建议后勤部门常派人接近前线，了解实况，或采取前后方干部交流办法，使之适应于战争，免失战机。"[1]

（2）作战指挥过程中也应充分考虑动员的制约因素。动员与作战两种指挥体制之间并不是简单的服从关系，动员为军队作战提供保障的同时也会影响作战行动的自由度。抗美援朝战争第二次战役，由于形势需要，作战规模从"小二次战役"迅速演变成"大二次战役"，志愿军作战指挥决策层临时确定 9 兵团由不出兵调整为出兵。但动员保障需要一定的准备周期，无法和作战指挥实现同步调整，对 9 兵团相关的动员保障工作，根本无法像志愿军首长要求那样实现"瞬间到位"。结果，由于后勤准备过于仓促，导致了 9 兵团在冬季作战中缺少御寒被装，造成大量官兵冻死、冻伤，严重削弱了部队战斗力。同样，第二次世界大战北非作战初期，的黎波里港是轴心国动员资源卸载港口。德军在作战中没有充分考虑当地特殊的动员资源输送条件对作战的巨大影响，使"战线在的黎波里以东 300 英里[2]的锡尔特稳定下来，由于从的黎波里往东没有适宜的铁路，这就意味着，即使在最有利的情况下，前线德军作战时，与其后方基地的距离也将超过通常公认的汽车有效保障距离极限的50%"[3]。期间，墨索里尼提请德军统帅部"注意这一事实，但德国人决意置之不理，从而给自己造成了作战需要与后勤能力之间的矛盾，这一矛盾使德军在非洲始终处于进退维谷的境地"[4]。

因此，在作战指挥过程中应该充分考虑动员的因素，力求达到作战指挥

---

[1] 粟裕：《淮海战役中部队情况简报》，1948 年 12 月 31 日。

[2] 1 英里≈1.609 千米。——编辑注

[3] ［以］克列威尔德：《战争与后勤》，战士出版社 1982 年版，第 207 页。

[4] ［以］克列威尔德：《战争与后勤》，战士出版社 1982 年版，第 207 页。

与动员指挥之间的协调顺畅。首先，作战决策时应充分考虑本方是否有足够的动员力量保证作战决心的顺利达成。美国史密斯将军说过："仓促改变战术计划，把部队派到新的方面，并非难事一桩，而为调整补给计划，使之适应业已改变的作战计划，则困难之极。"①淮海战役前，华东野战军代司令员兼代政委粟裕、副参谋长张震在给中央军委的电报中，分析下一步国民党军队有采取下述两种方针的可能：第一是继续在江北与我周旋，第二是将江北部队撤守，沿江迅速巩固江防。粟、张对这两种情况的利弊分析后，建议："我们不知各老解放区对战争尚能支持到如何程度，如果尚可能作较大的支持的话，则以迫使敌人实现第一方针为更有利。"②可以说，粟、张提出"抑留徐州刘峙集团，将其歼灭于长江以北"的作战决心建议最大的顾虑，主要是华北各老解放区的支前保障能力能否满足大规模的决战之需。

同时，作战指挥员还要考虑拟实行的作战计划对敌人的动员保障是否有重大影响。淮海战役歼灭黄维兵团作战之前，我军"曾考虑放开一个缺口，让敌突进我预设的袋形阵地，以便于我割裂钳击敌人。但因判断敌人必采取进占一村，巩固一村，逐步滚进的战法，而敌人多占一村，不但可利用我原有之工事组织防御，还可获得较多的民间粮食，于我不利，所以我们放弃了这样想法，坚持缩紧敌人于狭小范围以困饿之办法，证明是对的"③。我军指挥员经过深思熟虑之后，认为采取诱敌深入的战法虽然从作战的角度有利，但有可能帮助敌人得到更多的补给，因此经过权衡，定下围困歼敌的战法。

2. 两者间行政上的互不隶属，对处理相互关系提出的要求

（1）明确动员系统与作战系统各自的保障职责。为作战提供资源不仅仅是动员指挥机构的责任，军队自身也要根据情况，担负一定的自身保障任务。由于作战与动员分别隶属于军地两个系统，在战争动员实践中，应事先明确各自动员保障职责，以避免出现混乱。淮海战役战前准备阶段，华东支前委员会规定："部队行动自带三天粮食，三天内没粮吃由部队负责，三天后无粮吃由地方负责；地方保证将粮食运到师之粮站后，从粮站到伙食单位由部队负责；地方尽力保证三分之一麦粮，如实无麦粮时，部队应有啥吃啥，不得强调。"④

（2）处理好动员与作战之间的供需对接。战时动员供给与需求的对接是在动员指挥与作战指挥两大系统之间完成的，如果处理不好，极易导致整个动员活动的混乱。1979年对越自卫反击作战时，我参战部队进入集结地域后，

---

① ［美］史密斯：《艾森豪威尔的六大决策》，纽约朗曼公司1956年版，第82页。
② 《粟裕、张震发给军委、陈、邓的电报》，1948年11月8日。
③ 《歼灭黄维兵团作战总结》，1949年1月3日。
④ 华东支前总结委员会：《关于淮海战役粮食供应部署情形》，1949年8月26日。

有的单位不按级提出动员需求，也不经过地方动员支前机构，随意调用民兵、民工为其提供支前保障，打乱了动员指挥机构对民兵、民工的统一安排，造成了不良影响。处理好供给与需求对接问题，应重点把握两点。首先，要确保动员指挥系统与作战指挥系统对接渠道的单一性，即需求提出与供给保障"一个口子进，一个口子出"，保证供需信息的准确性，同时防止军队各级随意调用动员资源引起的混乱。另外，要明确动员与作战两大体系之间相互协调的途径、程序和措施，规范供需对接的职责、运行方式等，最大限度达成供需协调。

（3）努力实现两个体制之间顺畅通联。动员指挥与作战指挥两大系统之间实现及时顺畅互通，是动员与作战相协调的基本前提。动员行动是服务于作战行动的，动员指挥机构需要随时掌握需求信息。同时，作战指挥机构也需要随时掌握动员进程，以做到心中有数。伊拉克战争中，由于英国国防部的作战计划小组中没有独立的专职后勤人员为国防部提供动员指导，影响了作战行动与动员行动之间的对接。因此，英军"根据此次作战的经验，2003年9月设立了助理国防参谋长（负责后勤作战）的新职位，以增加国防部内政策和计划人员中后勤方面的代表"[1]。这一职位的增加进一步提高了作战和动员的互通性。如果两个体制之间通联不畅，就有可能出现动员行动与作战行动不协调的问题。解放战争中，晋冀鲁豫军区划归华北军区之前，"后勤工作统归地方政府负责，与军区供给、卫生等部门工作的指挥系统各异。在晋中战役时部队转战太行、太岳与北岳等区，后勤指挥遇到极大困难。"[2]

（二）与社会管控、应急维稳体制的关系

战时，动员指挥体制与社会管控、应急维稳体制之间的关系，本质上就是在政府管理体制框架内，动员指挥机构与社会管理机构之间的关系。两者之间的关系体现在两个方面。一方面，社会管理机构提出动员需求，动员指挥机构根据需求提供动员保障，两者建立起需求与保障的关系。另一方面，动员指挥机构与社会管理机构同属于危机管理的范畴，是政府内部之间的关系。在处理两者之间关系时应统筹考虑以下两个方面。

1. 两者间的从属属性对处理相互关系的要求

两个系统之间联系紧密，互为影响。首先，动员为社会管控、应急维稳提供必要的资源。战时，为了社会正常运转，人民群众的生产生活得到基本保障，动员指挥机构需要在支援前线的同时，积极为社会管控行动提供保障，

---

① 军事科学院世界军事研究部：《伊拉克战争——来自参战国军方的报告》，军事科学出版社2005年版，第123页。

② 《华北军区成立以来部队情况向毛主席的报告》，1948年9月16日

以确保战略战役后方的稳定。反过来，社会秩序稳定为动员顺利开展创造必要的客观条件。因为，保障人民群众的基本生活，维持社会秩序的基本稳定，是动员顺利开展的基本保障，也是军队作战顺利开展的基本前提。

2. 两者同属于政府危机管理体制框架的属性，对处理相互关系的要求

战时动员与社会管控、应急维稳同属地方政府的战时主要工作，需要统筹协调好，否则会因权限不清导致指挥混乱。抗美援朝战争初期，吉林、辽东部分市县就存在因为政府没有处理好内部动员系统与社会管控系统之间的关系，而导致指挥活动的混乱。"战勤组织领导过去很乱，部门多又无明确分工，平时工作与紧急任务不分，使政府民政部门本身陷入忙乱状态。长、吉市府，辑安县府各科组织支前，未能重新调配力量，改编组织，又如长市民政科兼管战勤，战勤任务与日常民政工作胡混，使工作无计划。"①为此，应树立"大动员"理念，加强政府系统内动员与社会管控的统一指挥。可以明确动员和社会管控的第一责任人制，由各级政府行政主官、各企事业单位主要领导为本地区、本单位动员和社会管控、应急维稳第一责任人，统筹协调动员和社会管控、应急维稳行动。

---

①　东北人民政府：《吉林、辽东几个市县战勤动员工作中存在的几个主要问题》，1950 年 11 月 17 日。

第七章　战时国防动员组织指挥基本制度

战时国防动员组织指挥基本制度，是关于战时动员组织指挥的规范，通常以法律法规的形式加以明确，具有广泛的适用性、规范性和约束性。通常包括等级动员制度、动员计划制度、请示报告制度、联络协调制度、优先顺序制度、新闻发言制度、效能评估制度、监督问责制度等。

第一节　等级动员制度

战时等级动员制度，是国家根据不同战争强度需要和不同动员规模，将动员划分为若干等级并按等级决定和实施动员的制度。完善的战时等级动员制度能够有效提高平战转换动员决策的科学性，增强战时动员控制力。

一、建立等级动员制度的理论基础

动员等级制度的建立，有三种思想起了主导作用。

（一）动员极端重要需要有效控制

战时动员活动对军地各个领域都有深远影响，需要加以控制，在发挥动员对战争正面作用同时，控制动员可能带来的问题。

就动员等级制度而言，动员的有害性主要是由动员过度或动员不足，动员过早或动员过迟，以及不当动员引起的。动员过度，表现为动员程度远超过实际需要，对经济、社会产生不必要的负面影响。动员不足，会导致国家军事力量不足以应对国家面临的安全威胁，造成军事上的被动失利。动员过早，会增加动员成本且容易暴露国防意图。动员过迟，可能要承受被动不利的后果。不当动员，即动员超出了国家安全需要的范畴，或者说超出了法律规定的适用范围，被政治野心家所利用。

动员等级制度通过设置动员适用情况、权限和纠错机制，可在很大程度上防止上述情况的出现。

（二）动员程度可以衡量

动员程度既可以事后根据动员的最终效果衡量，也可以事前根据动员程度与用兵程度的关系衡量。衡量的基本标准，就是看动员程度是否与用兵程度相适应，凡是与用兵程度相适应的动员即是相对合理的动员。

用兵程度，包括用兵的种类、数量和时间。用兵的种类，是指参战的军种和兵种。用兵的数量既包括用兵的总量，也包括各军种、兵种的数量。用兵的时间即武装力量作战持续的时间。通常情况下，用兵的种类、总量越多，时间越长，动员的程度越高。

进一步要做的工作，就是通过武装力量作战消耗标准，将用兵程度变为兵员、装备、弹药、给养等作战消耗量，再依据作战消耗量，确定需要动员补充的数量，最终将用兵程度变为动员程度。以兵员的战损补充为例，如果用兵量是 10 万人，作战持续的时间是 30 天，日均伤亡率为 2%，则兵员补充动员的数量至少应为 6 万人。

(三)动员是一个动态可控过程

通常，动员程度是由用兵程度决定的，只要控制了作战投入的兵力规模和用兵时间，也就控制了动员的规模。

由于用兵程度在战争的各个阶段有所不同，动员的程度也会有所不同，在动员等级上就会表现为升级和降级。对于动员指挥员而言，根据战争各阶段用兵程度的变化，适时地进行动员的升级和降级，是完全可以做到的。

二、等级动员制度的构成

战时等级动员制度主要是对国家由平时转入战时状态的时机、范围、程度和动员令的发布权限的规定，通常包括以下几个方面。

(一)等级划分

为了避免动员过度或动员不足，各国通常将动员行动分为若干等级。

动员等级划分主要是根据国家军事战略和本国面临的安全威胁划分的，等级设置既不能太粗，又不能太细。动员等级设置过粗不能实现对动员活动的有效控制，动员等级设置太细，可能会给动员决策和实施造成忙乱。美国就是在越战中设定的从低层次危机到全面战争之间的梯级过多，采取的"添油式"动员致使自身战争动员能力没有得到集中利用。

各国对动员等级的划分不尽相同。我国将战争动员划分为总动员和局部动员两个等级。美国根据动员的广度和深度，将战争动员分为五等级，分别为：选择性动员、有限动员、局部动员、全面动员、总动员。英、法等国将战时动员分为三级，即总动员、局部动员和紧急动员。此外，一些国家还在此基础上，根据需要对各领域的战时动员也作了等级规定。如美国将工业动员分为五级，后备役部队动员和民用航空后备队的动员分为三级，军需动员分为六级。

(二)决定权限

主要是对决定各等级动员的权力进行明确。动员涉及战争与和平问题，因此动员等级决定权通常掌握在最高立法机关或国家最高元首手里。如我国《宪法》规定：全国人民代表大会常务委员会决定全国总动员或者局部动员。

在动员等级分级比较细的国家，往往会将不同动员等级的决定权分别授予不同的权力主体。像美国总统可以自行决定等级较低的"选择性动员"和"有限动员"，如果进行"局部动员"则必须经国会批准，而"全面动员"和"总动员"这些高等级的动员则只能由国会做出决定。

另外，一些国家还采取对下授权的办法。如以色列的法律规定，战区最高军事首长认为必要的时候，可以采取准备性动员措施，或先动员后报告。

（三）动员指标

即各动员等级应当达到的动员程度，包括动员的范围、内容等指标。由于各国军事战略方针、军事实力、动员潜力不尽相同，战时对动员的需求不同，动员指标的设置也有一些差异。但是通常要包括以下几个方面：国家可能面临的战争威胁程度；主要作战区域，辅助作战区域；投入现役部队数量，征召预备役部队数量；军工生产、工业生产以至经济动员的程度；在各类区域内，军队战备等级规定，各类预备役部队征召与准备的有关规定，实行交通管理的有关规定，国家人防重点城市的有关规定，实施邮电通信和医疗卫生动员的有关规定；动员令的发布权限等。

需要注意的是，并不是所有动员等级都具有上述指标内容，一般来说，低等级的内容较少，高等级的内容较多。

（四）动员时限

动员时限，即完成不同等级动员所需的时间。动员时限的长短与动员等级的高低成正比。动员等级越高，动员的规模越大，需要的动员时限就相对较长，反之则较短。

在等级动员制度中，通常把动员时间最长的某项动员的时限，作为该等级的动员时限。如，在既要进行预备役部队动员，又要进行军品生产的动员等级中，由于军品生产动员周期较长，通常以军品生产动员所需的时间作为该动员等级的动员时限。

三、对战时国防动员组织指挥的作用

等级动员制度是对战时国防动员活动规模和程度上的规范，不仅是衡量各领域完成动员准备的重要标准，也是国家组织动员行动展开的主要依据。

（一）能够有效提高平战转换决策科学性

等级动员制度，是根据动员程度与战争威胁程度之间的内在关系以及其原理，在对国家可能遭受的战争威胁进行科学区分的基础上，预先将不同情况下所应达到的动员程度确定下来。这样，一旦有事，国家就可以适时适度地做出与战争威胁程度相适应的动员决策。因此，动员等级划分得越科学严谨，动员决策就越合理。

二战以前，美国的战争动员等级分为局部动员和总动员两个级别。二战后，美国根据对国际战略形势和国内的分析以及对未来战争的预测，将战争动员等级分为五个级别，使等级动员制度逐步完善。

(二)便于快速有效地组织指挥动员行动

指挥员可以根据战争需要，合理选择适合的动员等级，快速有效展开动员。第二次世界大战之前，由于苏联最高决策层没有根据国际战略形势科学制定动员等级，导致了国家在战争初期陷入极大被动。苏联决策者认为本国拥有巨大经济、军事潜力，在战争动员问题上主张推迟总动员时间，待决战有利时机出现后，再进行总动员，致使苏军在德军已经大举入侵之时，尚没有做好战争准备。开战之初，苏军的组建和扩编未能完成，各军工厂没有做好大量生产武器装备的准备，部队的装备不配套，作战物资缺额很大，靠近边境地带的机场、交通线还没有转入战时轨道，靠近边境的重要工矿企业大部分未能搬迁。

(三)可以有效提高动员控制能力

战时等级动员制度，是在充分考虑每一等级动员的适用度和各等级之间相互衔接的基础上制定的。它可以为指挥员准确把握和控制动员活动规模和进程，适时地提高或降低动员程度提供基本依据。

海湾战争中，美国的后备役动员不是一次到位的，而是根据战争态势的发展，分三次进行的。可以说，海湾战争中，美国依据比较完善的等级动员制度，有效控制动员进程，保持一定的动员弹性，按照形势发展决定动员的时机和数量，总体上保证了动员行动有序。

四、等级动员确定的影响因素

在战时国防动员实践中，动员决策层需要综合考虑国家安全环境、社会制度、国家利益、军事战略、综合国力、动员潜力和动员能力等诸多因素，科学确定动员等级。

(一)国家军事战略

国家军事战略是筹划和指导军事斗争全局的总体方略，是国家最高决策层确定动员等级时需要重点考虑的因素。

世界各国在战争动员实践中选择动员等级，都会考虑到本国军事战略因素。美国在越南战争中采取逐步升级的军事战略，其设想国际冲突的整个过程在低层次危机与全面战争之间，有许多连续的 44 个梯级，其中第 5、6 两个阶梯为采取动员措施阶段。为此，从 1962 年到 1970 年的 9 年间，美国向越南战场投入的总兵力累计高达 260 多万，但平均每年投入的兵力不多，投入越南战争的费用也是一次次召开会议、一点一点地追加。

（二）国家安全威胁

某一个等级动员制度都是针对一定历史阶段国家安全所面临的威胁确立的。对国家安全威胁的判断是建立等级动员制度的前提，也是战时决定动员等级的基础。

对于国家安全威胁，最高决策层优先考虑的是现实威胁。1973 年的第四次中东战争爆发时间由当年 5 月推迟到 10 月的原因之一，就是以色列事先察觉到阿拉伯国家计划在 5 月份发动战争的企图。以色列总参谋长埃拉扎尔说服最高当局，在他的权力范围之内发布了局部动员令。可以说，以色列最高决策层根据国家面临的现实战争威胁，及时进行规模适当的动员，起到了战略威慑、遏制战争爆发的目的。

在考虑现实威胁的同时，国家还要考虑潜在威胁。对于我国而言，虽然在较长时期内全面战争爆发的可能性较小，但周边西北、西南、东北、东海、南海方向，都有爆发不同规模局部战争的可能。它既可能由陆海疆域争端而引起，也可能由其他利益矛盾而诱发。既可能是同强大敌国交锋，也可能是同实力相当或总体实力不及自己的对手对阵。既可能在预有准备的方向上开战，也可能在出乎预料的方向突然爆发。既可能在本土一定纵深内打，也可能在周边打。既可能是全面战争，也可能是相对独立的海战或空战。因此，我国在未来应对军事冲突时，要综合考虑到各种因素，立足最困难、最复杂的情况，使确定的动员等级能够应对各种潜在的威胁。

（三）作战样式的要求

作战样式是影响动员规模和动员等级选择的重要因素。美国在"二战"之后进行的历次局部战争中，越南战争、海湾战争、伊拉克战争、阿富汗战争由于主要是进行地面作战，因此进行动员的范围和规模就比较大，相应的动员等级就比较高。科索沃战争主要是以空袭为主，美国进行动员的领域和规模就比较小，相应的动员等级就低一些。同样，对于我国未来可能面对的对台作战，如果是登岛作战，就会是一场大规模局部战争，需要选择较高的动员等级。如果是封锁作战或联合火力突击，作战规模就要小得多，只需要进行中等规模的局部战争动员即可。如果仅仅是夺占外岛或警示性作战，作战规模就更小，只需要进行小规模的局部动员。

（四）武装力量动员规模

武装力量动员在整个动员中起着规定性作用，决定了战争中各类作战物资的总需求量，以及国家交通运输动员规模等。美国《1947 年国家安全法》和《1982 年国防部动员总计划》划分动员等级的重要标准，就是动员武装力量的规模。其中规定：选择性动员，总统或国会有权动员 20 万以下的后备役部队或人员；有限动员，总统有权征召 20 万名后备役人员；局部动员，总统有权动员 100 万名后备役人员；全面动员，总统可动员已批准的计划内的一切后备役部队和人员服役；总动员，国会宣布动员一切力量，并下令征兵。

在武装力量动员中，现役部队的投入数量是决定性因素。它决定了动员预备役部队和民兵的数量，进而决定了战时国家投入武装力量的总体数量，是战时确定动员等级的核心标准。以新中国成立以来我国经历的较有代表性的几场战争为例，抗美援朝战争我军投入 190 万部队，对越边境自卫反击作战我军投入 56 万部队，对印自卫反击作战我军投入 4.7 万部队，分别属于大、中、小规模的局部战争。国家最高决策层在确定动员等级时，就充分考虑了动员现役部队规模的因素。

（五）国家的动员实力

国家的动员实力是战时确定动员等级的重要依据。动员实力主要包括动员潜力和动员能力。动员潜力是动员活动的基础，国家动员潜力的大小直接影响战时动员等级的选择。20 世纪末的科索沃战争中，主要交战国美国和南联盟的国家动员潜力差距巨大，美国武装力量、国民经济等领域的动员潜力远远大于南联盟。因此在战争动员组织指挥过程中，美国只是进行了规模有限的动员，而南联盟被迫要倾举国之力进行总动员。

在战争动员潜力相当的情况下，国家动员能力就是影响战时动员等级选择的重要因素。在战争规模一定的条件下，动员能力越强，动员的精度就越高，动员就越有效，这样所需要的动员时间就相对少，动员范围也就相对小，国家最高决策层所选择的动员等级就会比较低。反之，动员能力越弱，所需动员时间就会相应变长，动员范围就需要相应变大，相应的动员等级就会比较高。20 世纪 80 年代的英阿马岛海战，交战国英国和阿根廷的战争动员潜力相当，但英国与阿根廷相比，拥有更加完善的动员指挥体制，更高的动员指挥效率。因此，在战争中，英国动员范围、动员规模小于阿根廷，仍然取得了很好的动员效果。

五、等级动员制度的运用

（一）第四次中东战争以色列的动员升级

1973 年第四次中东战争中以色列的动员，经历了从现役部队进入戒备状态——局部动员——总动员，这样一个逐步升级的过程。

第一阶段，9 月 24 日至 10 月 5 日，现役部队进入动员戒备状态。9 月 24

日，以色列北部军区司令霍菲根据当前敌情，对下发出了加强警戒的命令。9月26日，国防部长达扬命令南北两线的陆军进入戒备状态。9月30日，在军方高层会议上，副参谋长塔尔建议进行部分动员，没有得到采纳。10月3日，在总理梅厄夫人召集的会议上，达扬提出是否应该进行部分动员的问题，但会议没有对此进行讨论。10月5日，以军方再次召开会议。参谋长埃拉扎尔在会议间隙向部队下达了进一步加强军事戒备的命令，要求高级预备役军人停止休假，尽快到任。当天中午，梅厄夫人召开内阁全体会议，会议决定不进行动员。会后，以军方向部队下达了进入最高战备状态的命令，并向预备役部队下达了动员的预先号令。当天夜里，驻守戈兰高地和苏伊士运河前线的以军各守备部队，在接到上级的命令后，向所属部队发出了取消一切休假的命令，开始把妇女和文职人员向后方转移，抽调了当地的医务人员，准备了居民疏散计划，并开始将备用车辆和弹药运往动员中心，为即将到来的预备役部队提供保障。

第二阶段，10月6日8时至14时，进行10万人的局部动员。10月6日8时，梅厄夫人主持召开内阁紧急会议。会上，埃拉扎尔请求政府务必下令实施先发制人的进攻和进行全面动员，没有得到与会人员的认同。梅厄夫人最后决定只进行10万人的局部动员。9时零5分，埃拉扎尔向预备役部队发出了10万人的紧急征召令，动员定于上午10时正式开始。10时刚过，梅厄夫人下令以政府进入战时轨道。

第三个阶段，10月6日14时至战争结束，以色列全国总动员。10月6日14时，埃及和叙利亚军队在南北两线同时向以色列防守的巴列夫防线和戈兰高地发动突然袭击，第四次中东战争爆发。以色列当局在得到战争爆发的确切消息后，随即通过广播电视网向全国发布了总动员令，宣布全国立刻进入战争状态。整个战争中，以色列总计动员了4个预备役师共15个预备役旅，占总动员部队（30个旅）的一半。

（二）美国在海湾战争中的预备役分层次动员

海湾战争中美国共征召了23.1万后备役人员，其中大约有11.6万人被派往海湾战区执行任务。这些后备役人员并不是一次到位的，而是分三次进行的。美国实行分层次动员主要是基于近年美国新的战争动员理论。美国分层次动员思想认为，后备役动员是一个渐进的、有序的、有组织的过程，可以在相当长的时间内分阶段实施，可以在预警期和战争过程中针对不同情况，从多种动员方案中选择适当的方案来组织实施。动员的规模可大可小，还可根据战争的变化升级或降级。

美国第一次征召大批后备役人员服现役的开始时间是1990年8月22日。这一天，美国总统布什根据《美国法典》第十编第673条B款所授予的权力，签发了 12727 号命令。8 月 24 日美国通过各种新闻媒介向社会公布了首批征召的人员名单。至 9 月底，陆海空三军总共征集到 26653 名后备役人员。

第二次征召后备役人员的工作时间开始于同年 11 月 8 日。这一天布什宣布再部署 20 万人的部队到中东地区，以便可以选择进攻方案解决海湾危机。11 月中旬，国防部长授权各军种部再次征召总数为 11.5 万人的精选后备役人员。12 月 1 日，征召数额增加到 18.8 万人。这次征召的后备役部队的任务是，在进攻发起前完成中东地区的战区后勤基地工程的修建任务，保持美国本土至中东的后勤补给线路的畅通，确保驻欧洲和太平洋地区美军部队的战备状态。

第三次征召时间是 1991 年 1 月 18 日。这一天，布什再次授权国防部和运输部征召第一类后备役人员，包括精选后备役和第一类后备役单个人员。此举将所有服现役的后备役人员的服役期延长至 1 年，并允许上述两个部征召更多的后备役人员服现役。到 1991 年 2 月 24 日海湾战争地面作战在科威特打响时，美国已征召了 202337 名精选后备役和一类后备役单个人员服役。

第二节　动员计划制度

战时动员计划制度，是为指导动员行动而制定的相关程序和行为准则，是保障指挥有序高效的重要制度。我国《国防动员法》第十五条规定："国家实行国防动员计划、国防动员实施预案和国防动员潜力统计调查制度。"毛泽东同志也一贯要求："每次作战均需要精心计划、充分准备。"[①]可以说，战时动员计划制度对于统一各级各方思想和行动，为动员决策和实施提供参考起到重要作用。

一、建立动员计划制度的理论基础

动员计划是动员活动的"规划图"和"施工图"，也是动员组织指挥的主要手段。建立并实行动员计划制度主要基于这样一个思想：动员是一个系统的国防工程，是高级的国防策划，凡事预则立，不预则废。

（一）动员是一个复杂系统工程

动员计划是一个完整的体系。以美国的动员计划体系为例，最高级别的是联邦政府的《国家紧急动员计划》，其次为《国防部动员总计划》。而国防部第二级动员计划涉及的是军种部和国防部直属部、局有权采取的动员行动，主要包括：《陆军动员、作战计划与实施系统》《海军能力与动员计划》《空军战

---

① 《毛泽东军事文选》，第 290 页。

争与动员计划》《海军陆战队动员管理计划》《海岸警卫队人力动员与支援计划》以及《国防后勤局基本应急计划》等。此类计划由参联会、军种部和国防部有关部、局根据《国防部动员总计划》分配的任务拟定各自的具体动员计划，明确所属单位的动员职责，内容比较具体和详细。如参联会在《动员计划联合条令》中详细规定了动员行动中人事、情报、作战、后勤、战略计划与政策、战役计划与通用性、部队结构资源与评估等单位和部门的职责。除此之外，在第二级动员计划之下，还有各部队和下属单位制订的第三级动员计划，内容更加具体。

鉴于动员活动的高度复杂性，通常还要针对不同可能拟制多个备选计划，这在德国 1937 年制订的《1939—1940 年动员计划》有充分体现。该计划主要内容有三项：第一，采取多种措施以便加速并有计划地实施战争之前的动员扩充；第二，在不公开宣战的情况下进行总动员或局部动员，即"X 计划"；第三，在公开宣战的情况下进行动员，即"暴徒计划"。很明显，德军战前的动员扩充主要是按"X 计划"行事的，但同时也为万一形势突变，不得不公开宣战制订了备用的"暴徒计划"。

（二）动员是高级的国防策划

动员是高级的国防策划，源于动员在国家安全中所处的地位，以及动员本身的全局性和战略性，而所有这一切都要通过动员计划来体现。1941 年 7 月 4 日，也就是德军入侵苏联两个星期之后，苏联国防委员会委托以沃兹涅先斯基为首的专门委员会制订较长时期的战时经济计划。8 月 16 日，该计划得到联共（布）中央和苏联人民委员会的批准。这一计划的高明之处，是策划在苏联的东部地区建设一个支撑长期战争的后方基地，在此发展军事工业基地及扩大粮食和经济作物种植面积，并为此修筑西伯利亚—乌拉尔、乌拉尔—伏尔加河流域的铁路复线。这一计划的制订和实行，为苏联积蓄了雄厚的战争动员实力。1942 年，苏联工业总产量为 1940 年的 77％，而军工产品则为 168％，在金属、燃料、电力等资源总量减少的情况下，飞机产量为德国的 1.9 倍、坦克为 3.9 倍、火炮为 3.1 倍、枪械为 3 倍至 6.5 倍，显示了苏联国民经济的深厚潜力和战时经济计划的威力。

动员计划作为一种高级的军事策划过程，应反映动员与作战的关系。美海军退役中将奥斯卡·C. 巴加曾提出："后勤方面的考虑不仅是战争过程中军事计划最高当局分内之事，而且可能是作战及时实施并取得成功的关键因素。"作战是力量的运用，而动员是力量的筹划供给，动员与作战之间的这种内在联系，可以通过动员计划得到准确反映。解决的方法，就是使动员计划与作战计划相衔接，并且服从服务于作战计划。

（三）计划是组织指挥的主要手段

动员计划是对动员有效指挥的主要手段。1982 年英阿马岛之战中，由于制订了周密的动员计划，战争伊始英国据此迅速征用、改装了 56 艘民船，不少民船的船员在奔赴前线的途中转服现役，形成了连续畅通的后勤供应线，对战争胜利发挥了重要作用。海湾战争中，美国根据修订后的战争动员计划，连续征用了 71 艘民船、418 架飞机，动员了 24.5 万名后备役人员，紧急运送军用物资赶赴前线，从而赢得了时间，争取了主动。

如果没有周密的动员计划，战时很容易引起混乱。第二次世界大战期间，有的国家由于战前缺乏统筹安排，在战争初期的动员中，就出现了军事部门争相订货，军工部门与民用工业部门争夺生产原料和人力，征兵部门随意征用工业技术骨干等无序忙乱现象，影响了动员工作的顺利进行。

二、动员计划制度的构成

通常包括动员需求提报、动员能力核定、需求与能力对接、动员计划指标、协同计划、动员计划拟定、动员计划管理等内容。

（一）动员需求提报制度

主要是对动员需求提报活动的制度性规范，主要分为计划提报制度和临时提报制度。计划提报制度用来规范作战行动开始前和整体性的动员需求提报活动；临时提报制度用来规范作战行动开始后和局部性的动员需求提报活动。

动员需求提报工作，通常由作战计划部门或者是专司动员需求提报的部门，会同军队的人事、后勤和装备部门共同实施。需要指出的是，动员需求提出工作主要是由军队高层机关依据作战计划进行的，但并不排除听取和吸收各参战部队的意见。因此，军队高层机关在确定和提出动员需求的过程中，通常会安排听取参战部队意见的环节。基本的方法有两种：一种是军队高层机关将已确定的动员需求分别与各参战部队进行沟通；另一种是由各参战部队根据承担的作战任务提出自己的动员需求，供军队高层机构在确定动员需求时参考。

动员需求提报的具体内容为：部队依据对未来形势发展和主要交战对象基本情况的分析，做出战争类型、规模、持续时间的判断，确定战争所需资源种类、数量、质量的基本需求。动员需求主要包括静态需求和动态需求两方面。①静态需求。主要是依据军队作战拟投入的兵力（兵器）和作战可能持续的时间，对照军队作战消耗标准，逐项计算出各类资源需求的总量。我国在 20 世纪 60 年代设定当时可能的作战对象主要是美国和日本，并有中国台湾地区、韩国、南越、东南亚条约集团以及印度。通过对这些敌对国家现役兵力、后备兵力和可能动员程度的估算，预估在战争初期敌人对我国作战可能动用的地面部队、作战飞机、导弹、舰艇、总兵力的规模以及战争可能持续的时间。以此为依据，提出我国所需动员资源种类、数量、质量需求。②动态需求。主要是依据作战计划及参战部队的作战行动，确定参战部队在什么时间、什么地点需要什么资源，即参战部队各阶段的具体动员需求。

动员需求提报步骤通常包括：①需求核算。作战部门与动员部门密切协调，依据作战任务的要求，汇总各方动员需求；②集智论证。动员指挥机构对拟提报项目的可行性进行论证把关，剔除部队内部可解决项目，压减过量项目，归并重复项目，增补遗漏项目，确定需求的合理性；③需求申报。主要是由作战计划部门向军队动员计划部门提交，或作战计划部门直接向动员指挥机构提交，最终由动员指挥机构汇总。需要注意的是，战时通常不会有充裕时间完全按照以上步骤刻板进行，但各步骤的主要工作不能省略，需要严格遵守。

（二）动员能力核定制度

动员能力核定工作主要是根据动员需求对动员能力进行核查评估，详尽掌握涉战地域的动员资源和动员能力在战争中可能的运用程度。动员能力核定工作通常由政府动员执行组织和动员协调组织完成。我国在 20 世纪五六十年代"以苏为师"的过程中，工业部门率先实行了"工业动员生产能力查定制度"。这一制度的主要内容是：工业动员主管部门对动员企业已经建成的工业动员生产能力在一定时间内可能达到的最大产量进行调查、分析、核定。其基本方法是由下至上逐一环节地进行。先查定主要设备、主要工段和主要车辆的动员生产能力。在此基础上，通过分析研究，确立本厂各班组、工段、车间和全厂的动员生产能力。之后，各协作厂将其查定的结果汇总到该产品动员线的总装厂，最后由总装厂对各协作厂的查定结果进行综合平衡，确立该动员线的最大动员生产能力。

在美国，动员能力核定由国家安全委员会领导下的 12 个部级工作组和国防部共同完成。这些机构均负有动员计划的职能，并为此同"联邦紧急管理局"共同建立"联邦资源评估系统"，以便对现有动员能力和资源进行一年一度的评定，拟定各种备用方案。

动员能力核定制度具体作用有三项：一是可以使各级动员领导与管理机关随时掌握国家、部门、地区和企业的实际动员能力，以利编制科学的、切实可行的动员计划；二是找出动员能力中的薄弱环节，以便及时采取措施补充完善，确保动员能力实在管用；三是可以发现动员准备中存在的问题，以利加强动员组织工作，提高动员效率。

二战期间日本大本营一再调整对美开战的时间，并最终确定为 1941 年 12 月 8 日。就是基于本国健全完善的动员能力核定制度得出的准确结论，"日本的物力，尤其是液体燃料已日趋枯竭，开战时机愈推迟，储存量就将愈发减少，甚至连进行南方作战的最低需要量也将不能满足。"因为"从液体燃料的供求关系来看，开战时机只能允许推迟到昭和 17 年（1942 年）3 月。如果那时开战，则国内石油的储存量在某段期间就有变成零的危险。因此，如果考虑要多少留有余地，就必须在昭和 17 年初以前做出和与战的决定。"

（三）需求与能力对接制度

主要是将军队提报的动员需求与动员机构核定的动员能力进行比较分析，最终确定动员任务的过程。通常情况下，动员需求与动员能力对接后，会出现两种情况：一是动员需求小于动员能力，或与动员能力相吻合，即动员能力可以满足动员需求，所提动员需求全部成为动员任务；二是动员需求大于动员能力，超出的动员需求暂时不能成为动员任务。

我国在 20 世纪 60 年代起草《战时武装力量动员计划》的过程中，根据对我国人口数质量、民兵数质量的调查、分析，中央军委认为在当时的情况下，我国的人口潜力总体上可以基本满足未来战争需求。

在美国，动员需求与动员能力的对接工作是在国防部长的领导下，按照国防部提出的动员总方针来进行的，国防部和联邦紧急管理署为总接口。从军事需求对接的角度看，美国防部长具有双重职能。一方面他要领导参联会及其所属机构汇总并提出动员总需求，另一方面他要领导国防部的直属机构，把动员总需求分解落实下去。国防部之所以能做到这一点，一方面是因为它是美国防事务的最高领导机构，负有"支援联合军事动员行动重要职责"，更重要的是，国防部直属的国防信息系统局、国防后勤局、国防财会局、国防测绘局，各自手中都掌握着一定的动员资源，并与 12 个动员资源领域有关的政府部门和社会企业有着固定、广泛的联系。

（四）动员计划指标制度

主要指反映动员资源可能的筹措量与消耗量之间的数量关系。这些数量关系可能涉及时间、距离、体积、重量、物资计量单位数、空间（地域）、价格、使用（服务）时限等因素，主要用于制订供应（补给）、装备、工程、人员编成、运输等动员计划。

世界各国对动员计划指标制订工作均很重视。美国在第一次世界大战之后，由陆军部主导，首次在和平时期研究制订工业动员计划。"助理陆军部长办公室据《国防法案》成立了一个计划小组，来评估美国的工业生产能力和陆军战争需求之间的关系。1924 年新成立了陆军工业学院，协助这个小组展开工作，由学院的师生负责收集、分析工业方面的数据。"①进而初步建立了动员计划指标体系，并以此为基础，于1930年由陆军部提出了第一个正式、全面的工业动员计划。

动员计划指标通常来自经验丰富的动员计划拟制者的个人经验、官方颁布的规章手册或者官方尚未正式出版的调查和经验材料。例如美国海军出版的《后勤参考手册》和陆军野战条令《后勤组织、技术与勤务要则》等手册、规章。通常，计划指标都以实际经验和历史上的耗用数据为基础，但这些经验和数据有新有旧，准确性也有区别。因此，动员计划拟制者只有清楚各动员计划指标所依据的数据是在什么条件下积累和确定下来的，才能充分发挥指标在计划工作中的作用。在拟制动员计划时适当使用计划指标可以提高动员计划拟制速度，但不假思索地直接、大量引用动员计划指标反而可能降低动员计划的质量。

（五）协同计划制度

主要是各方通过协商就协同事项达成共识后共同制订协同计划，确保各方意愿和诉求都能得到合理体现，保证整个动员活动协调一致。动员协同的突出特点，是不仅要协调系统内部、动员系统与军队系统之间的关系，还要处理好动员系统与政府其他系统之间的步调问题。协同的事项主要包括：资源的品种、数量和质量，输送路线、交接地点、交接方式、责任人以及各环节的时间约定等。

1948年9月，华东野战军在准备秋季会战时，就支前动员问题与"华东及冀鲁豫各党政负责同志初步商讨后"，制订并向所属部队下发了战勤计划，对粮食供应、担架运输、伤员转运等军地协同的事项，一一加以明确。在粮食供应上明确规定："北线东路的第9、13和渤海纵队8万人（不含俘虏），由渤海负责。北线西路的鲁中纵队5万人和南线东路第1、2、7、11纵队及华中第11、12纵队，由鲁中南负责。南线西路第4、8纵队及冀鲁豫独立第1、3旅8万人，由冀鲁豫战勤指挥部负责。广纵、野直及医院转运站2.5万人，由鲁中南7分区负责。"各纵队组成粮食总站"负责与各地县及分区以上政府（支前委员会）接洽粮草数量，除特殊情形外纵队以下之单位不得向各村各区直接提粮"。

（六）动员计划拟定制度

通常来说，首先是由最高决策机构根据战争动员需求和自身具备的动员能力，提出总任务、总要求和指导方针。然后，各级组成由政府和军队有关

---

① ［美］阿伦·米利特等：《美国军事史1607—2012》，解放军出版社2014年7月第1版，第323页。

负责人参加的动员计划起草小组，负责起草动员计划的指导、协调等事宜。尔后，按照业务分工由政府和军队的有关主管部门分别起草各部门的动员计划，通过会审、平衡、综合，形成动员计划。

(七)动员计划管理制度

主要是进行审定、上报批准和备案，明确动员计划的保密管理、修订的权限和程序、启用条件和终止时限等有关规定。健全动员计划的管理制度是动员计划在战时发挥效能的重要保证。

本级动员计划拟制完成后，应进行审定并逐级报上级批准和备案。按照法定程序对动员计划进行审定，不仅可以使其获得必不可少的权威性，而且也是确保动员计划质量的必要步骤。我国目前动员计划的审定程序与管理权限是：国家综合动员计划由国家动员决策机构审定和掌管；部门专项动员计划由国务院和中央军委分别审定和掌管，并报国家最高动员决策机构备案；动员落实方案计划由军队和地方各级动员领导部门分别审定篔掌握，并报上级备案。

通常，动员计划制订后，要根据计划内容设定相应的密级严格管理。通常来说，国家层面的战争动员计划，关系到国家安危、战争胜败，是国家的核心军事机密，通常设置为绝密等级，必须采取极其严格的保密措施。19世纪末，沙皇俄国为了窃取罗马尼亚和德国的动员计划，曾专门派遣军官长期潜入其内部，并终于达到了目的，并在1914年的战争动员中赢得了主动。

一般来说，战争计划批准之后，各级都不得违背或随意修改，当确实需要调整时，应报颁发计划的机构同意，不能超越自己的权限擅自修改。通常，在遇有特殊情况或因形势发生重大变化时，要及时对动员计划进行修订，使其与变化情况相适应。美国《国防部总动员计划》规定："总动员计划的这次修订并不是最终目的，而是将通过不断地修订加以改进，最终形成含有详细指导、更恰当任务和更多种选择的一个完善的计划。"[1]

动员计划正式颁布之后，在动员计划中通常会明确启用的条件。美国《国防部总动员计划》规定："本计划一经颁布立即生效。"[2]当动员计划终止使用或者进行修订之后，也需要经过颁发计划的机关同意并进行明确。

三、动员计划制度的运用

(一)抗美援朝战争中的统一计划制度

志愿军后勤属于全局性的动员计划主要有3种：第一种是"申请领运物资

---

① 《国防部总动员计划》，第3页。
② 《国防部总动员计划》，第1页。

计划"。这是志愿军后勤部根据部队需要和国家供应的可能拟定的，通常分为"月度请领计划"和"战役请领计划"两类。这种计划一经批准，就成为"国家启运计划"。计划内容既包括向国家请领物资的种类、数量，又包括运输所需要的列车数及接卸地点。通过这种计划，使国家了解部队的需要，以便组织筹措、调拨；使铁路运输部门掌握前运任务，以便组织调度前运；同时也使各分部了解分配物资的数量、种类和接卸地点，以便作卸车和分配的准备。

第二种是"境内物资调运计划"。这是战区物资机动的一种手段，也是修正和平衡请领计划的一种措施。这种计划是在铁路运输部门根据物资过轨计划将物资前运战区后，由于部队作战任务和作战部署的变化，或者由于其他原因需要在战区内进行调运时制订的。属于各供应区的调运计划由分部拟制，属于全战区范围的由志愿军后勤部拟制，提请铁路运输部门纳入运输计划。

第三种是"供应运输计划"。这是由志愿军后勤部各分部根据部队需要和分部及部队的运力拟制的，计划内容既包括物资的分配，又包括运力的使用。这种计划，对部队来讲既是补给计划，又是前送、自运任务的分配计划；对兵站来说，则是组织分发、装卸的计划。通过这种计划，使部队、运输、兵站、装卸的力量协调一致，结为一体。

以上这些计划都是跨系统且关系全局的，都是在各部队、各部门之间充分协商、认真研究、通盘考虑的基础上产生的，具有指令的性质，所以能够作为组织协同配合的依据。

（二）1962 年东南沿海紧急战备期间的军政对接

1962 年 2 月 28 日召开的中央军委常委会议认为，美国指使台湾国民党军对大陆采取的军事行动存在三种可能："第一种可能是，先让蒋介石出头作试探性的登陆，然后逐步扩大，占几个据点或滩头阵地；第二种可能是，试探性进攻成功后，美国便指使蒋介石出动更大的兵力，甚至美国直接出兵参战；第三种可能是，美国和台湾当局相互配合，共同发动对中国大陆的全面战争。"尔后，时任国防部长林彪召集中央军委战略研究小组、总参谋部、总政治部、总后勤部和军兵种负责人开会。会议认为，国民党军的登陆行动，将主要选择在福建地区和闽浙、闽粤交界地区，规模有大、中、小三种，倾集出动的可能性不大。因此，对台作战准备立足应对中等以上规模的战事。对此，毛泽东主席表示同意并指示总参谋部：军事上必须从各方面做好准备，准备好了国民党军不来也没有坏处，山东、浙江、福建、江西、广东整个地区都要准备。参战兵力按不少于 50 万人准备。据此，中央军委决定对台作战要做好大打、中打和小打的三种准备：第一步按 50 万人打 3 个月，第二步按 50 万人打半年，后再视情况，按 300 万人打一年的需要量进行准备。由于"主要是对付中等以上规模的窜犯"，因此，对台作战和动员准备的重点，是 50

万人打半年。

国家层面的动员需求军政对接是从 1962 年 5 月 20 日开始的。当日，国务院国防工业办公室主任"赵尔陆同志召集会议，传达中央和军委的指示，总参算参战需补的装备，总后按 3 个月、50 万人算给养，三机部算除年度计划外可能增加的武器弹药数。26 日开始由总后和三机部提出对各项物资的要求，和 18 个工业、交通、财贸商粮等部商量，研究解决的可能性"。5 月 25 日，总参谋部、总后勤部向国务院提出第一批紧急战备装备物资需求。国务院国防工业办公室"从 5 月 26 日开始，根据总参装备计划部、总后勤部第一次提出的备战急需的装备和各种军需物资，组织三机部、一机部、冶金部、化工部、轻工部等十多个部门的有关同志，和计委范慕韩同志、经委谢北一同志、总参装备计划部封永顺、杜屏同志、总后胥光义同志、财贸办公室邓辰同志一起，对各种产品的增产、各项军需物资的需要以及相互协作配合等问题，逐项进行了仔细的研究安排"。"大家本着千方百计，满足备战需要，同心合力，件件落实的精神，前后经过 8 天的时间，到 6 月 4 日，全部作了安排。"

(三)美国的动员需求计划提报制度

美国的动员需求计划提报制度，是由一个名为"联合计划与实施共同体"的组织来完成的。这个共同体的成员包括：参联会及其下属的联合参谋部、军种部、作战司令部及其下属的被支援作战司令部和支援作战司令部、国防部及其直属局和联邦紧急管理署。

美军的动员需求，不是由其他部门根据作战部门的作战计划提出来的，而是作战部门在考虑和制订作战计划时一并提出的，从而使动员行动与作战行动保持高度的一致性，并最大限度地满足作战需求。具体承担提出总需求任务的主要是联合司令部下属联合作战司令部的两个职能机构——被支援作战司令部和支援作战司令部。被支援作战司令部要做的工作是：明确"为支持作战计划需要实施何种规模的动员；确定作战行动各个阶段对预备役部队的需求；确定部队增援、运输与部署，以及现役部队开赴前线后补充其所空出的设施所需的预备役部队的数量"。支援作战司令部"提出自己在完成支援任务时需要获得的动员资源"。各军种部和海岸警卫队也要分别明确"所需兵力与支持的详细动员计划"。在此过程中，作战司令部中的被支援司令部起主要作用，由它负责在军种部、海岸警卫队之间就动员需求进行反复协商。作战司令部以"关键项目清单"的形式提出自己对工业生产和物资的需求。

由作战司令部、军种部和海岸警卫队提出的动员需求，最终要上报参联会并由参联会综合确定。参联会为军队动员需求的总出口，美《1986 年国防部改组法》将拟制全军的战略、动员及后勤保障计划的任务赋予了参联会。作为这项计划工作的一部分，参联会要把来自各方面的动员需求汇总、确认，并在其负责拟制的综合动员计划中全面、合理地反映出来。与这种职责相对应，参联会的成员具有广泛的代表性，机构设置具有综合性。陆军参谋长、空军参谋长、海军作战部长和陆战队司令均是参联会的法定成员。在参联会的主要办事机构——联合参谋部中，陆、海、空三个军种的人员各占1/3。具体承担工作的是参联会的主要执行机构——联合参谋部。联合参谋部的下设机构，其职责涵盖了军事的各个方面，且都具有从宏观上把握全局的能力。在汇总需求的过程中，先是由联合参谋部的下属机构分别对所分管的方面进行综合评估。其中，人力与人事部负责审查与人力有关的动员需求。后勤部进行联合动员的评估与研究，为作战司令部制订动员计划的指导方针。指挥、控制、通信和计算机系统部就设施和勤务的需要向国防部办公厅和军种阐述联合参谋部的意见。部队结构、资源与评估部，就现役和预备役部队编成、其他力量的资源开发等问题，作为联合参谋部的对外联络部门，对外开展联络活动。作战部向参联会主席呈报作战司令部司令的需要及本部门对动员问题的建议，同时向后勤部提出有关动员预备役部队的需求。经各方协调以及严密的审查、评估后确定的综合动员需求计划报参联会主席。由其审定后，报国防部部长。

第三节 联络协调制度

战时国防动员联络协调制度，是在无隶属关系的各类组织之间协同动作的规范。主要包括统筹协调、重大问题商议、成员单位责任明确、信息通报、文件会签、人员互派等规定，对于提高动员组织指挥的统一性与整体性，及时解决各方之间的矛盾与问题，具有重要作用。

一、建立联络协调制度的理论基础

动员过程高度复杂，多方参与，需要动员组织指挥高度集中统一，多方协同动作，以达到协调顺畅。

（一）动员组织指挥需要高度的统一性和整体性

战时动员是一个有多种组织共同参与的活动，动员体系中有多个子系统，各子系统之间如果各行其是，不但不能发挥整体力量，反而会削弱动员能力，产生一加一小于二的负系统效应。第二次世界大战的地中海之战，"在1942年年初和年中这两个关键时刻，轴心国家原本有可能取得决定性的胜利，而恰恰是此时，地中海海上的运输计划和组织工作都搞得一团糟，德国和意大利的后勤工作没有搞好协调。"[1]

---

① ［美］亨利·E. 艾尔克斯：《国防后勤学》，美国斯塔克波尔公司1959年版，第333页。

战时动员组织指挥过程中，需要建立联络协调制度，统筹处理好各系统之间的关系，使各方力量保持协调一致，形成整体合力。1947 年 2 月 26 日《人民日报》以"提高战勤工作"为题，报道了晋冀鲁豫解放区前方指挥部与后勤指挥部密切协调的情况：当前方决定作战任务时，同时确定使用民夫的数量并通知后勤指挥部。后勤指挥部根据前方的需要和各地劳动力的登记加以有计划地分配和组织，以调剂农民生产的闲忙及部队供应的盈亏，使各方面都得到合理的照顾。

（二）矛盾问题复杂交织随时出现需要及时沟通解决

从理论上说，集中统一指挥是解决各方矛盾的直接、有效的方法。但在实际情况中，整个战时国防动员组织指挥活动极其复杂，各方之间盘根错节，任何一个指挥员，即使能力再强，才干再高，也无法第一时间处理全部的矛盾问题。在紧急情况下，互不隶属的各单位之间产生争端，上级动员指挥机构根本无法及时对每一个问题进行裁决，这时，提前建立的联络协调制度就至关重要。对越自卫反击作战中，各级支前办公室每周二、四、六召开碰头会，通过定期协商及时处理相关矛盾问题，效果明显。

二、联络协调制度的构成

（一）联合组织制度

解决联络协调问题最有效的办法是有关各方直接参与动员组织活动。其组织方式包括：成立多方参加的联合指挥部，使支前动员机构尽可能靠近作战指挥机构等。

解放战争淮海战役中，动员工作涉及华东、中原、华北三个战略区，包括江苏、山东、安徽、河北等多省，组织工作异常复杂。为此，中央军委特派出中央军委总后勤部部长杨立三前往华东解放区，统一协调组织华东、中原、华北三个战略区的后勤支前。1948 年 12 月 6 日，中央军委致电有关方面，决定当东北先遣兵团到达怀来后，即以程子华、黄志勇、杨得志、罗瑞卿、耿飚、杨成武、李天焕七人组成平绥前线委员会，以程子华为书记，罗瑞卿为副书记，统一领导平绥线作战及粮食、弹药、俘虏等事宜。在平绥前委的领导下，为了加强战役后勤的统一领导，由刘显宜、张苏、刘彬、尚英等组成平张战役后勤前方联合指挥部，设在西河营，统一领导二、三兵团和北岳的后勤工作。

在新中国成立以来的历次战争动员实践中，支前指挥机构通常会吸收党政军各界的主要领导参加，以保证及时掌握作战情况和动员需求。1962 年东南沿海紧急战备期间，南京军区在"地方物资的筹措"上，"平时由第 13 分部和浙江省军区后勤部分别与省联系，战时由军区后勤部统一组织工作组与省联系。闽北地区部队所需地方物资由 13 分部通过福州军区后勤部解决。"①

(二)重大问题商议制度

主要是对于决定动员行动展开、复员，或者因形势发展动员任务有重大调整等重大问题，由主要指挥员召集各成员单位主要负责人召开会议，或者采取电视、电话会议的方式商讨相关事项，统一各方行动。这类会议召开时间并无明确规定，通常根据需要组织。

1948 年 8 月为进行济南战役准备，中共中央华东局和华东野战军联合在曲阜召开会议。作战部队的主要负责人和地方支前的主要负责人均参加会议。会上，华东野战军通报了作战准备的情况，中共山东省委及中共鲁中南区党委汇报了地方支前动员准备的情况，并就作战与动员的关系进行了讨论。

如果重大问题商议制度不健全，就可能造成动员活动的混乱。第二次世界大战北非之战，参战的轴心国德国与意大利没有在重大动员问题上建立顺畅的协商机制。当时，"地中海的运输全由意大利最高统帅部控制。德国驻意人员中唯一能在供应问题上施加影响的，只有多年来任德国驻意使馆武官的冯·林特仑将军。凯塞林元帅和魏希霍德海军上将也只是在协商海、空军掩护运输队和港口的行动时，才被邀请参与讨论。"其结果是，"在阿拉曼前线，许多意大利部队补充速度惊人之快，它们的战车一辆又一辆地换上了意大利运来的新车，而补充德国坦克部队的战车直到八月初还没有离开意大利。"②

(三)成员单位责任制度

主要是明确规定各成员单位之间相互协同关系。所谓协同关系，是指各动员执行力量在动员任务中所处地位，如谁执行主要任务，谁执行次要任务等。

成员单位责任制度还要明确适时调整原则。因为各单位的责任和地位并不是一成不变的。通常来说，战争爆发之前，交通运输动员影响整个动员全局，需要首先保障交通动员执行力量的行动顺利。战争初期，随着战争对兵员和武器装备需求的急剧增加，这一阶段各动员执行力量就应配合兵员、军需动员开展行动。

(四)牵头单位推动制度

主要是由担负主要动员任务的单位牵头，协调各成员单位共同完成动员任务的制度。当战时动员活动以某一类型动员资源为主的情况下，通常由负责这类动员资源的单位牵头，联络协调其他单位共同完成动员任务。进行人

---

① 《当代中国》丛书军队后勤工作分卷南京军区后勤部编写分会：《南京军区后勤工作概述》，1986 年 11 月，第 70 页。

② 谭冬生、雷渊深：《战争动员学》，军事科学出版社 1997 年版，第 338 页。

民武装力量动员时，应由兵役机构牵头，协调相关单位完成人力动员任务；进行物资动员时，应由地方经济管理部门牵头，协调各方完成任务。

在动员地域相对稳定的情况下，通常由主要动员地域的地方政府为主牵头，联络协调其他涉战地区政府共同完成动员任务。

（五）信息流转制度

主要是各单位及时将动员情况通报给有关各方，使各级、各单位随时掌握动员进展情况。情报互通是搞好协同的重要环节，是横向、纵向信息能够及时畅通传达的保证。主要包括上下级之间的信息流转和同级之间的信息交换。

1. 上下级之间的信息流转

主要是指国防动员信息情报在隶属组织间的流转，包括"上情下达"和"下情上传"。1948 年 9 月 25 日，山东解放区鲁中南支前委员会通知建立动员情况报告制度，要求各级政府和支前机构"加强上下级、前后方的联系，相互交换情况，商洽工作，以增加对供应之保证程度，不致贻误战争"①。除电报联络以外，《通知》规定建立两项联络制度：一是支前司令部对支前委员会，每 3 至 5 日以书面形式汇报 1 次；二是规定每日上午 8 至 11 时，为鲁中南支前委员会与"各县支前部门电话联络时间"。鲁中南支前委员会在通知中强调："以上两种联络规定，即为战时的工作制度，各级支前部门，应有准备地按时确实执行，不得忽视。"信息流转制度解决的基础问题，是信息情报在传达过程中的梗阻问题。

2. 同级之间的信息交换

主要指国防动员信息情报在非隶属组织间的流转，含下列两种情况。一种情况是国防动员机构与其他机构之间信息情报的交换，如国防动员机构与作战指挥机构之间的信息情报交换。另一种情况是国防动员系统中并行组织之间信息情报的交换，如交通运输动员机构与人民武装动员机构之间的信息情报交换。交换制度解决的关键问题，是确定信息情报交换的内容，既要防止应付了事，也要防止不分轻重的过度交换。

（六）互派联络员制度

主要指各成员单位之间互派联络人员的制度。由于各协同单位之间没有直接隶属关系，如果相互之间不了解情况极易影响动员协同效果，因此各协同单位为提高协同效率，通常会互派联络人员，并赋予联络人员一定权力。

解放战争淮海战役中，华北局、华东局共同担负野战军的支前保障任务，

---

① 1948 年 9 月 25 日，《鲁中南支前委员会关于目前工作的指示》。此件存解放军档案馆。

同时又互不隶属，为此华北局下属的冀鲁豫区支前委员会"为了统一与华东支前委员会办理交涉及联络诸事，特派王维同志前往华东支前委员会"①。对越自卫反击作战期间，动员任务较重的省市支前指挥机构也向军队派出联络人员。云南省"支前办公室向昆明军区前指派驻工作组，其中省支前办公室2人，红河州、文山州支前办各1人"②。

三、联络协调制度的运用实例

（一）粮食特派员制度

1947年孟良崮战役时，山东支前委员会建立了粮食特派员制度。当时，山东支前委员会发现粮食供应不及时的一个重要原因是支前机构"不能掌握部队吃粮人数，制度紊乱，地方与部队关系不协调，因此，确定建立部队粮食特派员制度"。特派员为地方政府、支前机关常驻纵队及师的财粮代表。其任务：一是掌握部队吃粮人数和供应量；二是主动协助部队会同地方布置部队粮食供应；三是督促检查部队执行粮食制度等情况。实行特派员制度后，在供应工作上获得以下效果：一是特派员掌握了部队粮秣供应量及作战情况，在每一战役前预作粮草布置，从而提供了军粮供应上的主动性，保证了供给；二是密切了地方与部队的关系，减少了过去部队与地方在粮食供应上出现的矛盾争吵现象；三是"通过特派员，纠正了部队乱借粮、使用红白条、乱用粮票、浮报人数的现象"。

（二）抗美援朝战争中志愿军后勤的联络协调

当时，志愿军后勤工作关系很复杂，有与国家后方的关系，有与朝鲜党政军民的关系，有与战区后方有关军兵种和部门的关系，有与作战部队的关系，还有与后勤内部的关系。为了搞好同各有关方面的联络协调，志愿军后勤主要采取了互派代表和联合办公等措施。

互派代表。这是互通情况、加强联系、密切配合的又一协同方式。一是后勤向作战部队派代表。由于后勤分部与兵团及各军不是隶属关系，只是供应关系，这就给后勤分部及时了解作战意图、战况变化以及作战需求带来一定的困难。为了便于组织供应，在重大战役中，志愿军后勤部或分部均在兵团前指附近设置指挥机构，有的由志愿军后勤部首长直接参加兵团党委，有的与兵团前指联合办公，主动接受兵团的指导，从而加强了部队与后勤的协同配合。同时，部队后勤也向分部和兵站派代表，了解后勤供应情况，及时传达部队首长的作战意图。二是后勤向铁路运输部门派代表。为了加强志愿

---

① 《中共冀鲁豫区党委关于运粮工作的紧急指示》，1948年12月17日。
② 《云南省支前组织》，原件存云南省档案馆。

军后勤部与铁路运输部门的联系，互通情况，更好地解决统一计划下的铁路运输与汽车倒运、装卸、抢修、防护之间的协同动作，志愿军后勤部、分部、兵站(大站)分别向铁道军管总局、分局、车站派代表，协助解决前运、后转和装车、卸车等事宜，并监督检查各装卸点的作业情况。

联合办公。这是解决后勤内部各勤务部队之间、同级后勤之间协同配合的主要形式。如"火车装卸现场是后勤各部队进行协作的重要场所，仓库要在这里装卸和收发物资，运输部队要在这里装货，医院也要在这里组织后送伤员，一个方面配合不好，现场秩序就会混乱，工作就会受到影响。为了搞好现场协同动作，一般以兵站为主体，会同汽车部队和铁路代表组成现场联合指挥所，白天联合办公，晚上联合指挥作业，协商解决问题。"①

第四节　优先顺序制度

战时动员资源分配优先顺序制度，主要是按照动员需求的轻重缓急，对动员资源进行分配的制度，在有序分配运力、兵员、易于短缺的主要武器装备和物资器材方面尤为重要。

一、建立优先顺序制度的理论基础

建立动员优先顺序制度，源于人们从实践中得到的基本结论：就是在动员资源有限的情况下，重要性较高的动员需求应优先得到满足。

(一)动员资源有限

动员资源是有限的，既表现为数量上的有限性，也表现为配置能力的有限性特别是输送能力的局限。

动员资源数量上的有限性表现为供给数量无法满足需求的矛盾。一方面，战争对资源的需求是全面的，战争所需的各类资源，国家很难全部满足需要。另一方面，动员资源并不是仅仅用于战争，还要兼顾社会生产、生活以及其他方面的需要。第三，战争的消耗是巨大的，其产生的消耗任何国家都难以承受。解放战争解放大西北作战，华北军区支前办事处针对主要动员资源紧缺的实际情况，根据各部队作战任务的轻重缓急，确定了"先兄弟部队，后华北部队；先出征部队，后本区部队"②的动员保障原则。

动员资源配置能力的有限性表现为现有的配置能力难以在规定时间内满

---

① 《抗美援朝战争后勤经验总结》编辑委员会：《抗美援朝战争后勤经验总结——基本经验》，金盾出版社 1987 年 10 月第 1 版，第 256～260 页。

② 周文龙：《对华北军区后勤工作的回忆》。

足多方需求。解放战争淮海战役期间，华东支前委员会为参战部队准备了大量的粮食，却由于部队行动迅速、战线过长，不能及时将粮食送到参战部队手中。抗美援朝初期，东北铁路运输就出现动员需求大于动员能力的情况。1950 年 11 月 23 日，东北人民政府在报告中称："11 月份东北铁路计划每天装 5000 辆，但由于运送车不够，过境的车辆不能回来，因此，目前仅装 4500 辆。"

（二）动员需求的重要性存在差异

同样是动员需求，但却存在着重要性差异。衡量重要性的标准，取决于动员需求对军队作战行动尤其是主要作战行动和关键作战行动的影响程度如何，影响程度越高，动员需求的重要性越高，反之则越低。在无法同时满足多方需求的情况下，应优先满足重要性较高的动员需求。

（三）动员需求之间存在矛盾

战时来自各方面的动员需求是相互矛盾的。主要是军需与民用之间的矛盾、军队各军兵种之间的矛盾、政府各类主管部门之间的矛盾、行业企业之间的矛盾，以及民众中各类群体利益之间的矛盾。动员的优先顺序制度就是因矛盾而产生的，其主要功能也是为了调解各类需求之间的矛盾。

第二次世界大战期间，日本的动员一直是处在"力求同时逮住军需和民用这两只兔子"的努力之中。尤其是战争中后期随着战线的延长，不得不将遂行战争必不可少的直接军用物资和造船列为优先发展项目，导致民用生产受到极大影响。

二、优先顺序制度的构成

动员优先顺序制度主要由物资统制授权制度、优先顺序划分制度、等级需求申请制度、即时待遇制度和限额分配制度等构成。其中物资统制授权制度是基础，优先顺序划分制度、等级需求申请制度和即时待遇制度是核心，限额分配制度是保证。

（一）物资统制授权制度

优先顺序制度的前提或基础是对作战所需物资进行统一的动员和分配的制度。第二次世界大战时，美国为满足军需物资生产的需要，成立了"战时工业委员会"。表面看来，该机构是通过手中握有的优先调拨权对工业生产进行统制，实际的权力是该机构对工业生产原材料拥有的统制权，不经该组织任何生产企业都难以获得工业生产所需的原材料。美国人在战后总结中提到："由于在战时阶段一切重要的工业原料必须经过优先配给方能取得，因此整个国家的工业企业只能服服帖帖地听命于战时工业委员会的指示和优先调拨令了。"整个战争期间，战时工业委员会共审查处理过 211000 份要求优先权的申请，在其管制的高峰期中，该委员会一天发布的优先调拨令竟达 2121 份。其优先调拨清单上所列的 7000 家工厂涉及了 73 个工业部门，可以说，囊括了美国所有重要的工业和企业。

(二)优先顺序划分制度

优先顺序制度的核心是先后次序的划分。划分的总原则是相对重要性原则，具体包括两个大的原则：一是个国防第一或军事第一的原则，适用于军用与民用之间资源分配优先顺序的确定；二是相对紧迫性原则，适用于武装力量之间资源分配优先顺序的确定。

人力资源分配优先顺序制度以英国为代表，其人力使用的优先顺序如下：海军和空军居第一位，商船队、造船工业和煤炭工业居第二位，坦克和飞机制造业居第三位，食品工业和木材加工业居最末位。1945 年 1 月 15 日，当欧洲战事胜利在望时，丘吉尔仍然坚持作战急需的优先的资源分配原则，为此特别指示有关方面："在战争的现阶段，凡是可能要在 1946 年年底以前应用于作战的研究和发展计划必须享有最高的优先权。"

美国在 1950 年颁布实施《国防优先法》，按照相对紧急的原则，将国防订货优先等级规定为 DO 级和 DX 级两个等级。DO 级一般可用于所有国防订货，使它们比没有打上等级标志的民用订货有优先权。DX 级仅限于使用于紧急国防订货，这些订货的计划必须由总统批准。美国商业部规定，上至承包商、转包商，下至零配件制造和供应，一律采用优先等级制。

(三)等级需求申请制度

等级需求申请制度是动员优先顺序制度的核心内容，主要根据动员资源与作战行动的关联性及重要性来确定。以美国为例，美军的动员需求申请分为 4 个等级，急需程度 A 表示迫在眉睫的需要，由于缺少，已经或将要造成任务的失败；急需程度 B 表示已经或将使任务受到妨碍；急需程度 C 代表物资需求急于例行速度；急需程度 D 为正常时限。其中，A 级需求申请需有部队的最高指挥官签字。

(四)即时待遇制度

优先顺序制度具体表现在那些重要性较高的动员资源在获取和利用即时性得到相对可靠保障。美国的《统一物资调拨与发放优先次序系统》为国防部申请、发放和调拨物资的需时标准。这些时间标准适用于战时的各种运输方式，根据优先次序和最终运往的目的地而有所不同。第一和第二类运输物资的海外交货标准是：阿拉斯加、夏威夷、加勒比海地区、北大西洋、北欧、非洲和中东为 4 天，太平洋为 5 天。

(五)限额分配制度

在战时动员行动展开过程中，仅仅是按优先顺序分配动员资源，实践中往往会出现"优先项目膨胀"和"非优先项目不足"的动员保障失衡现象。原因在于，各动员需求单位往往从自身角度而不是从全局角度考虑动员资源的分配。为了尽量满足自己需要，他们往往会有意提高自己的优先等级，而非重点订货单的执行时间总是一误再误。第二次世界大战期间美国军火局在报告中提到，1942年总计约560亿美元的计划经费中，属于最优先等级的竟占了310多亿美元，导致了优先保障的动员供应过多，非优先保障的动员供应不足，使动员形势陷于混乱。

为此，对于重要、紧缺的动员资源实行优先顺序制度的同时，还应控制提供给动员需求方某一种动员资源的绝对数量，使动员资源的调控与短缺物资的实有量相适应。通过对这些动员资源限额分配，消除各动员资源需求方为过分满足自己需要而进行的恶性竞争。

在动员行动展开过程中，应综合运用优先保障制度和分配限额制度的双重手段分配动员资源，保证动员行动的有序。美国在第二次世界大战中后期总结先前动员组织实施方面的经验教训，于1944年对海军动员资源运力分配实行了限额分配和优先保障相结合的方法，在一定时期内给各战区分配一定的运输限额，再由各战区司令官确定所属各单位输送物资的先后顺序，保证了动员行动展开的顺畅。

三、优先顺序制度的运用实例

优先顺序制度被广泛运用于动员资源分配的许多方面，其中重点运用的领域是面向军队的动员资源分配、战时生产原材料的分配、运输资源的分配和人力资源的分配。

(一)美国五等级工业优先顺序

美国的资源优先分配顺序，主要用来调节各军种以及工业企业之间为争夺原材料而出现的矛盾。美国在第一次世界大战爆发后三个月左右，建立了军事工业委员会。军事工业委员会为了承担繁重的任务，确保充足的补给和物资源源不断地供应武装部队，采取的做法是统制资源，使用一套优先次序的分配办法，把资源分配到那些专门建立的部门，并由它们决定物资的买卖和对实际购买力的控制。为了达到这些目标，该委员会成立了一大批高级职能部局，如优先次序分配部、资源保护部及设备管理部等。但真正的工作机构是由将近60个商品处组成，每个处由一名从有关工业领域招收的人员任处长，这些处掌握从原材料到制成品的整个过程，每个处负责处理与它有关的那个工业部门的问题。所有的秩序和工作都被分成五个等级——AA级、A级、B级、C级和D级。最高等级专门用于军事工业委员会安排的优先项目。

第二次世界大战时，美国的优先顺序制度得到进一步完善。制度的执行者战时工业委员会根据战争和经济的需要，把工业部门划分为"必要的"和"非必要的"两类。优先调拨令和作为优先调拨权形式之一的生产许可证主要是给予前一类工业部门。在两类工业部门中，继续执行五等级的优先顺序制度。其中 AA 级需求，即紧急和特殊的战争物资订单，优先获得生产和调拨权，而被列为 C 级和 D 级的在优先清单之外的订货单，是无权获得优先调拨权的。接到订货单的厂家，要想保证原料和动力等物资的供应，就必须向战时工业委员会提出申请，经该委员会确认可获得的优先权后，这张订单便得到一份优先证明书或优先调拨令。持有 AA 级或其他级别的优先调拨订单的厂家只有在生产此种产品时，才可向其他任何厂家或部门出具该产品订单及优先调拨证书，以要求得到生产该种产品所必需的原料和其他设备。

（二）美国动员资源分类调配

在战争动员中，保持各种资源调配的协调一致，是一个复杂而又重要的问题。美国将需要动员的国家资源分为 12 种，即人力、物资与装备、运输、设施、工业基础、训练基地、卫生勤务支援、通信、东道国支援、环境、法律授权和资金等。

美军有关的联合出版物规定，各种资源领域的计划人员在制订动员行动计划时，必须充分考虑可能对其他资源领域造成的影响，避免出现不同军种和部门互相争抢紧缺资源的现象。如果在动员上发生冲突，或出现两个以上的军种争抢同一种资源时，一般由联合作战计划与实施系统根据参联会确定的顺序加以解决。这种顺序是根据国家军事战略和战区指挥官提出的保障重点而确定的，目的是保证最紧缺的资源优先满足最重要的需求，以实现国家最大的利益。此外，如果一个地区或某个领域可以动员的资源十分有限，也可以根据参联会确定的这种顺序调剂不同军种之间，或军队与地方之间现有资源的使用，以缓解资源紧张状况，满足战时的各种需求。

（三）抗战军需品优先运输

抗战时期，为优先满足军事运输需要，国民政府交通部和军政部要求对军事运输提供便利优惠条件，确立了军需品优先运输的方针。交通部规定粮食、卫生器材、军用电料、军用油类及化学品五类军用物品"由军委会或军政部或后方勤务部核转交通部专案办理"。在公路运输方面，《战时公路军事运输实施规则》第四条规定："本部得视公路运输车辆情况，先运紧急军品，普通零星军品得酌予停运或缓运之。部队移动，以不使用汽车运输为原则。"内河航运方面，交通部规定："部队及军品装卸务必迅速，不得借故延搁时间"，"宜渝间之木船配备上行以军品为优先，下行以煤炭食盐为最先，其他物品应以此项军品等运输完毕或经特许始得酌量配备。"

第五节 新闻发布制度

战时国防动员新闻发布制度，是关于动员指挥员及其指挥机构在战争期间对社会发布动员信息的规范，主要包括新闻发言人制度、定期发布制度等。

一、建立新闻发布制度的理论基础

战时国防动员新闻发布是面向社会进行的，需要得到社会的正面响应。而要做到这一点，就要充分尊重社会成员对动员的知情权，向社会传达国家动员的真实情况，并借此进行社会的发动。

(一)动员具有社会性

动员所需的资源来自社会，动员活动需要在一定的社会环境和条件下进行，因此，社会对动员的认知和接受程度，往往会决定动员的成败。在这种情况下，战时国家关于动员的新闻发布，就成为一种必然的选择。

第一次世界大战中，意大利"公众动员的结果似乎与当局的希望截然相反"。其中的原因之一，是"政府始终压制异议，不去谋求共识"。导致"大众对前线和后方的反应消极而且有敌意。爱国主义没有得到推崇，取而代之的是个人遭受的苦难和不公，以及对无能政府更加不信任。无论在前线，还是在后方，人们在大肆宣传政府的无能"①。

(二)公众拥有信息知情权

动员新闻发布制度，是建立在现代民主法治国家公民知情权的理论基础上的。公众的知情权，实质是公众参与公共事务的权力。葡萄牙共和国宪法第四十八条对公民参与公共事务做出规定：所有公民均有权要求国家及其他公共实体如实报告其活动，并有权要求政府及其他机关报告公共事务的管理。

战时公众对国防动员活动有知情权，即从国防动员指挥机构获得动员相关信息的权利。公众无法从政府那里接受和获取他们所需的信息，公众就无法参与到动员活动之中。

(三)行政行为公开化

动员属于国家机关的行政行为。国家机关行政行为的公开化，是现代社会民主法治国家的必然要求，也是达成社会管控目的的必然要求。从这个意义上讲，战时国防动员新闻发布制度，也是国家机关行政行为公开化在动员组织指挥中的反映和应用。

---

① ［爱尔兰］约翰·霍恩：《第一次世界大战间欧洲的政府、社会和动员》，北京理工大学出版社2007年6月第一版，第185页。

　　动员信息公开的目的，一方面是让公众了解国家决定和实施动员的目的和措施，从而对政府消除战争或军事威胁树立信心。另一方面，是通过信息公开，向社会传达政府的动员声音，以澄清社会中对政府动员不利的言论。此外，战时国防动员信息公开，还可以起到接受公众监督的作用。

（四）传播学基本理论

　　主要包括议程设置理论和子弹理论。议程设置理论，即决定人们谈什么、想什么，为公众安排议事日程。政府对议程设置的中心假设是："受到某种议程影响的受众成员会按照该媒介对这些问题的重视程度调整自己对这些问题重要性的看法。"

　　子弹理论认为，人们极易受大众传播消息的攻击，如果消息"射中靶子"，就会得到期望的效果。战时国防动员新闻发布，意在发挥大众传媒的作用，向公众传达国家对动员的重视程度，从而调整自己对动员重要性的认识。

二、新闻发布制度的构成

　　新闻发布制度，主要包括新闻发布形式和新闻发布纪律。

（一）新闻发布形式

　　新闻发布形式，包括新闻发布会、新闻通气会、记者招待会、网站发布和邀请新闻媒体参加有关会议以及向媒体发表谈话和接受记者采访等。战时动员指挥机构指定新闻发布人员，代表动员指挥机构对外发布动员的公开信息。新闻发布会是指新闻发言人或动员指挥机构负责人，定期或不定期地面向众多媒体发布动员的公开信息，并接受媒体的采访和咨询。

　　政府新闻发布的形式，还涉及统一发布和分开发布的问题。第一次世界大战中，美国政府负责战时宣传的机构——公共资讯委员会从 1917 年 5 月开始发行一种《官方公报》，用报纸的形式重印刚刚发布的消息。第二次世界大战中，美国"政府各部门和战时机构继续处理大约 40％的政府公共报道，而无须经过战时新闻局。但是，与战争密切相关的消息，或者涉及不止一个政府机构活动的消息，必须通过战时新闻局的新闻处发布。"[①]

（二）新闻发布内容

　　政府动员新闻发布的内容，主要包括政府关于动员的重大决策，新颁布的动员法律和法规，面向社会开展的动员活动，政府对新闻媒体有关报道的回应和澄清，政府对社会热点问题的态度等。

---

　　① 李慎波：《现代战争中的政府与传媒关系——一战以来美国战时政府与传媒关系考辨》，湖南师范大学出版社 2005 年版，第 16 页。

（三）新闻发布纪律

新闻发布纪律，是国家关于战时国防动员的新闻发布资格、新闻发布备案、新闻发布内容审查、新闻发布批准的规定。通常情况下，经批准设立新闻发言人的国防动员指挥机构可自行举办新闻发布会，但须将新闻发布会的内容、时间、地点、邀请记者的范围报本级人民政府新闻办公室和上级国防动员指挥机构备案。未设立新闻发言人的国防动员指挥机构举办新闻发布会，须报本级人民政府新闻办公室和上级国防动员管理机构审批。经批准的国防动员新闻发布会应严格按照批准的内容进行，不得超越登记的事项范围，如需变更应重新办理审批手续。任何个人和组织未经授权不得以国防动员指挥机构的名义发布动员新闻。违反新闻发布纪律的，按管理权属给予处罚。

三、新闻发布制度的运用实例

与新闻管制和封锁的"堵"相对应的是官方利用新闻发布会进行的"疏"。对战时动员消息进行单纯的封锁和围堵，只能使新闻媒介另觅他径，不如有选择、有目的地将信息告诉媒体。

（一）克瑞尔委员会

第一次世界大战期间，根据威尔逊总统指示，美国政府设立了公共报道机构——克瑞尔委员会。该委员会由记者出身的乔治·克瑞尔负责，其成员由著名学者、记者、编辑、艺术家、报刊代理人和其他从事与舆论活动有关的人士组成。威尔逊总统为克瑞尔委员会规定的宗旨是：尽一切努力，为总统本人及内阁提供咨询、开展活动，影响美国和世界舆论。据此，他们从事的主要工作是：向国内及海外公众宣传，号召人们投入到战争中去。他们还说服报刊贡献版面和栏目，用于鼓动美国人民节衣缩食购买"自由债券"。威尔逊则接受委员会的建议，号召人民淡化仇视德国人的情绪，强化对政府的忠诚和信心。战争的目标和威尔逊的主张因此被阐释为："致力于世界和平与民主；让第一次世界大战成为结束一切战争的战争。"

（二）战时信息办公室

第二次世界大战爆发后，罗斯福借鉴第一次世界大战克瑞尔委员会的经验，指定记者和作家出身的艾莫尔·戴维斯筹备成立了战时信息办公室，专门为政府开展公关活动。尽管国会因担心战时信息办公室会成为罗斯福个人的宣传工具而不愿意为其拨款，但戴维斯还是坚持将战时信息办公室很好地运作起来，鼎盛时期仅新闻处就雇用了 300 名专职记者。戴维斯在解释该机构的职能时说："战时新闻办公室不仅告诉人民战争的进程，而且通报在哪里进行和它是怎么样来的——它的实质和根源，解释政府的作为以及政府希望从胜利中得到什么。"

第六节　效能评估制度

战时国防动员组织指挥效能评估，是运用现代科学方法，对动员组织指挥效能发挥的影响程度做出评定和估测。探索评估方法，建立评估制度，对于提高动员组织指挥效能具有重要理论意义和实践价值。

一、效能评估制度的构成及评估指标

(一)主要评估方式

主要分为绝对效能评估与相对效能评估两种。绝对效能评估就是根据动员能力发挥的具体程度，评估指挥员及其指挥机关为达成动员目的在一定时间内对动员能力发挥产生的影响程度，它在本质上是一种实效性评估。动员指挥效能融于动员效能之中，难以将其从中分离出来，很难对评估结果进行完整准确的量化。相对效能评估就是用定性和定量指标对指挥活动各环节的状况进行评估，判断其优劣程度，进而确定出动员指挥对动员能力发挥产生的影响程度，所以在本质上它是一种预测性评估。相对动员组织指挥效能评估比较适合在实际情况下运用，本节主要研究此种评估法。

(二)主要评估内容

战时国防动员组织指挥效能评估，通常是从组织指挥的不同环节入手，从局部到整体来推断出整个组织指挥效能，通常包括三个方面。一是动员组织指挥质量和效率的评估。主要评估指挥员及其指挥机关情况判断是否符合实际情况，决策方案能否较好地实现动员目的，计划组织是否周密，动员组织指挥周期的长短，指挥员及其指挥机关每完成一项工作所需要的时间，或者在单位时间内所能完成的工作量等。二是动员指挥机构的评估。主要是评估指挥机构的隐蔽性、机动性、稳定性，指挥设备的先进性等性能，以及指挥机构的实际指挥人员与保障人员之间的比例等。三是指挥人员的素质评估。作为遂行动员组织指挥任务的直接承担者，指挥人员的素质如何直接关系到动员指挥效能的高低。主要是评估动员指挥人员履行各自职责所应具备的素质，具体包括指挥员洞察、思维、筹划、决策和协调等方面的能力。

(三)主要评估指标

评估指标是用来衡量和计算效能的标准，是评估的准绳。对于战时国防动员组织指挥效能评估指标，我们首先应清楚，衡量动员效果的标准与实业界通行的标准是不同的。在实业界，盈利或者亏本是衡量业务活动的基本标准。战时国防动员活动的情况则完全不同，衡量动员效果的标准与实业界不同，而且复杂得多。

对动员行动来说，不能用盈亏标准来衡量评价。以运输效率和动员展开效率为例，把并不急需的东西作为填空货发出去，提高了运输的效率，但从动员行动和满足部队需要的角度看，实际上动员展开的效率是降低了。因此，衡量动员效果的标准是动员补给分配系统的最大效能和是否满足资源需求方的需要。

另外，一项指标只能反映评估对象的一个局部，而由一系列互为联系、互为因果的指标进行系统的组合而形成的评定效能指标体系才能反映对象的全部。因此，制定出一个科学、完整的指标体系，是动员组织指挥效能评估的前提。评估动员组织指挥效能，必须合理确定各项指标的重要性大小。评估指标主要有以下四大类。

(1)动员组织指挥效率指标。主要是从时间上来评估组织指挥效能。时间指标可以区分为绝对时间和相对时间。绝对时间是指平战体制转换和动员准备、展开、复员的时间。相对时间是指敌我双方动员行动的对比时间以及规定时间之差。动员组织指挥不仅是不要超过一定的时间，而且还要防敌先于我方进行动员，使时间对比有利于我。因此，只确立绝对时间指标是不够的，还必须评估各种相对时间的比值。

动员组织指挥效率指标通常包括组织体制平战转换效率、动员筹划效率、动员展开效率、动员组织指挥控制效率、组织复员效率等。

(2)动员组织指挥质量指标。主要是控制动员行动的能力。通常包括掌握资源能力、控制资源能力、分配资源能力、资源配置到位能力、协调军地能力、效益最大化能力等指标。

(3)动员组织指挥稳定性指标。主要由指挥系统的生存性指标和可靠性指标两部分组成。动员指挥系统生存能力指标主要有指挥机构的分布状态、伪装效果、情报和泄密概率、保密通信线路，指挥系统其他组成部分的防护性能、遭敌攻击后被毁伤的概率、指挥器材的抗干扰能力等。动员指挥系统可靠性的指标，是指系统平均无故障工作时间、系统平均发生一次故障的时间、系统在无敌人袭扰下可靠工作的概率等。

(4)动员指挥人员素质及人员结构指标。主要分为人员的年龄、知识结构、对军队和地方熟悉程度、人员政治素质、军事素质、心理素质、专业素质、身体素质等几个方面。一般来说，指挥人员素质指标以定性指标为主，同时辅之以直接的定量指标，以求对每个人员的总体素质做出客观的评价。

二、对战时国防动员组织指挥的作用

通过对动员组织指挥的功能、质量和效果进行全面评估，可以促进动员组织指挥水平提升。

(一)提高动员组织指挥效益

不论是为选择最佳方案、定下正确的动员决心，还是总结经验，对动员组织指挥的评估都是为达到提高指挥效益这一主要目的。通过评估能促使决心方案更加合理、计划更加周密、保障更加充分，找出动员指挥系统和指挥过程中的薄弱环节并加以改善，使高效益的动员组织指挥成为可能。

(二)促进动员组织指挥活动协调进行

动员指挥效能评估是按一定标准进行的，有明确的指标体系作为评估的依据。这些指标可以成为动员指挥系统督促检查自身工作的尺度，如果系统内各单位均按照标准行事实行目标管理，无疑会使动员指挥活动协调一致，优质高效地运行。

(三)增强动员组织指挥系统各要素的积极性和主动性

评估无疑是一种评比，通过评估，使各单位、各部门都能明确各自的地位、作用和贡献，从而增强他们的责任感和进取心。通过评估，能使动员指挥系统各要素功过分明，只要评估是公允的，势必能起到激励先进、鞭策后进的作用，激发他们的积极性和主动性。

三、效能评估的基本方法及示例分析

(一)基本方法

一是回溯类比法。作为一种基于经验的定性预测评估方法，是通过分析以往战争动员指挥经验，获取一系列说明指挥活动效能的数量指标来评估当前动员指挥效能的方法。这种方法要求评估人员掌握足够的战例和动员指挥经验，通过比较现在和过去的指挥活动，得到指挥效能的评估结论。

二是模糊综合评判法。选取部分专业人员组成评审团，以问卷的形式让他们对动员指挥指标体系的各元素进行单因素评价，主要进行优、良好、中等、及格、不合格的定性分析。

三是德尔菲法。这种方法是以反复分发专家咨询表的形式，请每位专家独立地就每个指标应属于很重要、重要、一般或不重要做出判断，然后将专家意见集中作统计处理。

四是系统效能分析法。主要是将评估对象看作一个系统，并且将系统运行与其所要完成的任务联系在一起，进而考察系统运行的轨迹与任务所要求的轨迹相符合的程度。符合程度越高，则系统效能就越高。

进行战争动员指挥评估活动，需重视对评估方法的选用，上述评估方法各有特点，并且大部分方法还不够成熟，有待进一步完善。在实际评定时，须根据评估人员的素质、评估时机等实际情况灵活运用方能扬长避短，取得好的评估效果。

（二）示例分析

下面选取模糊综合评判法，对战时国防动员组织指挥效能评估中的指挥质量评估进行分析，如表7-1所示。

表7-1 战时国防动员组织指挥质量效能评估指标体系

	一级指标	二级指标
战时国防动员组织指挥质量效能评估指标体系	掌握资源能力 p_1	原有掌握资源情况 p_{11}
		通过征用掌握资源情况 p_{12}
		通过市场掌握资源情况 p_{13}
		通过立法强化资源控制能力 p_{14}
		通过拨款提高资源控制能力 p_{15}
	控制资源能力 p_2	控制人力资源能力 p_{21}
		控制物力能力 p_{22}
		控制财力能力 p_{23}
	分配资源能力 p_3	根据作战需求分配资源能力 p_{31}
		根据社会稳定要求分配资源能力 p_{32}
		根据消除自然灾害要求分配资源能力 p_{33}
	资源配置到位能力 p_4	集结过程 p_{41}
		运输过程 p_{42}
		交接过程 p_{43}
	效益最大化能力 p_5	满足作战需求的程度 p_{51}
		对社会稳定的影响 p_{52}
		对人民群众生活的影响 p_{53}
		消除战争灾害的能力 p_{54}

选取部分专业人员（以20人为例）组成评审团，以问卷的形式让他们对下表中评价系统第二层各元素进行评价，如表7-2所示。

表7-2 模糊综合评判法所用问卷

因素 \ 结果	优等	良好	中等	合格	不合格
原有掌握资源情况 p_{11}					
通过征用掌握资源情况 p_{12}					
通过市场掌握资源情况 p_{13}					
通过立法强化资源控制能力 p_{14}					

因　素　＼　结　果	优等	良好	中等	合格	不合格
通过拨款提高资源提供能力 p_{15}					
控制人力资源情况 p_{21}					
控制物力情况 p_{22}					
控制财力能力 p_{23}					
根据作战需求分配资源能力 p_{31}					
根据社会稳定要求分配资源能力 p_{32}					
根据消除自然灾害要求分配资源能力 p_{33}					
集结过程 p_{41}					
运输过程 p_{42}					
交接过程 p_{43}					
满足作战需求的程度 p_{51}					
对社会稳定的影响 p_{52}					
对人民群众生活的影响 p_{53}					
消除战争灾害的能力 p_{54}					

通过对相关数据进行分析，可得出动员组织指挥质量评估结果。

第七节　监督问责制度

战时国防动员监督问责制度，是关于战时国防动员督导检察工作的规范，目的在于防止和纠正国防动员组织指挥中存在的不作为和不当作为的情况，以及防止和纠正贪污腐败问题。

一、建立监督问责制度的理论基础

因为战时动员活动涉及利益广，有利可图，容易滋生腐败。另外，在具体组织指挥中经常会出现不作为和不当作为的问题。这些表明应建立监督问责制度加以防止和纠正。

（一）动员组织指挥行为可能失当

同作战指挥一样，战时国防动员组织指挥也会出现不作为和乱作为的问题。不作为的问题，可能是出于对动员工作的畏惧，也可能出于思想上的抵制。不当作为的问题，则可能出于指挥方法不科学，也可能出于一己之私利。不管出于何种原因，不作为和不当作为都会给国防动员带来不利的影响。

(二)动员组织指挥掌握着权力

战时国防动员活动存在着诸多的经济因素，无论是军工生产的扩大，还是生产资料的统制、战争公债的发行，以及民用资源的征用等，都存在着有利可图的机会。战时国防动员组织指挥拥有保障战争所需人力、物力、财力的支配权，极易产生贪污腐败问题。1917 年 4 月 6 日美国卷入战争后，威尔逊总统将国家战时金融管制机构——战时金融公司的大权交给了他竞选时的助手尤金·梅耶。战时金融公司的重要使命之一就是发售美国国债，为战争提供金融支持。尤金的战时金融公司最令人瞠目的行为莫过于做假账了。后来国会对该公司进行调查时，发现该公司居然几乎每天晚上都临时修改账目，第二天再给国会调查人员过目。在麦克法登议员主导的 1925 年和 1930 年两次针对该公司的调查中发现了大量问题账目：重复债券数量达 2314 组，重复折扣券数量达 4698 组，面值从 50 美元到 1 万美元不等，兑换日期截止到 1924 年 7 月。其中有些重复是错误造成，另一些则是作假使然。据估计，尤金的假账至少造成了数亿美元国债的差额。

(三)动员极易产生浪费

从以往的动员实践看，战时动员组织指挥中的浪费现象是十分普遍和惊人的。第二次世界大战中，由参议员杜鲁门领衔的国防计划调查委员会发现，军方和那些手握大量经费的战时动员机构，在军品订货、物资采购等方面大手大脚，出手阔绰，给国家造成了极大的浪费。"生产军事武器的匆忙却导致了骇人听闻的巨大浪费"，只要承包商愿意干，"甚至什么样的价他们都可以接受"。"几百万几百万的美元白白地被挥霍掉。"1941 年 4 月 23 日，国防计划调查委员会发现，位于宾夕法尼亚州的一座新建兵营的建造费用比预算高出 10 倍，位于德克萨斯的华莱士兵营，预算为 48 万美元，实际费用高达 253.9 万美元。

实际上，比实际浪费更为可怕的是官员们头脑中视浪费为必然的思想。第二次世界大战中时任美陆军军需部长布里恩·B. 萨默维尔中将，对国防计划调查委员会的工作极为不满，认为战争准备最紧要是时间和速度，而"时间和金钱不能同时节省"是"不言自明的事"。从 1941 年至 1944 年，以杜鲁门为首的国防计划调查委员会先后调查披露了军事部门和工业企业高达 150 亿美元的浪费行为。

二、监督问责制度的构成

战时国防动员监督问责制度，主要包括国会质询制度、独立调查制度和社会检举制度等。

（一）国会质询制度

国会质询制度，指最高领导人关于动员问题接受国会质询的制度。质询的内容涉及与最高领导人动员职权有关的方方面面。常见的主要是质询最高领导人做出动员决定的合理性、动员预算的合理性、是否越权和动员的实际效果等。

我国现行宪法规定："国家行政机关、审判机关、检察机关都由人民代表大会产生，对它负责，受它监督。"此规定表明，战时国防动员组织指挥机构作为战时国家动员主管机构，理应受到人大的监督。但是，由于宪法规定得比较笼统，监督的程序化、制度化还有待加强。

《俄罗斯联邦关于动员准备与动员的联邦级法律》第五条规定了俄联邦议会两院的权力。其中，联邦委员会的职权有三条：一是审议国家杜马通过的联邦级联邦预算法规定的动员准备开支；二是审议国家杜马通过的有关保障动员准备与动员的联邦级法律；三是批准和声明废除俄联邦有关动员领域合作的国际条约。

（二）独立调查制度

独立调查制度，也是国会对最高领导人及行政机关履行战时国防动员职能情况进行监督的制度性安排。所谓独立，是此种调查并不由国会主持进行，而是由国会认可的且与所调查事件无利益关系的第三方主持进行。整个调查除从国会获得授权和经费保障外，不受国会和最高领导人及其他任何组织的干扰。我国《宪法》第71条明确了全国人大常委会可以启动特别调查委员会来进行调查。独立调查制度，也适用于行政首脑对下属人员和机构进行的调查。如美国总统对国土安全部的调查。

（三）社会检举制度

我国现行宪法规定："中华人民共和国公民对于任何国家机关和国家工作人员，有提出批评和建议的权利。"实际上，战时国防动员组织指挥的种种不当行为往往发生在战时动员的过程中，而公众往往就是这个过程的亲历者，因而可以及时地发现问题，从而使不当行为得到及时制止。

三、监督问责制度的运用

监督问责制度可用于国防动员的各个方面，其形式也多种多样。本书特别推荐1943年日本实行的行政监察制度和美国对阿富汗战争和伊拉克战争进行的独立调查。

（一）1943年日本实行的行政监察制度

1943年3月17日，日本"为了确立国内的决战态势，在政治、产业经济、国民生活等各个领域，也一步步地着手采取了各种措施"。措施之一，就是实行行政考察制度，"监督和促进基层单位贯彻的情况而采取的措施。通过这一措施，掌握行政实绩，以使以后的行政工作更加妥切。"①

按照《大东亚战争全史》的记叙，日本在这一时期实行的行政监察主要体现在监察使的设立。"监察使以天皇的敕令，由国务大臣、内阁顾问中随时选任适当的人，随员等也广泛起用社会人士，监察范围涉及整个行政自不必说，还包括工厂、矿山等工作现场。"②为使行政监察有章可循，日本在其颁布实施的行政特例法和战时行政职权特例法中，制定了行政监察规程。当时经手日本军需动员事务，并多次随行政监察使进行行政考查的日本军人中原茂敏，在《大东亚补给战》一书中称："战中加强钢铁、煤炭、轻金属、船舶、飞机等生产特别重要，为沟通内阁总理大臣向各省大臣下达必要指示的渠道，建立强有力的统一战时行政体制，行政考查以法律的形式固定下来。"③1943 年 9 月 12 日至 10 月 21 日，中原茂敏随行政监察使，"对航空工业进行了为期一个多月的行政考查"。"行政监察使一行包括陆、海军军务局局长以下的有关课长及负责人，铁道省、商工省、厚生省、递信省及技术院的有关局长，以及民间有识之士，共 28 人。"考查"得出的结论是如果排除陆、海军的竞争，建立统筹安排人员、物资、生产设备的生产体制，顺利的话可年产飞机 5 万架（前一年度的产量为 1.8 万架）。东条首相及陆海军首脑机关都感到莫大喜悦。"④

（二）美国对阿富汗战争和伊拉克战争进行的独立调查

美国分别于 2001 年和 2003 年发动阿富汗战争和伊拉克战争，两场战争耗资超过 1 万亿美元。2011 年 8 月 31 日美国一个由国会授权成立的独立调查委员会向国会提交报告说，调查发现在伊拉克与阿富汗两场战争中，美国政府外包给承包商的战争合同浪费与腐败情况惊人，让至少 310 亿美元付诸东流。该委员会估计，与伊阿两场战争相关的合同中，涉及浪费与腐败、欺诈的数额至少超过 310 亿美元，甚至可能达到 600 亿美元。该委员会说，欺诈与腐败是战时合同的一大问题，但更大的问题在于浪费。委员会共同主席迈克尔·蒂博说，浪费主要来自于错误决策、合同中的模糊条款、缺乏监管、重复建设、项目缺乏可持续性、审计滞后等。他说，造成浪费的原因多种多样，要想解决这些问题并无简单的办法。委员会另一名共同主席克里斯托弗·谢斯说，政府与承包商对这种情况都有责任。委员会建议政府方面改进合同设计、加强合同管理与监督、扩大竞争、加强机构间合作。

---

① ［日］服部卓西郎：《大东亚战争全史》第二册，商务印书馆 1984 年版，第 881 页。
② ［日］服部卓西郎：《大东亚战争全史》第二册，商务印书馆 1984 年版，第 881 页。
③ ［日］中原茂敏：《大东亚补给战》解放军出版社 1984 年 10 月第 1 版，第 238 页。
④ ［日］中原茂敏：《大东亚补给战》解放军出版社 1984 年 10 月第 1 版，第 239 页。

下　篇
程序方法篇

第八章　组织体制平战转换

"只有在经历一段时间的敌对之后，战争状态才会被承认。更多情况下，战争是经过'消极和平'时期长时间的计划和酝酿，而不是一国内各力量或各国间暴力行动的自然爆发。"①组织体制平战转换阶段指从出现战争征候至国家转入战时体制的一段时间。这阶段作为国家体制由平时向战时转换的结点，是战时国防动员的前提和体制基础。能否高效实现组织体制平战转换，直接关系到动员的进程和成败。因此，应深刻把握组织体制平战转换的内涵、条件、任务，掌握平战转换的程序、原则。

第一节　组织体制平战转换的内涵

组织体制平战转换以履行战时国防动员职责为目的，以动员指挥机构的开设和运转为主要内容，以基本具备履职条件为基本标准，是战时动员的先决条件。

一、战时动员的先决条件

组织体制平战转换是战时动员组织指挥的第一个阶段，也是组织动员活动的前提条件和组织载体。第二次世界大战开战之前，除苏、美两个参战较晚的国家外，其他主要参战国家适应战争需要进行的国家机构改组工作便已经展开了。德国作为法西斯国家，在国家组织体制已经独裁化的情况下，仍然以成立直接隶属于元首的最高国防会议为标志，进行了彻底的国家组织体制平战转换，以应付极度紧张的国内外情况，统一指挥全国动员活动。

二、以履行战时国防动员职责为目的

国家平战时期的动员组织体制区别明显，和平时期动员组织领导体制主要是维持必要的动员潜力和动员能力，保证国家具备应对战争的国防实力，具有议事协调属性。战争时期，国家安全上升为最主要的问题，需要运行权威高效的战时国防动员指挥体制，保证经济、政治、军事、科技等各方面的力量从平时状态迅速转入战时状态。而国家平时与战时状态转换的过程不是

---

① ［英］苏珊·L.卡拉瑟斯：《西方传媒与战争》，新华出版社 2002 年 6 月第 1 版，第 29 页。

自发进行的，需要一系列平战转换活动实现。组织体制平战转换的使命和目的，就是把社会活动和作战行动这两种截然不同的活动联系起来，把社会管理体制和作战指挥体制这两种不同的体制协调起来，通过履行战时国防动员职责，实现对战时动员活动的有序指挥。

三、以建立战时动员指挥机构并运行为主要内容

组织平战转换的主要内容包括：调整建立战时国防动员指挥机构，根据需要确定新的组织关系，对职能权限做出必要的调整和实行战时工作机制等。第二次世界大战期间，英国成立了只有 9 名正式成员的战时内阁，是国家组织体制平战转换的重要标志。

第二节　组织体制平战转换的条件

通常，当一个国家面临战争危险，而且有众多的战争信号传来之时，似乎决定进行组织体制平战转换应该是轻而易举之事，但实则不然。正如英国的詹姆斯·凯布尔爵士在总结马岛战争经验时说的那样："对于动员一事犹豫不决，唯恐判断错误反而引起祸端，这一段时间的长短最难估计。"因此，有必要对平战转换的条件进行科学分类。一般来说，当遇到以下几种情况时，国家应进行组织体制平战转换。

一、出现明显的战争征候

当战争征候明显，按照事态的发展，近期内极有可能爆发战争的情况下，应进行适度的组织体制平战转换。应区分主动发动战争和被动接受战争两种情况。

（一）主动参战

当国家有主动参与战争的计划时，如果本国的战争实力无法支撑作战需要，就应在战争前进行组织体制平战转换。

朝鲜战争爆发后，美国计划参战，但当时美国所处状态根本没有做好参战准备。1950 年 12 月 13 日，杜鲁门在白宫邀请部分国会议员开了一个打招呼会。会上，杜鲁门称："我们有必要在动员工作方面大大迈进一步。为了要促进这一局面，我正在考虑宣布全国进入紧急状态。"[①]国防部长马歇尔向国会议员介绍了美军的情况，称："美国陆军要到春天才可以有其他一些师训练

---

① ［美］哈里·杜鲁门：《杜鲁门回忆录》第一卷，世界知识出版社 1964 年 5 月第 1 版，第 491 页。

好，装备好。"[1]杜鲁门随后指出，宣布紧急状态，给予行政首长某些需要的权力，有助于达成美国政府的目标，即"尽可能迅速地进行适当的、有组织的动员"。

（二）被动应战

没有主动发动战争意图的国家，在发现明显的战争征候时，应迅速进行组织体制平战转换。按照以往的战争经验，典型的战争征候主要包括以下几个方面：

①原有的军事对抗行动骤然升级；

②敌方军队出现非正常的集结和调动；

③大规模的预备役动员活动已经展开；

④敌国的外交和联盟动员活动异常频繁；

⑤敌国政要和主流媒体大肆进行战争宣传。

二、战争已经发生

战争爆发后需要使国家体制尽快进入战时轨道，否则会对战争胜负产生严重影响。第二次世界大战中，苏联在德国大规模入侵之初，并没有打算为应付复杂局面而建立专门的战时统帅机构，他们自信能迅速粉碎入侵之敌，和平时期的国防人民委员会和总参谋部无须做大的改组即可承担战时指挥职能。但开战一周之后的形势表明，不进行组织体制平战转换，没有一个至高无上的权力机构是不行的。苏联遂于1941年6月30日成立了战时国防动员最高权力机构——国防委员会，标志着国家体制由平时状态正式转为战时状态，为战争形势向着有利于苏联方向发展提供了动员组织体制保证。

与出现明显战争征候的情况相比，在战争突然爆发的情况下，国家组织体制平战转换的程度和力度要明显增强。第二次世界大战日军偷袭珍珠港迫使美国正式参战之后几个星期，也就是1942年1月，美国总统罗斯福决定成立军事生产委员会以代替生产管理局。该委员会拥有控制、指导美国整个生产的权力，该机构的成立标志着国家体制彻底由平时状态转换为战时状态。

三、已经接收动员任务且动员的规模较大

当战争没有爆发，国家没有正式下达动员令，但是国家有关部门已经接

---

① ［美］哈里·杜鲁门：《杜鲁门回忆录》第一卷，世界知识出版社1964年5月第1版，第493页。

收动员任务，且动员规模较大的情况下，由于平时的动员机构设置、职能划分无法满足战争动员准备的要求，也需要进行动员指挥体制的调整。

20世纪60年代，我国面临的周边安全环境恶化，"加强战备，准备打仗"一时间成为国家压倒一切的中心任务。在这种情况下，国防动员建设同其他国防建设一起，实际上被推到了各项工作的首位。当时，我国在没有正式下达动员令的情况下，对国家动员指挥体制进行了调整，以适应形势的需要。1962年中央成立了以周恩来总理为主任的军工委员会，又先后成立了第三、第四、第五、第六机械工业部，从中央层面进一步加强对国防工业科研和生产工作的领导。

第三节　组织体制平战转换的基本任务

组织体制平战转换的基本任务主要包括建立适应战时需要的动员指挥机构、完成指挥前的各项组织准备、保障组织领导和动员业务工作的连续性。

一、建立适应战时需要的动员指挥机构

通过建立动员指挥机构，消除社会经济系统与军事系统之间的壁垒，使两者实现有机结合，是组织体制平战转换的重要任务。战时国防动员的根基主要在地方社会经济部门。平时，受政府监督的社会经济部门和军事系统之间联系并不紧密。到了战争爆发之时，地方社会经济管理与军队作战两大系统之间，往往容易引起组织上的各种纠纷。对此，美国政论家S.亨廷顿曾经描述过：第二次世界大战时，美国"战略决策机构里一片死气沉沉，但是在经济动员部门里却是另一幅图景，这里经常进行着不断的改组，产生人事和利害的激烈冲突，发生戏剧性的辞职甚至罢免事件"①。因此，为应对战争，需要建立适应战时指挥所需的组织机构，来保证军队作战与地方社会经济管理之间的畅通联系。

为了在战时能够快速建立运转高效的动员指挥机构，各国通常是在和平时期预建战时国防动员指挥体制。第二次世界大战以来，世界各国均十分重视动员指挥体制的预建工作。我国在20世纪90年代成立的各级国防动员委员会，就是为了战时迅速建立运转高效的国防动员组织体制而进行的体制预建。美国也逐步形成了国会、政府、军队三个分系统根据各自动员职能分工负责、协调顺畅的国防动员指挥体制，如图8－1所示。

---

① ［美］S.亨廷顿：《士兵与国家》，哈佛大学出版社1957年版，第326页。

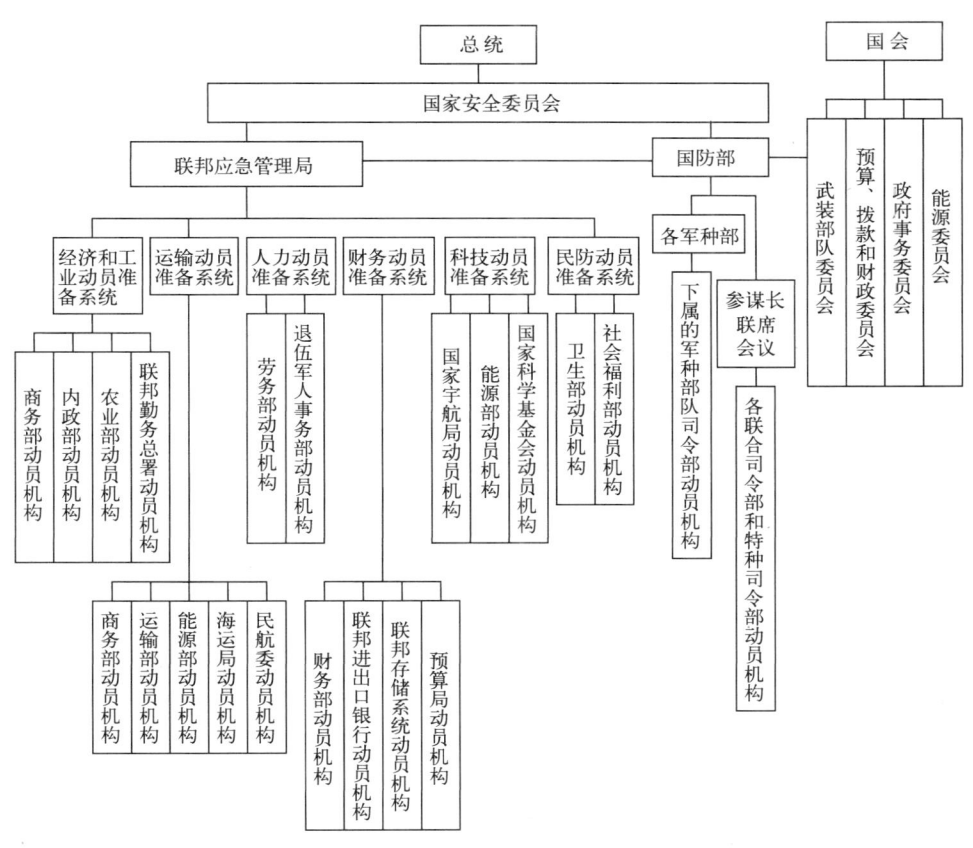

图 8-1　美国国防动员指挥体制示意图

二、完成战时动员前的各项组织准备

国家为应对战争而进行的动员指挥关系、条件等各项组织准备，也是组织体制平战转换的基本任务。具体工作有两项。

一是明确指挥关系。指挥关系的确定，往往标志着战时国防动员指挥体制的基本确立。在组织体制平战转换阶段，需要明确上下级之间、各动员力量之间、军队动员系统与地方动员系统之间、指挥员与机关之间、机关各部门之间等关系。一般来说，上下级之间是服从与被服从的关系；各动员力量之间是协同关系；动员指挥机构与军队作战系统是供需对接关系；指挥员与本级指挥机关是隶属关系；动员指挥机关内部各部门之间是协调关系。

但是，在战时国防动员实践中，由于种种因素，各方之间的指挥关系并不是教科书式的死板关系。这种情况下，在组织体制平战转换阶段就需要专门对各方指挥关系进行明确，以确保动员指挥有序。1962 年东南沿海紧急战备初期，国务院"经过近三个礼拜的工作，各部门都感到乱一些"。为此，国家对各方之间的指挥关系进行了调整明确："军事部门的动员需求要归口，装备由总参谋部提，给养由总后勤部提，各军兵种、各军区不直接向国务院各部和各省市提需求；国务院各部门要分工负责，向各部门分配任务和'统一平衡'由国家计委负责，任务下达后的组织工作，则由国家经委、国防工业办公室等单位负责。"①

又以抗美援朝战争战前动员阶段，东北层面军队动员系统的指挥关系为例。当时军队动员指挥机构主要是东北军区后勤部以及东北边防军后勤机关。由于东北边防军刚刚组建，东北边防军司令员兼政治委员粟裕、副司令员萧劲光、副政治委员萧华等主要领导均因种种原因而未到职。而东北军区后勤部在东北边防军成立前已经撤销。在这种情况下，政务院总理、中央军委副主席周恩来和代总参谋长聂荣臻向毛泽东主席建议："边防军目前是否先归东北军区高岗司令员兼政治委员指挥并统一一切供应，将来粟、萧、萧去后，再成立边防军司令部。"②对此，毛泽东主席批示同意。之后不久，东北军区确定"以东北军区供给部、卫生部、军械部、司令部之运输处，及四野后勤一部，合组成东北军区后勤部，统一负责东北军区及边防军之后勤供应工作"。

二是创造指挥条件。必要的动员指挥条件是战时国防动员指挥不可缺少的基础，也是国家能够顺利进行平战体制转换的必备要素。通过组织体制平战转换，可以为战时国防动员组织指挥创造基本动员潜力信息、动员指挥信息系统、动员指挥通信、装备物资、经费保障等客观条件。基本动员潜力信息，主要是动员地域政治、经济、科技、交通运输、民防等基本情况，评估动员区域的人力、物力、医疗卫生、交通运输等动员潜力的质量、结构、规模和布局等，掌握动员区域与相邻地区的地理、气象、水文、交通、社情等情况。动员指挥信息系统，主要是建立调查、传输、评估一体化的动员信息保障系统，具备为战时动员指挥机构提供接近实时的信息保障能力。动员指挥通信，主要是以地方政府通信网络和动员通信系统为主，利用动员区域各部门、行业、企事业单位和民用通信设施，建立以动员网为主，政府行政管理网、市场商贸网、工业产生网、民防网相结合的通信网。装备物资，主要是筹措、储备、管理战时国防动员指挥所需要的给养、被装、器材、设施。经费保障，主要是根据动员区域战时国防动员指挥活动经费需要量，拟制经费供应计划、现金储备计划和机动经费计划。

---

① 国民经济动员史编写组：《中华人民共和国国民经济动员史》，军事科学出版社 2014 年 11 月第 1 版，第 305 页。

② 周恩来、聂荣臻：《东北边防军统由东北军区指挥与供应》，1950 年 7 月 22 日。

三、保持组织领导和动员业务工作的连续性

一般来说，"由于节约的需要，平时的组织体制必须与战时有所不同，但这种差异不能太大，以免战争爆发时要对指挥机构做大的改动。"①在建立适应战时需要的指挥体制同时保证动员组织工作的连续性，也是组织体制平战转换的重要任务，是保证战时国防动员指挥活动顺畅的基础。具体任务有两项。

一是机构设置的连续性。主要是指动员组织机构的平时编设和战时编设应大体相同，战时稍加调整、充实即可全面履行职责。世界主要国家在组织体制平战转换阶段都是以平时负有主要动员准备职责的内阁成员为班底，组建战时内阁。在美国，拥有 1 万多名雇员的美国联邦政府紧急管理部门，平时是政府主管社会和民防动员准备的权力机构，在组织体制平战转换阶段，可以对其调整作为综合性动员执行机构。就我国目前的情况而言，平时一些国防动员机构的设置虽然隶属于国防动员委员会，但是分布在军、地两大系统之中，在组织体制平战转换阶段统筹组织存在困难。组织体制平战转换阶段的每一项活动都可能涉及军、地多个职能部门和行业领域，而隶属于军、地不同指挥体制的办公室很难组织完成全局性的平战转换任务。针对这种情况，应提高综合办公室的地位和权威，保证在组织体制平战转换阶段，能够迅速实现平战动员体制的无缝连接。

二是人员构成的连续性。主要是指主要负责人和动员机构的人员在平战转换期间应保持相对稳定，做到不轻易更换主要负责人，最大限度地保证战时动员组织指挥顺畅运转。1950 年，中共华南分局为完成解放海南岛作战的动员保障任务而进行的动员指挥体制建设，就是动员组织指挥平战衔接的范例。由叶剑英、邓华、赖传珠等 10 人组成的华南分局支前委员会，平时就对华南地区的政治、经济、军事工作负全责，并在战前相当长的时间里，一直领导渡海登岛的各项动员准备。为了保证平战动员业务和人员构成的连续性，需要实现动员组织指挥的专业性。在平战转换过程中，应尽量使动员专业人员进入战时动员指挥机构，并安排到重要岗位。

尤其是现代局部战争持续的时间短，往往首战即决战，在这种情况下，以往战争留给动员指挥体制的"磨合期"已经不复存在。与此同时，激烈的经济和社会发展竞争，又不允许各国在平时就保持只有在战时才需要的动员组织体制和组织力量。因此，通过多种管道实现动员指挥体系的平战衔接，就成为各国动员指挥体系建设的必然选择。中国未来的海上大规模作战，必将具有现代局部战争的全部特点。如果我们现在的动员组织指挥建设不能很好

---

① 　[美]亨利·E. 艾克尔斯：《国防后勤学》，战士出版社 1982 年版，第 158 页。

地解决平战衔接问题，动员组织指挥平战的连续性就得不到保证，战时动员组织就会面临极大的困难，不仅难以做出快速反应，而且还会出现指挥梗阻、拖延、迟钝、脱节的现象。其直接结果就是严重破坏动员保障行动的时效性，导致动员行动不能与快节奏的作战行动保持高度的协调一致，甚至会影响作战的进程和结局。

第四节　组织体制平战转换的程序

组织体制平战转换的程序，是动员决策层在组织体制由平时向战时转换时所遵循的指挥流程，是组织平战转换活动的基本依据，主要包括平时动员组织机构和战时动员指挥机构的工作程序两部分。

一、平时动员组织机构的工作程序

主要是指从出现明显战争征兆至国家发布动员令这段时期，平时负责国防动员的组织机构应遵循的工作程序。

（一）分析研判情况

主要是掌握真实信息并进行客观分析，得出科学结论，为做出体制平战转换决定提供真实可靠的依据。通常按照以下步骤进行。

一是搜集掌握情况。主要是搜集掌握国际局势、国际舆论动向、国际社会和有关国家对我采取作战行动可能的反应、敌方的基本情况、本国局势、我方战争准备情况、爆发战争后国内民众的支持度等情报信息。以对越自卫反击作战前的战略态势为例，当时的国际形势为美苏两极争霸，相互制衡，美苏两国均不敢贸然卷入地区冲突。国内形势是"文化大革命"刚刚结束，全国人民正万众一心为实现四个现代化而奋斗，党和国家的凝聚力空前增强，为我做出反击作战决策营造了良好的国内氛围。客观上，1978 年 9 月至 1979 年 2 月上旬，越南当局在苏联的怂恿和支持下，在中越边境地区侵占中国领土达 160 多处，严重威胁和破坏中国边境地区的建设与安宁。当时我方战争准备的情况是，虽然刚刚开始改革开放，国力、军力还比较弱，但我国的军事实力和国防动员潜力与越南相比，还是占有较大优势，具备在苏联不直接参战的前提下打赢中小规模局部战争的实力。可以说，正是我国在战争之前准确、全面地掌握了相关信息，为正确做出平战转换决策奠定了基础。

又如 1962 年中印边境自卫反击战，战前的战争征候便已经十分明显。1962 年春，印度政府在中印边境地区大力推行"前进政策"，对中国领土实施全面入侵，多次挑起边界冲突。英国《泰晤士报》5 月 31 日报道预言中印"将在拉达克发生一场严酷的战斗"。截至 1962 年 9 月，在中印边境西段，印军在中国领土上设立据点 43 处。在中印边境东段，印军越过"麦克马洪线"，侵入中国克节朗地区，并开枪打死打伤中国边防人员，制造流血事件。

1941 年苏德战争爆发前，德国将要对苏联发动大规模入侵的征候已经十分明显。从 6 月 18 日起，苏联在国外的情报人员特别是驻德国的谍报人员，就陆续提交了德国已在苏联西部边境集结重兵且很快就要开战的情报。6 月 21 日，苏联高层又从一名投诚的德军士兵口中获悉，德军将在 6 月 22 日大举进攻苏联。

二是分析印证。主要是对情报信息的来源渠道、获取手段、提供的人员进行分析，对要素不全和有疑点的情况资料进行查对，将重复、过时、不真实的情况筛去，提取有价值的情报资料并进行分类，为综合分析处理信息情报作准备。

信息的价值首先是由其准确度来决定的，如果掌握的情报信息不准确，极有可能造成对形势的误判。第二次世界大战之前，德国采取秘密动员的方式，于 1938 年 5 月 19 日完成了入侵捷克部队的动员扩编、战前训练等动员行动。与此同时，德国与捷克进行谈判，象征性地后撤了在捷克边境的德军，以制造假象。同年 9 月 12 日之后，德军又以举行军事演习为名，再次秘密向捷克边境动员集结部队，为突然发动袭击做好动员准备。而捷克和英国、法国被假象所蒙蔽，没有及时进行平战转换，导致被迫仓促应战陷入被动。

(二)得出判断结论

主要是通过对经过印证的情况资料本身及与之关联的各种情况的分析和综合，结合情况发生的原委、事态严重程度、内因外因、力量对比等各种因素，对事态发展趋势做出基本判断，主要明确三点。

一是确认平战转换的必要性。衡量国家是否需要组织体制平战转换的标准，主要是看现有兵力(兵器)是否可以达成作战目的。1938 年 10 月 21 日，希特勒向德国国防军下达了入侵捷克斯洛伐克的命令。12 月 17 日，德军武装部队最高统帅部参谋长凯特尔发布命令："此项行动必须仅仅由平时的武装部队执行，不必用动员办法增援。"[①]事实上，由于捷克斯洛伐克政府不战而降，德国也就没有进行组织体制平战转换的必要。然而，当波兰不惧威胁决心抵抗时，希特勒和他的幕僚们便决定：在英国、法国和苏联可能"干涉"的情况下，以 70 万的兵力迅速占领波兰。为此，德国开始进行全面的组织体制平战转换。

二是确定何时进行平战转换。实际上就是确定动员行动开始日，需要考虑的因素有两个：①作战计划特别是参战部队动员补充、集结、展开和作战

---

① 《第三帝国的兴亡》(上)，世界知识出版社 2012 年 1 月版，第 322 页。

行动发起的时间。通常情况下，动员行动应先于参战部队的动员补充行动，并在作战行动发起日前完成所有动员行动。②有效动员所需的时间。这里的有效动员是指动员资源经动员达到可直接利用的状态，或者形成预期的动员能力。由于各类资源达到有效动员所需的时间不同，如果要使进行的各项动员都在战前有效完成，最简单的办法就是以用时最长的动员来安排整个动员时间。

第四次中东战争前，以色列计划在敌方发动战争的 24 小时前依据确切的情报向预备役部队发出动员令，在动员令发出 48～72 小时内完成预备役部队的动员并投入作战。埃及和叙利亚则针锋相对地打了一个动员的时间差，即采取欺骗的方法，不使以军在战争爆发 24 小时前获得确切情报和下达动员令，以此推迟以军预备役部队的动员。这样一来，埃、叙两军就可以在战争爆发后的 24 小时到 48 小时内，给数量很少的以色列常备军致命的一击，迅速取得全局性优势。

三是确定进行何种程度的平战转换。这取决于国家决定投入作战兵力（兵器）的多少和预计作战持续时间的长短。投入作战的兵力（兵器）越多，作战持续的时间越长，则动员的程度越高，反之亦然。对越自卫反击作战之前，我国对战争规模和持续时间进行了比较准确的预判：美、苏两国直接武力干涉的概率极小，战争规模很可能是中小规模速决战的情况下，我国只需在西南地区进行局部动员即可以为作战提供所需资源。

第二次世界大战中，德国对苏作战最初投入的总兵力约 550 万，占当时德军总兵力（约 850 万）的 64.7%。但德国预计对苏作战持续的时间为 6 个星期。因此，德国在入侵苏联前并没有进行全国总动员。直到 1943 年夏德军计划在南线战场同苏军做最后一搏时，希特勒才宣布全国总动员。

（三）完成转换手续

国家最高决策层得出进行组织体制平战转换的结论后，应迅速完成相关手续。

一是获得必要的法律授权。主要是国家相关职权部门获得行使紧急行动所必要的法律授权。因为平战转换意味着国家领导、指挥体制由适应和平建设状态向适应战争需要状态的转变，涉及面广，影响深远，必须要经过严格的法律授权，确保决策的科学、严谨。世界主要国家在法律上对国家体制平战转换权限均进行了明确规定，并有一整套完整的程序。《中华人民共和国国防动员法》对平战转换的法律授权有明确规定：国务院、中央军事委员会共同向全国人民代表大会常务委员会提出实施全国总动员或者局部动员的议案。国家的主权、统一、领土完整和安全遭受直接威胁必须立即采取应对措施时，国务院、中央军事委员会可以根据应急处置的需要，采取本法规定的必要的国防动员措施，同时向全国人民代表大会常务委员会报告。美国 1976 年的《国家紧急状态法》规定：在总统宣布国家进入紧急状态时，将在宣布时或宣布之后正式明确所有的授权。在可能导致宣布国家紧急状态的警告发布之前，各军种部长、参联会主席和国防部所属各部门领导必须做好准备，以行使和获得采取紧急行动所必要的法律授权。

二是审查动员令草案。主要是根据实际情况将平时已拟制好的动员令草案具体化的过程。动员令草案往往是国家相关部门根据预想情况平时拟制好的，由于实际情况往往不可能与预想情况完全一致，在动员令正式发布之前，相关部门需要根据现实情况进行修订、审查，使动员令的内容符合实际情况。美国《国防部总动员计划》就规定了动员令草案的修订、审查过程：当国家安全威胁临近时，负责政策的国防部副部长帮办将审查已准备好的《国家紧急状态宣言草案》。副部长将向参联会主席、军种部长和国防部所属各部门征求修改《国家紧急状态宣言草案》的意见。总法律顾问对所有的建议进行筛选和审查，经过审查，国防部长向总统提交《宣布国家进入紧急状态的申请》。

三是召开会议通过并执行决定。定下进行组织体制平战转换决心之后，通常由国家最高领导人召集党政军主要部门的负责人召开会议，研究通过组织体制平战转换相关决议。会议研究的内容主要包括：组织体制平战转换的区域和行业部门、转换方式、运行机制、指挥机构开设、特别规定等。会议达成的决议，一般会以决定或指示的形式下发至各单位。20 世纪 70 年代末，我国最高决策层定下进行对越自卫反击作战的决心之后，国家党政军主要领导召开会议，确定进行组织体制平战转换，并发出《关于中越边防斗争和战备工作的指示》。

（四）发布并传达动员令

通常，动员令是国家进入战争状态的标志，也就是说从动员令发布起，全国即处于战争状态。历史上，尤其是工业时代之前，动员令的下达往往标志着国家组织体制平战转换的开始。比较典型的是法国大革命初期，救国委员会于 1793 年 8 月 23 日颁布《全国总动员法令》，即标志着整个国家体制由平时状态转为战时状态。

动员令的发布关系到战争胜负和国家命运，各国大多由最高权力机关或最高领导人发布。《中华人民共和国宪法》规定：全国人民代表大会常务委员会"在全国人民代表大会闭幕期间，如果遇有国家遭受武装侵犯或者必须履行国际共同防止侵略的条约的情况，决定战争状态的宣布"，"决定全国总动员或者局部动员"。中华人民共和国主席根据全国人民代表大会的决定和全国人民代表大会常务委员会的决定，"宣布战争状态，发布动员令"。

动员令主要内容包括：当前形势，敌国发动战争的企图和本国所面临威胁；国家参战的意志和决心；战争动员组织实施的原则规定和要求；战时国防动员指挥体制构成与权限；动员规模和开始动员的时间等。

动员令发布方式通常分为公开发布和秘密发布，应根据不同情况灵活选择。

公开发布动员令，主要是在战争即将或已经爆发的情况下施行，需要利用一切可以利用的工具和手段在全国范围内广泛公布，达到家喻户晓，历史上多数战争的动员令都是公开发布的。

1898 年美西战争，开战前即 4 月 22 日，美国总统麦金莱向全国发出了征召志愿军的公告。公告称：鉴于国会的相关决议和法案，"因此，我，合众国总统威廉·麦金莱，现在根据宪法和法律授予我的权力，认为在目前情况下宜于并有充分必要，招募总数为 12.5 万名的志愿军入伍，以执行上述决议，特此发出号召。根据实际情况，其名额尽可能在若干州按照人数分配。有关细节将立即由陆军部通知各有关当局。"麦金莱的这篇征召志愿军的文告，实际上向美国公众传达了美国政府进行战争动员和准备发动战争的信息。

秘密发布动员令，主要在战争已经不可避免，但尚未爆发的情况下采取，通常只下达给各级政府机关和军事系统，控制在有限范围内。

无论以何种形式发布动员令，其作用都是动员一切力量做好动员准备工作，都要求用最可靠的手段，最快的速度由政府和军队分头下达给所属单位，确保使所有部队的指挥员和党政机关负责人收到并能够立即展开动员工作。

需要强调的是，动员令的发布是组织体制平战转换的标志，但组织体制平战转换不一定必须发布规范的动员令。历次战争中常常会出现这种情况：参战国根据需要，不发布动员令，但事实上国家已经进行了战争动员，美国侵越战争即是如此。通常，领导人讲话或相关文件也可以起到动员令的作用。如抗美援朝战争爆发之前，两次保卫国防会议的召开和中央军委做出《关于保卫东北边防的决定》与发布动员令具有同等作用，标志着国家体制实际上已由平时转入战时。

二、战时动员指挥机构的工作程序

主要是指从国家发布动员令之后至完成动员准备这一阶段，组织体制平战转换所应遵循的工作程序。

（一）最高权力机关的平战转换

国家最高权力机关的平战转换，主要是例会制度的改变、议事程序的改变和改变任期，以及改变对政府决定的审查、监督办法等。若米尼指出："虽说平时在立宪政体之下，政府由于行事要受立法议会的牵制，以致在建设和准备强大的军事体制方面，可能显得不够有力。可是，还必须承认，一旦遇到决定国家命运的危机时，这种咨议性议会又可能发挥另一种作用，可能使国力得到更大的发展。"①

1. 会议制度

会议制度是保证最高权力机构在战争时期能够顺利履职的重要保证。日本宪法规定：从众议院解散到选举产生新的众议院期间，国会停止活动，参议员不能单独召开国会。但是，如遇紧急情况需要内阁采取紧急措施且需要国会承认的情况，内阁可要求参议院举行紧急集会，由参议院行使国会两院的职能。紧急集会的会期长短不定，要待"紧急的案件全部议决终了，议长宣告紧急集会结束"。

葡萄牙宪法第一百七十三条规定了议会的"紧急程序"，如"共和国议会可根据议员、议会党团或政府动议，宣布对任何提案、法案或决议案进行紧急审批"。

1942 年 3 月 29 日，丘吉尔致伊斯梅将军："你应写这样一封信给汉基勋爵，大意如下，鉴于你在上议院谈到最近举行了多少次国防会议的问题，首相已调查了这个问题。过去六个月总计开会十九次，或者每月开会三次。这些会议至少有一半是在午夜以前结束的。"②

2. 机构稳定制度

国家最高权力机关平战转换的另一内容是最高权力机构保持稳定。我国的全国人民代表大会，每届的任期为 5 年，任期届满的两个月以前，全国人民代表大会常务委员会必须完成下届全国人民代表大会代表的选举。如果遇到不能进行选举的非常情况，若全国人民代表大会常务委员会全体组成人员的 2/3 以上同意，可以推迟选举，延长本届全国人民代表大会的任期。

英国的下议院平均任期不到 4 年。但在特殊情况特别是战争状态下，议会的任期可以延长。第一次世界大战期间下议院的任期是从 1910 年至 1918 年。第二次世界大战中，下议院的任期是从 1935 年至 1945 年，时间长达 10 年。

3. 权力限制制度

通常，国家遇有较大战事时，国家最高权力机关会将部分权力转移给国家行政首脑。在第一次世界大战的美国，"在那相当短促的战争期间，国会不但为总统的党所控制，而且已习惯于听从威尔逊总统的领导。"美国正式宣布参加第二次世界大战后，美国国会便将很大一部分原属于国会的权

---

① ［瑞士］若米尼：《战争艺术概论》，解放军出版社 1988 年 10 第 1 版，第 65 页。

② ［英］温斯顿·丘吉尔：《第二次世界大战回忆录》第四卷，南方出版社 2002 年 12 月第 1 版，第 717 页。

力移交给总统。

（二）最高行政机关的平战转换

通常是组建战时内阁及国防最高领导机构，行使法律赋予的战时组织指挥权等。

1. 组建战时内阁

通常，各国在组织体制平战转换阶段会组建由国家行政首脑和少部分国家关键部（委、局）负责人组成的权力高度集中、精干高效的战时内阁。

欧美国家的战时内阁，通常是以隶属总统的安全机构为依托而建立的。英国是较早实行战时内阁制度的国家。第二次世界大战中英国先后成立了两届战时内阁。首届战时内阁成立于 1939 年 9 月 4 日，成员包括首相、国防大臣、海军大臣、陆军大臣、空军大臣、外交大臣、财政大臣、掌玺大臣、不管部大臣、自治领事务大臣、内政大臣等 11 人。这届战时内阁每天举行会议，常有三军参谋长等列席。1940 年 5 月 10 日，丘吉尔接替张伯伦任首相后，其成员改为 5 人，即首相兼国防大臣、枢密院长、掌玺大臣、外交大臣、不管部大臣。

美国的战时内阁实际上就是国家安全委员会的战时称谓。2001 年 10 月 8 日，在美英开始对阿富汗塔利班政权实施军事打击后，美国成立的战时内阁包括：总统乔治·沃克·布什、副总统迪克·切尼、国务卿科林·鲍威尔、国防部长唐纳德·拉姆斯菲尔德、国家安全事务顾问康多莉扎·赖斯、司法部部长约翰·阿什克罗夫特、联邦调查局局长罗伯特·米勒、中央情报局局长乔治·特内特、美国参谋长联席会议主席理查德·迈尔斯空军上将。这些人员大体上就是美国国家安全委员会的主要成员。

中国国民政府在抗日战争时期也成立了战时内阁。1936 年 7 月，国民党为应付日益严重的国防问题，设立了国防会议。国防会议以军事委员会委员长为议长，行政院长为副议长。当时的军事委员会委员长和行政院长均为蒋介石。由于国防会议每年开会一次，不能及时解决国防和国防动员中遇到的重大问题，因此很快被新的机构取代。1937 年 3 月，国民党五届三中全会决定设立国防委员会。国防委员会不仅具有决策权，而且对军事机关和行政机关的国防及国防动员活动有指挥和监督权。1937 年 8 月 11 日，为适应抗战全面爆发的新情况，国民党中央决定撤销国防会议和国防委员会，另行设立国防最高会议。国防最高会议以军事委员会委员长为主席，中政会主席为副主席。其成员由党、政、军三大系统中最高层主管组成，其中国民党系统有中央执行委员会常委、秘书长、各部部长、中央监察委员会常委、中央政治委员会秘书长；在政府系统，有五院正副院长、行政院秘书长与各部部长；在军事委员会系统有军事委员会委员、正副参谋总长、各部部长等。

2. 行使战时国防动员决策权

战时内阁可以依据相关法律赋予的权力行使动员决策权。按照美国法律，美国总统在宣布国家紧急状态前后具有诸多的动员决策权。在宣布国家进入紧急状态前，美国总统可行使的动员权力包括：征召 20 万精选后备役人员服现役 90 天，武装美国船只和飞机，扩大生产能力等。在宣布国家进入紧急状态后，美国总统的动员权力包括：命令至多 100 万待命后备役人员服现役（最长期限 24 个月），中止或修正联邦通讯委员会的规则与条令，购买、征用或租用美国公民拥有的船只等。

中国国民政府在抗日战争时期设立的国防最高会议的权力是平时的政府机关所无法比拟的。当时中国国民政府制定出台的《国防最高会议组织条例》规定："在作战期间，关于党政军一切事项，国防最高会议主席得不依平时程序，以命令为便宜之措施。"

(三)政府机构的平战转换

战时，政府职能部门通常要实行平战转换，以适应战时国防动员组织指挥的需要。第一次世界大战初期，各国都没有做好长期战争的准备，因而也没有对经济加以干预，随着战争的时间不断拉长，各国不得不建立起一整套专门机构，以有效地利用全国的人力物力。《罗斯福传》中对第一次世界大战时任美国海军助理部长的罗斯福有这样一段记载：美国参加第一次世界大战后，"他现在对于改进联邦政府的组织和管理工作产生了浓厚的兴趣。他深刻理解行政管理机构在政治方面的关联，反复敦促应使总统在编制预算方面享有更大的支配权，国会应把拨款活动交给一个综合委员会来对参众两院进行整顿，人员的晋升应当根据工作效率而不是年资，现有的政府机构应加以改组，重新分工，各行政部门的负责人应得到更多的权力。"[1]

1. 主管机构的平战转换

政府系统的平战转换，首先体现在主管机构上。战时政府系统的国防动员主管机构，通常以多元化联合机构的形式出现。中国抗日战争全面爆发后，国民政府"新设经济部，将原来的实业部和军事委员会所属的第三部、第四部、资源委员会、建设委员会、全国经济委员会等归并该部。经济部的成立，标志着国民政府初步完成了从和平时期的经济体制向战时经济体制的过渡。"[2] 1937 年 5 月，也就是日本发动全面侵华战争的前两个月，日本成立了一个关

---

① ［美］詹姆斯·麦格雷戈·伯恩斯：《罗斯福传：狮子与狐狸》，商务印书馆 1987 年版 2 月版，第 98 页。

② 姜鲁鸣、王文华：《中国近现代国防经济史》，中国财政经济出版社 2012 年 3 月第 1 版，第 172 页。

于研究和计划国家总动员问题的综合性机构——企划厅。"七七"事变后，企划厅又与资源局合并为企划院。企划院由总务部、产业部、内政部、财政部、调查部及交通部组成。

2. 专项动员机构的建立

政府平战转换还表现在各类动员专管机构的建立。1918 年，美国国会批准建立"战时金融公司"，该公司向金融机构发放贷款，以此促进借贷，发展战时工业。第二次世界大战中，各主要参战国均成立了许多专项动员机构。1938 年，德国成立了托特组织（也称托特协会），主要任务为：修建德国国家高速公路、侵苏德军后方的铁道设施、"大西洋墙"和潜艇掩蔽所等具有高度战略意义的重大建筑工程。

需要指出的是，战争临近阶段政府机构的平战转换，通常限于主要方向上的主要机构。其他方向和其他机构，会视情在战争临近阶段后期或战争发生阶段逐步建立。

3. 派出动员指挥机构

向主要区域和主要方向派出动员指挥机构，是平战转换阶段政府系统组织动员的常见做法。解放战争淮海战役初期，华中工委成立了华中支前司令部，并在睢宁县房村设立了前方办事处，之后又随着战争西移转入江淮地区的时村、烈山。

（四）军队机构的平战转换

军队机构的平战转换，主要体现在动员资源统筹分配、军队动员力量的加强和军事管制机构的建立。

1. 动员资源统筹分配

战时，各军种之间原本在资源分配上的矛盾会更加突出。为有效地解决这一问题，军队往往成立联合的物资分配机构。1940 年夏季，美国军火生产计划实施后，陆军和海军之间为争夺生产和采购的优先权争吵得不可开交。解决这一问题的组织措施就是成立了陆、海军军火委员会。该委员会的职责主要有三项。一是将陆军和海军大量的采购计划纳入一个总的时间表，从中反映出各种军事物资生产和采购的轻重缓急。二是统一陆军和海军的军火生产和采购计划。第三，为保证按时完成各种军事物资的生产，采取必要的措施。1940 年 6 月 17 日，美国陆军部和海军部联合成立了一个在陆、海军军火委员会领导下的优先顺序委员会。这个委员会根据两军的战略计划，制定简便有效的军火生产优先顺序。

2. 军队动员力量的加强

战时，军队的后勤、装备部门的动员保障任务陡然增加，其组织力量也会有明显增强。中国军队在抗美援朝之初的后勤组织极为薄弱，1950年10月志愿军后勤系统入朝仅有6900人。到停战时，志愿军后勤系统已经具有相当大的规模，总人数达到了12.3万。

"1939年9月1日欧洲战争爆发以后，美国于1940年夏季开始动员工作。随着动员工作的开始，美国陆军的组织也发生了一系列变化。""随着采购工作的扩大，陆军副部长办公室的人员不断增多，到1941年11月1日，已达1136人，其中军官257名，文职人员879名。与此同时，陆军总参谋部的后勤部也不断扩大，到珍珠港事件爆发时，已增加到250人，其中有100名军官。"

3. 军事管制机构的建立

组织体制平战转换阶段，军队还要根据需要依法建立军事管制机构，在特定的区域实行军事管制，以实现对局势的有效控制。苏联卫国战争时期，苏联在各战役军团都建有军事委员会。"各方面军军事委员会在已宣布处于战争状态的地区内，还执行国家政权的职能，诸如利用地方资源、动员应征公民、保障社会秩序和国家安全等。在苏联武装力量出国作战后，军事委员会增加了一项新的职责：处理好与当地居民的相互关系，以及解决一系列其他问题。"[1]

（五）咨询协调组织的平战转换

为与其他领域平战转换的情况相适应，国家机关的咨询协调组织也会发生较大的变化，通常需要改组或重新组建动员协调机构。第二次世界大战之前，美国的动员协调机构是由政府重要部门构成的，但战争爆发后，这些负责动员协调的政府部门根本无法履行动员协调职责。因此，1939年美国总统罗斯福根据《1920年国防法案》组成了一个新的动员咨询机构——战时资源委员会。该委员会成员都是商业界巨头，成立时的主席由美国钢铁委员会主席小斯特纽斯出任。后来，由于战争的需要，总统又在该委员会下设立了几个执行机构。

1937年11月，日本"为谋求政务和军事指挥的一致"，设置大本营和政府联席会议。关于这个动员协调机构，"在1935年至战败的10年内，一直间接直接参与了有关作战能力和国力方面的工作"。

（六）指挥机构开设

战时动员指挥机构是聚合各动员力量的纽带，是动员组织实施的神经中枢。和平时期的动员机构，无论在权限还是规模、标准上，都难以适应战时

---

① ［苏］丘什克维奇：《第二次世界大战史》第二十卷下册，上海译文出版社，第217～218页。

动员需要。国家做出组织体制平战转换决定后，应迅速完成国防动员指挥机构的开设并指挥机构人员进入指挥位置。

1. 开设基本指挥机构

可根据实际情况，确定重新开设指挥机构还是在平时国防动员办事机构的基础上进行完善。由于战时国防动员指挥机构往往在战场的后方运行，在隐蔽性、机动性、安全性方面的要求没有作战指挥机构严格，为提高国防动员指挥机构的开设速度，通常是在平时国防动员办事机构的基础上改造完善。第二次世界大战中，英国战时内阁成立后，很快就启用了位于伦敦查尔斯国王街的地下指挥所。此后，英国战时内阁主要成员都集中在这里工作。1940年5月丘吉尔出任首相主持战时内阁后，其大部分时间都工作和生活在这里，直到"二战"结束。

指挥机构开设完毕，应根据需要进行指挥编组并确定指挥员及其指挥机关人员构成。一般来说，各级政府的动员机构由主要负责人担任指挥员，吸收相关部门领导和人员参加，以达成协调顺畅、运行高效的效果。各部门、各行业的动员执行机构由各部门、各行业主要负责人担任指挥员。我国在新中国成立以来的历次战争中，各级支前委员会负责人主要由本级党委、政府、省军区系统的主要领导担任。

2. 视情开设前方指挥机构

在动员规模较大的情况下，除了开设基本动员指挥机构外，还可以在前线开设前方指挥机构。前方指挥机构作为一线动员指挥部，可以根据战局的变化而调整。平津战役期间，中共中央华北局和华北军区，为加强平绥东段战役后方工作的领导和统一前后方的指挥，统一步调和集中人力物力以保障作战供应，军区、兵团和北岳区分别成立了有关的战勤机构。"以刘显宜、张苏、刘彬、尚英等同志为主组成平绥东段战役后勤前方指挥部，统一领导北岳和二、三兵团的后勤工作，又以张苏和冀热察党委牛树才为主组成平绥东段战役支前指挥部，负责领导北岳三、六分区的支前工作。"[①]第二次世界大战中，为监督决定和命令的执行，苏联国防委员会向各边区、各州、各军事工业人民委员部、各大企业及重大施工现场，派驻了自己的代表。

一般来说，组织体制平战转换期间产生的组织机构及指挥权限的改变，均应及时向社会公布。1919年4月10日，苏维埃俄国人民委员会通过动员令。4月11日，苏维埃俄国宣布动员。同日，列宁在全俄工会中央理事会全会上《关于工会在支援东线的动员工作中的任务》的报告中指出："通过工会、工厂委员会、党组织、合作社等，立刻成立地方和中央的援助红军委员会或

---

① 1948年，《平津张战役华北兵团后勤组织与工作》，此件存河北省档案馆。

协助委员会。这些机关的地址应当公布。这些机关的情形应最广泛地通知居民。每个应征者，每个红军战士，每个愿意去南方、去顿河区和乌克兰做粮食工作的人都应该知道，他在工农易于接近的援助红军委员会或协助委员会中可以得到忠告，得到指示，并便于同军事机关取得联系等。"①

（七）明确各方职责

各层级动员指挥机构开设完毕后，应对各方工作职责等问题加以明确。对于不同的战时动员指挥层级，明确工作职责的侧重点是不同的。

通常，最高动员决策层主要负责区分原则性、方向性职责。抗美援朝战争中，1951 年 8 月 23 日，中央召开的关于战时动员重大问题的决策会议对中央与东北在经济动员方面的重大问题进行了明确："一、粮、草料、煤由东北供给。二、经常费由四野拨出，由总后勤部拨给东北。三、预算外之一切作战费用，统由中央支出，东北代付。四、东北增加发行，由中央拨付其所需花纱布作为支出，换取东北货币回笼。具体办法，责成财政部、贸易部本此原则解决。"②

动员协调层和执行层主要是区分业务，对各个部门、个人的工作职责进行详细明确。对越自卫反击作战初始阶段，云南省召开支前会议，对下属部门工作职责进行了明确："各支前办公室下设的办事小组，主要职责是了解情况，掌握政策，检查落实各项支前任务，按上级指示和有关规定处理支前工作中的问题，积极协助主管部门解决问题，各项支前任务主要依靠各主管业务部门承办。其中，秘书组职责主要是收集整理支前工作情况；调查研究，总结支前工作中的经验教训；并负责上报下达、收发文件和主办会议等项工作。战勤组主要职责是抓好支前民兵营、担架队、前方医院和医疗救护站（点）的组建和落实，检查落实战时救护工作、物资准备情况和公（铁）路沿线军供站工作，负责安排过往部队食宿等。"③

（八）启用战时工作制度

进行平战转换的指挥机构，在完成必要的组织工作后，应迅速启用战时国防动员工作制度，保持 24 小时运转状态，重点对战时国防动员指挥体制的运行进行规范，以确保新指挥体制正常运转。

战时工作制度，主要包括值班制度、集中办公制度、例会制度、连续工作制度、机构防护制度、请示报告制度和保密制度等。对越自卫反击作战中，云南省战时国防动员工作制度规定："值班制度，平时除白天坚持 8 小时工作

---

① 中央编译局：《列宁全集》第 36 卷，人民出版社 1985 年 10 月版，第 275 页。
② 周恩来：《有关边防军补充及东北供给问题》，1950 年 8 月 24 日。
③ 《云南省支前组织》，原件存云南省档案馆。

外，夜间和节假日轮流值班，负责收集情况，及时请示处理；定期集中办公制度，支前办公室每周二、四、六召开碰头会，主要沟通情况和处理涉及全局性业务工作；请示报告制度，明确各组需及时请示报告的事项；坚持周五学习制度。另外，还规定严格遵守保密纪律，在办公室以外不得谈及支前情况及问题。"①

1939 年 9 月 4 日，英国成立战时内阁，并立即启用战时工作制度。一是启用战时内阁会议制度。据丘吉尔回忆："战时内阁及其额外的阁员，会同海陆空三军参谋和若干秘书，于 9 月 4 日举行了第一次会议。此后我们每天开会，有时一天两次。"②会议包括战时内阁会议和战时内阁国防委员会会议。二是保密制度。丘吉尔的战时内阁虽然了解和决定有关战争的重大事项，但除了丘吉尔外，其他人并不了解实施的日期和详情，并且时常提醒丘吉尔不要说出日期和详情。三是人事制度。典型的例子是战时内阁秘书处军事组的主要负责人伊斯梅将军、霍利斯上校和雅各布上校，"随着战事的进展"，三人的"军阶和声望不断提高，但是他们当中没有一个人调换过工作"。丘吉尔认为，"在这样一个与机要事务如此密切相关的圈子里，调职换人是不利于连续地和有效地处理事务的。"

（九）建立通信联络

主要是保持动员指挥机构上下级之间、动员系统与军队作战系统之间、动员系统与地方资源供应系统之间的通信联络，确保信息的实时流转。通信联络是战时国防动员指挥体制的神经网络，对于保证动员指挥机构的正常运转具有重要意义，世界各国在历次战争动员实践中均十分注重保持通信畅通。对越自卫反击作战，云南省革命委员会在参战支前工作总结中专门写道："邮电通讯。抓紧前沿线路建设，建成投产新架杆线五十七公里，新装十二路载波机十四套，三路载波机四套，十六路载波机十一部，电传机四十二部，无线电机四十六套，各种通讯车辆九十八辆，提供部队专用长途电话一百一十三条，农话电路四十条。新辟个旧至金平汽车邮路，加强思茅至江城、开远至河口及边沿各县的邮运能力，建立部队专用信箱一百三十个，军邮站三个。"③

现代条件下，世界各国正在建设发展的战时动员指挥信息系统，可以实现获取信息、传递信息、处理信息、存储信息、显示信息、维护信息安全等多种功能，是战时动员指挥手段在信息化条件下的变革性发展，在战时动员

---

① 《云南省支前组织》，原件存云南省档案馆。

② [英]温斯顿·丘吉尔：《第二次世界大战回忆录》第一卷，南方出版社 2003 年 4 月版，第 369 页。

③ 云南省革命委员会：《关于对越自卫还击、保卫边疆参战支前工作总结》，1979 年 8 月 4 日。

组织指挥中发挥着日益重要的作用。在组织体制平战转换阶段，应充分利用国防动员指挥信息系统，以满足组织指挥信息和协调信息的需求。

（十）出台特别举措

临战阶段，为使已经或即将展开的动员行动得到充分的法律和政策保障，国家最高动员决策层通常要出台一系列新的政策和法律法规。

1979年对越自卫反击作战前，国家颁布实施了多项有关动员的政策、法规。2月10日，云南省财政局、昆明军区后勤部将国家财政部、总后勤部《关于战时支前经费和物资供应结算规定》重新转发各级，同时做出13条补充规定，涉及生产队支前人员误工补贴，支前人员的被装，支前民兵配发厨具，支前骡马运输队所需的驮马装具，支前民兵用的担架，支前人员负伤费、殓葬费、残废金和抚恤费，支前部门动员的作战物资器材费用等。

临时颁布实施的动员政策和法规具有三个突出特点。一是此类政策法规只适用战时不适用平时，平时制定备用，战时根据需要出台，战后大都失效。二是此类政策法规指向性很强，多是针对已经展开或即将展开的社会性专项动员活动。三是此类法律、法规颁布实施的程序相对简化，以保证其时效性。以色列《基本法——政府》第五十条规定：①在紧急状态下，为了保卫国家及公民的安全，维持基本物资供应，保护基础服务设施，政府可以制定适用于紧急状态的法规。紧急状态法规制定后，应立即提交议会外交与安全委员会审批。②总理如果确认不可能召集议会对紧急状态法规进行审批，则可亲自或授权一名部长负责制定法规并赋予其效力。③紧急状态法规可临时改变任何法律，使其暂时失效或增设附加条件，也可强行增加征税或征收必需的费用。④紧急状态法规不可妨碍合法的行动、规定非法的处罚措施或侵犯人权。⑤紧急状态法规及其手段、权力的运用只能在紧急状态授权的范围内进行。

（十一）组织动员教育

发布动员令既有稳定社会的作用，也有社会动员的作用，但却不能代替专门的动员教育。为使即将公开进行或已经公开进行的动员得到民众广泛、积极的响应，国家还应积极面向社会开展有力的动员教育。临战阶段动员教育的内容，以国家是否公开进行动员区分为两种情况。

一种情况是国家尚未公开进行动员，面向社会的动员教育以传达国家战争意向和"仇视"教育为主，以便为即将公开进行的动员做好舆论铺垫。

1950年6月25日朝鲜战争打响。9月上旬，中国军队入朝参战。在这3个多月的时间里，我国以"反对美国侵略，保卫世界和平"为题，在"反对美国侵略保卫世界和平大会"的组织下，进行了广泛的"仇美"宣传，为后来的抗美援朝打下了思想和舆论基础。

美国在决定参加第二次世界大战前，"主张大力支持英国的人和不干涉主义者之间的争论，直到日本人轰炸珍珠港后才结束。但明显的是，在此以前，主张大力支持英国的人就已控制公众的情绪。"民意测验表明："相信德国的胜利会威胁他们安全的美国人的比例，由 1940 年 3 月的 43%，增加到 1940 年 7 月的 69%。""而到 1941 年春天，则有多数人赞成提供这种援助，即使这样做会与德国为敌。"①其中的重要原因之一是美国社会在战前已经有组织地进行了大张旗鼓的动员宣传。"这些人组成'通过修订中立法争取和平超党派委员会'，到 1939 年 10 月末，该委员会的分会遍及 30 个州。为支持取消禁运条款，该委员会的宣传在扭转舆论方面起过决定的作用。"1940 年 5 月 17 日，该组织"又重组为'援助盟国以保卫美国委员会'"。在几个月的时间内，该委员会即发展地方分会 600 个以上，而且带头在全国反对孤立主义、激发公众支持政府的除参战以外进行一切援助的政策。

值得注意的是，在没有公开动员的情况下进行的动员教育难度较大。1962 年东南沿海紧急战备国家公开进行动员教育前后，群众的反应有很大的不同。处于紧急战备最前沿的厦门，"战备动员未公开宣传前，群众主要思想是怀疑、猜测、惶恐。他们看见部队调动，军官家属紧急疏散，机关清理和烧毁旧文件知道形势有变化。""加上从报纸看到东南亚形势紧张，中印关系恶化，更引起种种怀疑、猜测：①担心东南亚形势紧张和中印关系问题的发展会引起世界大战；②担心我们在厦门会采用布袋战术，先放蒋匪进来，然后包围歼灭。""基层干部则埋怨领导不早把情况告诉他们。""到了根据省宣传战备动员提纲和省委林修德书记在干部会上动员战备形势报告精神，逐步在全党和全市基层干部中层层下达动员做好支前战备工作后，明确了这次战备动员是为了打击蒋介石匪帮，才澄清了一些混乱思想，安定了人心。特别是李文陵市长传达了省委叶书记的形势报告，并向群众公开宣传动员后，解决了群众不少模糊看法，克服了部分群众惶恐不安情绪。此后，参战支前工作才全面展开。"②

另一种情况是国家已经公开进行动员，面向社会的动员教育重在解释民众参加和支持战争的动因。动员教育的要义，是充分反映多元利益相关者，即核心利益相关者、次核心利益相关者及边缘利益相关者的利益诉求。以核心利益相关者为主，相应地提出政府的动员主张，为不同利益群体在动员上的态度和行动提供公共的思想支点。德国政治理论家康德在论述国家何以要求公民作战时曾指出："必须把公民看作该国的成员，有参与立法的权利，不

---

① ［美］阿瑟·林克、威廉·卡顿：《1900 年以来的美国史》（中），中国社会科学出版社 1983 年 6 月第 1 版，第 158 页。

② 1962 年 8 月 6 日，《中共厦门市委战备动员以来关于形势教育情况的报告》。此件存厦门市档案馆。

能仅仅是作为别人的工具，他们自身的存在就是目的，要他们去作战就必须通过他们的代表，得到他们自愿的同意，不但在继续进行战争时一般要这样做，而且每次单独的宣战也要这样办。只有按照这种有限制的条件，国家才有权命令他们承担一项如此充满冒险的任务。"[①]

（十二）下达动员准备的预先号令

组织体制平战转换基本完成之后，动员准备的预先号令是动员决策层为了使动员执行系统及早做好行动准备而提前下达的概略命令。由于应对战争的动员准备涉及中央到地方各级政权机关、各种社会组织和各类企事业单位，为了使相关部门单位做好充分准备，保证一声令下能够高效、高质组织动员行动，国家应该充分利用临战前的宝贵时间，向有关方面预先传达国家将进行战时动员的基本情况，使各方做好精神上、物质上和组织上的必要准备。动员准备的预先号令主要内容通常包括：简要形势、相关方面将要遂行的概略动员任务、准备工作和完成时限及其他有关事项等。

第五节　组织体制平战转换的原则

组织体制平战转换的原则，是对组织体制平战转换基本规律的集中概括，又是平战转换指导思想、方针、政策的具体体现，对平战转换实践具有重要的指导意义，主要包括以下几点。

一、把握条件，不误时机

国家层面要适时地做出动员的决定不是一件容易的事情。组织体制平战转换时机的选择是一个难度很大的问题，可能出现的倾向主要有失之于早、失之于迟两种。无论出现哪种倾向，其危害都是十分严重的。

失之于早，就是在战争征候尚不明显时就过早地实施动员，这会打乱整个国家的建设步伐和正常秩序。20世纪70年代的第四次中东战争前半年，以色列针对当时的形势对军队进行了局部动员。"事后，以色列曾有人批评军方，不该轻率地下达局部动员令，以致给国家造成了1100万美元的经济损失。"[②]

失之于迟，就是在战争迫在眉睫或者已经开始的时候还不实施动员，导致战争初期陷入严重被动，甚至影响到整个战争的成败。20世纪初日俄战争爆发之前，当战争征候已经十分明显时，俄沙皇尼古拉二世却认为，最好是

---

① ［德］康德：《法的形而上学原理——权利的科学》，商务印书馆1997年版，第181、182页。

② 张羽：《战争动员例评》，白山出版社1996年版，第177页。

日本而不是俄国首先开战，致使俄国空有充足的动员资源，却没有及时组织有效的动员保障，造成整个战局的被动。1982 年英阿马岛战争前，多种战争征候已经出现。3 月 11 日，阿根廷开始对马岛采取军事行动。3 月 31 日，阿根廷开始向马岛增兵，当天有一支阿根廷舰队驶向马岛。面对此种情况，英国高层仍认为战争可以避免，只要美国出面调停，则马岛危机便可解除。因此，英国高层迟迟没有做出战前动员的决定。直到 4 月 2 日早晨，当得知大批阿根廷武装部队在马岛登陆后，撒切尔夫人才召开内阁紧急会议，决定成立战时内阁并进行局部动员。此时距事发已经过去 20 多天。

对组织体制平战转换时机选定，最理想的是"恰到好处"，但要做到这一点非常困难。在对战争爆发时间科学判断和预测的前提下，为了减少误判造成的损失，主要是采取准备性动员措施和弹性方式确定平战转换时机。通常，在战争征候明显、战争爆发迫在眉睫的情况下，应迅速果断实施组织体制平战转换，以做好应对战争的各项准备。在有战争征候，但一时尚难准确判断的情况下，可以先秘密采取局部、有限转换，在受威胁较大的战略方向、作战地区实行准战争动员，部分政府机构先期转入战时轨道并代表政府承担动员职能，随着形势需要再将平战转换升级。以第二次世界大战期间美国平战体制转换为例，1941 年 12 月 7 日，日军偷袭珍珠港宣告了太平洋战争的全面爆发，一直想隔岸观火的美国被直接卷入了战争的漩涡。在一些人看来，在面对突如其来的打击、仓促宣战的情况下，美国的动员肯定准备不足。然而，战争爆发后的表现证明，美国在战前是有所准备的。从 20 世纪 30 年代后期开始，美国就已经认识到德国将是第二次世界大战的策源地，并开始着手作直接参战的准备，先是于 1940 年 8 月开始了局部的工业动员，3 个月之后又开始了局部的兵员动员。在有明显战争征兆的情况下，预先、适度的组织体制平战转换，对于美国突然被卷入战争后，国家能够马上转入战时轨道，将战争潜力迅速转化为军事实力，起到了关键性的作用。

二、适情适度，控制范围

国家组织体制平战转换对经济活动、社会秩序和人民生活影响巨大，必须要综合考虑各种因素，控制范围，慎重决策。这里所说的范围，主要包括动员规模的范围和动员方式的范围两个方面。

一是合理把握动员规模。组织体制平战转换按实施规模通常区分为局部动员和总动员。局部动员是在部分地区或某些部门实施的国家动员体制平战转换，总动员是在全国范围实施的动员体制全面转换。应根据对战争规模的科学预测和国家战略意图决定平战转换规模，避免由于平战转换规模过小而丧失战略主动权，同时防止由于平战转换规模过大而干扰国家经济建设，扰乱正常的社会生活秩序，造成人力、物力、财力的重大损失和浪费。在 20 世纪初的日俄战争中，负责指挥对日作战的库罗帕托金在战后反思时认为，俄国在组织体制平战转换阶段对动员规模的错误判断，是造成战争失利的主要原因之一。面对强敌，当战争征候非常明显的时候，俄国并没有果断地决定实施全面动员，而是实行局部动员。只在涉战军区征召第一和第二类预备役，而第二类预备役战斗力水平较低，直接影响了动员效果。

朝鲜战争爆发后，最初美国对动员规模的选择犹豫不决，杜鲁门政府直到 1950 年 12 月才陆续做出动员决定。12 月 15 日晚上，杜鲁门向全国发表广播讲话，表明了准备实行全国紧急状态和进行动员的态度。第二天，杜鲁门宣布全国进入紧急状态，一场大规模的动员全面展开。

尤其应注意的是，组织体制平战转换的规模不是一成不变的，应随着战争的发展而变化，使动员适应战争需要。未来，我国面临的战争规模很可能为局部战争，国家转入全面战争状态的概率不大，国家组织体制往往不需要作全面转换。这就要综合考虑作战和社会生产生活等多种因素，以"够用"和"满足作战需求"为原则，确定转换规模，避免顾此失彼。

二是合理选择动员方式。组织体制平战转换按实施方式通常区分为秘密动员和公开动员两种。秘密动员是为了避免暴露战略企图，在各种伪装措施掩护下隐蔽实施的国家体制平战转换。其优点：可取得出敌不意、攻敌不备的效果，易于达成战争的突然性，取得战略主动权和先机。其不足：动员不可能广泛、深入地进行，范围较窄，速度较慢，且信息化条件下，保密越来越困难。公开动员是公开发布动员令，宣布进入战争状态。其优点：可以快速动员，争取主动。其缺陷：一旦公开动员，敌国会很快获悉，能够有针对性地做好战争准备或调整战略部署。

动员实践中，需根据不同情况科学选择国家体制平战转换的方式。实际上，秘密与公开实施平战转换并不是绝对的，根据需要可以灵活变化。在出现战争征候，但一时尚难准确判断的情况下，可采取先局部、先秘密的有限动员方式，在受威胁较大的战略方向、作战地区建立局部动员指挥体制，然后视局势的发展，决定是否建立全国性的动员指挥体制。第二次世界大战主要参战国的总动员指挥体制也不是马上就建立起来的。实际情况是，在总动员初期"只有少部分政府机构先转入战时轨道并代表政府承担动员职能。随着战事的逐步发展以及动员范围的逐步扩大，各方面参与战争的程度越来越深，其他政府机构才相继把主要职能转移到所属领域的动员上来。"①

---

① 张羽：《战争动员发展史》，军事科学出版社 2004 年版，237 页。

三、军政统筹、协调一致

处理好军队与政府之间的关系，是动员涉及军队和地方众多领域对组织体制平战转换提出的必然要求。应把握好以下三点。

一是应军政合组指挥机构。政府或军队系统都很难在战时完全担负起协调军地各方的重担，应吸纳军地各方共同建立动员指挥机构。

第一次世界大战是政府及民事组织全面介入军队动员的肇始。原因如美国学者所言："这次大战在经济上的要求压力是如此之大，只有在实行军事动员的同时实行前所未有的工业动员，才能满足这种要求。"因此，当美国决定大规模扩军时，"陆军在物资方面的需要十分巨大，单靠陆军的后勤供应是无法办到的，于是陆军只得与企业界首脑们一起来处理这次战争的经济问题。"[①]

二是军政互派联络机构。主要是军队与政府系统相互派出沟通联络机构，以实现供需高效对接。1948 年 11 月 24 日，淮海战役进入第二阶段后，华东支前委员会指示："支前机关须到新收复区，脱离原地较远，决定将原 4 分区'支司'改为第 1 办事处，随谭王指挥所，支援谭王所指挥之部队；将 6 分区'支司'改为第 2 办事处，进至古邳一带协助支援粟陈所指挥之部队，各附给民管处 1 个，各带约 5000 副担架、5000 辆小车并配需要机动调剂之。原随各部队单位之随军粮站、油盐站、运粮指挥所、转运总分站均跟随各单位，其尚缺之数另行组织配备之。"[②]

三是军政强化联络机制。主要是军队与政府部门加强协商联络，并形成机制。第二次世界大战时，艾森豪威尔任陆军部作战处首任处长，其在上任之初就感到："我们之中很少有人能对陆军部所关注的那些信息进行情报分析，特别是在已成为情报研究和分析非常核心的方面——工业。在战争的第一个冬天，这个长期积累的重大缺陷成为严重障碍。""很明显的是，有必要协调生产和作战，理解各个战区之间的相互关联，至少要了解对相关国家工业能力的要求。"为此，艾森豪威尔领导的作战处，"要极其辛苦地将无数互不关联的事实糅合进协调一致的军事政策"，还要对"与战争事务间接相关的所有事情"进行研究分析，其"研究收电、起草发电的工作不时被议题众多的与各军种代表、政府官员、工业领导人及盟国机构的会议打断"[③]。

苏联卫国战争时期的"总参谋部与苏联国家计划委员会及保障武装力量战

---

① ［美］拉塞尔·韦格利：《美国陆军史》，解放军出版社 1989 年 9 月第 1 版，第 375、376 页。

② 1948 年 11 月 24 日，华东支前委员会《关于淮海战役第二阶段支援工作计划》。此件存解放军档案馆。

③ ［美］艾森豪威尔：《艾森豪威尔将军战争回忆录》，解放军出版社 2010 年 5 月第 1 版，第 34 页。

斗活动的其他国家机关保持密切接触，同这些机关以及苏军后勤部长一起，根据大本营规定的战略计划，共同制订并向政府提出生产军工产品的订货单"[1]。实际工作中，"为解决任务所需兵力、兵器的计算，物质技术保障计划的拟制，通常在总参谋部内由苏军后勤部长、总军械部长及国防人民委员部各总部和中央管理机关其他领导人预先研究，尔后向大本营或国防委员会报告。在给即将实施战役的方面军指挥部下达战役训令的同时，还在物质技术供应问题上给予指示。"[2]

四、自上而下，次序安排

组织体制平战转换是国家行为，在国家最高权力机关和行政机关的统一领导之下，自上而下按次序安排平战转换工作，是工作顺利开展的根本保证。我国《宪法》和《国防法》明确规定，国务院、中央军委统一领导动员准备和动员实施工作，地方人民政府在上级领导之下，统一管理本行政区的动员准备和动员实施工作。

所谓自上而下、次序安排，主要包含四个方面。一是自上而下、分层次制订方案计划。一般来说，国家级平战转换方案计划由国家动员执行机构制订，经国家动员决策机构批准。各省市县、各部门（行业）的平战转换方案应根据上级方案结合自身实际情况拟定，并报上级批准。

二是自上而下传达部署任务。主要是国家最高动员决策层定下决心之后，自上而下组织传达相关指示精神，确保组织体制平战转换有序。对越自卫反击作战中，国家定下动员决心之后，战前，中共中央三次向国家部、委、办、局和涉战地区省以上党委下达对越作战战备动员指示，明确战备动员的目的、意义、任务和要求。中共中央明确要求省级党委将中央的上述精神，"立即向县、团级党委、同级干部和全体党员传达，然后向全体城镇居民和有关边境居民传达"。

三是自上而下建立动员指挥机构。主要是在国家最高动员决策层的统一部署下，按照从中央到地方的顺序建立各级动员指挥机构。在对越自卫反击作战中，国务院、中央军委首先决定在主要作战方向的广西、云南迅速建立省级支前指挥机构。广西壮族自治区于1978年12月5日成立了支前领导小组，云南省于1978年12月13日成立了支前委员会。省级动员指挥机构建立之后，相关地市县也根据省委省政府指示精神，组建动员指挥机构。12月底前，广西壮族自治区所属地（市、州）、县（市）均成立了支前领导小组和办事机构。云南省10个州及26个省属委、办、局也迅速成立了相应支前指挥机构。

四是自上而下检查督导工作。上级通过对下级检查督导，及时掌握情况，

---

①　[苏]丘什克维奇：《第二次世界大战史》第二十卷下册，上海译文出版社，第207～208页。
②　[苏]丘什克维奇：《第二次世界大战史》第二十卷下册，上海译文出版社，第217页。

发现并解决问题。对越自卫反击作战组织体制平战转换阶段，1979 年 1 月 12 日至 2 月 5 日，总参谋部动员部工作组分别到广西、云南两个方向检查指导平战转换工作，帮助解决问题。同时，省级支前指挥机构也向下属的地级市（州）派出人员，检查指导当地的组织体制平战转换工作。

五、依规依案，迅速有序

组织体制平战转换，是一项复杂而庞大的系统工程，需要依据相关法规和预案迅速有序进行。

一是科学制订方案。组织体制平战转换方案，是国家及有关部门（行业）、地区及企事业单位，为了确保平战体制顺利转换而预先做出的部署与安排，是国家进行平战转换的直接依据。第二次世界大战德国入侵波兰之前，波兰对战争的突然性、规模预料不足，并没有制订完善的应对德国闪电战的总动员平战转换预案，直到 1939 年 9 月 1 日，即德国入侵波兰的前一天才宣布总动员。动员指挥体制的仓促建立直接影响了动员行动展开效果，使波兰陷入被动挨打的境地。

今后信息化条件下的局部战争尤其需要预先制订科学合理的组织体制平战转换方案。"现代战争的压力极大，而且突发性极高，我们必须做好预警期极短，或者全然没有预警期的情况下的平转战准备。"①1991 年海湾战争，美国由于事前拟制了周密的局部组织体制平战转换方案，并进行演练，在海湾危机爆发后，迅即进行了平战转换，赢得了时间，争取了主动。

二是提高动员信息的传递速度。国家组织体制平战转换的快慢，很大程度上取决于动员令传达至各级和每位公民的速度。传递得快，各级动员机构和人民群众才能迅速行动起来；传递得慢，人们无法及时得到信息，也就无法高效准备。应统一协调军地系统的通信网络，综合利用广播、电视、有线、无线、网络等各种现代化信息传递手段，以最快的速度，把平战体制转换的预先号令和正式命令下达到各个角落。

20 世纪的第四次中东战争中，由于阿拉伯国家选择在赎罪日发动战争，以色列打破电台在赎罪日这天不能播音的惯例，发出了动员令。当天下午，以色列各家电台同时打破沉寂，全面发布战争动员的消息。由于当时预备役军人大都在教堂里，教堂里的诵经声使他们根本无法听到外面的广播。在这种情况下，以色列当局立即派出大量军人和政府官员，乘车穿梭于城市的大街小巷，传达动员命令和指示，保证了国家组织体制在第一时间建立起来。

---

① ［美］亨利·E. 艾克尔斯：《国防后勤学》，美国斯塔克波尔公司 1959 年版，第 355 页。

第九章　动员筹划准备

毛泽东曾经指出："优势而无准备，不是真正的优势，也没有主动。"①动员筹划准备，是组织体制平战转换后，为动员顺利展开所进行的一系列准备活动，是战时国防动员活动发挥作用的前提。

第一节　动员筹划准备的内涵

毛泽东曾经对战争中交战双方的指挥对抗做过精辟阐述："两军指挥员以军力财力等项物质基础作地盘，互争优势和主动的主观能力的竞赛。"②抗美援朝战前动员准备阶段，周恩来总理明确指出："一切都要准备，不要成为'临急应战'，而要有充分准备，一出手就胜。"③战时国防动员筹划准备活动作为动员组织指挥活动的组成部分，实质上就是进行力量和谋略准备的过程，其内涵主要包括以下几个方面。

一、以充分理解上级意图和任务为前提

贯彻上级意图和部署是进行动员筹划准备的前提，是进行动员筹划准备的出发点和着眼点。上级意图和部署是在战争动员活动中希望达到的打算，任何动员活动都带有特定的意图和目的，上级意图和部署就是动员活动追求的最终目的，动员筹划准备实质上就是认真领会和严格贯彻上级意图和部署的过程。在动员筹划准备过程中，动员资源的数量和动员地域，动员主要样式，动员任务区分，力量编成，各类动员行动的先后次序，动员资源集结、装载和交接的地点及时限都要符合上级的意图和部署。对不符合上级意图和部署的计划、方案，即使局部或暂时看来是有利的，也要坚决摒弃，不能因小失大。

二、以制订和下达动员计划为主要内容

战时，交战双方不仅是人力、物力、财力等动员力量的较量，还是动员

---

① 《毛泽东选集》第 2 卷，人民出版社 1991 年版，第 492 页。
② 《毛泽东选集》第 2 卷，人民出版社 1991 年版，第 458 页。
③ 周恩来：《关于加强边防军计划的报告》，1950 年 9 月 3 日。

指挥员运筹谋划的较量，"敌我斗争不仅斗力，更主要是斗智"①。制订和下达动员计划，实际就是运筹谋划准备的过程，是筹划准备动员行动的基本形式和主要手段。指挥机构正是通过动员计划指导各单位展开动员准备。制订和下达动员计划作为动员筹划准备阶段动员指挥机构的核心事项，主旨是把动员决定变为可行的方案计划。这项工作主要包括三个环节。一是将动员需求与动员能力进行比较，最终确认动员能力在多大程度上可以满足动员需求，是完全满足动员需求，大部分满足动员需求，还是部分满足动员需求。二是针对动员能力不足的情况，调整动员需求或增加动员供应。三是根据最终确定的动员需求和动员能力，确定和分配动员任务，形成动员计划。

淮海战役准备阶段，华东野战军在曲阜召开会议，研究决定整个战役的作战和支前工作。当时，华东野战军参战兵力约 40 万，加上各级支前机构和保障作战的民工，共近 70 万人参与作战。华东支前委员会在支前计划中按照 70 万人的保障基数，明确相关供给保障，并按照每个纵队保障 500 副担架的标准分配了担架的动员保障任务。华东支前委员会据此拟制了第一期战役支前计划。

三、以迅速完成动员部署为根本目的

动员筹划准备实质上就是做好人、财、物、组织谋划等一切准备工作的过程，最终目的就是完成动员部署。尤其是现代条件下，战争节奏加快，为动员准备留下的时间大大压缩，能否提前迅速完成动员部署，直接决定了动员行动的成败。第四次中东战争爆发之前，以色列误判形势，认为埃、叙不会主动发动进攻，因而战前动员准备严重不足，在遭到埃、叙的突然袭击后，损失惨重，极度被动。最后，以色列依靠较完善的动员体制和有力的动员措施，迅速完成动员部署，才扭转了战争初期的被动局面。

第二节　动员筹划准备的条件

当出现以下几种情况时，应开始进行动员筹划准备。

一、组织体制平战转换基本完成

组织体制平战转换是为动员组织指挥活动进行的组织准备，也是动员筹划准备开始的基本条件，完成组织体制转换后应迅速开展相关准备工作。战争动员实践中，通常是以各级动员指挥机构成立为重要标志，开始进行动员

---

① 《刘伯承军事文选》，解放军出版社 1992 年版，第 387 页。

筹划准备。对越自卫反击作战，1978年12月下旬我国基本建立了国家—相关省—地(市、州)—县(市)比较完整的支前指挥体系为标志，各级动员指挥机构迅速展开动员筹划准备。

二、已经接受动员任务

紧急情况下，当组织体制平战转换没有完成，但已经受领动员任务时，也需要迅速进行动员筹划准备。第四次中东战争爆发前5小时，即10月6日10时，以色列总理才宣布全国总动员向并全国下达动员任务，由于情况急迫、时间仓促，各级只能在组织体制平战转换还没有完成的情况下火速拟制动员方案、计划，并进行各项动员筹划准备工作。

第三节　动员筹划准备的程序方法

动员筹划准备的程序方法是动员指挥员及其机关在组织筹划动员行动时的组织指挥流程和方法，从受领动员任务开始，到检查动员准备情况为止。

一、受领动员任务

受领动员任务是动员筹划准备阶段的第一个环节，应重点完成两项工作。

(一)理解动员任务

动员任务作为上级动员意图和总体部署的具体化，是各级动员活动的纲领和行动指南。指挥员接到上级下达的动员任务后，应当及时组织有关人员研究理解。

一是搞清楚动员任务的内容。这是受领动员任务的主要工作，也是动员筹划的前提。动员任务主要包括各类动员资源的需求量、完成时限、需要达到的效果等。

二是明确各项动员任务的重要性、关联性和紧急程度。由于动员活动涵盖多个领域，上级的动员任务可能涉及人、财、物等多项具体动员任务，因此受领任务过程中应对上级下达的各项动员任务进行分析，区分重要性、紧急程度以及相互关系。一般来说，交通动员作为人力、物力资源发挥作用的"瓶颈"，是各项动员任务的重中之重，处于最紧急的位置。另外，如果武器装备、军需物资动员量巨大，除动用物资储备外，往往还需要紧急生产，而生产加工往往需要一定的时间，因此物力动员通常应先于人力动员进行。抗美援朝战争，东北动员指挥机构对动员任务综合分析之后，确定各项动员任务的重要性和紧急程度由重到轻依次为：交通动员、物资动员、人力动员。

(二)确定动员的方向、类别和程度

指挥员对上级动员任务分析后，根据动员任务量、时间要求和动员标准，确定动员需要涉及哪些地域、行业系统，确定主要动员资源以及需要进行动员的程度。抗美援朝战争战前准备阶段，东北动员指挥机构根据任务确定主要动员区域为东北地区。动员的程度为局部动员。需要动员的主要资源为以兵员、支前民工为主的人力资源，以武器装备和人员给养为主的物力资源，以铁路、公路运输工具为主的交通资源。

二、核定动员能力

动员指挥员及其指挥机关受领动员任务之后，应当迅速对拟动员地域的动员能力进行核定。"正确的决心来源于正确的判断，正确的判断来源于周到和必要的侦察，和对于各种侦察材料的连贯起来的思索。"[①]准确掌握自身动员能力，清楚自己的底数，是有的放矢制订动员计划的前提。

(一)核查动员资源的状态

动员资源并不是处于一成不变的状态，在筹划组织动员行动之前应准确掌握动员资源的即时情况，在哪里？有多少？质量如何？解放战争淮海战役前，冀鲁豫支前委员会确定的运粮任务明确："在运粮工作进行中，仓库组织应健全起来，同时进行查清工作，把实有粮数分别种类(如谷子杂粮等)清理统计，以便及时了解现粮情况，宜于掌握。"[②]

核查动员资源的状态主要是对拟动员地域内可利用的人力、物力、财力、组织力、科技力和精神力资源的所有者、数质量、可利用的运输条件和实际可利用的情况等进行核查确定。主要包括：动员资源的地域分布，主要是相关动员资源在动员涉及地域的分布情况；所有者，主要是相关动员资源有所有权情况，动员资源所有方的基本信息；数质量，主要是动员涉及地域相关动员资源的数量和质量状况；可利用的运输条件，主要是相关地域的铁路、公路、水路、航空等运输条件，主要交通工具的情况、主要运力情况、主要交通线路的通行情况等；实际可动员的情况，主要是战时情况下不影响正常社会生产生活实际可动员的资源情况等。

在这一过程中，应把握全面、准确、及时的原则。即核查的内容要力求全面完整，全面掌握相关信息；动员能力核查信息资料要客观真实，全面准确地反映本级动员能力的真实情况；在规定的时间内及时提供动员核查信息，力求越早越好，为动员决策留出充足时间。

---

① 《毛泽东选集》，人民出版社1991年版，第458页。
② 《冀鲁豫战勤总指挥部菏泽运粮会议纪要》，1948年12月。

可以说，核查动员资源工作质量的高低直接决定了动员组织指挥能否顺利进行。在对越自卫反击作战中，我方个别支前机构对本行政地区的兵员质量情况核查不准确，直接影响了战时兵员动员行动的正常展开。"有的单位把个别原在部队表现不好，被开除党、团籍的退伍兵也动员归队，影响很坏。"同样是这次作战中，"广州军区要求广东、广西、湖南三省（区）动员 800 名 25 岁以下的报务、报话员，由于各级武装部门平时不掌握退伍技术兵的数质量和分布情况，任务下达后，不少县手忙脚乱到处找，费了很大力气，才勉强完成任务。"

（二）确定完成动员任务能力情况

核查动员资源的状态之后，要根据动员资源的数量、质量、可利用的情况，确定本方是否具备完成动员任务所需能力。确定自身动员能力时要注意客观、准确，如果说上级意图与部署是动员筹划准备的前提，那么确定本级动员能力则是动员筹划准备的基本依据。

脱离本级实际动员能力而盲目进行动员准备将严重影响动员行动的实施。第二次世界大战德国入侵苏联之前，德国过高估计了本国交通动员的能力，并对战争中汽车损失率预计得过于乐观，"过多地指望缴获和利用俄国的铁路车辆"[①]。到了实际作战中，"据估计，如果单用汽车一种工具，为进至莫斯科所需的车辆至少是德军实际使用车辆数的 10 倍"[②]。可以说，德国没有对本国运输工具和油料的动员能力进行客观、准确的评估，是造成动员行动失败的重要原因之一。

（三）拟定动员的行业和地区

动员指挥员根据动员资源的核查结果和自身具备的动员能力，确定动员资源筹集的范围。从动员的行业和地区范围大小区分，可以分为就地筹措和后方筹措两种方式。

一是就地筹措方式。主要是在涉战地区筹集动员资源。新中国成立以来我国历经的战争动员实践多数是采取这种资源筹措方式。抗美援朝战争"主要动员区域为东北行政区所辖的辽东、辽西、热河、吉林、松江、黑龙江 6 省，以及沈阳、抚顺、鞍山、本溪 4 个大行政区辖市和旅大行署"[③]，涉及经贸、金融、工业、农业、交通、水利、邮电、民政、海关等众多行业系统。1962 年东南沿海紧急战备，主要动员区域为福建、浙江、江西、江苏、广东。同年的对印自卫反击作战，动员保障任务主要由西藏、新疆两自治区承担。

---

① ［以］克列威尔德：《战争与后勤》，战士出版社 1982 年版，第 201 页。

② ［以］克列威尔德：《战争与后勤》，战士出版社 1982 年版，第 196 页。

③ 《人民日报》，1950 年 2 月 6 日。

1969 年珍宝岛自卫反击作战，动员区域限于黑龙江省及其合江地区。1974 年西沙自卫反击作战的支前保障，动员区域为广东省及海南行政区。1979 年对越自卫反击作战的支前保障，主要由广西、云南特别是边境一线的地（市）、县（市）负责组织实施。就地筹措动员资源的优点是，动员资源取自涉战地区，可以迅速为军队作战行动提供保障，同时对交通运输能力要求不高，运输环节的损耗比较小；其不足是，动员地区负担过重，动员资源难以"优中选优"。如抗美援朝战争动员战阶段，东北地区战勤动员的年龄为 18 至 40 岁，到了阵地战阶段，不得不将年龄放宽到 17 至 50 岁。放宽条件等于降低条件，实质上等于动员标准的下降。

二是后方筹措方式。主要是由国家统一在更多行业、更大范围，甚至全国范围内进行动员资源的筹措。第二次世界大战以来西方发达国家发动的战争多数是采取后方筹措的动员方式。我国在近现代战争动员实践中也积累了后方筹措动员资源的丰富经验。1958 年炮击金门作战期间，为解决本地物资缺乏的问题，厦门市组织"约 200 人次的采购员在辽宁、四川等 7 个省大力组织货源"[1]，相继从河北采购粉丝 600 担，从安徽采购鸡蛋 12 万斤，还有采购四川的木耳、上海的水产等。后方筹措的优点是，可以集中全国优势力量于一域，为战争提供最优资源、最强的动员能力。其不足是，当战场形势发展迅速，动员需求突然变化时，及时提供动员资源的难度较大，同时由于动员筹措地区与作战地区距离较远，对交通运输远程输送能力要求较高。

对于拟定动员的行业和地区范围，通常的要求是，动员任务越重，自身动员能力越弱，需要动员的行业就越多，动员的地域范围就越广；反之，需要动员的行业就越少，动员的地域范围就越小。但是，在战争动员实践中，动员活动对速度和质量的要求是一对矛盾。首先动员活动的时效性标准要求缩小动员范围，以迅速筹措动员资源。而动员资源的高质量标准要求尽量扩大范围，以尽量筹措优质资源。因此，动员指挥机构需要综合考虑动员任务、敌人实力、我方动员能力等因素，努力平衡动员活动对速度和质量的要求，合理确定动员的行业和地区范围。以解放战争三大战役为例，辽沈战役由于战前准备充足，物资经费充裕，除因交通线被切断后在紧急情况下就地筹措一部分外，主要采取后方远程供给。淮海战役，由于作战地区长期被战争破坏，加之参战部队和民工以及俘虏人数众多，作战区域广阔，补给线漫长等原因，完全依靠后方供给，困难太大，所以采取了就地筹措与后方调运相结合的办法。平津战役，主要是以围困战为主，因此和辽沈战役一样采取后方供给的筹措方式。

---

① 《厦门支前委员会两个月来支前工作的小结报告》，1958 年 12 月 5 日。

三、拟制和提出动员决心建议

动员指挥机关应根据本级任务和动员能力，迅速拟制和提出动员决心建议。决心建议是科学决策的基础，也是动员决策全过程中的重要环节，高质量的动员决心建议，是保证动员决心正确的重要前提。

(一)动员决心建议的主要内容

动员决心建议是动员决心的雏形，也是动员计划的基本轮廓，因此其与动员决心、计划的内容极其相似。动员决心建议一般包括以下内容：

一、情况判断结论，主要包括基本形势，我主要动员地域的动员潜力和实际可动员资源基本情况；

二、上级意图，主要是上级的动员意图和总体部署；

三、本级动员任务，主要明确本级动员行动要达到的结果；

四、动员种类，主要明确需要哪些类动员资源，重点动员哪些资源；

五、数量和地域，主要明确需要动员的各类资源的数量和主要动员地域；

六、动员任务区分，主要明确动员执行力量各自担负的动员任务、相关要求；

七、动员样式，主要明确采取哪种样式进行动员。目前我军武装力量动员的主要样式有：现役部队按战时编制补充满员，预备役部队转服现役，一个军(或一个师)扩建一个新师，地方部队升级等；

八、动员行动，主要明确动员执行力量具体担负的动员行动；

九、力量编成，主要明确动员执行力量的具体编组和配置地域；

十、保障措施，主要明确后勤、装备等相关保障；

十一、动员准备时限，主要明确完成一切动员准备的时间要求。

(二)拟制动员决心建议的方法

拟制动员决心建议的方法主要有以下三种。

一是修改平时已拟制的动员方案。和平时期，各级通常会针对预想情况制订战争初期动员方案。这些方案一般都是吸取过去的经验，结合本地区实际和未来作战可能出现的局势制订的。战时动员指挥员及其指挥机关在了解动员形势和动员任务后，可以首先从原有动员方案中选择适合当前情况的方案和资料，加以补充修改，形成动员决心建议。这种方法在时间紧迫时能在最短时间内提出决心建议。

二是综合原有各方案中的合理因素形成动员决心建议。这是现实中最常用的方案拟制方法。由于形势的变化，平时已拟制的方案很难完全适合实际情况。但事物的发展变化都是有延续性的，平时动员准备是战时动员发展变化的基础。战时动员指挥机关可以根据动员任务和动员能力，综合平时预案中的合理因素，加上新的行动构想，形成动员决心建议。如我军在 20 世纪 80 年代拟制的《全军战争初期动员方案》是针对大规模作战背景下全国总动员进行的计划安排，已不适用于信息化条件下局部战争动员的需要，但动员扩编的形式、划分兵员补充区、现役部队按战时编制预编满员所需的武器装备和后勤物资安排等内容完全可以在新的方案中借鉴使用，以缩短拟制方案的时间。

三是重新拟制决心建议。当平时拟制的方案完全不适用当前动员态势时，就应当进行新的构想。如因为偶然性、突发性事件引发的战争危机，战争对手、主要动员地域和重点动员领域与平时动员方案中预想的情况差别较大时，只能根据现实情况重新拟制动员决心建议。全新的决心建议具有较强的适用性，但由于临时拟制，各项准备不充分，动员方案的合理性和严谨性有可能较差，往往需要在动员过程中不断完善。

（三）动员决心建议的提报程序

动员决心建议的提报，应由动员指挥机关负责，通常包括以下几个步骤。

一是正确领会上级意图。上级意图是指导本级动员行动的总方略，是本级动员行动的努力方向。在提出决心建议时首先要以上级意图为基本依据和约束条件，认真分析上级意图中要完成的各项具体任务指标，找出实现这些指标的实际措施。

二是搞清自身具备的动员能力。本级动员能力是组织动员的基础，动员能力的大小决定了可以完成的动员任务，提出决心建议时应在本级动员能力范围之内设想完成动员目标的各种措施，保证建议的可行性，避免提出力不能及或本身动员能力无法充分发挥的决心建议。

三是设想多种动员决心建议。在统一动员目标的指引下，针对动员任务需求，分析作战行动对动员活动的几种需求变化可能，研究提出与之对应的对策和方案。为了提高决心建议的质量，使指挥员有更大的优选范围，针对实现目标过程中可能遇到的主要情况都要有相应的对策。也就是既要有基本方案也要有预备方案，既要有可能性最大的方案，也要有应付突然变化的临时性方案。各种方案应在重大措施上有显著的差别，力避千篇一律和大同小异。

四是分析、归纳动员决心建议。对每项决心建议进行对比分析、筛选，进行必要的归纳综合，并对各项决心建议进行预测分析。预测内容应着重分析各决心建议达成动员目标的可能性，分析动员发展进程和可能的结局。在此基础上，确定出几个可行的决心建议，作为指挥员决心的备选方案。

五是向指挥员提出决心建议。主要是对决心建议拟订的依据、理由、优点与不足、可行性、实行后的可能效果及对全局的影响向指挥员做出简要说明，并排出选择的顺序。尤其需要对基本方案作重点说明、充分论证，向指挥员提出倾向性建议。

四、定下动员决心

定下动员决心是动员指挥员从多个动员决心建议中评估、优选，确定最佳方案的过程，是动员决策过程中最关键的一步。

(一)审查决心建议

动员指挥机关拟制完成决心建议之后，动员指挥员应当及时组织召开会议，审查听取决心建议。审查动员决心建议，需要有一个客观的评估和优选标准，用以度量各个动员方案的长短、优劣。具体标准主要包括以下几个方面。

一是符合上级意图和本级动员任务的程度。动员决心建议是在上级总体部署下完成本级动员任务各种途径的规划设计。评定一项决心建议的优劣，首先要以符合上级总体意图程度的总指标和符合本级各项动员任务程度的分指标进行衡量。

二是动员效益。动员效益是在动员活动中获得的有利结果和需要付出的代价之比，是评估动员决心建议的基本依据。一般来讲，动员效益大的决心建议是好的方案。得不偿失的或没有动员效益的决心建议则是不可行的方案。但应注意两点，首先，这里所说的动员效益是动员全局的效益。只有从全局看，获得的有利结果大于付出的代价，动员效益才大。只是从局部或者某一阶段看，获利大于代价，但从全局和整个动员过程看，获利小于付出，那么也不能说动员效益大。其次，动员决心建议的优劣最根本的衡量标准是动员活动能否为军队作战和社会管控、应急维稳行动及时有效地提供动员资源。如果某一个动员方案效益大，但无法统筹好各方需求，那么它也不是好的决心建议。

三是可行性。每个单位、地域的动员能力是一定的，只有在本级动员能力范围之内确定动员任务，提出实现这些指标的各种措施，这个决心建议才是可行的。

在现实中，按照上述评估标准审查动员决心建议之时，很难找到符合全部标准的方案。一个方案在某一方面可能是最优的，在其他方面可能不是最优，甚至有可能较差。在这种情况下，动员指挥员就要善于分析这些矛盾，纵横对比，把握主要矛盾，全面分析各种决心建议的利弊得失，从中进行优选。一般来讲，在上级总体意图确定的前提下，本级动员能力可以承受，对动员全局来说动员效益较大的动员决心建议就是比较满意的方案。

(二)最终确定决心

动员决心建议审查完成之后，指挥员根据选定方案定下动员决心。本级动员决心应当报上级批准，并及时将有关情况通报有关方面。情况紧急时可依据动员决心先行展开动员部署，同时报上级批准。

随着科学技术的不断发展，信息系统尤其是辅助决策系统在动员决策过程中发挥着越来越重要的作用。但在目前的技术条件下，辅助决策系统更多的是为指挥员定下决心提供量化的决策依据。也就是说，动员指挥信息系统只能提供优选动员方案的依据，但战争对抗最终还是人的对抗。从一定意义上说，决心是思维的结果，决心的正确与否，取决于指挥员所采用的思维方法。从历次战争动员实践看，动员指挥员定下决心主要采取的思维方法有经验思维、规则思维和辩证思维等。

一是经验思维。主要指人们在做出决策之前，先依自己的经验进行比较，然后做出判断和决定，这是最普遍、最常用的思维方法。人们在决定问题时，通常会不自觉地参照直接或间接的经验教训做出决定。一般来说，一位指挥员经验丰富，就是说他对动员活动指导规律有了较好的认识和掌握，一旦新的情况出现时，他就可以综合运用自己的经验教训，做出相对合理的判断和处置。需要注意的是，首先，要处理好个人经验与集体智慧的关系。指挥员个人的经验，从思维认识的深度和广度来看，都有很大的局限性，这种局限性需要以集体智慧加以弥补。其次，任何事物都是发展变化的，运用经验思维时要将过去的经验与新的情况结合起来，方能形成合理的动员决心。

二是规则思维。主要是从已有的原理、原则、规律、公式出发，通过逻辑上的推理、判断和演绎，得出结论的方法。作为一种普遍而有效的思维方法，规则思维在动员组织指挥活动中有着十分重要的意义。有两点需要注意，首先，理论和规则在一定时间段内具有稳定性，但不是一成不变的，动员指挥员应当不断考虑新情况，研究新问题，摒弃那些过时的理论，使自己的思想和行动始终以先进正确的理论为指导。其次，要坚持在客观实际的基础上运用规则，使自己的思维建立在敌情、任务、动员地域、天候、时间、动员能力等情况的基础之上，并据此科学决策。

三是辩证思维。主要是运用辩证方法来判断和推理分析的思维，这种方法与经验思维和规则思维有着明显的区别。辩证思维是思维的最高层次，应着重把握以下几个方面。统观全局，抓住主要矛盾。指挥员在定下动员决心的思维过程中必须统观全局，研究影响定下决心诸因素的辩证关系，从中抓住主要矛盾。分析综合，透过现象看本质。指挥员需要运用综合与分析的方法，透过现象抓住本质，从偶然中找出必然来。双向思维。从敌我双方的矛盾对抗性出发，既站在我方立场考虑动员目的与行动以及敌方可能的企图与行动，又站在敌方立场进行反观思考，从敌我双向思考的角度进行全面的分析，进一步发现问题，预测敌方的思维活动，然后决定自己的对策。

五、拟制动员计划

指挥员定下决心后，指挥机关人员应迅速依据决心对动员行动进行具体设计和安排。周密的动员计划是有组织、有计划实施动员的基础，是动员组织指挥的直接依据，各级动员指挥机关应该把拟制动员计划作为一项极其重要的工作，高标准完成。法国著名军事家拿破仑曾经指出："只有拟定出一个深思熟虑的计划，才有可能在战争中成功。"如果没有管用的动员计划，很容易引起混乱。对越自卫反击作战中，个别支前动员机构"由于没有统一的兵员动员计划，也缺乏一套相应的规章制度，因此，有些领导同志感到心中无数，在工作中出现了忙乱现象，工作比较粗糙"。广西、云南、贵州动员指挥机构由于事先没有拟制动员补充技术兵的计划，导致"动员来的技术兵不能对口分配使用，有的把海、空军专业技术兵分配到陆军部队，有的把汽车司机分配到步兵连队，不能发挥他们的专业特长"。

（一）动员计划的主要内容

动员计划核心内容通常包括：情况判断结论，动员任务区分，动员展开的阶段划分，各类动员行动的先后次序，各项动员任务的责任单位及负责人，动员集结、装载、交接地点及时限，动员指挥机构构成及动员协同关系，防护措施和保障条件等。

不同等级动员计划的内容重点也各不相同，如最高级的动员计划往往是概括性的，越往下动员计划越具体。但无论是哪一等级的动员计划，其最终目标都要回答清楚需要多少动员资源和如何掌握、分配，也就是说一定要清楚明白，使大家一看就知道干什么、怎么干。通常，动员计划按涉及范围标准，可以区分为综合性动员计划和专项动员计划。

综合性动员计划。通常是按动员对象区分几个部分，分别对动员任务、完成方法、相关要求、组织领导进行明确。解放战争淮海战役，华野秋季第二战役支前工作计划对粮食、人力、供应、交通几个方面进行了明确。其主要内容为：粮食方面，主要明确部队开进时过境粮食的布置，战地粮食供应布置，粮食调运等；人力方面，主要明确各纵队常备担架之配备数目，转运担架及运粮小车挑子的配备，担架、挑子、小车的调拨，以上共动用民力数量等；供应方面，主要包括油盐、菜、战场器材、包尸布等；交通方面，主要包括公路修筑，有线电话架设，河运及船只等。

专项动员计划。通常是对某一类动员资源或某一项具体动员活动如何组织进行明确，内容应较综合性动员计划详尽。解放战争中，华东局拟制了淮海战役兵员动员补充计划。"计划动员十一万名以上，共分三期完成。第一期：将现有基干团尽量调出。计胶东三个团，5670人；鲁中南五个团，6230人；渤海两个团，2500人；共十一个团，14400人。加上渤海四个新兵团10000人及县区武装5500人，总共29900人。第二期：从各县区武装中抽调平均数之一半，计胶东5000人（原定8000，后减少），鲁中南7000人，及昌淮的两个警备团3000人。第三期：动员参军及恢复与充实县区武装，由其升级过渡到后备兵团，共计70000人。"[①]

（二）拟制动员计划的程序方法

动员计划拟制的基本程序，主要包括以下几项。

一是认真领会动员决心。认真领会本级指挥员动员决心，是拟制计划首先要做的工作，也是保证计划具有指导性的关键一步。需要对决心的每一个细节都必须彻底弄清，不能含糊，确保完整、准确地体现本级指挥员动员决心。

二是充分准备、深入研究。拟制动员计划前应做好各种准备和情况研究，以保证计划的客观性和可行性。充分准备，是指拟制计划所需要的各种数据资料要准确充分。主要是对我方动员能力、主要动员地区环境等方面的资料和有关数据掌握要充分，内容要真实，数据要可靠。深入研究，是指对计划实行中各种可能出现的情况要认真预想和准确判断。尤其是对由于军队作战行动可能的发展变化而引起的需求变化要进行科学预判，以防止因动员需求突然出现重大变化而可能引起的指挥混乱。

三是确定具体需求。动员计划的主要任务是保证动员供需紧密衔接，因此，搞清楚具体动员需求是拟制计划的重要工作。根据动员资源需求提供的准确程度不同，通常有以下两种动员计划拟制方法。

（1）按项目编制计划法。在动员计划中分别计算每一种供应品的需要量，并根据具体需求数量进行计划安排。任何物品，从肥皂箱到小型舰艇的螺旋桨，都可能成为供应品，都属于要计划的项目，都要列为专项计算需要量。这类动员计划，往往是由较低级别的动员指挥机关拟制，因为高级机关如果采取这种方法拟制动员计划，就需要大量的时间和大量的具体数据，很难适应快速多变的形势。

（2）大指标计划法。主要是设定三个数值，分别是活动数量、消耗标准、判断系数，用这三个数值计算不同情况下某一种或某一组供应品的需要量。其具体计算方法为：需要量＝活动数量×消耗标准×判断系数。活动数量是对需要量影响最大的活动或事项，如一个组织的定员，是确定给养、被服的

---

① 《华东局关于淮海战役兵员动员补充计划》，1948年11月21日。

需要量或船舶携行储备量的最重要事项；运转时间是确定油料最重要的事项，诸如此类。消耗标准是单位消耗量。判断系数是计划拟制人员按照经验，在估计实际的动员保障条件与"标准的"动员保障条件的差别后选用的数据。这种方法有利于较高级别指挥机构计算某几类供应品的大致需要量，制订相应的动员计划。

四是分清动员步骤，安排动员行动。动员行动是一个过程，先保障什么，后保障什么，再保障什么，在拟制动员计划时要综合考虑，按照动员决心设想划分好动员阶段、动员环节，科学安排每一步的动员行动。

五是模拟论证，修改完善。计划制订完成后，需要对其科学性、可行性进行论证，并修改和完善。基本方法：①听取专家的意见，将有价值的意见吸收到动员计划中来。②在有条件的情况下，利用计算机模拟手段，按所拟计划进行推演、评估，从中发现问题，进行研究修改，使拟订计划逐步完善。

六是检查校对，规范形式。动员计划是指挥员及其机关组织指挥的依据，同时又是各动员力量行动的依据，文字表述上的任何错漏、歧义，都可能带来严重后果。因此，要在计划完成后，认真组织检查校对，确保规范化。

七是批准生效。按照法定程序审定批准，是确保动员计划权威的必要步骤。一般来说，下级计划根据上级计划制订，并逐级报上级批准和备案，上级的计划是下级计划制订的依据，下级的计划是上级计划的组成部分。

我国动员计划的审定程序与批准权限通常是：国家层次的动员计划由最高动员决策机构批准后生效，政府系统和军事系统分别逐级下达；国家专项动员计划由国务院和中央军委分别审定、批准，并报国家最高动员决策机构备案；战区以下层级的动员计划，由本级动员指挥机构审定、批准，并报上级备案。

六、拟制动员命令

动员命令主要包括预先号令和正式动员命令。

预先号令。指的是动员指挥机关为了使动员执行力量尽早准备并对其行动进行指导，发出的预知性简要命令。主要包括：相关力量将要遂行的概略动员任务，准备工作和完成时限及其他有关事项。

正式动员命令。主要是动员指挥机关根据指挥员定下的动员决心拟制的指导各级动员行动的准则。主要包括：情况判断结论，上级意图，本级任务和决心，动员对象、范围，动员的主要方式、方法和步骤，动员力量编成和任务区分，完成动员准备的时限和动员展开时间等。历史上，苏联多次以"动员令电报"的形式，由国防部下达动员命令。"动员令电报"的内容包括：①动员任务；②动员保障对象及协同单位；③动员日及各类动员行动展开的日期；

④基本要求。其中动员日（M 日）即动员行动开始日，以这一天为准安排所有动员行动。M 日之前展开的动员行动，其动员开始的时间为 M 日 $-X$ 天，M 日之后展开的动员行动，其动员开始的时间为 M 日 $+X$ 天。

拟制动员命令应注意两点。首先要准确。阐述的内容含义应单一确切，在具体问题上又不要过于死板，应使下一级在执行中有一定的灵活性。聂荣臻同志在回忆录中写道："毛泽东同志对下面的事情从来不规定得很死，作战呀，部署呀，战役战术上的组织等都是如此。因为他要给下边以机动，充分发挥大家的主观能动性。"[①]第二要简明。命令指示对主要问题的表达应力求简单明了，使下属一看就懂，便于理解和执行。分项动员命令的内容应相对具体，但也不能过于详细，否则会限制下级的积极性，并会养成下级一切行动都要依赖上级指示的被动习惯。

七、下达动员命令及动员计划

动员命令及计划是下级组织动员的重要依据，拟制完成经审批同意后，应由指挥员签署，通过多渠道迅速转达至下级，并将主要内容通报给友邻单位。

（一）主要下达方式

一是书面下达。作为常用方法，主要是应用动员指挥信息系统传递文字、图表。这种方式表达的内容形象、准确，便于存档。特别重要的绝密命令，为防止信道传递失密，可派专人直接送到下级指挥员手中。按照国内外拟制动员计划的惯例，各种动员计划均应以指令性文件下达实施，遇有特殊情况或因形势发生重大变化需要调整时，应报经上级动员指挥机构同意。二是口头下达。可以用面谈、会议或现地明确的方式，也可以用视频、网络、电话等技术手段口述下达命令。其最大优点是可以当面直接了解部属对动员任务的理解程度和完成任务的信心。三是信号指令下达。主要是将事先约定内容的专门信号用通信信道发往接受者，并及时了解部属收到信息和执行的情况，主要是便于保密。

（二）主要下达渠道

一是由军队动员决策层向有关部队下达作战动员准备指示，并由部队通报驻地党委、政府，部队和驻地党委、政府分别进行战前动员。二是由国家最高权力机构向军队和政府下达作战动员准备的命令，军队和政府依令采取行动。新中国历次作战动员命令指示的下达主要是采取这种渠道。1979 年 2 月 14 日，即对越自卫反击作战开战前 3 天，中共中央向各省、市、自治区党

---

① 于海涛：《军队指挥学》，第 431 页。

委，各大军区、省军区、野战军党委，中央和国家机关各部委党委、党组，军委各总部、各军兵种党委，各人民团体党组，发出了《关于对越进行自卫反击、保卫边疆战斗的通知》。

无论使用哪种方式和渠道传达动员命令，都应该注意传达要及时。由于动员决策必须夺取先机之利，为此，一切动员命令、指示都要快速及时下达，使下属早作准备，及时行动，以便赢得主动。另外，还要严加保密。

八、组织动员协同

动员命令及计划下达之后，动员指挥机构应统一安排各动员力量协调配合相关事项。现代战时国防动员是交战双方动员实力的整体对抗，能否将各动员力量按其特点和优势有效组织起来，协调一致地投入动员，发挥整体威力，取决于动员协同的组织。例如，在动员资源输送的装载地域如车站、码头，如果不加强协同，就会因为不同隶属关系的单位争用装载设施和工具，使装载工作无法进行。

（一）组织动员协同的主要内容

在时间较为充裕时，组织动员协同应按照拟制协同动作计划、组织召开协同会议、下达协同动作指示等步骤进行。

首先，动员指挥员及其指挥机关依据上级协同动作指示和本级动员行动计划的要求，研究明确动员协同的主要工作，并拟制动员协同计划。尔后，组织相关指挥人员召开动员协同会议，可采取集中召开或利用电视电话会议等形式，有条件时还应在主要动员方向和重要动员地区现地组织。动员协同会议是组织协同的重要形式，其目的是营造一种环境，以便具有协同关系的相关指挥人员能相互了解各自在各动员阶段的协同动员任务。协同会议结束之后，动员指挥机关应根据指挥员决心和协同会议讨论的结果，迅速制订协同计划、下达协同指示，以便为相关动员力量组织协同动作提供依据。动员协同指示下达后，指挥员及其机关还要指导下级完善协同组织，检查下级协同计划，听取有关报告，及时化解问题，下达补充指示。

协同动员计划、指示的主要内容包括：协同任务，协同关系，在各种条件下行动的步骤与方法，保持协同的办法、措施和要求，协同遭破坏或失调时的恢复措施等。

（二）组织动员协同的基本方法

动员协同，通常由指挥员委托副职指挥员组织，必要时由指挥员亲自组织。组织动员协同方法，一般包括按阶段组织，按任务组织，按地域组织等，有时也可以根据具体情况，几种方法并用。

按阶段组织，即将动员行动可能发展的进程分成若干阶段，依照每一阶段我方作战可能的动员需求，确定动员协同行动的程序和方法。按任务组织，即根据担负的军队作战、应急处突、社会管控等动员保障任务，确定各单位动员协同行动的程序和方法。按地域组织，即根据动员保障任务，将动员地区划分成若干区域，根据每个地区可能进行的动员行动，确定动员协同行动的程序和方法。

九、落实相关保障

落实动员保障意在为动员组织指挥活动提供必要的条件。它始于动员筹划准备阶段，贯穿动员组织指挥始终，对保障动员组织指挥顺利进行起着至关重要的作用。

（一）动员指挥保障的主要内容

动员筹划准备开始后，动员指挥机关应该按照上级动员保障指示和本级动员保障计划迅速组织本级动员保障，并督促指导下级落实。动员保障主要包括：情报、通信、气象水文、工程、交通、给养、经费等各项保障的任务、渠道、方法和要求等。

一是情报保障。主要是建立对动员全局监测的侦察情报系统，全面不间断地搜集军队、地方系统的动员需求信息，掌握自身动员能力变化情况，并将重要信息及时准确地传递到指挥员手中。

二是通信保障。主要是通过国防动员指挥网实现政府信息网与军队作战指挥网的联通，确保动员指挥过程中上下级之间、军队系统与地方系统之间实现信息畅通流转。

三是气象水文保障。主要是搜集动员集结地域、动员资源输送路线沿途地区等重要区域的气象、水文预报和资料，并进行分析研究，得出结论，供指挥员决策使用。

四是工程保障。主要是熟练使用各种工程器材，对动员指挥机构、动员资源集结地域等重点目标区域实施工程建设、维护、抢修，并对这些重要目标进行给水保障。

五是交通保障。主要是全面掌握动员地域交通设施的建设和管理状况。组成抢修力量，保障动员指挥机构机动。

六是给养保障。主要是综合采取预置给养和调配给养相结合的保障方式，保证动员实施过程中，指挥员及其指挥机关、各动员执行单位的后勤补给保障充足。

七是经费保障。主要是由政府财政部门牵头，做好动员指挥所需经费的保障。在我国，"动员经费"历史上曾有"战备费"（备战费）、"战勤费"、"支前费"等多种称谓。各种称谓涵盖的内容也不统一。"战备费"涵盖的内容比较广，凡出于战备目的进行的工厂搬迁、物资疏散、人防工程建设、战备生产等方面的开支，均列入"战备费"。"战勤费"和"支前费"的用途基本相同，通常是指"战时民兵、民工、船工等支前人员的伙食、津贴、工资、公务费、旅差费，支前人员返乡旅费、住院期间的医疗费和伙食费、负伤费、埋葬费和征用的交通工具损坏、牲畜死亡的赔偿费用；担架添置和修理费用；反空降和剿匪民兵的伙食费、津贴和公务费用"[①]等。1962 年东南沿海紧急战备期间，国家财政部陆续为 22 个经济部门拨发战备经费 7.5 亿元，主要用于支前人员的基本保障、武器装备和军需物资紧急生产、交通运输力量的动员、战略物资的转移和储备等。现在，"动员经费"仍有狭义和广义之分。狭义的动员经费专指国家用于民兵预备役部队建设和战备的费用，广义上的动员经费，全称为国防动员经费，泛指国家经办国防动员活动的费用。《中华人民共和国国防动员法》第六条规定：国家保障国防动员所需经费。国防动员经费按照事权划分的原则，分别列入中央和地方财政预算。

（二）获取动员指挥保障的基本途径

主要通过以下三个途径获取动员保障。

一是各动员执行单位自身力量。各动员执行单位自身拥有的保障能力是获取动员保障的第一选择。经过不断建设与发展，各国的后备力量、人防专业队伍、国民经济和国防交通战备专业力量等动员力量，已经配备了比较完善的制式物资器材，可以完成一部分自身动员保障任务。

二是地方系统。地方系统是获取动员保障的主要渠道。首先，战时国防动员组织指挥的主体是地方政府，为动员组织指挥顺利开展提供保障是地方政府的职责。另外，地方政府掌握着大量的人力、物力、财力资源，通过充分发挥地方政府优势，建立强大的地方动员保障体系，可以为战时动员组织指挥提供及时、可靠、稳定的保障。

对于动员经费保障，为解决应战管理所需经费，许多国家都依法赋予政府在经费使用上的特权。美国加利福尼亚州应急服务法第 139 条规定："除了支持本章计划的行动的拨款之外，州长被授权可以从任何合法可利用资金中开支用于处理事实上或被威胁的战争紧急状态、紧急状态或地方紧急状态的情况。"

三是军队系统。军队系统是获取动员保障的重要补充。首先，为了及时、高质量满足军队作战对动员提出的需求，军队系统有责任在地方系统保障力量有限、资源不足的情况下，为战时国防动员组织指挥保障提供有力支持。另外，军队系统自身拥有一整套专业的作战保障力量，有能力在关键时刻为

---

① 1962 年 7 月 23 日《福建省支前委有关支前经费的使用范围和领报办法的规定》。

动员保障提供专业支持。

(三)动员指挥保障资源的配置

一是关照全局配置。主要是从动员全局需要出发，统一安排，全面保障。战时动员组织指挥活动涉及多个领域，多个环节，如果某一项保障出现疏漏，都会影响动员组织指挥行动，甚至会对动员行动造成严重后果。要防止顾此失彼，不能只注重一项动员任务、一类动员资源、一块区域、一个方向的需要，而忽视了全局保障。

二是突出重点配置。在从全局高度配置动员指挥保障资源的同时，还要做好重点配置，区分不同阶段，优先保障主要方向、主要行动、主要资源的动员组织指挥活动，优先确保重要动员行动组织指挥的顺畅。

十、检查动员准备

动员指挥员及其机关应当对下级动员准备情况进行检查，及时发现和解决问题。1948 年 11 月 10 日即淮海战役之前，中共江淮区委在对下部署支前任务后不久，又再次下达指示，要求"各地对已经组成的后勤组织，应切实检查，不能停留于号召"①。

(一)检查的主要内容

检查动员准备的主要内容通常包括：下级指挥员对上级动员意图领会程度，下级指挥员的决心、动员部署、动员计划是否符合本级指挥员的意图，动员能力核查是否准确，动员需求对接是否通畅，动员力量部署是否恰当，动员协同组织是否严密，动员指挥机构和信息、通信系统是否联通，相关装备器材完好程度，参加动员人员的精神状态等。

(二)检查的基本方法

检查动员准备，可以由指挥员统一组织机关业务部门实施，也可以由各主管业务部门分别实施。检查动员准备主要有以下几种方法。一是收集情况。主要是动员指挥机关根据动员计划要求，对各动员力量和动员领域的准备情况进行收集整理。二是听取汇报。主要是要求各单位将动员准备情况汇总后上报，通常可以采取当面汇报、书面汇报、网络视频汇报等方式。三是实地检查。主要是动员指挥机关派出工作组，分头深入进行实地检查。

在检查动员准备情况时，应着重注意两个方面。一方面是要严格按照动员决心、计划去检查指导各单位的动员准备情况。另一方面是应以主要动员方向、主要动员地域和执行主要任务的单位为主，突出重点，抓住关键，及

---

① 载 1948 年 11 月 9 日《江淮日报》。

时帮助解决困难。

（三）检查结果的利用

检查结束后，指挥机关要对发现的重大问题迅速报告，并根据指挥员的指示，对动员准备工作进行调整。一是调整动员行动展开时间。当上级在检查中发现下级动员准备不充分时，需要根据未完成事项对整个动员活动的影响程度、动员活动的紧迫性等因素进行综合分析，确定是否调整动员行动展开时间。通常，动员行动展开时间是根据作战需求确定的，不应随意改变，只有在情况紧急时，才可以进行适当调整。二是增减动员资源的种类、数量。主要是对检查中发现的薄弱部位进行补充加强。通常，在某一环节对动员资源的补充，应减少长距离调动，尽量从邻近区域或单位调整，以防止影响整个动员行动展开的时间。三是调整动员力量和动员资源配置。主要是根据军队作战行动的变化，及时调整动员部署，以适应动员需求的变化。通常，应优先保障主要动员方向和重要动员行动的动员力量和资源，并尽量减少和避免动员资源全局性的调整。只有在战场态势发生根本变化，而我方动员行动可能陷入被动局面时，或者为了全局的需要，才可以改变整个动员部署。

第四节　动员筹划准备的基本原则

一、心中有数

动员资源涵盖人力、物力、财力等各类资源，涉及军队、地方各个领域。在动员筹划准备阶段，准确掌握上级意图、本级决心，掌握可能动用的动员资源的地域分布、所有者、数质量、可利用的运输条件和实际可动用情况，是指挥员指挥决策的基本依据。

1904 至 1905 年的日俄战争，俄国的战争潜力远远大于日本，但在实际动员中却输给了日本，最终被迫接受日本提出的媾和条件。其中一个重要原因就是，战争之前俄军正处于整编之中，俄国在动员筹划准备中没有重视各分队现役军官和现役士兵数量大大减少的情况，并对第二类预备役部队的战斗力水平没有准确掌握，过高估计了本国预备役部队战时快速动员的质量。

心中有数并不是简单地了解情况，而是需要认真调研并做出合理安排。淮海战役期间，华中支前委员会在确定支前民工时，"明文规定，属于以下几种情况的人可不出后勤，如果自愿出，应受到表扬。一是年龄不满 18 岁及已超过 50 岁的人；二是有残疾真正不能劳动并经群众认可的人；三是一、二等荣誉军人；四是乡邮站人员；五是现任小学教师及学生。对只免常备民工（半年一期的），不免临时民工的人，也有明确规定：一是年龄不满 18 岁及超过

45 岁的人；二是生活来源全靠自己做工的人；三是市镇商人及全靠自己谋生的小摊贩；四是军人烈士直系亲属（父亲、儿子）；五是确有残疾不能担任过重的劳动并经群众公认的人；六是靠边区的基干民兵（不超过 15 人）。凡有特殊技术的人，如医生、铁匠、木工等经区以上政府批准为公家服务者照算出工记工。"华中支前委员会通过颁布这些规定打消了群众的逃避思想，确保了动员民工的质量。

二、量力而行

清楚所担负任务和自身动员能力，做到需要与可能辩证统一，主客观条件相适应，是动员筹划准备能够顺利进行的前提。徐向前同志在回忆录中指出："规定任务必须权衡主客观条件，从实际出发，有一定限度，'看菜吃饭、量体裁衣'的道理，就在这里。只看主观的一面，忽视了客观可能的一面，硬要下级去承担其无力承担的动员任务，是不会有好结果的。"[①]

淮海战役准备阶段，华东支前委员会考虑到动员资源输送运力有限的实际情况，在支前计划中强调各纵队尽量就地就近动员，以减少远程动员输送的压力。针对济南战役刚结束的情况，支前计划中要求，原则上参加济南战役的华东野战军相关纵队不组织复员，这些部队直接参加淮海战役，并补足缺编的人员、装备，以保证有足够的战争力量战胜敌人。

在动员准备要量力而行这方面，历史上也有不少教训。我党我军在解放战争期间，部分地方支前机构由于经验不足，在动员筹划准备中经常出现考虑不周影响动员效果的情况。如冀鲁豫行署在运粮筹划阶段"未能细致考虑工作中可能发生的问题，想在三五天中完成十万斤的起运任务，不考虑民工行、食宿、前方收粮的困难"[②]，造成运粮实施过程中出现了一定的混乱。又如，第二次世界大战前期，希特勒给军工企业下达了远远超出德国自身生产能力的武器装备动员任务。军工企业为了完成动员任务，不得不从陆军临时抽调 30 万人（后增至 50 万人）到军工企业从事生产，其结果直接导致了德军在前线投入兵力的严重不足，影响了战争局势发展。

三、充分沟通

充分沟通，是动员行动涉及领域的众多性、组织的复杂性和措施的强制性等特点对动员准备提出的要求。如果各方之间协调不畅，就可能会造成动员的混乱。粟裕在淮海战役期间向毛泽东主席报告工作时提到，"由于事先准备欠周（我们于战役前，曾经再三提议预制借粮证，但以财粮处不同意而作

---

① 徐向前：《历史的回顾》中册，第 557 页。
② 《冀鲁豫行署关于向华东运粮工作的报告》，1949 年 1 月 21 日。

罢），部队急速前进，粮食接济不上，就地借粮时，有混乱事情发生，亦颇影响群众生计。"[1]

坚持充分沟通原则，需要把握两方面。首先，是保证动员与作战两个系统之间充分沟通。动员与作战作为战争行动的有机组成部分，两者需要实现无缝对接，成功的动员筹划准备均是根据作战需要，以作战计划为指针而展开的。抗美援朝战争中，东北军区后勤部拟制的《一九五一年四月至十二月支援朝鲜战争后勤人力物资需要计划概要（草案）》就是依据作战任务而制订的，其中对制订计划的根据有明确记述："由于战争的长期性、大规模的运动战以及敌掌握制空权的情况下，人力物资的消耗损失很大，按三番部队轮流作战人数四至六月以 100 万人计，七至十二月以 130 万人计（除现有部队增加二十兵团五个军及增加的炮兵、战车、空军部队与按部队比例增加的后勤人员）。"[2]反过来，如果动员筹划没有与作战紧密衔接，往往会导致全局的被动。美国陆军部门的两位专家曾经就此进行过精辟阐述："当时（第二次世界大战期间），由于在后勤计划工作中最重要的方面，即确定长期的各种需要量并据以制订有关的规划、进度计划以及安排保障重点，缺乏事先决定的具体战略，因而在敌军继续保持初期的攻击势头时，就不可避免地造成了难以解决的问题。"[3]

其次，是保证动员指挥系统内部上下级之间、同级之间的充分沟通。这样，一方面可以使下属和同级充分理解动员命令和动员计划规定的内容。另一方面可以及时了解和解决下属和同级遇到的困难，有针对性地对任务和计划做出必要的调整。

四、筹划细致

为使动员计划具体可操作，让各方知道在什么阶段完成什么任务、要达到什么样的标准和要求，需要坚持筹划细致原则。为此，应按动员资源类别和项目制订分类动员计划。

解放战争时期，华东野战军拟制的 1948 年秋季会战动员计划，对各作战方向部队所需主要食物供应的种类、数量、供给单位进行了具体、明确的规定，"根据以下各作战区部队人马数量，第一步由各地政府集中 1 个月粮食。北线东路：9、13、渤海纵队预计 8 万人，每日需粮约 24 万斤，每个月各 720

---

①　粟裕：《淮海战役中部队情况简报》，1948 年 12 月 31 日。

②　东北军区后勤部：《一九五一年四月至十二月支援朝鲜战争后勤人力物资需要计划概要（草案）》。

③　［美］理查德·M. 莱顿、罗伯特·W. 柯克莱：《1940 至 1943 年的全球后勤与战略》，美国陆军战史局，1955 年，第 212 页。

万斤。每天需油盐各 2500 斤，每月各 7.5 万斤，由渤海负责（俘虏不在内）；北线西路：鲁中纵队预计 5 万人，每日需粮 18 万斤，1 个月需 540 万斤。每天油盐各 1750 斤，每月各需 5.25 万斤，由鲁中南 7 分区负责；南线东路：1、2、7、11 纵及华中 12 纵，鲁南主力一部共约 18 万人，每日吃粮 54 万斤，1 个月 1260 万斤。每日需油盐各 562.5 斤，每月各 16875 斤，由鲁中南负责；南线西路：4、8 纵及冀鲁豫独 1、3 旅共约 8 万人，每日需粮 24 万斤，1 个月 720 万斤。每天需油盐各 2500 斤，每月各 7.5 万斤，由冀鲁豫战勤指挥部负责；广纵、野直及医院转运站预计 2.5 万人，每天需粮 7.5 万斤，1 个月 225 万斤。每日需油盐各 181.4 斤，1 个月需 23430.5 斤，由鲁中南 7 分区负责。"[1]

---

① 华东野战军：《秋季会战动员计划》，1948 年 9 月。

第十章　组织动员展开

组织动员展开是在前期已经进行动员筹划准备的基础之上，通过集结、输送环节，将动员资源定时、定向、定量分配至需求单位，使资源由静止状态变为运动状态，动员资源效能逐步发挥，同时保证动员行动有序、可控的过程，是动员组织指挥过程中的核心阶段。

第一节　组织动员展开的内涵

一、以有效提供动员资源为目的

作战行动需要数量巨大、种类繁多的动员资源为之提供及时保障。组织动员展开的目的就是将大量处于分散、静止状态的资源变为集中、运动状态，并将这些资源有效作用到所需要的动员方向，满足动员需求。以战时粮食动员为例，其动员行动展开的目的就是通过强制手段，将军队作战所需的粮食，在规定时间内从平时粮食资源拥有者手中征集到指定地域，并通过输送环节将粮食送达需求者的手中。

可以说，衡量动员展开是否顺利的标准，就是看是不是为动员需求方及时有效提供动员资源，如果没有达到这一目的，就是失败的动员。20 世纪初的日俄战争，俄国未对预备役人员采取同时动员的方法，而进行了分批动员，致使参战官兵不熟，师团级的演习较少，同时由于每次动员的数量较少，形成了军队人员入不敷出的局面，直接导致了兵员动员展开的失败。

二、是资源从静态到动态效能逐步发挥的过程

事物的发展过程本身就是状态变化的过程，战争动员活动也不例外。从平时到战时，动员活动从静止状态进入活跃状态，并随着战争形势变化而调整。

需要注意的是，动员资源效能发挥并不是爆发式的，而是逐步增加的。首先，在动员展开初期适度动员具有早期威慑的作用，除可以增加动员的把握性之外，还能让对手清楚我方发动战争的决心，使其知难而退。其次，逐步发挥动员资源效能可以使动员保持较大弹性，可以根据形势的发展临机调整，既保持一定的规模，又避免不必要的浪费，小打可用其精，大打可用

其众。

历次战争动员展开的过程实质上都是动员资源效能逐步发挥的过程。第二次世界大战德国对波兰发动的闪电战，表面上是一次性动员了大量资源并突然迸发出巨大的能量，实质上，德国是秘密地将进攻兵团分为四个波次，分批进行动员展开的。

现代条件下这个特征愈加明显，冷战结束后，美国提出的分层次动员思想就是以动员资源效能逐步发挥为核心理念。分层次动员思想认为，动员是一个渐进、有序、有组织的过程，可根据不同情况，从多种动员方案中选择适当的方案来组织实施，动员的规模可大可小，还可以根据战争的变化升级或降级。

三、是平衡各方需求的动态过程

战时国防动员往往需要同时担负军队作战、社会管控、应急维稳等动员任务，需要在时间、空间上实现有限资源在这几个系统之间的合理调配，否则就可能会影响整个动员活动。20世纪50年代炮击金门作战期间，有限的动员资源并没有合理分配至各需求领域，"地方上抽调了500辆货车给军队运输（占全省货车半数以上），使大部分地区的经济交流一时为之停顿；在通信方面，地方线路大部分挤给军队使用，使沿海党、政、民用通信受到严重影响。此外，地方机器修配等技术力量因基础薄弱，大部分为军队服务，也显得十分紧张。"[①]

理解其内涵实质，需要把握以下两点。一是各方需求的平衡并不是静止不变的，而是动态变化的。在不同阶段，军队作战、社会管控、应急维稳三个系统对动员需求的空间、数量、质量要求是不同的。设定 M 日为动员展开日，D 日为军事行动开始日。通常，在 M 日之前，主要是维持社会正常生产生活，动员资源投入三大动员任务中的比重依次为：社会管控动员大于军队作战动员大于应急维稳动员；在 M 日至 D 日，组织动员展开之后，军队作战动员投入的力量迅速增大，同时要保持社会稳定，确保内部不乱；在 D 日至战争结束，为了维持部队作战所需，军队作战动员保障会始终处于最优先的位置并持续保持高强度投入。

二是各方需求之间并不是孤立的，而是相互影响的。只有把这几个系统看作一个整体，统筹安排动员资源，在重点保障作战的同时兼顾其他需求，才能实现动员全局的平衡。以抗美援朝战争交通动员展开与控制为例，部队战略集结的铁路输送，与当时东北地区工厂搬迁、进口军事装备和工农业生

---

① 福州军区司令部：《关于炮击金门总结20份》，1959年10月6日。

产运输交织在一起，运量与运能的矛盾十分突出。1950 年 10 月上旬，沈阳至安东线一度停止客货商运，东北地区瓦房店纺织厂因原材料不到位一度停工，沈阳、长春、哈尔滨等大型城市存煤告急。为此，周恩来总理指示军政有关方面，按照先军后民、重点保障、统筹兼顾的原则，采取停止部分地区一般物资运输、减挂旅客列车、限制 50 公里以内短途铁路运输、保障重点城市厂矿正常生产生活等措施，保证了在优先保障军事运输的前提下，维持了东北地区工业生产和群众基本生活的稳定。

第二节　组织动员展开的任务

组织动员展开的任务，主要是使动员行动处于可控状态，确保动员行动有序展开，实现计划规定的目标。

一、实现计划规定的目标

动员计划是动员展开的依据，也是控制动员行动的标准，整个动员展开阶段均是围绕落实动员计划而进行。

1939 年当中国全面抗战进入第三个年头的时候，日本调整战时经济政策，由"不扩大"的方针，急转为"长期应战"的方针。对此，日本帝国主义抛出了一个物资总动员计划，开始在国内实行物资总动员。日本物资总动员计划的中心目标，是为长期的侵华战争做好物资准备。因此，日本各界在动员过程中对经济实行进一步的统制，并采取了具体举措确保物资总动员计划目标的达成。第一，抑制物价。方法是除制订较高的基准价格、公定价格之外，实施消费节约，统一分配。第二，对国内不急用物资实行限制。方法是限制甚至禁止使用，或强制使用代用品。第三，增加输出。禁止将输出品原料改作国内消费之用等。第四，整顿负责输出、输入的机构。第五，普及储蓄。第六，确立非常时期国民生活样式。第七，增产主要物资特别是矿产。第八，提高劳动效率。对策如采用轮班制、补充劳动力、废物利用等。第九，失业救济。随着物资总动员计划的实行，到 1940 年，日本的钢产量从 1937 年的 580 万吨增加到 680 万吨，生铁从 240 万吨增加到 350 万吨，煤从 4530 万吨增加到 5630 万吨，有机高性能炸药的生产超过了美国。造船业也得到了飞速的发展。1941 年日本飞机的年产量已在 5000 架左右，坦克的产量猛增到 5000 至 6000 辆。1941 年生产的武器弹药足够装备 15 个师团。

二、确保动员行动有序展开

动员行动作为一个完整的活动过程，有序性是其正常运行的基本要求，因此保证动员行动的有序展开是动员组织指挥的重要任务。动员行动展开主要包括动员集结、输送、分发等环节，这些活动是递进式发展的，符合事物运行发展的客观规律。

以抗美援朝战争中交通运输动员行动展开为例，动员资源集结阶段，首先是根据政务院、中央军委初步计划，将25.5万东北边防军，通过铁路紧急输送到东北的指定地域。1950年8月中旬，根据形势的发展需要，又将预定参战的另外45万人相继通过铁路输送到指定地区。同时，为使苏联援助的军事物资在满洲里完成装卸载，进行满洲里编组站的建设。为保障东北边防军能够顺利向朝鲜战场开进，抢修抢建鸭绿江过江铁路。动员资源输送阶段，按照局部服从全局、一般服从紧急、后送服从前运的原则，有序组织动员行动。应志愿军对汽车的迫切需求，采取从苏联订购、抽调军地系统车辆等多种手段保障前线。在全力为志愿军补充运输车辆的同时，抓紧进行汽车司机的动员。至1951年6月15日，东北地区进行了三批汽车助手学员和汽车司机学员的动员，实际共动员司机五千余人。组织动员实施的过程中，针对道路交通遭敌破坏严重的情况，东北人民政府进行了大规模的道路抢修力量动员，并于1950年10月至12月组织了两批中朝边境地区道路抢修任务。可以说，国防动员指挥员及其指挥机关在动员展开阶段的主要任务，就是根据动员进展的情况，有效控制动员行动，确保动员活动有序展开。

假如颠倒了动员组织指挥各个阶段、环节的顺序，极易造成混乱。在动员行动展开阶段，通常需要把运力准备好之后，再根据运输能力确定动员资源集结时机、规模。如果动员资源运输环节还没有准备好，就进行大规模的动员资源集结，极有可能出乱子。第二次世界大战北非之战，在1941年，轴心国主要是以的黎波里港作为动员资源卸载地域，2月到5月期间，的黎波里港集结了325000吨供给品，大大超过正常消耗量。但是，由于的黎波里港到前线过长的交通线距离和有限的铁路、公路运输能力，"当隆美尔发起了进攻，他掌握的后勤手段就根本不能保障他有效地克服的黎波里和前线之间的巨大间隔。结果，补给品堆在码头上，而前线却发生物资短缺"[①]。

三、使动员行动处于可控的状态

动员行动是一个动态、多要素共同参与的过程，每个环节、每个方面出现问题都可能导致动员行动的失控。组织动员展开的重要任务就是保持动员的系统性和整体性，使动员行动处于可控状态。

要做到动员行动的可控，关键要对动员信息准确掌握、传达及时。组织

---

① ［以］克列威尔德：《战争与后勤》，战士出版社1982年版，第209页。

动员展开的过程，就是各级动员指挥机构及时、准确掌握动员信息并做出决断的过程。只有达到动员信息在动员系统横向纵向顺畅流通，才有可能实现动员行动的可控。在战争中，动员需求方因为作战任务的需要，经常会临时改变。当一艘巡洋舰的作战地域不断变化的时候，货船需要对其进行追踪保障。组织动员必须使动员资源供应方清楚"有什么，有多少，在哪里"。使动员资源需求方清楚"需要什么，需要多少，目前在哪里，什么时间可以到达"。为达到这一目标，首要的是实现动员资源信息和动态的实时共享。美国在这方面已经进行了有益尝试并收到明显效果。美国"动员资源的详细信息和动态通过设在配送和运输节点的查询器即可自动实现运输途中的实时可见。有了设在这些节点和飞机、航船与卡车上的，亦可传达其全球定位系统信号的查询器，知识数据库便可知道每个集装箱和空运货盘的位置"[①]。

要做到动员行动的可控，还要根据重要等级、急需等级和对战争全局的影响，对动员资源进行定向、定量分配。战时，动员资源的有限性与动员需求多样、需求单位众多、需求数量巨大的矛盾持续存在。各资源需求单位为最大限度满足自身所需，往往会强调自身重要性，尽力争取到更多的动员资源，如果不合理分配，极易造成整个动员活动的混乱。通常，首先要明确优先保障顺序，同时对于重要、紧缺的动员资源还应控制给动员需求方的绝对数量，使动员资源的调控与短缺物资的实有量相适应。

第三节　组织动员展开的条件

动员行动展开作为动员资源聚集、效能得以发挥的过程，有一定的条件限制。一般来说，具备以下条件之时，才可以视情组织动员展开。

一、动员展开的必要性仍然存在

动员需求是动员行动存在的前提条件，当动员需求和动员任务仍然存在时，应当组织动员展开。

在动员筹划准备过程中，由于形势的变化导致动员需求消失，动员任务取消时，自然也失去了组织动员展开的必要性。1973 年 4、5 月份，以色列事先察觉到阿拉伯国家有可能在 5 月份发动战争的企图，立即发布了动员令，并进行了相应的准备工作。5 月 17 日，埃及总统萨达特在获悉以色列的上述行动后，决定取消马上发动战争的企图。在战争威胁降低，动员需求消失的情况下，以色列自然就没有大规模组织动员展开的必要。

---

① 　[美]小威廉 G. T. 塔特尔：《21 世纪国防后勤学》，军事科学出版社 2010 年版，第 114 页。

二、动员展开的各类资源已经落实

各类动员资源是动员顺利展开的物质基础，也是动员目的得以达成的前提条件。如果没有一定数量的动员资源作保证，动员组织指挥活动就没有客体支撑，也就没有任何意义。因此，在动员准备阶段，确保人员到位、物资落实、经费充足，是动员顺利展开的必要条件。20 世纪的海湾战争中，美国在动员筹划准备阶段已经落实了充足的动员资源贮备，可以确保动员行动顺利展开。战前，本土总部一级动员物资储存量可供战争初期 3～6 个月的需要，海外贮备可供 2～3 个月战争之需，整个美国的弹药保存量达到了 300 万～400 万吨。同时，美军在海湾地区建立的前方供应基地，储备了近 8 万吨军火、衣物、食品等。美空军和海军还分别在民用航空公司组建了民间后备航空队和船队，必要时可提供数百架客机和数十架货机，200 余艘货船和 100 余艘油船。

三、动员展开的保障条件已经具备

必要的保障条件是动员行动顺利展开的重要保证，尤其是信息化战争中，动员活动面临超视距"点穴"打击、"结构"破坏空前激烈、情报信息全维化的战场环境，动员组织指挥对信息系统的依赖性大大增加。同时，动员行动精确化的要求，使指挥更加困难，指挥保障的重要性进一步提升。可以说，必要的动员保障条件已经成为动员行动能够顺利展开必不可少的基本要求。第二次世界大战德国入侵波兰战争。当德国突然发动突然袭击时，波兰在开战前一天才宣布总动员，整个动员指挥体系刚刚建立，动员决心和方案计划还没有根据战场态势的变化及时调整，情报、通信、气象水文、工程、交通等动员组织指挥保障条件还没有完全具备，这种条件下仓促组织动员展开，自然造成整个动员行动的混乱无序，成为动员行动失败的重要因素。

第四节　组织动员展开的程序方法

组织动员展开的程序方法，是指挥员及其指挥机关在组织动员行动展开时所采取的组织指挥流程。它与动员筹划准备阶段相衔接，到动员行动结束停止，是组织动员展开的基本依据。

一、动员资源的集结

动员筹划准备完成后，应适时组织动员资源的集结。

(一)动员资源集结的内涵

动员资源集结主要是指挥员及其指挥机关按照既定的动员决心和计划，将分散配置的动员资源调集至某一方向或某一地区的行动。由于和平时期动员资源基本处于分散配置的状态，战时动员指挥机构为了实现对动员资源的有效控制，需要根据动员决心对处于分散状态的所需资源进行集中。集结动员资源是动员行动展开的第一步，也是动员调控行动的开端，通过这一阶段，实现了动员资源从拥有方向动员指挥机构的转移。

美国著名军事历史学家芭芭拉·W. 塔奇曼在《八月炮火》中生动地描述了第一次世界大战德国宣布动员后，后备役部队动员集结的情景："1914 年 8 月 1 日 5 时整，一名警察出现在皇宫门口，向人民群众宣读了动员令，人们便开始恭敬地唱起了国歌，'让我们感谢上帝吧！'站满着军官的车辆沿着菩提树下街道飞驰而去，他们挥舞着手帕，高呼着'动员起来'。""动员的电钮一经按动，征召、装备和运送二百万人员的庞大机器便整个自动地运转了。后备役军人到指定的兵站集中，领取制服、装备和武器，先编成连，再编成营，然后加上骑兵、摩托兵、炮兵、医疗队、炊事车、修理车以及邮车，按预定的铁路时刻表，被送到邻近国境的集结地点。在那里，他们再编成师，再由师编成兵团，由兵团而组成集团军，待命出征。"[①]

(二)动员资源集结关键要素的确定

一是集结时机。其直接决定动员行动展开初期能否掌握主动权。在动员资源集结时机选择上，可能出现两种倾向：一种是集结过早，有可能被敌方过早发现而成为遭袭目标；一种是集结过晚，可能会严重影响动员质量，如同一艘航空母舰，航空燃料到得太晚可能会打乱已经精心筹划好的空袭任务。

理想的动员资源集结时机是不早不晚、恰到好处，但在动员实践中要做到这一点并不容易，通常应本着"两利相权取其重，两弊相权取其轻"的原则，根据作战进程对动员需要的变化准确判断，确定何时开始动员资源集结。如果对作战需求情况掌握不准、不及时，就很难选择合理的动员集结时机，整个动员活动也可能会受到影响。第二次世界大战中的 1942 年至 1943 年，美军拟制动员计划的军官持过于乐观的态度，"同时又不重视尼米兹和麦克阿瑟关于封锁日本基地拉包尔需要增调大量空中和地面部队的警告"[②]，没有及时集结动员物资，导致 1942 年没有完成 1 号任务而只能代之以 2 号、3 号任务。

二是集结方式。主要有逐级集结、越级集结、逐级集结与越级集结相结合等方式。指挥员在安排集结方式时，应以节省时间、降低动员成本和方便

---

① ［美］芭芭拉·W. 塔奇曼：《八月炮火》，新星出版社 2005 年 5 月第一版，第 38 页。
② ［美］亨利·E. 艾克尔斯：《国防后勤学》，美国斯塔克波尔公司 1959 年版，第 180 页。

快捷安全为原则。例如，为避免走回头路，最大限度地减少动员资源输送的距离，可选择越级集结的方式。美国的兵员动员集结，在以前一段时间里是先向设在各州的动员中心集结，再向全国唯一的国家动员中心集结。因此，许多州都要走很长的回头路。后来，美国在增建国家动员中心的同时，允许部分地区不经州动员站直接到国家动员中心集结。

三是集结规模。其直接决定了能否在确保安全、效益的前提下，为军队作战提供足额资源。在动员资源集结规模选择上也可能出现两种倾向。一种是规模过大，容易导致动员资源在集结地域大量积压，如一个机场集结过多飞机，不仅会造成动员资源输送堵塞，而且可能成为吸引敌人的目标。另一种是数量不足，无法满足军队作战所需。第二次世界大战诺曼底登陆作战，由于运输工具没有足额集结到位，当盟军冲出诺曼底地区，作战取得巨大的胜利时，却因运输工具不足而未能在战略上充分扩大战果。

对于动员资源集结规模的确定，同样应依据作战计划合理预判，并根据作战需求的变化及时调整。抗美援朝战争准备阶段，1950 年 8 月下旬，作战计划预定参战部队为 70 万人，为此，东北人民政府迅速行动，在安东—辑安，凤城—通化，本溪—梅河口，沈阳—四平的"四点八线"屯集了粮食 1674 万公斤，食用油 49 万公斤，食盐 43 万公斤，各种干菜 92 万斤。战争开始之后，进入东北的部队迅速增加且集中在辽东地区，针对这种情况，东北人民政府在辽东地区的交通线附近屯集大量粮食，以保障军队所需。

四是集结地域。其选择是否合理直接影响动员行动能否安全、快速、有序展开。动员资源集结地域的选择应多点、多路、短距、有序、快速，着力避免拥堵、滞留、延误情况的发生。具体应注意以下几点：①尽量靠近交通枢纽。通常应选择铁路站台、公路站点、港口、机场等交通枢纽或者具备装载条件的空旷场地作为集结点，并充分利用交通枢纽完善的装载设备。在解放战争的平津战役，平汉线北段的粮食资源集结地域的选择中，"原计划调徐水、定兴地区，为便于供给作战部队，并利用铁路向前运输，改调沫、琢地区，靠近铁路"[1]。②尽量选在交通线交汇处。在条件允许的情况下，集结地域应选择在四通八达的交通路线交汇地带，便于各类动员资源从各个方向集中，缩短集结时间，同时有利于动员资源迅速输送。20 世纪珍宝岛自卫反击作战中，主要动员资源集结地域大岱村位于黑龙江省东北边境合江地区宝饶、虎饶 2 条战备公路的交叉点附近，距珍宝岛 50 公里左右，距珍宝岛地区边防部队和前指 15 至 45 公里，距饶河县城 22.5 公里，该村交通便利，与前线和主要动员地区距离适中，便于动员资源的集中和转送。③尽量选择靠近前线

---

[1]　薄一波、滕代远、赵尔陆：《关于平绥平汉线运粮情况给中央军委的电报》，1948 年 12 月 19 日。

或军队经常活动的地域。一般来说，动员资源尤其是人力资源集结地域应尽量选择在距离前线比较近的交通线附近。以抗美援朝战争中全国新兵动员行动的组织为例，第一期新兵动员集结地域主要选择在后方，而在组织第二期新兵动员行动时，在后方和前线附近分别设立多个动员资源集结地域，从而提高了兵员动员的速度。当时志愿军总部军务处对第二期新兵动员集结地域的选择进行了总结："这一阶段补充得较以前稍快，国内已有大量的后备兵员，并以一部驻于东北，可随时过江，减少了国内开进时间。"

现代，随着远程运输能力的极大提升，各国战时实现动员资源远程快速输送已成为可能，动员资源集结地域位置的选择条件进一步放松，但以上几点依然是确定动员资源集结地域的基本原则。

五是资源存放条件。除了以上要素，存放条件也是影响动员资源集结的重要因素，尤其是现代条件下，动员资源精确存放的现代化水平对动员集结的影响越来越大。以美国正在使用的模块式集装箱为例，动员资源集结后装入模块式集装箱，它易于装上空运和海运平台以及卡车或直升机，可由小型灵敏叉车或装在卡车上的起重机装卸，动员资源需求单位可以通过无线射频识别标签快速、方便地将箱中物资取出装上自己的船只或车辆。这会提高资源集结的条理性，节省所需容积，加快在船上和在地面部队车辆上堆放物资的速度，而且会在批次衔接和运输方式环节实现对动员资源的有序调配。

（三）动员资源集结的程序方法

一是掌握动员需求情况和我集结动员资源的能力。主要是对动员需求和能力进行综合分析判断并得出结论，为定下动员资源集结决心提供依据。其基本内容主要包括：了解动员需求，主要是依据作战方案确定需要的人力、物力、财力数质量；对动员需求发展趋势做出预判，主要通过对作战进程的判断，确定未来对动员资源需求可能的变化情况；了解自身掌控动员资源的数质量情况，主要是准确掌握在我方控制并能够随时使用的动员资源情况；备选动员集结地域情况，主要是根据作战方案和进程，初步筛选、确定可能用作动员资源集结的地域，并掌握相关地域情况。

二是定下动员资源集结决心。主要是在掌握动员需求情况和我集结动员资源能力的基础上，对实现动员资源集结目标的途径及行动方式方法的总体设计。其基本内容包括：作战需求判断结论，上级动员企图，本级动员集结任务，动员资源集结时机、地域及规模，各种保障，完成的时限等。

三是完成动员集结的各项准备工作。动员资源集结决策做出后，应立即全面展开各项准备工作，为把动员资源集结决心转化为实际行动提供保证。主要工作包括：拟制动员资源集结计划，将动员资源集结决策进一步具体化；组织协同动作，通过统筹协调确保各动员保障力量和各类动员资源有序集结；

组织集结保障，通过做好人员、物资、交通、通信、技术等保障，为动员资源集结顺利展开创造有利条件。

四是组织动员资源集结。动员指挥员及其机关根据动员资源集结计划组织完成动员资源的集结。

二、动员资源的输送

动员资源集结完成后，应以输送的批次衔接、方式转换为重点，科学安排各种交通运输力量，按方向、依顺序、分批次、多路线装载和输送。恩格斯曾经说过："军队同作战基地之间的运输线，也就是它本身的生命线。"[1]在历次战争动员实践中，输送环节均是动员组织指挥的关注重点。"20世纪英阿马岛战争中，阿军动员资源输送能力不足，导致在英特混舰队到达马岛前的28天内，还没有把足够的物资运往马岛，使前线部队的作战物资严重短缺，这是造成战争最后失利的重要原因。"[2]

（一）动员资源输送的内涵

动员资源输送主要是指挥员及其指挥机关按照既定的动员决心和计划，借助交通运输工具，利用铁路、公路、水路、空运等手段，将已经集结的动员资源输送至动员资源需求方的行动。动员资源输送是组织动员展开的核心环节，通过这一阶段，完成了动员资源的动态转移，发挥了动员资源的功用。

通常，在组织动员资源输送环节应拟制输送命令和输送计划，保证动员资源输送活动有序。动员资源输送命令主要包括：敌情、输送任务、运输工具组成、装（卸）载地域、梯队编组和运行序列、装载和起运时间、装（卸）载指挥所开设、输送中指挥所位置及联络方法、输送的各种保障措施等。输送计划的主要内容包括：动员资源输送序列，梯队编成，使用载运工具种类、数量，装（卸）载站等。

需要强调的是，在信息化条件下，一些动员领域的资源输送环节与传统的物资输送渠道是不同的。电磁频谱和水文气象等领域的动员资源主要是以信息、信号的形式存在的，在动员行动展开阶段的输送环节，就不是传统意义上通过交通运输工具进行输送，而是通过信息传导的方式进行传输。因此，在组织动员资源输送过程中应合理区分不同资源的特点，科学组织。

（二）动员资源输送的方式

按输送距离远近，可分为就近输送、远程输送和远近结合三种情况。

---

① 《马克思恩格斯全集》第11卷，人民出版社，第332页。

② 谭冬生、雷渊深：《战争动员学》，军事科学出版社1997年版，第254页。

一是就近输送。主要是大量的兵员、劳动力、通用物资和生活给养取之于前线附近地区，在涉战地区内组织资源的输送。这种方式的优势是输送距离较短，中间环节较少，输送速度快，新中国成立以来我国历次战争动员资源的输送多是以这种方式。通常，在运输手段有限，运能不足的情况下，可以采取"就地就近"的动员输送方式。另外，当战场形势发展过快，超过预期，后方远程的动员供给一时接济不上时，也可以采取这种方式。

20世纪80年代初，中国军队在改革开放的形势下，重新规划和开展大规模全面战争准备，以"就地就近"为主的动员原则逐步确立。1985年年初，中央军委颁布实施《中国人民解放军动员工作条例》，首次以法规形式确立了这一动员原则在我军动员准备和实施中的主导地位。在以"就地就近"为主的动员原则指导下，动员准备和实施的重点落在战区内可控的地方资源上，在此基础上形成了以战区为主的"块状"动员组织模式。此种模式，与这一时期我军大规模反侵略作战的思想方法和当时的国情、军情是契合的。①与当时的作战思想相适应。"就地就近"动员，着眼于战争初期，强敌大规模多路入侵，我被分割成多个独立作战区域的复杂局面，符合各战区甚至各省区各自为战、自我保障的战略布势和要求。②与国家的动员能力相适应。"就地就近"动员，符合当时人民解放军制空能力弱、国家交通运输条件落后且易遭阻断、远程投送能力弱，难以将位于三线地区有限的战略性优质资源实施远程机动配置的实际。③与我军作战对动员的需求相适应。当时我军的武器装备水平和机动作战能力相对较差，除少量战略机动部队外，大部分部队只适宜在本战区及邻近战区实施短程机动部署，不适宜远程机动部署，且作战对动员的需求也相对简单。"就地就近"动员可以在时间和空间上与部队的作战行动相适应，所获取的地方资源也可以基本满足我军"数量密集型"需求。

二是远程输送。主要是统筹全国的动员资源，按需求在全国范围内输送。"一般来说，后勤发展史是同军队逐渐摆脱对就地取给的依赖性联系在一起的。"①第二次世界大战以后西方国家发动的局部战争多数采取"远程支援"的动员输送方式。英阿马岛战争，英国组成了由50多艘军用作战舰艇、2艘航空母舰、20艘辅助舰船和56艘各种商船组成的特混舰队，横越大西洋进行动员资源的"远程支援"输送。在战争过程中，商船进行海上补给约2000次，其中油船运送燃料1500次，运送了1.5万个货包和其他储备品。可以说，英国采取的迅速有力的"远程支援"输送，保证了英军作战所需要资源的及时、充足供给。

远程支援输送的不足是，对动员资源输送能力提出了很高要求。随着科

---

① ［以］克列威尔德：《战争与后勤》，战士出版社1982年版，第204页。

学技术不断发展，交通运输能力的不断提升，低成本、高效、跨区域输送大量动员资源成为可能，"远程支援"输送将是今后信息化局部战争动员资源输送的主要方式。尤其是远离本土作战，动员资源在交战地区较难征集的情况下，通常采取这种输送方式。

三是远近结合。在战争动员实践中，极少单纯采取某一种运输方式，而是综合采取远近结合的运输方式，较大规模的动员更是如此。在面临敌大规模入侵和被动防御，特别是交通运输条件相对较差且作战需求相对简单的情况下，动员多是以"就地就近"为主，"远程支援"为辅。在以攻势作战行动为主，特别是交通运输条件相对较好且作战需求相对复杂的情况下，动员多是以"远程支援"为主，"就地就近"为辅。

1974年西沙群岛自卫反击作战，中国人民解放军参战部队和民兵所需的给养和物资，除储备武器、弹药、地雷、炸药以及部分装备外，其他军需物资大部分都要在海南岛就地动员补充。此外，国家也采取远程支援的办法，从内地向海南及西沙群岛运送了大量物资。这些物资经黎湛铁路运抵湛江港，再由船舶转运至海南的榆林、清澜、秀英等港口，或直接运至西沙。

需要注意的是，随着交通运输能力的极大提高，人们已经可以用较短的时间将距离战区较远的资源及时送达。同时，随着战争形态从攻城略地的大规模全面战争向目的有限的信息化局部战争的转变，也使各国把动员准备的重点从区域性的一般资源转向国家可控的优质资源，以达成集中优势制胜的战略效果。今后，以打赢信息化战争为目标的中国，应当由"就地就近"为主、"远程支援"为辅向"远程支援"为主，"就地就近"为辅转变，力求集全国优势力量于一域，为打赢信息战争提供强大动员能力。

（三）动员资源输送的程序方法

一是确定输送顺序。主要是根据动员资源的性质类别、需求紧迫程度等因素，合理确定资源输送的先后顺序，确保动员资源输送高效展开。通常应把握以下原则：①先交通工具，后人员装备。运输工具是其他动员资源输送的载体，是制约整个动员的瓶颈。没有足够的运输工具，装备物资就无法有效供给，武装力量的扩编、军队的机动就无法展开，甚至正常的社会管控都会受到严重影响。需要首先输送各类运输工具，并使其及早投入使用。②先需求量巨大的装备物资，后人力资源。应坚持"装备等人"原则，避免人等装备。因为人员输送到位后，需要一系列的衣食住行保障，同时也会增加管理的压力。而武器弹药、生活给养等动员物资在战争中消耗速度极快，如果不提前输送，可能会造成短缺。③先武器装备，后补给物资。使军队具备并保持战斗力是动员活动的首要任务，武器装备对军队作战能力的发挥具有决定性作用，在运输保障能力不足的情况下，首先要保证军队在战场上具有基本的作战能力。

在实践中，应综合各类因素合理确定动员资源输送顺序。我国在对印自卫反击作战初期瓦弄地区的动员行动中，由于运输线较长、动力不足，为保障作战物资运输补给，主要是按照弹药、给养、器材的顺序组织前运。又如，苏联卫国战争动员中，其运输力量需要同时完成不同任务：保障苏联武装力量的动员、集中和战略展开；保障动员资源输送到位；保障主要工业企业由国家西部地区向东部地区转移；保障战时经济的各种运输需要。苏联动员决策机构根据先物力、后人力；先军事、后经济；先前线、后地方的原则，确定了动员资源输送的顺序。同时，在列车安排上，由中央军事交通部会同各人民委员会确定列车的发车次序，列车一律统一编号，按军用列车运行图开向指定地点，保证了动员资源有序输送。

二是明确输送线路和批次。综合考虑动员需求、安全性、输送效率等多重因素，确定动员资源输送的线路和批次。通常，由于输送环节的极端重要性，要求在输送线路的选择和输送批次的确定上要留有余地。尤其是现代战争，由于精确打击能力的提高，输送线路极易遭敌破坏，因此，交战双方更需要合理确定输送线路和批次。

在第二次世界大战盟军发动的西西里进攻行动（代号"哈斯基"）中，当时由于德军的空袭威胁，空中运输能力不够，英国就充分挖掘铁路、公路和航运输送的潜力，弥补空运缺口。"采取铁路和公路运送履带车辆以节省履带寿命，在夜幕下利用 4 艘小型快速攻击舰运送兵力以减少人员伤亡，利用运输机运送特急物资等多种路线组织动员输送"。

三是把握关键节点。主要是通过对输送过程中批次衔接、方式转换等关键环节的控制，及时纠正问题，确保动员资源输送有序高效。通常，不同批次衔接、运输方式转换是容易发生混乱的高危节点，动员资源输送混乱，往往发生在港口、车站等运输方式转换的环节。第二次世界大战诺曼底登陆作战兵员和物资运输中，就是因为没有科学组织，导致在装载港出现严重混乱。"由于发起进攻推迟 24 小时本已出现不少问题，而装载港人员物资的拥塞，使问题更加严重起来。港内均拥挤不堪，到 6 月 12 日，各部队已互相掺杂，完全无法按建制进行船艇装载编组。秩序十分混乱，甚至已经到港的船只也无法装载。"①

为实现对这些关键节点的有效控制，首先，动员指挥机关应认真调查本地区所有港口、车站的实际装载通行能力，编好可以随时查询的资料，并分析各交通枢纽扩建的可能性。另外，还要提前确定各动员单位运输动员资源

---

① ［美］亨利•E. 艾克尔斯：《国防后勤学》，美国斯塔克波尔公司 1959 年版，第 233 页。

的到达顺序和领取顺序。

三、动员资源的交接

(一)动员资源交接的内涵

动员资源输送完成后，应在指定地点组织交接。通过动员资源交接环节，实现了动员资源由动员指挥机构向资源需求方的转移，使动员资源效能真正得以发挥，是完成资源再分配循环过程的标志。

(二)动员资源交接的方式

一般来说，动员指挥机构在将动员资源输送至指定地点后，需要与需求单位进行交接。在以往的战争中，有一种情况时常发生，那就是参战部队截留动员资源，导致动员资源不能按计划交接。第二次世界大战，当盟军向德占区纵深快速推进时，"在前线部队和后勤保障部门之间，开始出现摩擦，甚至紧张局面，这是每当补给品短缺时难免要发生的。在这方面，第3集团军因采取非法手段搜罗所需物资，搞得声名狼藉。流动筹粮队冒充其他部队的成员；列车和汽车纵队遭到拦路抢劫，或被迫改变运行终点；运输连将前送物资送到部队后，其回程的油料被劫夺"[1]。新中国历次作战中，也曾出现参战部队派人到公路上截留前送动员资源的情况。为避免此类情况发生，国防动员机构在组织动员资源交接时，应当对动员资源接收方的资格及其所需资源进行确认。接收动员资源的一方，在情况允许时应派人参加动员资源的运输，或及时赶赴约定的交接地点。抗美援朝战争运动战阶段，志愿军先后进行了五次兵员补充。其中，第一次和第五次是由志愿军各部队派干部组成接兵机构前往东北军区接领的，其他三次是由国内组成送兵机构，将兵员送达志愿军各部队。在阵地战阶段同样进行了五次兵员补充，其中前四次是由各部队抽派干部回国接领的，最后一次由国内新兵动员机构送到前方。志愿军军务部门认为，两种方式相比较，由动员机构将兵员送往部队的方式出现的问题较多，主要问题是"对新兵管理教育之经验不足，致新兵途中减员较多，平均超过 6.5%"。

(三)动员资源交接的程序方法

一是制订交接方案，做好交接准备。主要是明确交接的时间、地点、程序安排、交送方和接收方各自职责等。其中，明确交接职责是交接方案的重点，如果此过程职责不清，极易造成混乱。解放战争淮海战役期间，中共华东局支前委员会对军队作战所需被装交接没有明确责任，造成了被动。时任

---

① ［以］克列威尔：《战争与后勤》，战士出版社 1982 年 3 月第 1 版，第 250 页。

华东野战军后勤部副部长喻缦云给上级的信中提到："袜子、鞋子，华东财办虽已拨出，但仍在曲阜和临沂一带，至今未运来，电催无效，我们又无运输力，所以只是干着急。这些被服装具是应由前方去运呢？还是应由后方前送？责任应分明，请研究决定。"[1]

二是提前通报详细信息。组织交接之前，动员指挥机构先期将需要交接的动员资源的种类、数量、质量等信息通报给接收单位。通过这一环节，可以确保资源接收方掌握动员资源的相关信息，并提前进行准备，否则容易造成工作上的被动。美军在近年海上应急部署战备演习期间，由于师战备特遣部队没有及时将临时补充进来的卡车通知动员资源接收单位——战略部署与配送司令部的终端部队，导致动员资源"和早先录入司令部系统的运输数据不一致。这一事故造成了延误，使终端部队被迫修改装载计划，甚至不得不把一些卡车从其装载位置移出来"[2]。

三是双方检查动员资源。交接开始后，动员资源提供方应当对接收方的资格及其所需资源进行确认。尔后，由动员指挥机构人员向接收方介绍有关情况，并配合接收方对动员资源进行检查、点验。

四是完成交接手续。主要是按照核查结果填写并交换表册，移交动员资源的档案、花名册和装备、物资清单，动员指挥机构与接收部队领导交接签字。每次交接完成后，应当逐级上报交接情况。在交接实践中，为了保证顺畅，可以采取建立完善支领制度等办法。在解放战争中，地方支前委员会给军队发放粮草票，各部队凭票领取动员物资，"严格禁止用红白条与其他区域粮票取粮"[3]。中原野战军发行野战军粮秣票，各部队凭借粮秣票按规定方法向地方政府领取所需粮食。淮海战役战前准备阶段华东支前委员会规定：部队进入作战地区，后边粮食跟不上时，就地征借解决，"在借粮之后，付足粮草票，并须由政治处打证明书，作尔后政府清理的手续"[4]。有的单位还印制使用三联单动员证，明确动员机关、动员资源数量、起运地点、交接地点、押运人、时间等要素，保证交接清楚，如图 10-1 所示。

① 喻缦云给张震、刘瑞龙的信，1948 年 12 月 1 日。

② 《21 世纪国防后勤学》，22 页。

③ 《华东野战军后勤部后勤工作通报》，1948 年 10 月 21 日。

④ 华东支前总结委员会：《关于淮海战役粮食供应部署情形》，1949 年 8 月 26 日。

存　根		
动员机关		
转运物品	种数	
	件数	
	斤数	
起运点		
终止点		
押运人		
动员日期		
首长盖章		
备　注	第一联存根交回，第二联交起运点，第三联自带或随物品转运	

图 10—1　三联单动员证

四、掌握动员态势

（一）掌握动员态势的内涵

主要是指挥人员在动员实施全过程中综合运用多种手段连续跟踪、掌握动员任务完成情况，为控制动员行动提供依据。战时动员行动涉及领域众多，战场态势变化频繁，只有全面、及时、准确掌握动员活动的进展情况和发展趋势，指挥员才能相应地对动员行动进行控制。掌握动员态势重在确认 6 种情况：一是动员行动的进程和效果；二是动员环境条件的变化情况；三是动员活动的发展趋势；四是军队作战、应急维稳、社会管控的发展变化情况及其对动员行动的影响；五是社会对动员的反映，确认动员展开行动的社会状况；六是动员的组织指挥情况。

淮海战役进入第二阶段后，1948 年 12 月 5 日，中央军委电示中共中央豫皖苏分局："徐敌西逃，大战已集于永宿蒙地区，粮食接济必须从华东、中原、华北三方面设法，绝非一个地区所能完成负担。现豫皖苏筹运粮草接济前线的情况如何，望分局速告中原、华东及我们。"①1942 年 8 月 30 日，丘吉尔致电飞机生产大臣："我从你的《7 月份进度报告表》中看到，重轰炸机的生产已大大落后于计划。1941 年 12 月你告诉我们，7 月份的重轰炸机生产量是 267 架。7 月 1 日的计划答应给我们 229 架。实际上，我们已收到 179 架，仅占 12 月份计划的三分之二，或 7 月份计划的五分之四。我特别关心'斯特林'

---

① 1948 年 12 月 5 日，《中央军委询豫皖苏筹运粮草情况及冀鲁豫运粮计划和进行情况》。此件存解放军档案馆。

式轰炸机的大量减产，原来规定的 79 架，而实际生产的只有 44 架。请告诉我，你将采取什么步骤来改正这种情况。"[1]

如果情况掌握工作没有做好，极易引起混乱。解放战争淮海战役期间，总前委及时发现了在动员组织实施过程中暴露出的问题，如华东野战军、中原野战军协同作战过程中粮食需求和保障的混乱；部队追歼进展甚速，后方物资无法及时赶上等问题。对此，总前委及时组织召开支前联合会议，统一解决了相关问题。美国人鲁本素在《欧洲战区军队的后勤保障》中描述了第二次世界大战诺曼底登陆作战初期由于对动员资源信息掌握不准造成的混乱，"许多船只到达登陆地点时，岸上人员不知船上所载何物。其后果之严重，从寻找 81 毫米迫击炮弹的例子中可见一斑。当时诺曼底树篱战急需这种弹药，但岸上部队无法查明其在船上的位置，以致又从英国海域调来大批 81 毫米迫击炮弹，运到后还不得不逐船进行查找。"[2]

（二）掌握动员态势的基本方法

动员指挥员及其指挥机关需要重点掌握的动员信息包括：动员展开情况，敌我态势，敌我作战成果对动员需求的影响，我方作战损耗与人员伤亡情况，敌我可能采取的作战行动对动员需求的影响趋势，气象水文的变化情况等。

掌握动员态势的渠道主要有四个方面：①严格执行报告制度和信息交换制度，从动员组织体系和协同体系获得必要的情报信息，这是获取动员信息的主要渠道。解放战争淮海战役中，冀鲁豫支前委员会在组织向前线运粮时明确："县站向分站每天报告一次，报告粮食和大车数字，每天做书面小结，注意随时交流经验，以便提高和改进工作。各分站向总站每三天报告一次，最好每天报告一次，总站每十天向行署和区党委报告一次，以便了解全面情况。"[3]鲁中南支前委员会专门对上下级、前后方的汇报联络制度进行了明确："规定每日上午 8～11 时为本会与各专县支前部门电话联络时间。"[4]另外，各级动员支前机构均编配了通讯班，通过电话随时掌握动员进展情况，没有通信线路的，利用车辆、马匹传递信息；②组织专门人员从报纸、广播、电视和互联网等大众传媒收集所需的情报信息；③开设公开的信访平台，从公众来信、来电、来访中了解并掌握所需的情报信息；④派出人员深入动员一线和社会了解并掌握所需的情报信息。

在获取动员信息环节应注意把握以下两点。①充分利用信息化手段准确

---

① ［英］温斯顿·丘吉尔：《第二次世界大战回忆录》第四卷，南方出版社 2002 年 12 月第 1 版，第 472～741 页。

② ［美］鲁本素：《欧洲战区军队的后勤保障》，华盛顿特区，美陆军部战史局出版，第 422 页。

③ 冀鲁豫战勤总指挥部：《菏泽运粮会议纪要》，1948 年 12 月。

④ 《中南支前委员会关于目前工作的指示》，1948 年 9 月 25 日。

掌握动员信息。战时动员活动涉及多个行业领域，面对成千上万种动员资源，准确掌握动员信息的难度可想而知。从古至今的战争动员实践中，对动员信息准确掌握一直是个很大的难题，就连 20 世纪 90 年代信息化背景下的海湾战争，到了战争尾声，美军仍有两万多个装有"不明物品"的海运集装箱存放在达曼周围的各储存地域。因此，应借助先进信息技术，充分发挥信息系统在收集、整理、传递动员信息中的作用，提高效能。随着自动识别技术在动员领域的逐步应用，动员资源信息实行精确显示已经可以实现。在美国，供货商将无线射频识别标签加到国防部和承包商采购的物品上面以显示物品的规格、储备品保存单位的编号和请领单标识符。"在每个货盘和集装箱上会有容量更大的标签，显示货盘和集装箱内所有物品的装箱清单。当查询器看到附有标签的物品被装箱时，清单就会自动打出。"①②由专门部门汇总处理动员信息。指定专门部门负责动员信息的处理，可以防止因动员信息汇入多个"入口"而引起信息管理的混乱。第二次世界大战中前期，美国太平洋舰队"易缺供应品的情报分别送往圣地亚哥和本海岸各地的各个业务主管部门。那个时候，指挥官掌握的情况很不够，司令部很难迅速收到有关后勤保障的准确情报"②，从而造成了动员调控的效率大打折扣。"直到 1944 年末至 1945 年初美国海军上将格索尔改组海岸海军司令部时，建立了专门的后勤处，要求所有重要的动员情报都寄到后勤处进行评价，尔后再把最重要的情报迅速报告给海军作战部长、太平洋美军总司令部和太平洋舰队司令"③，才保证了动员信息收集、处理的井然有序。

五、评估动员效果

（一）评估动员效果的内涵

在组织动员展开的过程中，指挥者应及时评估动员任务完成情况、后续动员能力等情况。通过动员效果评估，可以为校正动员行动提供依据，这对于改进组织指挥方法、提高效能意义重大。

动员评估按评估的范围可分为局部性评估和全局性评估。局部性评估可随时进行，全局性评估要在动员全面展开并接近或达成阶段性目标的情况下进行。淮海战役期间，1948 年 12 月 24 日，中共豫皖苏分局将动员情况向中原局做了一次报告。当时，"战勤工作，因战争仍在进行，尚无详细总结"，中共豫皖苏分局"就已知材料"做了简要报告。该报告对动员效果的评估是：

---

① ［美］小威廉·G. T. 塔特尔：《21 世纪国防后勤学》，军事科学出版社 2010 年版，第 113 页。

② ［美］亨利·E. 艾克尔斯：《国防后勤学》，美国斯塔克波尔公司 1959 年版，第 132 页。

③ ［美］亨利·E. 艾克尔斯：《国防后勤学》，美国斯塔克波尔公司 1959 年版，第 132 页。

"此次会战有利条件很多，因正值秋收种麦之后，粮食供给及人力支援均较便利，且作战我完全主动，我支前工作亦较主动。在胜利形势下，群众情绪高涨。有此以上客观有利条件，给我区支前工作很多便利。因此，支前除开始较混乱外，现已较有秩序。担架现前办掌握 5000 余副，供给中野尚可。粮食除萧县地区华野一部因支援困难供应不足外，其他如中野及永城地区华野部队亦能供上，但如遇天雨则困难许多。作战地区物价波动亦不很大，因不仅后方能供给油、盐一部分，且在胜利影响下有些商贩敢到战场做买卖。""我们领导上最大的弱点是对现代化交通的管理（如铁路、公路、电话等）及对城市庞大的生产力（如缝制、医疗等）及运输力（商用汽车、马车、地排车等）的组织调用均差。除组织城市群众做鞋及利用沙河、涡河运输外，其他如对公路的修整、长途电话的架设、组织私商缝制被服及组织城市车辆运输（如开封即有商用汽车 70 余辆，汽轮、马车 800 余辆，地排车三、四千辆）等，均未及时建立领导机构统一管理，效果很差，仍是习惯于过去依靠农村的一套。"

（二）评估动员效果的程序方法

组织动员效果评估，可按照专项动员部门的职责区分进行，也可建立专职动员评估部门或由专门人员负责。通常按照明确评估目的、制定评估标准、选择评估方法、实施效果评估的步骤进行。评估动员效果可以采取静态和动态两种评估方法。

（1）静态评估方法，就是以原计划和方案确定的任务、目标为标准进行评估，确认其是否达到计划和方案的预期。

（2）动态评估方法，是以变化了的动员需求为标准进行评估，确认已达到的动员效果。抗美援朝战争中，志愿军入朝后先后发动五次战役。在此期间，随着入朝参战的志愿军兵力不断增多，需要动员补充的物资也迅速增加。"第一次战役 25 万人，日需补充 750 吨；第二次战役 40 万人，日需补充 1200 吨；至第五次战役时 95 万人，日需补充猛增至 2850 吨。"[①]据此，政务院、中央军委多次召开紧急会议，对运动战动员效果进行了系统评估。得出的结论是，动员资源有限与需求不断增加的矛盾日益突显，并将持续。

（三）评估动员效果应把握的原则

在评估动员效果过程中，应把握以下原则。

一是整体评估，把握重点。首先，对评估对象，不能局部、孤立地去评价某一级动员效益的大与小，而应把它放到更大的系统中去考查得失，使评估结论真实反映上级动员意图和整个动员全局的客观实际。其次，各个要素、环节对动员效果的影响不尽相同，评估时要有重点，只有围绕重点内容和重

---

① 《抗美援朝战争运动战若干问题研究》，军事科学出版社 1994 年 10 月版，第 153 页。

点指标做出全面评估，才能确保评估的有效性和可信度。

二是客观、科学。客观实践是评估的基础，动员效果评估的依据应该真实、准确，评估结论能经得住实践的检验，评估项目要根据动员目的和需要确定，评估指标构成的体系应科学合理，不能主观臆断，随意设立。同时，在评估中，应注重运用现代网络信息技术和设备，使评估能准确地按照动员活动的规律和客观要求，真实地反映出动员效能。

三是简易、可行、可测。只有存在可测性，才能比较、估算和评价，动员活动中存在着大量可测的、能够量化的事物，但也有不少因素在数量上是模糊的。对那些难以量化的因素要采取定量与定性相结合的方法，比较客观地给出权值和便于测量的基本尺度，使评估具有可比性。同时，评估方法要为人们接受并能长期使用，必须既科学又简单易行。评估指标的数量范围要适中，既不要太多过于繁杂，也不要太少达不到全面评估的要求。每项具体的评估指标要适度，不能定得过高或过低。评估方法不能过于复杂，要便于操作人员迅速掌握。

六、调整动员组织

在动员行动展开的过程中，应根据战争的发展趋势和作战任务的变化，适时调整动员指挥机构，以保证动员组织指挥连续高效。

(一)动员升级情况下的组织调整

如果在战争发展阶段决定动员升级，国防动员组织指挥的工作量会骤然增加，国防动员的组织力量也应随之得到加强。

1948 年秋冬，冀中地区在实施平津战役支前动员的过程中，最初接到的动员任务是以固安为中心，为进入平南地区的部队提供动员保障。为此，冀中在固安县的新镇建立了一个支前指挥机构。中央军委决定先打天津，后向津南、津西地区调集了大量部队，冀中地区的动员保障任务也由平南地区扩大到津南、津西地区。在这种情况下，冀中立即对动员组织进行调整，除加强驻新镇的支前指挥机构外，"又于平南、津西、津南组成三个后勤指挥部，在新镇总的指挥机关直接领导之下，进行各区域的支前工作。此外在人力物力的调用及支前任务的负担上也具体分了工，经过一番整顿部署，各地区便克服了混乱现象，使支前工作逐步走上轨道。"[①]

1941 年 6 月 22 日，德国突袭苏联。6 月 30 日，斯大林下令组成苏联国防委员会，"根据中央政治局和国防委员会的决定，党和苏维埃在各加盟共和国、边疆区、州、区的机构重新安排自己的工作，使党和国家机关的整个体

---

① 1949 年 2 月 3 日，《冀中区在平津战役中支前工作简要总结》。

系在短期内适应战争时期的要求。"①1940年4月至6月，在日本决定将侵略战争从东亚的中国扩大到南亚的荷属东印度，发动所谓的"大东亚战争"的情况下，日本"国内也在逐步地革新和加强以《基本国策纲要》为基础的国内体制"。其主要措施就是开展"建立新政治体制的运动"。"新体制的基本课题就是要保持统帅和国务之间的协调，加强政府内部的统一和效能以及确立翼赞议会体制这三点。"

（二）动员降级情况下的组织调整

如果随着战争进入尾声或者因需要进行动员降级，应在保证必要动员组织指挥能力的前提下，逐步缩小动员指挥机构的规模，压缩动员组织资源。

1951年10月，抗美援朝战争已经打了一整年，战争的均势状态已经出现，双方均有防止战争进一步扩大的意图，战争进入打打谈谈的阶段，各方采取的作战行动，主要用意已经不是为了改变战争形势，而是为了获取谈判利益。在这种情况下，中共中央政治局召开扩大会议，重点分析研究了朝鲜战争发展的趋势及其对策。会议根据毛泽东提出的"战争必须胜利，物价不许波动，生产仍须发展"的思想，做出了与战争动员密切相关的五项决定：一是"节约兵力，整训部队。全国兵员从610万人减至465万"。二是"精简机关，缩编人员"。三是"紧缩开支，清理资财。从11月起开展全面增产节约运动"。四是"提倡节约，严禁浪费"。五是"组训民兵，准备推行义务兵役制"。

（三）动员规模稳定情况下的组织调整

在动员展开过程中，当动员规模变化不大的情况下，动员指挥机构应随着动员任务的变化及时调整，以适应动员组织指挥之需。

1942年春，英国政府针对战争形势的变化，为了进一步提高动员组织指挥效能，对战时内阁进行了多项重大调整。2月10日，丘吉尔向议会提议设立生产大臣，"该大臣执行一切原属生产管理委员会掌管的任务，但有关人力和劳工的事务除外。"②为了减少战时内阁的人数，丘吉尔又说服财政大臣不再担任战时内阁的正式成员。丘吉尔在回忆录中称："战时内阁的改组是2月19日宣布的。虽然现在延揽了两位新人，人数却从八位减到了七位。读者自会看到，同舆论的强烈潮流恰恰相反，目前我已充分实现了我的意见，即战时内阁的成员也应该是负责部门的主持者，不仅仅当个空头顾问，除了想想、讲讲、又根据折中方案或多数意见做出决定以外，就没有事干了。"③此外，丘

---

①　[苏]德波林：《第二次世界大战史》第4卷，上海译文出版社1981年版，第83页。

②　[英]温斯顿·丘吉尔：《第二次世界大战回忆录》第四卷，南方出版社2007年12月第1版，第79页。

③　[英]温斯顿·丘吉尔：《第二次世界大战回忆录》第四卷，南方出版社2007年12月第1版，第86页。

吉尔"在次要的机构中也做了一些其他的调动",这些机构包括殖民地事务大臣、飞机生产大臣、贸易大臣、经济作战大臣、陆军大臣、公共工程大臣、主计大臣和副检察总长。

七、调控动员行动

主要是指挥人员根据动员进程和阶段转换,对动员任务完成情况进行督导,并针对战场态势变化和需求变化情况,修订动员决心计划,调整动员行动,以适应需求变化,确保动员任务顺利完成。

(一)调控动员行动的内涵

动员展开阶段,大体会出现三种情况:一种情况是战争规模进一步扩大。主要表现为兵力的显著增加和军事打击行动的升级。1969年春的珍宝岛自卫反击作战是3月2日打响的。战斗打响后,中、苏双方均向事发地区增派了大量兵力,此后的几次作战行动均有所升级。在这种情况下,应适时调整动员重点、扩大动员范围、提升动员规模,采取更为严厉的动员措施,满足军队作战需求。

抗美援朝战争中,在战争正式打响后,随着志愿军作战方式的改变和参战部队人数的迅速增加,给养、装备、医疗动员等各个方面都出现了很大的问题。在这种情况下,动员指挥机构根据各参战部队担负任务的轻重缓急分配动员资源,在优先保障重点部队的前提下兼顾保障其他部队。同时,政务院、中央军委多次召开紧急会议,决定并采取了一系列加强动员保障的重大举措。包括将国家财政经济中心转向战争,在继续加强东北地区动员力度的同时,扩大局部战争的动员范围,最大限度地提高交通运输动员能力,开展全国性的抗美援朝运动,全国兵器工业转入战时生产,紧急向苏联订购大批武器弹药,开展捐献武器大炮运动,加大给养、服装等军需物资动员规模。正是国家动员决策层根据形势变化及时调控动员行动,有针对性地解决问题,有效地改变了战争初期的被动局面。

与我国针对战事升级而及时采取强有力的动员举措相比,美国在朝鲜战争爆发整整半年的时间里"以为朝鲜战争不久就将结束,所以没有建立特别动员机构,或实行物价管制"[①]。直到1950年12月上中旬,志愿军对美韩军队发动了第二次战役,遭受沉重打击的美军被迫从陆地、海上和空中退回三八线以南,暂时转入防御,美国政府才采取一系动员升级的措施。同时,开始对生产和工资、物价等进行管制。

另一种情况是双方对抗的程度不增反降,战争出现可能结束的迹象。在

---

① 《1900年以来的美国史》(中),第462页。

这种情况下，应适当压缩动员规模、减少动员活动，尽量向动员任务较重的行业或领域倾斜动员力量，实施精确动员。1944 年下半年，英国"政府部门在伦敦确定军事生产指标时，是这样考虑的：在胜利前夕，不能过多地把资源用于军事目的"。"正是从这一方针出发，早在欧洲战争胜利之前，军事工业就开始缩减了。军事工业的从业人数逐步减少：1943 年为 523.3 万人，1945 年初只有 500 万人左右。1945 年上半年，英国大大削减军事工业生产，统计数字表明：许多军工产品产量比 1944 年下半年下降 20% 至 35%，而某些产品的产量下降得更多。"[①]

第三种情况是战争规模稳定，对抗双方处于僵持状态。在这种情况下，动员的等级不变，但动员的重点、主要动员方式方法需要根据国家战略方针的调整和作战任务的具体变化而适时改变。

1948 年 11 月淮海战役进入第二阶段后，"消灭黄百韬兵团后部队有新的调动和增加，俘虏的增加及何基沣、张克侠的起义部队，后备兵团也开到前边来，后边准备的民工也大部调到前边，吃粮数目比战役开始时增加不少。"对此，华东支前委员会及时做出"淮海战役第二阶段粮食部署"，"在第一阶段计算一、四、六、八、九、十、十一、十三、鲁纵、特纵、韦兵团、总直、东直、野卫、民管处、支前人员、俘虏处等单位，每天领原粮 228.2 万斤（马料 27.7 万斤）；第二阶段加上后备兵团、起义部队、俘虏、新调民工等，每天需原粮 240 万斤（马料在内）。"另一个重要变化是："消灭黄百韬后，部队连续向徐州东南和徐州东面发展，后边粮食的运输路线、囤粮粮站的位置大大不适应新的情况，必须全盘把粮食向前推进一步。"[②]在这种情况下，总前委及华东支前委员会，立即改变完全依赖山东解放区远距离实施动员保障的方式，要求"中原、华北分担这一大量粮食的供应"[③]，同时指示各参战部队采取就地征借的方法，解决粮食供应问题。

1952 年 9 月至 1952 年 12 月，中央军委为志愿军组织了第三期兵员补充动员。此次动员，中央军委原决定不再进行新兵动员，"如遇需要将准备从地方武装中进行建制的调补"[④]。但情况很快发生了变化，到 1952 年 7 月初，"全军经过第一期整编后，现成的兵员已很难再作筹划，集体转业部队绝大部分已拨出去，且大部已就业，除已由中南收回十二个水利工程独立团作为秋季补充外，其他均不便再收回当补充部队，国内现有正规部队的兵员，除按

---

①　［苏］舍霍夫佐夫：《第二次世界大战史》第 10 卷，上海译文出版社 1987 年版，第 734、735 页。

②　1948 年 11 月华东支前委员会《淮海战役第二阶段粮食部署》。

③　《中共中央军委关于速调粮食供应前线致中原局华北局华东局电》，1948 年 11 月 22 日。

④　《军委关于第二期动员新兵处理问题的通知》，1951 年 10 月 11 日。

计划结合部队整编轮换尚可抽调六个师的兵员以备补充志愿军外，已无多余的兵员可作调拨。"鉴于这种情况，总参谋长聂荣臻、副总参谋长粟裕向毛泽东主席递交了报告，建议在"明年春志愿军的兵员补充应重新动员新兵使得解决更为有利"，"但动员新兵作补充的准备，理应提前布置，使新兵在补充前，能得到一定的训练时间。"而训练所需的时间至少要 6 个月，"才能使集中后的新兵能有一个月的政治教育时间，四个月的军事训练时间"。为此，"如八月朝鲜战争停不下来，九月即应开始拟在兵员动员较容易的中南地区布置动员十万人。进行集中训练，以备明年上半年补充之调用。"①之所以要在中南地区动员，是因为"中南地区在第一期精减中遣散过已集中的新兵近十万人回乡待命，大部分是湖南、河南、湖北省的人"。7 月 22 日，毛泽东主席批示同意。8 月 8 日，中央军委电示中南军区动员 10 万新兵。8 月 19 日，中南军区召开会议，对新兵动员进行了研究部署。8 月 23 日，中南军区根据中央军委的指示做出动员 10 万新兵的决定。

（二）调控动员行动的程序方法

调控动员行动整个过程通常包括督导动员行动，修订动员决心、计划，调整动员行动三个主要环节。

一是督导动员行动。主要是指挥员根据进程，对动员展开情况进行督促、指导。监督检查的内容主要包括：下级行动是否符合整体动员意图；下级组织指挥情况；通信联络情况；完成动员准备的情况；动员展开情况；人员、装备损耗情况等。

虽然在不同类型动员行动和不同动员阶段督导的重点有别，但均需要把握以下两点。

（1）督导协调要及时。现代战争，动员反应速度更快，动员态势更加复杂多变，留给控制协调的时间越来越短。如果不及时针对态势的变化调控动员行动，有可能对整个动员活动造成致命影响。第二次世界大战，英国飞机的产量出现下滑后，首相丘吉尔迅速指示飞机生产大臣："务请将这一周生产极坏的理由见告，这不是有节日的一周。你的 1 月份数字都很令人失望，它们远远地落在指标的下面。"②

提高控制协调的时效性，基础在于动员指挥系统与作战系统的紧密衔接，能够及时掌握作战对动员需求的变化，准确把握控制协调的时机，及时下达正确的控制协调指令。在技术层面，动员指挥信息系统要对动员过程中各种

---

① 《聂总长、粟副总长关于动员新兵计划呈主席的报告》，1952 年 7 月 9 日。

② ［英］温斯顿·丘吉尔：《第二次世界大战回忆录》第四卷，南方出版社 2002 年 12 月第 1 版，第 713 页。

意外情况有很强的快速反应能力，通过建立可靠顺畅的信息传输渠道，确保各种动员信息的及时获取和报知。

(2)督导协调要适度。主要是把握好具体指导和适当放权之间的平衡。首先，督导协调要具体。督导协调动员行动是发现问题、解决问题的过程，因此，需要针对动员展开过程中不断出现的问题及时进行具体明确的调整，以保证动员有序进行。解放战争淮海战役中，中共华东局支前委员会针对战役第一阶段运输工作不统一与不及时造成的动员困难，及时进行了改进："除由支委加紧修复津浦充(州)徐(州)段及徐宿段及陇海徐新段，使后方弹药粮食得以充分利用铁路运输，为减轻民力，拟从徐竟济海等地征用商人汽车，担负铁道沿线与战区间弹药伤员物资之来回转运。"①其次，督导协调还要适当放权。战时动员的复杂性和时效性需要下级在服从全局利益的前提下要具有一定机断行事的权力。同时，上级动员指挥机构也不可能对错综复杂、变幻莫测的所有事物都实施有效的控制协调。解放战争淮海战役期间，1948 年 12 月20 日，中央军委专门致电前线支前委员会，明确："关于前线者，由你们直接令行。中央军委掌控动员全局，拥有对重大动员问题的决断权。"

做到管而不死、活而不乱的关键是督导协调要在适当的幅度内进行，督导协调的对象在允许的范围内可以具有一定权力，上级只是进行宏观督导，不需多干预。超出了允许范围，或者事关全局的重要环节，上级就要进行严格的督导。

二是修订动员决心、计划。在动员展开过程中，指挥员应根据需要果断调整既定动员计划甚至动员决心，以保证主观指导符合客观实际。一般来说，调整决心计划的时机主要是：①前期动员行动已达成预期目标，转换已具备条件，按预期调整。1979 年对越自卫反击作战动员，因为是预有准备且作战行动发起后未出现重大变化，因此，整个动员展开阶段按原计划、原方案有序进行；②出现了有利时机，提前调整；③出现重大不利情况，被迫调整。美国在参加第二次世界大战前已经实施了"防卫动员计划"。但是，珍珠港事件的爆发使整个动员形势发生巨变，战前实施的计划已经无法适应局势的变化。因此，美国迅速调整动员决心，将动员等级从局部动员升级为全国总动员；④根据上级指示临机调整。如果没有根据形势变化及时应变，会严重影响动员行动的顺利实施。20 世纪初的日俄战争中，俄国就是因为没有根据战争形势的变化及时从局部动员状态转入全面动员状态，从而使动员一直处于被动。

调整决心计划不需要面面俱到，可以只针对主要变化的方面进行重点明

---

①　刘瑞龙：《关于今后支前工作向华东局的报告》，1948 年 11 月。

确。解放战争淮海战役初期，1948 年 11 月 9 日，华东局根据战争情况变化，对粮食征借、民工棉衣来源、民工任务分配、支前指挥机构位置等几个方面进行了明确，做出《关于淮海战役支前工作的几项新规定》，指出部队粮食后方一时赶运不上时，以团为单位就地征借；巩固民工队伍，从缴获物资中解决其棉衣、棉被问题；除苏北兵团外，其余部队所需民夫担架，全由山东负担。为了更好地适应前方战场需要，华东野战军后勤部和"华支"移至曲阜。

三是调整动员行动。主要是指挥员根据调整后的动员决心和计划及时调整动员部署，以适应军队作战对动员需求的变化。20 世纪 70 年代的第四次中东战争中，埃、叙两国对以色列成功发动突袭，在战争初期取得了巨大优势。但随着战争的持续，尤其是以色列迅速全面动员之后，埃、叙两国没有及时根据战争局势和作战任务的变化坚决、及时地进行全国总动员，没有把整个国家及至阿拉伯世界的力量调动起来，最终败在了及时调整动员规模进行总动员的以色列人手下。

通常，指挥员应根据不同作战阶段及时调整动员部署，持续保持动员能力。解放战争淮海战役之初，中共中央预计作战规模有限，粮食供应主要是由华东局负责。但随着战局发展，前线参战部队和民工增加到近百万人，每月需粮约一亿斤。根据动员需求的变化，总前委迅速调整动员部署，命令中原局、华北局分担部分粮食供应。要求中原局豫皖苏分局立即动手筹集和保证中原野战部队及华野转入豫皖苏作战部队的粮食。华北局冀鲁豫区调集一亿斤至一亿五千万斤粮食，供给华野部队需要。随着补给线不断延长，动员指挥机构的位置也随之进行了调整，华东军区后勤部前方指挥部由蒙阴先后前移到临沂、郯城，弹药库由济宁、梁邱先后前移到台儿庄、单县、韩城，兵站由三界首、博山移到新安镇、济宁。

另外，当情况发生突变时，也要及时组织动员行动转换，以实现动员行动与军队作战行动的同步性。对印自卫反击作战初期，即 1962 年 11 月 7 日至 13 日，我国主要是组织武器弹药和人员的支前保障。11 月 14 日后，由于部队给养和药品消耗量巨大，因此及时调整动员重心，转换为以运送给养为主，穿插前运战救药材，保障了作战的需要。

八、稳定社会秩序和舆论管控

战争动员一旦展开，社会的反应会十分强烈。此时，国家高层动员指挥决策人员应采取切实可行的措施，加强对社会秩序和舆论的管控。

（一）最高领导人发表讲话

国家元首和政府首脑作为国家和政府的代表，在战争期间适时出面，表达国家和政府对待战争或军事威胁的态度，在稳定社会的同时，向社会发出动员号召。

1939 年 9 月 3 日，英国首相张伯伦向人民发表公开讲话："我们和法国如今履行义务向波兰伸出援手，他正在英勇抵抗这次对他人民发动的恶毒无端的攻击。我们完全对得起良心。我们为了建立和平已经做了任何国家所能做的一切努力。现在德国统治者的任何话都不能取信于人，任何国家和人民都没有了安全感，这是令人不能容忍的。现在既然我们已决心走到底，我知道你们都会平静勇敢地各尽其责。在我讲完之后，政府将会发布详细的公告，请人们密切注意。政府已经做好计划，在将来艰苦的日子里，使国家能继续运作。但这些计划需要大家的帮忙。你们可能入伍参战，或者志愿加入民防单位，那么你们将根据收到的指示报到。你们也可能正在从事与战争有关、与民生有关的重要工作，例如在工厂、运输、公用事业服务，或供应其他生活必需品。"[1]

1941 年 6 月 22 日，德国大举入侵苏联。6 月 29 日，苏共中央做出全面抗敌入侵的决定。7 月 3 日，斯大林发表广播讲话。他在讲话中指出苏联面临严重危险，历数德国入侵者的种种罪行，告诉人民已经采取有力措施，苏联红军正在英勇抵抗，号召全国人民奋起抗战。朱可夫当时也感慨地说："在任何一个国家生活中的危难时期，在遭到内部或外部敌人进攻的时候，一个能反映共同努力的目的，把所有的人联合起来的号召和口号，具有极其伟大的意义。"他认为，一个政党应当善于把所有的阶级和阶层动员起来，明确指出他们的目标和敌人。

1942 年 12 月 9 日，罗斯福在日本偷袭珍珠港后发表公开讲话："我们现在面临这场战争。我们都处于战争之中——一场全面的战争。每一个男人、女人和儿童都是我国有史以来这场最艰巨事业中的伙伴。我们必须祸福同当，风雨同舟——一起分享战争中随时变化着的运气。"[2]

1950 年 6 月 25 日，朝鲜战争爆发。6 月 26 日，金日成做了题为《集中一切力量争取战争的胜利》的广播讲话，号召"共和国北半部的人民，应把自己的一切事业，改变为战时形态。为了在短期间内无情地歼灭扫荡敌人，要动员一切力量。应使一切工作，服从于战争和歼灭敌人的任务。应组织全国人民对人民军援助，源源不断地增援和补充前线，供给他们一切必需品，保证军需品的紧急输送。对于伤兵要组织广泛切实的救护工作，要保证圆满完成前线供应，巩固人民军后方的一切工作。"

（二）严格新闻审查

战争时期，对新闻宣传需要统一口径，避免非官方消息谣言对动员展开

---

[1]　苏荷：《第二次世界大战演说精编》，中国文史出版社 2012 年 1 月第 1 版，第 63、64 页。

[2]　苏荷：《第二次世界大战演说精编》，中国文史出版社 2012 年 1 月第 1 版，第 89 页。

和社会稳定造成不良影响，这就需要对战时发布的新闻消息实施审查管制。

美国历史学家曾指出："随着战争的进展，政府控制思想和言论的权力不可避免地逐渐扩大，而不是逐渐减少。"以美国在第一次世界大战的新闻管制为例，当美国政府决定参战时，"或许大部分人是把这作为唯一解决方法勉强接受的，但是有几百万美国人——社会党人、极端激进派、许多进步派和几万名德裔及爱尔兰裔美国人——仍然认为：美国的介入，是一个非中立的总统和怂恿他的强大邪恶势力制造出来的。威尔逊为改变这种敌意并教育全体公民理解美国的目的，仅在参战决议通过一星期后，就设立了宣传委员会，由丹佛的进步记者乔治·克里尔领导。克里尔最初采取的行动之一是建立一种新闻志愿检查制。这种制度进行得非常顺利。"①1917 年 10 月 6 日美国实行通敌法，"授权总统检查所有国际交流活动，并给予邮政部长检查美国外文报刊的广泛权力。即使这样，司法部长还宣称他无法钳制不忠，并向国会要求更大的权力。国会于 1918 年 4 月和 5 月再次采取行动。1918 年 5 月 16 日总统签署了《煽动叛乱法》，它禁止以任何方式阻碍战争努力的言谈。""总之，根据《间谍活动法》与《煽动叛乱法》，有 2168 人被起诉，1055 人被判罪，因威胁总统犯罪的有 65 人，因实际破坏活动而犯罪的则仅有十人。"②

（三）媒体宣传引导

战争发生后，面向社会的舆论宣传引导包括多重内容。首先是将动员的真实情况，更多地告之已经履行动员义务的民众，使其更加明确动员的目的、意义，从而更好地履行动员义务。其次是将政府动员的企图，有选择地公告全社会，除警示民众做好防范准备外，意在为可能采取的全面动员或总动员打下舆论和思想基础。

1. 不同战争局势对宣传引导的要求

一种情况，是在战争升级、战局发展尚难把握的情况下。面向社会的战时宣传，总体上要讲明国家扩大战争和扩大动员的合理性，使广大民众在思想上做好长期参加和支持战争的准备，以利国家采取更大规模的作战和动员行动。1951 年 2 月 14 日至 16 日，中共中央政治局扩大会议在北京召开。鉴于抗美援朝战争有可能长期化，会议决定在全国范围内"深入进行抗美援朝宣传教育运动"。3 月 14 日，中国人民抗美援朝总会发出通告。通告指出：在过去一个时期中，我国人民的抗美援朝运动已经有了伟大的成就。然而，"要彻

---

① ［美］阿瑟·林克、威廉·卡顿：《1900 年以来的美国史》(上)，中国社会科学出版社 1983 年 6 月第 1 版，第 236～237 页。

② ［美］阿瑟·林克、威廉·卡顿：《1900 年以来的美国史》(上)，中国社会科学出版社 1983 年 6 月第 1 版，第 240，241 页。

底消灭侵略朝鲜的帝国主义强盗，全部解放朝鲜，还必须经过一个相当时期坚决、勇敢和机智的作战。因此，全国同胞必须继续坚持抗美援朝保家卫国的神圣斗争，努力普及和深入抗美援朝的实际工作和宣传教育工作，务使全国每一处每一人都受到这种爱国教育，都能积极参加这个爱国行动①"。

另一种情况，是在战争已经取得决定性胜利，但仍有较大战事的情况下。面向社会的战时宣传，重在克服民众对战争的厌倦情绪，鼓励民众克服困难，继续参加和支持战争。1945年春夏之交，日本正节节败退，美国战时宣传的重点放在近来取得的胜利上。"大量的海报都把宣传主题放在了对战争的宣传上，海报上出现了鬼鬼祟祟的日本兵、凶暴残忍和负隅顽抗的日本兵等。这些面目丑恶的日本兵形象时刻提醒着美国人民难以愈合的战争伤痛。美国人民虽然热爱和平，但面对着眼前这个还在疯狂战斗的敌人，他们知道现在不能有丝毫松懈，必须立即行动起来，这样才能尽早结束这场可怕的战争。"②

2. 不同舆论环境对宣传引导的要求

战争发生后国内舆论环境通常会有两种情况。一种是常见的情况，即国内舆论有利于国家动员。通常在战争时期，更多的人会放弃关于战争及动员合理性的争论，支持和参与战争及动员行动。据美国学者所述："珍珠港事件发生的那天下午，美国人民在收音机里听到日本人进攻的消息，普遍感到震惊与气愤。愤怒之中，他们忘掉一切党派之争，而辩论起如此长期分裂他们的外交政策来，并决心坚定不移地打赢这场日本人发动的战争。疑虑之苦过去了，现在的问题是全心全意参加战斗。"③在这种情况下，国防动员指挥机构应面向社会大张旗鼓地进行战时宣传教育。

在苏联卫国战争最艰难的阶段，以《真理报》为代表苏联报刊大力宣传保家卫国思想，鼓舞军民的抗敌斗志，详尽报道了包括莫斯科保卫战、列宁格勒战役和斯大林格勒战役在内的重要战事。"在报道前线战事时，报纸把重点放在分析战争形势及战争每一阶段特点、揭示苏德双方军事力量对比、指出红军指战员和广大民兵的主要任务等方面。"④例如，莫斯科保卫战打响后，《真理报》所做的第一件事，就是发动全市居民，让每一个能拿起武器的人都成为保卫首都的战士，并大量介绍莫斯科居民同红军战士并肩作战，共同保卫祖国首都的英勇事迹。报纸接连不断地向读者报告前线战绩，大声疾呼

---

① 1951年3月17日人民日报，《必须使全国每一处每一人都受到抗美援朝的爱国教育》。

② 基斯·惠勒：《图文第二次世界大战史——日本的崩溃》，中国社会科学出版社、海南出版社2004年1月版，第8页。

③ ［美］阿瑟·林克、威廉·卡顿：《1900年以来的美国史》（中），中国社会科学出版社1983年6月第1版，第185页。

④ 《外国新闻传播史》第244页。

"一步也不能后退"。

另一种情况是国内舆论不利于国家动员。此时，公开进行战时宣传就不是一件容易的事情，需要以改变民众的反战情绪并教育全体公民理解国家参战目的为重点进行大规模宣传活动。

需要注意的是，战前动员宣传与开战后动员宣传是存在一定差异的，尤其要对战前秘密动员宣传与战后公开宣传有所区分，并使战前的宣传顺畅过渡到开战后的宣传。

抗美援朝战争中，我国在未对志愿军参战进行公开报道的前几个月，国家一方面通过多种途径向国内外传达了国家高层介入战争的意向，表明"对朝鲜不能不帮"，"邻人"遭受侵略，"不能置之不理"①。另一方面，在国内面向广大群众，开展了以"反对美国侵略，保卫世界和平"为主题的动员教育，重在揭露美国野蛮的侵略行径和霸权主义嘴脸，以激起广大群众对这个"潜在敌人"的敌视和仇视情绪。1950 年 10 月 26 日，中共中央在《关于在全国进行时事宣传的指示》中，尚未提及"抗美援朝"一词，强调时事宣传的重点，仍然是"三视教育"②。11 月 2 日《人民日报》以"抗美援朝，保家卫国"为题，刊登了一组读者来信，从来信者的角度发出了"抗美援朝，保家卫国"的声音。此举成为抗美援朝动员教育公开进行的主要标志。在这之后，中共中央政治局要求在全国范围内深入普遍开展抗美援朝的宣传教育运动，做到家喻户晓，人人明白。

（四）出台临时法规

战时，为了规范动员活动，平衡各方利益关系，调动各方面的积极性，从中央到地方都会颁布一些临时性动员法规，以确保动员顺利展开。1962 年东南沿海紧急战备期间，国务院有关部委颁布实施了《关于支前民兵、民工和地方干部供应的暂行规定》《关于紧急战备工作方面经费开支审批程序的暂行规定》《关于战备物资的交易货款结算问题的暂行规定》等临时性动员法规。

第一次世界大战期间，1918 年 4 月 20 日美国通过《破坏活动法》，把矛头对准世界产业工人工会联合会，并将故意破坏战争物资、公用事业和运输设备规定为联邦罪。

以色列的紧急状态法规和法令主要体现为两种类型。第一类具有经授权的立法性质的法规。这类法规是在战争爆发，国家安全、物品供应以及基础服务部门受到严重威胁的情况下制定的。如 1991 年海湾战争期间，由于以色列遭受伊拉克"飞毛腿"导弹的袭击，一系列紧急状态法规随即出台，其中包

---

① 毛泽东和周恩来语。

② 三视：仇视、鄙视、蔑视。

括非常形势下的民防、无线电通信、电信(安装、运行与维护)、禁止在非常时期解雇员工、教育部门的工作时间调整等方面的法规和条例。第二类法规是扩大特殊紧急状态法规的效力范围,直到官方宣布紧急状态结束为止。这类法规涉及的内容主要包括公共安全、国家安全、保证物品供应和基础设施的正常运转等。例如,对学校的安全、以色列与其敌对国家之间旅行事宜作有关规定、对海上交通工具进行监控等。

(五)组织后援活动

后援活动,是后方支援前方的活动,通常出现在战争发展阶段,包括募捐、慰劳、援助等活动。此种活动需要动员却不具有强制性,多为志愿参加并志愿选择后援项目。

抗日战争爆发后,在抗日救亡运动的推动下,国民政府在各地成立"抗敌后援会",以发动群众共同抗战。福建省抗敌后援会于 1937 年 7 月 19 日成立,其组织机构庞大,设有募捐、慰劳、宣传、交通、侦察奸细、纠察消防等部门,负责人均由国民党官员担任。此后各地、县的抗敌后援分会也纷纷成立。由于国民党推行片面抗战路线以及这些官员长期养成的官僚作风,机构虽多,但形同虚设,不能真正发动民众抗日。为此,中共中央提出"共产党员必须用一切方法在后援会内,在群众中提出自己的积极主张",要求共产党员积极投身到抗日救亡运动中去,成为各地救亡运动与救亡组织的"发起者、宣传者与组织者"。当时,在共产党员卓如、何希齐等人领导下的福建省抗敌后援会宣传工作团,成为抗日救亡活动开展得最为活跃的团体。闽侯分会妇女慰劳团的女青年们冒着敌机轰炸的危险,慰劳出征杀敌的壮士,将从各地募捐而来的衣服、食品、钱物等献给抗日英雄。慰劳团歌咏组还为将士们演唱抗战歌曲,鼓舞士气。福建省抗敌后援会还在福州招收 100 名中学文化程度的女青年,经过严格的短期军事训练和救护知识的培训,即派往各地从事救护工作。

美国历来的做法是开展"家庭援助计划"。美国国防部在向国会关于海湾战争的报告中指出:美军从美国人民和各军种的家庭援助计划中得到的巨大支持,也是战备工作的一个方面。"各军种对参战军人家庭的帮助,使美军部队能迅速做出反应,并保持这种积极性。家庭援助计划、援助小组和援助方案的制订和组织,是为了参战的军人家庭。参战的陆、海、空和陆战队官兵了解这一情况后感到极大的欣慰。家庭援助计划甚至对提高美军的整体战备水平,以应付未来的作战,都做出了贡献。"[1]

战争进入发展阶段后,特别是战争的规模迅速扩大后,国家用于战争的

---

[1] 《海湾战争报告》,军事科学出版社 1992 年 8 月版,第 70 页。

费用会显著增加，国家财政会面临巨大的压力。在这种情况下，适时开展社会募捐，从社会获取战争经费，就成为一种必然选择。抗战期间，我国人民群众通过各种形式，开展献款、献衣、献铁、献金活动。广大华侨和少数民族也纷纷出钱支援抗战。抗战开始几年内，海外华侨义捐共 50 多亿元，相当于整个抗战经费的 1/3。1939 年军费为 18 亿元，而华侨汇款达 11 亿元，对弥补抗战初期军费开支起到了重要作用。

（六）重要资源疏散隐蔽

战争发生后，国家需对尚未动员的资源采取保护措施。其中的一项重要措施就是从可能受到敌攻占的地区疏散和撤离人员和物资。

1941 年 6 月 24 日即德军入侵苏联两天后，苏联成立疏散委员会，领导从西部即将沦陷地区向东部疏散工厂、企业、学校、机关和居民的工作。10 月 25 日，苏联又成立了后撤委员会，负责从西部向东迁移食品、纺织和日用工业产品，其工作与苏联疏散委员会协调进行。共后撤 150 个纺织企业、250 个食品企业和 200 个轻工企业。抗战初期，一大批沿海工业企业内迁，为保存经济实力、为军队提供源源不断的物资保障，起到了重要作用。例如，1938 年年底，在迁往四川的工厂中，共有 81 家复工。从迁移到 1938 年年底的很短时间中，复工的产值达 400 余万元，其中兵工器材类产值共 209.5 万元，军需用品类产值 100.2 万元，防毒消防类产值 36.8 万元，交通用具类产值 91.8 万元。[①]

新中国在历次作战和重大战备行动中，也曾采取过多种动员防护措施。抗美援朝战争中，东北人民政府从 1950 年 10 月开始用半年左右的时间，有计划地组织沈阳、安东等地的 20 多个军工企业，向松江省和黑龙江省搬迁。此外，东北南部 50% 的橡胶厂也转移到东北北部。1962 年 3 月，台海出现紧张局面后，国务院有关部委在得到批准后，对重要的动员资源采取了防护措施。国家物资管理部门组织有关方面将国家储存在东南沿海的部分战略物资向内地转移。商业部在紧急战备初期，为了防止库存石油遭到轰炸，将东南沿海地区 6 个省、市的库存量大量减少，使各地的库存一般保持 1 个月的销售量。商业系统还对储备的一般商品采取了相应的疏散隐蔽措施。

（七）开展厉行节约运动

战争发展阶段，国家通常要面向社会组织开展节约运动，以将更多的资源用于消除战争和军事威胁。1951 年 10 月 23 日，毛泽东在中国人民政

---

① 姜鲁鸣、王文华：《中国近现代国防经济史》，中国财政经济出版社 2012 年 3 月第 1 版，第 292 页。

治协商会议第一届全国委员会第三次会议上指出："为了继续坚持这个必要的正义的斗争，我们就需要继续加强抗美援朝的工作，需要增加生产，厉行节约，以支持中国人民志愿军。这是中国人民今天的中心任务，因此也就是我们这次会议的中心任务。"①

第一次世界大战期间，美国的社会节约运动是从节约食品开始的，由战时成立的粮食管理局发起组织。粮食管理局的"节约"章程很简单，主要是关于压缩不必要的食品消费、根除浪费、鼓励使用替代食品等。该章程提出的口号是："回到简单的食品、简单的衣着、简单的娱乐上去。努力祈祷、努力工作、努力睡觉、努力玩耍。全力奋勇地去做这一切。我们将赢得胜利。"粮食局还为"家庭、旅馆、饭店和其他饮食摊点"规定了一个饮食标准，如"食糖务必随时节约使用。喝咖啡不要放糖，除非已经有了长期养成的习惯，但在这种情况下也只能放一匙"。为使这些宣传更有效，粮食管理局还将一些在自觉执行有关规定方面做得较好的家庭树立为模范典型，号召其他家庭向他们学习。1917 年 7 月 17 日，《纽约时报》刊登了一篇报道时任海军助理部长的富兰克林·罗斯福的妻子埃利诺·罗斯福节约的消息。报道中说她如何为了不浪费食品而精打细算地亲自去采购，并命令洗衣女工吝惜肥皂。美国经济学家约翰·莫里斯·克拉克估计，在第一次世界大战中，美国战争物资的 60% 来自于消费者的节约，仅有 40% 来自生产的增加。

第五节　动员行动展开的基本原则

一、区分先后，有序展开

动员活动多元性与动员行动次序性之间的矛盾，要求动员展开过程中各行动要有所区分，有序展开。众多领域和资源之间存在着内在相关性，在组织动员展开过程中，要找到它们之间的联系和内在逻辑关系，进行合理安排，实现动员有序。否则，动员的效果会大打折扣。我国在抗美援朝战争初期的部分战役中，由于战场形势危急，没有时间按照先物资、后人员的顺序组织动员行动。国家在没有做好参战部队冬季物资给养准备的情况下，先集结、输送参战部队到前线作战，致使参战部队由于被装给养不足影响了作战最大效能的发挥。

---

① 此文载于 1951 年 10 月 24 日《人民日报》。

具体来说，应把握两点。一是同类别动员资源从易到难，循序渐进展开。淮海战役期间，中共中央华东局给中央军委关于兵员补充问题的电报中说：计划动员十一万人，分三期完成。第一期将现有基干兵团尽量调出，共二万九千九百人；第二期从各地县区武装中抽调平均数的一半，共一万八千人；第三期即动员参军及恢复与充实县区武装，由其升级过渡到后备兵团，共六万五千人。我们可以发现，第一期动员对象需要在最短的时间内补充到部队并形成战斗力，因此主要动员具有一定成建制实战能力的地方武装。第二期动员可以有一定的准备期，同时还要保留一定数量的地方武装以维持根据地的稳定，因此动员部分地方武装。第三期再动员人民群众踊跃参军，并首先充实到地方武装，既可以恢复县区武装的战斗能力，又可以为下一步补充到野战军打下基础。

二是不同类别动员资源通常按照组织力、运力、物力、人力的次序组织展开。先要建立健全动员指挥体制，形成强大组织力，才能保证动员活动协调有序。运力是其他动员资源顺利展开的载体，是制约整个动员行动的"瓶颈"，应尽早展开。而物力生产、集结、输送所需要的周期要远远大于人力动员，也要先行展开。美国通常在动员行动展开之前，提前将动员保障的规模、时限通知涉战地区的动员中心。相关的动员中心根据动员任务，做好物资给养等保障，以保证动员有序。

二、围绕运能，多点多路

围绕运能、多点多路是交通运输作为制约整个动员行动的"瓶颈"因素对动员展开提出的要求。交通是决定动员效果的关键环节，美国海军上将罗伯特·B.卡尔尼曾经指出："自由国家的战略是与它们在海上和空中自由运行的能力紧密联系在一起的。"淮海战役期间，邓小平对切断国民党军的主要运输线路徐蚌线的战略意义进行过论述："切断徐蚌线，占领宿县，可以北拒徐州，堵住徐州之敌南逃的后路；可以南阻蚌埠，斩断南线敌人北援之交通；制止孙元良兵团东援，夹住黄维兵团北上，黄百韬兵团只有束手待歼，蒋介石称为生命线的津浦路，就要切断了！"抗美援朝战争运动战阶段，由于中朝军队交通运输保障不力，导致志愿军的后方补给严重不足。"在五次战役前，物资补给工作中主要的问题即为运输不力导致的供给不足。如在主食的补给上，二次战役时，二十六军仅得到应得量（按标准）的 41%，三十九军在一次至三次战役间，仅得到应得量的 13%，靠部队就地借粮维持。"

坚持围绕运能、多点多路原则，需重点把握两点。一是把交通运输动员摆到中心位置，以此统筹动员行动。解放战争期间，东北野战军与东北铁路总局联合成立军事运输委员会，向主要的装卸车站派出特派员，全权指挥车辆调配和物资装卸。中原野战军专门成立了交通司令部，专门管理铁路、公路、轮船、车马、人力等各种运输事宜。淮海战役期间，中原局为确保陇海路畅通专门给豫皖苏分局下达了指示，明确"陇海铁路交通能够保持顺畅对此次决战关系极大……分局及一、五地委应从次要县抽调干部加强开封、商丘、砀山、亳县等铁路公路沿线之县区工作，确实肃清特务，维持秩序，以保证铁路安全及上下车方便无误"①。

　　鉴于动员资源输送的重要性，通常在战时动员计划、方案中都会有关于资源输送的专项规定。解放战争淮海战役前，冀鲁豫支前委员会在动员会议上就粮食输送进行了专门明确："预先计划复线和干线往返道路，以免过度拥挤和乱碰头，以致减低运输速度降低运输效率；确定路线责成各级政府负责，修补道路，测量距离，插设路标，若洼路积水之处及河流应即架设桥梁或用料秸填补，所用秸器材由各专署统一报销；各运输线经过之当地政府应有专人负责检查道路，如有轧坏之处及时进行修补，以免妨碍运输；不准走公路，尤其是干线，以免轧坏而影响汽车通行。"②

　　二是尽量制订多套动员资源输送方案，选择多条线路组织动员资源输送。在选择主要线路进行动员资源输送的同时，要选择其他迂回路线同时输送，防止一条线路被破坏而导致整个动员输送停滞的情况发生。各国均十分重视多线路、多批次输送动员资源。解放战争淮海战役期间，华东野战军确定了两条铁路、六条公路、一条水路的运输干线，火车、汽车、船只、人力推车相互衔接，保障运输畅通。实践中也印证了多线路、多批次输送组织动员资源，可以极大提高效率。第二次世界大战中，苏联就是尽可能同时利用陆地、水上、空中多条路线组织动员展开。"战争初期，苏联的军用运输在铁路运输中的比重很快便占到铁路运输总量的40%。1942年军事运输在水运和海运总量中的比重由1941年的0.5%上升到2.25%。空中路线方面，仅在1941年10月至1942年1月莫斯科会战期间，用民航力量组织的西部特种航空大队和莫斯科特种航空大队，总共飞行32730架次，运送了约5万名军人、1365吨弹药、医药和给养等物资。"③

---

① 《中原局关于确保陇海路畅通给豫皖苏分局的指示》，1948年11月22日。
② 冀鲁豫战勤总指挥部：《菏泽运粮会议纪要》，1948年12月。
③ 张羽：《战争动员发展史》，军事科学出版社2004年版，第263页。

三、加强防护，安全隐蔽

加强防护、安全隐蔽是战时动员的极端重要性和动员行动涉及范围广、领域多、易遭敌破坏等特点对动员展开提出的要求。在动员展开过程中，敌对双方都力求通过破坏对方的动员输送环节，阻碍对方动员正常开展。

抗美援朝战争运动战阶段，从 1950 年 11 月到次年 6 月，敌军对我动员集结地域和交通运输线进行了疯狂破坏，敌机共轰炸破坏桥梁 215 座次，车站 184 处次，隧道 29 座次，严重影响了动员顺利开展。

"美军在侵越战争期间，投在交通线上的炸弹占整个投弹量的 80%，给越军军事行动造成了极大的破坏和困难。美军在海湾战争'沙漠盾牌'行动中，正是由于炸毁了伊拉克的幼发拉底大桥，封锁了伊军运输线，使伊后方动员出的作战物资难以运输到前线，前线 20 万伊军处于缺弹少粮的状态，失去了作战能力。"[1]

加强防护，确保动员集结地域和运输线的安全隐蔽已成为组织现代战时动员行动展开中不可忽视的重要原则。要做到动员展开的安全隐蔽，应注意以下两点。

一是注意防护。主要包括主动防护和被动防护两种手段。主动防护是在主要集结地域、动员运输线路上的主要桥梁、隧道等节点配备防空部队进行重点防护。抗美援朝战争运动战阶段，铁道部与各管理局分别成立防空委员会，负责计划动员输送路线，并在敌空袭情况下组织重点部位防空工作。重点对主要动员资源输送路线上的滦河桥、金溪河桥、郑州、济南黄河桥、淮河桥、明光桥、钱塘江桥等关键桥梁附近配备了防空力量。被动防护主要是集结地域要选择既便于机动，又利于隐蔽的地方。

二是提高抢险抢修能力。主要是对重要集结地域、交通枢纽、道路、桥梁、交接地点等重要目标派设工程抢修队，在遭敌破坏时随时抢修。抗美援朝战争运动战阶段，各铁路局组织铁路及桥梁抢修工程队共计 7500 人及大量工程列车，负责铁路动员路线抢修任务。对越自卫反击作战中，"云南民兵在作战过程中固定守护铁路桥梁、隧道 126 处，公路桥梁 44 处，油管 427 公里。为保证全线交通安全，云南省按每千米 50～100 人落实抢修量，随时待命行动。"

---

① 谭冬生、雷渊深：《战争动员学》，军事科学出版社 1997 年版，第 120 页。

四、统一指挥，灵活应变

统一指挥，灵活应变，是一个问题的两个方面。统一指挥，对于实现统一意志、统一计划、统一行动，确保动员展开顺畅具有重大意义，没有统一指挥，就无法发挥整体威力。在强调统一指挥的同时，还要提倡在服从动员全局利益前提下的机断行事，否则就没有指挥员的主动性、灵活性、创造性。坚持统一指挥，灵活应变原则，需重点把握两点。

一是强化上级的宏观控制能力。上下级本身就构成了指挥与被指挥的关系。但战时动员展开过程中，由于涉及多个系统和不同领域，仅仅笼统地明确这层关系是不够的，还需要对上级的权限进行强化。抗美援朝战争打响后，我国动员任务骤然增加，战前建立的动员指挥体系的弱点很快暴露出来。东北方面并没有被赋予足够的指挥权限，国家有关部门、总后勤部、志愿军总部，都向东北派任务或提需求，使东北方面不知如何是好。为此，周恩来于1950年11月9日召集中央财政经济委员会主任陈云、财政部长薄一波、代总参谋长聂荣臻、总后勤部长杨立三、副部长张令彬、卫生部长贺诚、贸易部部长叶季壮、中央组织部副部长安子文、中央人民政府华北事务部部长刘澜涛、铁道部部长滕代远等国家党政机关负责人，检讨并解决东北动员指挥方面的有关问题，进一步明确动员指挥一切以东北为中心，国家有关部门全力配合，从而在组织上确保了指挥动员行动的有序。

二是在具体行动中提高下级指挥员的灵活反应能力和行动效率。组织动员展开是一项复杂的组织活动，需要根据计划，按照规定的程序方法有序组织。但是战时情况复杂，意外情况多，下级指挥员在上级宏观统筹控制的基础上，不拘泥于平时按部就班的程序，情况紧急时可以多项工作同时开展或者合并部分步骤，以提高工作效率。在对越自卫反击作战的紧急征兵中，"打破平时征兵的常规程序，实行边体检、边政审、边定兵，在保证兵员质量前提下简化手续。对征集动员对象的政审，改变平时县、社、队层层把关的做法，主要由基层党组织负责。体检工作主要以公社为单位分别组织实施，改变过去由县统一组织的做法。审批定兵由县派人到公社，与社、队干部共同商定，及时办理入伍手续。适龄退伍老兵身体健康、现实表现较好的，由公社办理登记，县办理批准入伍手续。在工作安排上，边发动、边政审、边体检、边登记，一环扣一环，多数地区仅用4天时间即完成新兵的体检、政审、定兵工作。"实践证明，正是在保证基本程序的前提下多项工作同时开展，既保证了动员质量，又提高了动员效率。

另外在动员行动展开过程中，牵涉党政军民各个部门，涉及各类资源，需要根据实际情况灵活组织，确保动员实施有条不紊地进行。过于按部就班，反而可能影响动员效果。抗美援朝期间，新中国中央财政经济委员会派往东北考察的艾楚南、张伯涛在报告中提到："因为前方需要熟食品，财政部用很大力量组织了饼干、罐头、豆腐干、咸菜、咸鱼、咸肉的生产。起初往前方运输这些物品时，因为没有加以调剂，一车装的都是一种东西，运到前方以后，得到罐头的便光吃罐头，得到咸菜的光吃咸菜，以后才注意把各种食物调剂起来运输了。"①

五、理顺关系，统筹协调

理顺关系，统筹协调，是动员涉及行业领域众多，需要作战系统、动员系统和社会管控系统统筹配合的特点对动员展开提出的要求。在动员展开过程中，有一个环节协调不畅，就可能对整个动员行动造成重大影响，历史上这种教训有很多。抗美援朝战争初期，新中国政务院部分职能部门与东北政府协同关系不顺畅，东北在与贸易部协调棉花动员时，"贸易部先说青岛有，到了青岛又说青岛没有了，上海有，到了上海又说青岛有"②，造成了动员行动的混乱与被动。

近年欧美国家参与的军事冲突中，由于动员系统与作战系统协调不畅导致的混乱也不少见。1993 年，美军某陆战师在向索马里部署过程中，由于战略部署与配送司令部没有与该师就部队的装载与运输进行周密的对接与沟通，致使陆战师到达装载港时，出现了运来的车辆和其他装备数量大大超出原计划的情况。无奈之下，"由于已抵达港口，为把它们装上船不得不对原定装载计划进行彻底调整，不得不增加 20% 的船只。"③坚持理顺关系，统筹协调原则，应把握好以下两点。

一是协调与作战指挥系统的关系时，要牢固树立一切动员行动为作战服务的思想。动员系统与作战指挥系统之间需要建立协调联络机制，实时掌握动员需求变化情况，并及时做出调控决定，确保沟通顺畅。我国在新中国成立以来的历次战争动员实践中，支前指挥机构通常会吸收党政军各界的主要领导参加，保证及时掌握作战情况和动员需求。

二是动员指挥系统内部协调时，要明确相互之间的关系。相比于上下级

---

① 艾楚南、张伯涛：《关于东北支前工作情况的简单报告》，1950 年 11 月 24 日。
② 艾楚南、张伯涛：《关于东北支前工作情况的简单报告》，1950 年 11 月 24 日。
③ ［美］小威廉·G. T. 塔特尔：《21 世纪国防后勤学》，军事科学出版社 2010 年版，第 22 页。

关系，同级之间的关系如果没有明确，更容易造成组织指挥混乱。通常，如果动员活动涉及多个地区、多个领域，在具体动员展开阶段，通常采取由上级动员指挥机构明确各方协同的主次关系、各个系统之间建立互通联络制度等办法，实现整体协同顺畅。解放战争期间，为统一华北、华东、西北的财经动员活动，中共中央明确"华东及西北各设财经分会，受华北财委会领导"，"今后山东及西北（包括晋绥）有关财经、金融、贸易、交通等问题的请示及报告电报，应直接发华北财经委员会并告中央。"①淮海战役中，华东局也对支前工作的指挥关系进行了明确："在有军管委员会的城市（如将来的徐州），则应由军管会统一调度，务求手续严格，避免混乱。"动员指挥系统内部同级之间，主要是通过明确各单位协同关系，指定特派员统筹协调等办法，实现动员系统内部的协调顺畅。

---

① 中共中央：《关于成立华北财经委员会的决定》，1948 年 10 月 6 日。

第十一章 组织复员

组织复员，是将动员资源有组织地从战时状态转入平时状态的过程，是动员展开的逆过程，主要包括解除动员义务、落实政策待遇、解除动员状态等内容，需要适时、按程序、围绕重点妥善组织。

第一节 组织复员的内涵

组织复员作为动员展开的逆向过程，其内涵包括以下三个方面。

一、将业已动员的力量恢复到原有状态

动员力量在战时会有两次状态变化。第一次是动员资源由平时分散、静止状态转为战时集中、运动状态。第二次是通过组织复员，业已动员的资源重新恢复到平时状态。

动员力量恢复到原有状态，至少包括 5 个方面的内容。一是恢复力量的组成结构。即根据战场形势需要，把战时的力量体制、结构恢复成平时状态。二是恢复力量的使用方向。即改变战时"一切为了战争"、以服从战争需要为中心的力量分配原则，形成以经济建设为中心的力量分配使用原则。三是恢复力量的存在形态。即把战时拥有的战争实力恢复为和平时期的战争潜力。四是改变力量的运行速度。即把战时采取紧急措施和特殊手段迅猛扩大动员力量的状态，恢复为采取常规措施手段，依法依规，按正常程序逐步改变动员力量的状态。五是改变力量的管理方法。由战时对一切力量实行集中统一控制的方法，恢复为利用行政权力和市场调节功能，松紧适度的管控方法。

二、使动员力量保持最佳状态

战时国防动员组织指挥的主要目的，是确保在规定的时间、地点，为军队作战等动员行动提供所需的动员资源，这就要求动员系统提供的资源始终都应处于最佳状态。为保证动员力量始终处于最佳状态，应适时组织更替。

在解放战争中、后期，为适应人民解放军远程机动作战的要求，各解放区开始实行常备民工制。1947 年 1 月，山东胶东区行政公署颁布实施《山东省胶东区战时人民劳役办法》。该《办法》规定："常备担架的服务期限，从到部队服务日起计算，以两个月为一期，轮流更调，但须保证三分之一或二分之

一的熟练工作者在部队。普通担架及运输队的服务期限，从到部队服务日起计算，以十天到廿天为一期，轮流更调。所有担架及运输队，在战争情况紧急时，可依需要延长服务时间，但全部日期不得超过一个月。"①

三、力求以最小的代价获取最佳效益

战时需要采取多种强制手段，集中掌控大量资源用于应对战争，这一过程必然会付出高昂成本。因此，在战场形势发生变化，适当减少动员力量也能够满足作战需求的情况下，就可以相应组织适量复员，力求在对经济发展、人民生活影响最小的情况下，获得最佳效益。

以第二次世界大战为例，期间美国军队总人数最多高达 1212 万人。"二战"结束后，动员需求大大降低，美国组织了大规模复员，总复员量达 800 万人。

作为战败国的日本，第二次世界大战一结束"立即停止了武器装备和一切军用物资生产，取缔了有关军事部门，大力推行民营化，把资源用于民用部门。到 1953 年，日本经济基本恢复到战前水平"②。

1943 年苏联在斯大林格勒会战中取得胜利，从根本上扭转了整个战局，当时苏联最高当局决定，部分地区和个别部门开始经济复员，军事部门把一些载重汽车和拖拉机等拨给了农业部门。到了 1944 年，战局已经明朗，苏联在牢牢控制战略主动权的情况下，经济复员更加广泛地开展起来。1945 年战争即将结束时，苏联国防预算开始减少，用于经济及其他事业的开支有较大增加，并超过了战争经费。可以说，苏联正是在战争胜利已经指日可待的情况下，在保证为军队作战提供充足力量的同时，通过有计划、有步骤的组织复员，让这些用于战争的资源重新回到社会生产生活领域，大大降低动员的成本，使社会经济尽快恢复正常。

尤其要注意的是，组织复员并不是一味地将动员成本降得越低越好，而是要适度。战争中进行的复员行动，应当以不影响动员全局和正在进行的动员行动为准则。战争后期和战争结束后的复员行动，应当与国家的战略部署和战后恢复重建工作相适应。

第二节　组织复员的分类

从复员活动的性质角度，可以将复员划分为更替性复员、削弱性复员和全面性复员。这三种性质的复员，构成一个多层次的完整体系，贯穿战争全过程。

---

①　山东省胶东区行政公署：《山东省胶东区战时人民劳役办法》1947 年 1 月，原件存解放军档案馆。

②　谭冬生、雷渊深：《战争动员学》，军事科学出版社 1997 年版，第 381 页。

一、更替性复员

力量更替性质的复员，是从增强动员力量的目的出发，对力量进行更替、增补而产生的复员活动。此类复员，多发生在战争双方激烈对抗、难分高下阶段。复员的对象，或者是动员期限已满被正常更替下来的力量，或者是已经失去作用或作用达不到预期要求的动员力量。

由于事先规定了动员使用限期而产生的定期复员，是力量更替性复员常见的一种情况。美军在朝鲜战争中实行的轮换制度，是典型的力量更替性质的复员。1951年，当美军意识到朝鲜战争将长期拖延下去时，开始在入朝美军中按照轮换制实行复员。复员的对象，主要是朝鲜战争爆发后应征入伍的或者是应招服现役的国民警卫队和联邦后备队人员。轮换的基本方法是，对入朝的美军官兵实行积分制，在朝鲜前线服役一个月可得4分，在作战区域内的任何地方服役一个月可得3分，在朝鲜的任何地方服役一个月可得2分，总分达到36分的人员即可被替换回国在非战斗现役部队服役一段时间，然后再脱离现役部队转入后备役部队。轮换制度只轮换个人、不轮换单位。"这种办法能够始终在朝鲜战场保持一批经验丰富的司令部参谋人员，可以防止在战斗序列中出现整个作战单位的空缺，同时有利于把配置在朝鲜前线的部队控制到最小限额，而保留尽可能多的部队到其他地方服役。轮换制度的弱点是，由于轮换人员走马灯似地往来穿梭，在朝鲜作战的8个陆军师及其附属部队从未形成可观的内聚力。新兵和基层军官们不惜花费很多时间屈指计算轮换期。他们缺乏整体感，学习不了班、排、连所必须掌握的协同动作。他们尤其不具备团结精神或集体荣誉感，很难消除因不明白为什么打仗所产生的倦怠。"[1]

已经失去作用的动员力量，可能是因为力量衰减导致能力不足，也可能是因为与动员需求相差较大。此种情况下的复员，也属于力量更替性复员。我国在抗美援朝战争中首批从东北地区动员入朝的担架队因为"干部思想上以过去自卫战争的经验来估计新的情况，如对出国服勤、敌机威胁认识不足，因而对干部配备、组织教育、物资装备等准备不够"，再加上相当一部分在入朝后与志愿军部队失去了联系，以致"发生了严重的逃亡现象"[2]，失去了动员保障的能力。在这种情况下，东北人民政府一方面"对逃亡者由辑安、临江、长甸河口、安东四处兵站负责收容，地方政府协助整理"，一方面立即动员"组织五千组长期随军的基干担架队，在十二月上旬

---

[1] ［美］拉塞尔·韦格利：《美国陆军史》，解放军出版社1989年9月1日版，第533页。
[2] 东北人民政府：《通知》1950年11月1日，原件存辽宁省档案馆。

分别按计划配备到前方作为骨干"①。

二、削减性复员

力量削减性质的复员，是以削减力量为目的进行的复员活动。此类复员，通常在以下三种情况下进行。一是在国家已经取得战争主动权，胜利已经有了根本性的把握或者已经指日可待，国内外局势也有利于复员时。二是当交战双方势均力敌，双方都有通过谈判提前结束战争的强烈意愿，继续扩大动员已经失去意义时。三是当某一系统、行业和领域，或者某一地区的动员供给已明显超过动员需求预期时，可以考虑在该系统、行业、领域或者地区，率先实施选择性复员。对象主要是在满足需要前提下多余的力量。

第二次世界大战后期，英国开始实行局部力量削减性复员。1945 年 3、4 月间，英国首相丘吉尔就部分被征拖网渔船复员从事渔业生产问题，多次写信给海军大臣，督促他们尽快落实。3 月 30 日，丘吉尔在信中指示："由于西线的进展及海军部所估计受德国潜艇攻击的船只损失远远超过了实际的损失，我必须要求把 10% 的高级拖网船在 4 月内解除军役，5 月内再解除 10%。至于 6 月内解除的数字，以后视战事形势如何，我们可以再行讨论。我相信你能照此指示去办，无须我把这事作为密件向内阁提出。"②4 月 3 日，丘吉尔再次致信海军大臣，表明："我所提到的要减去 10% 的那个总数，大约是 425 艘被征用的内海英国拖网船，这些船只是渔船中的精华。这中间，4 月份我要接收 42 艘，但是 5 月份，除非战局有变化，我要 20%。6 月份我们可以再考虑。我希望海军部能为国民做出贡献，使这些船只能最迅速地移交过来，并且检查一下它们是否可以作捕鱼之用。"③在 5 月 15 日的信中，丘吉尔要求海军大臣拟制一个更大规模的拖网船复员计划，"要说明你们将以你们所掌握的拖网船中最大的数量发还给渔民，还得说明你们将尽全力来修理船只并帮助他们尽早入海捕鱼。我们还缺少 30 万至 40 万吨鱼来帮助我们度过未来的艰难岁月，鱼是都在那里等着的。"④

---

① 东北人民政府民政部：《一个月来担架动员情况与意见》1950 年 11 月 23 日，原件存辽宁省档案馆。

② ［英］温斯顿·丘吉尔：《第二次世界大战回忆录》第六卷，南方出版社 2002 年 12 月第 1 版，第 622 页。

③ ［英］温斯顿·丘吉尔：《第二次世界大战回忆录》第六卷，南方出版社 2002 年 12 月第 1 版，第 623 页。

④ ［英］温斯顿·丘吉尔：《第二次世界大战回忆录》第六卷，南方出版社 2002 年 12 月第 1 版，第 629 页。

三、全面性复员

全面性复员，就是全面解除动员状态，将业已动员的资源全部或大部恢复到平时状态的活动。

全面解除性复员，总的条件是战争威胁已经消除，具体包括两种情况：一是动员活动已经展开，但战事没有发生。二是战争临近结束或已经结束。第一种情况比较少见，如 1973 年第四次中东战争前的"五月危机"。1973 年 5 月 15 日，以色列总参谋长埃拉扎尔在得知埃及军队将对以发动战争的情况后"发布了局部动员令"，"动员的部队于 5 月 15 日在耶路撒冷集中，参加国庆阅兵后，便奔赴戈兰前线和西奈前线"。在这种情况下，埃及总统萨达特决定将战争推迟到当年的 9 月或 10 月。"由于这次局部动员，以色列蒙受了 1100 万美元的经济损失，而且局部动员也空忙了一场。"①第二种情况比较常见，无论是以往的大规模全面战争还是如今的信息化战争，全面解除性复员都是必经的阶段。第一次世界大战停战协定签订后，美国陆军在 4 个星期内，就将尚未完成的价值 40 亿美元的军品订货合同取消了一半以上。因此，"停战后第二天，华盛顿居民发现无法打通长途电话；线路全部被战争合同机构所用，他们在匆忙地取消政府的战时合同。"②1918 年 12 月初，美国国会指示美国住宅公司停止尚未完成的一切建筑项目。时任美国总统威尔逊在 1918 年 12 月致国会的年度咨文中称："一闻停战协定签字，我们就丢盔弃甲。""事实就是如此。美国远征军撤退回国并迅速复员。各种战争机构着手了结它们的公务。战时工业局不相信有任何企业界不能解决的复员问题，战争一结束，就放弃其对工业的控制，美国宏大的战时工业结构在一天之内消散。"③

第三节　组织复员的基本任务

组织复员的基本任务主要包括保持动员能力、解除动员状态、取消动员义务、落实复员政策。

一、保持动员能力

保持动员能力是复员的基本任务之一。无论是在战争期间进行的力量更替性复员和力量削减性复员，还是战争结束阶段进行的全面解除性复员，都

---

① ［日］田上四郎：《中东战争全史》，解放军出版社 1985 年 1 月版，第 203 页。

② ［美］艾伦·布林克利：《美国史》，海南出版社 2009 年 12 月第 1 版，第 666 页。

③ ［美］阿瑟·林克、威廉·卡顿：《1900 年以来的美国史》（上），中国社会科学出版社 1983 年 6 月第 1 版，第 269 页。

是为了保持必要的国防能力。

保持动员能力的任务，按复员类别可分为两项：一是在战争期间进行的力量更替性复员和力量削减性复员，使动员力量持续保持战时所需的能力。第二次世界大战中，苏联在欧洲战事尚未结束时就已经开始进行局部性复员。"欧洲战事的结束，使武器装备的生产得以明显缩减。当时，经济向民用产品生产的过渡发生了复杂的情况，在某些程度上由于要准备对军国主义日本采取军事行动，经济转轨工作暂时停了下来。"[①]

二是在战争结束阶段进行全面解除性复员时，要保持必要的动员基础。第二次世界大战中，美国进行了规模宏大的总动员。战后，美国在复员过程中，没有适当保留必要的动员机构和动员基础。对此，美国学者威廉姆·艾伦·汉考克在其《动员：美国战略政策的工具》一书中指出："迫于国内压力，美国政府在战争结束之后贯彻了激进的复员计划。在 1945 年中期到 1948 年中期的 3 年时间里，复员计划使军事人员由 1200 多万减少到 150 万左右，处置剩余的资产价值达 500 亿美元，处理或废弃了近 1300 个政府所有的工业工厂和设备，终止了约 620 亿美元政府获得的重要合同。"[②]上述措施使美国的动员基础发生动摇。因此，当朝鲜战争爆发后，美国不得不重整动员基础，包括成立国防动员局、紧急制定和实施《1950 年的国防生产法案》等。

二、解除动员状态

解除动员状态是组织复员的首要任务，组织复员作为动员展开的逆向过程，实质上就是解除资源的动员状态，将对动员资源强制掌控的状态恢复到平时状态。第二次世界大战结束后一个多月的时间里，美国就接连取消了多种战时采取的特别措施。8 月 21 日，美国废除了战时生产的物资管制计划，优先照顾的范围也急剧缩小，对消费品生产所加的限制也渐渐撤销了。9 月 27 日，随着战时对外经济管理局被撤销，政府对原料和其他商品的购买，以及政府统管美国产品输出活动也一并被禁止。

对于全面性复员，只适应于战时的制度、法规、特殊安排等也需相应废止，以尽快恢复社会秩序。第二次世界大战中，英国在战争之初就停止了选民登记，整个战争期间没有进行大选，领导这个国家的是"战时议会"和以丘吉尔为首的战时联合政府。到 1944 年秋冬时节，英国的"战时议会已经历十年，或者说已达正常任期的一倍"。此时，"当完全打败德国的前景越来越迫

---

① ［苏］丘什克维奇：《第二次世界大战史》第 12 卷，上海译文出版社 1989 年版，第 288 页。

② ［美］威廉姆·艾伦·汉考克：《动员：美国战略政策的工具》，军事科学出版社 2006 年 12 月版，第 95 页。

近的时候，他们的党派机器开始发挥作用，开展了广泛且越来越多的活动。"①
要求尽快进行议会选举的呼声日益强烈。1944 年 10 月，丘吉尔动议延长议会
任期，他的理由是："现政府的效率这样高而竟然要拆散，我是引为遗憾的。
这个政府不但在进行战争方面获得空前的成功，而且在过去两年内已经拟订
出或已在实行一个革新的和谋求社会进步的方案。这在平时通常情况下很可
能要占去整整一届议会长达五六年之久的时间才能做到。"②但是，丘吉尔的主
张没有得到工党和自由党等政治势力的支持。1945 年 5 月 23 日，"面对着党
派之间的决然破裂"，丘吉尔向国王递交了辞呈，受命组建临时政府。6 月 15
日议会被解散。7 月 5 日，英国开始进行议会选举。7 月 26 日英国大选揭晓，
丘吉尔所在的保守党失利。

三、取消动员义务

取消动员义务是组织复员的基本任务。因为动员展开是国家通过行使紧
急管理权，使单位和个人均承担相应的动员义务。作为逆向过程，组织复员
实质就是解除单位和个人动员义务的过程。

取消动员义务主要涉及人力资源领域。战争时期，大量地方人员从工作
岗位进入军队服役或参加支前保障工作。复员阶段，武装力量规模大幅压缩，
现役部队、预备役部队、武装警察部队及民兵的体制编制相应调整，大量的
兵员和支前民众就需要解除动员义务，重新转回生产领域。苏联战胜德国法
西斯不久，1945 年 6 月 17 日，联共(布)中央委员会和苏联人民委员会批准了
第三季度的国民经济计划。在同一个月里，有五百多个企业转向民用生产。
纺织工业、轻工业和食品工业扩大了民用商品的生产。企业开始恢复八小时
工作制，废除了义务加班制。"1945 年 6 月 22 日，正是法西斯德国进攻苏联
四周年，在莫斯科召开了苏联最高苏维埃会议，会议通过了《关于作战部队超
龄人员复员》的法令。三百多万军人返回了和平劳动岗位。这是国家转向和平
建设的一项重大措施。"③

四、落实复员政策

落实复员政策待遇是复员活动的重要任务，也是关系到复员活动成败的
关键因素。战争中动员了大量资源，战后，动员的人力资源需要安置，伤残
人员和牺牲人员家属需要优抚，在社会征用的交通运输工具、通信医药卫生
器材等各种物资需要经济赔偿或补偿。这一措施具有极大的政治意义，是拉

---

① 《第二次世界大战回忆录》第五卷，第 507 页。
② 《第二次世界大战回忆录》第五卷，第 509 页。
③ [苏] 舍霍夫佐夫：《第二次世界大战史》第 10 卷，上海译文出版社，第 721 页。

近政府、军队与群众关系，调动人民群众以最大的热忱支持国家的一个重要方面。复员政策待遇落实是否到位，不仅关系到复员活动能否正常开展，而且关系到动员活动的可持续性和社会的稳定。

1924 年，美国国会通过一项法案，决定为参加过第一次世界大战的退役老兵每人平均补发约 100 美元的退役金。补发的办法是先给每人发相应数额的"荣民奖金券"，10 年后凭此券兑换现金。1930 年年初，美国爆发了严重的经济危机，大多数"一战"退役老兵的生活陷入极度困难的状态。在这种情况下，退役老兵要求提前兑换"荣民奖金券"，并发起了一场声势浩大的向"华盛顿进军"的请愿运动。1932 年 5 月至 7 月，大约 2.5 万名退役老兵及其妻子孩子聚集在华盛顿国会大厦附近，进行抗议示威活动。在迟迟得不到政府积极回应的情况下，退役老兵采取占领财政部大楼等过激行动，并与警察形成激烈对峙，遭到了武装镇压，先后有多名退役老兵和家属伤亡。当时正值美国大选，时任总统胡佛因"镇压退伍金进军事件"受到"致命一击"，败于竞争对手罗斯福。罗斯福上台后，积极回应退役老兵的诉求，敦促尽快兑现这笔退役补偿金。1934 年春，美国国会通过法案，同意提前兑付"荣民奖金券"。6 月份，退役老兵拿到了第一笔钱，向"华盛顿进军"的风波由此平息。但这些事件仍在美国社会继续发酵，最终导致 1944 年 6 月 22 日美国军人权益法案的出台。根据这项法案，军人在退役后可以得到丰厚的报酬，从而促使几百万退伍军人成为中产阶级，使美国受过教育的中产阶级人数大大增加，在经济上、政治上和社会上改变了美国的社会结构，稳定了美国社会。

落实复员政策待遇过程中应注意两点。一是严格依据有关法规、政策。搞好复员待遇落实是一项政策性很强的工作，需要依规落实。我党我军自革命战争时期起就十分重视建立和完善复员政策待遇落实方面的法律规定。以解放战争时期为例，华北人民政府颁布了《荣誉军人优待抚恤条例》《华北区年老病弱退伍军人待遇办法》，规定："退伍军人退伍回家时，得依其入伍期长短按下列规定发给生产补助金。"[①]新中国成立以后颁布的一系列法规对复员政策待遇落实工作进一步做了统一明确。《中华人民共和国国防法》第四十八条规定，县级以上人民政府对被征用者因征用所造成的直接损失，按照国家有关规定给予补偿。第五十五条规定，公民和组织因国防建设和军事行动在经济上受到直接损失的，可以依照国家有关规定取得补偿[②]。

二是维护好国家和群众双方的利益。落实好复员政策待遇，应该采取实事求是的态度，处理好国家利益和群众个人利益的关系。在落实政策待遇时，要进行细致核实，确实弄清需要安置、优抚、补偿的项目。对需要安置、优

---

① 《华北区年老病弱退伍军人待遇办法》，1948 年 11 月 23 日

② 谭冬生、雷渊深：《战争动员学》，军事科学出版社 1997 年版，第 384 页。

抚的人力资源要明确具体标准，对需要补偿的物力资源要进行合理的估价。采取政策优待、实物赔偿、货币赔偿等多种形式落实政策待遇。通常，对单位和个人的付出和损失应尽快补偿，以提高各方参与动员的积极性。解放战争淮海战役期间，冀鲁豫支前委员会对参加支前的农民事先明确了补偿标准，"碾米百斤，可赚米 3 至 5 斤，粮 20 余斤"①，使广大人民群众支前的情绪比较高。当情况紧急，无法即刻给予补偿的，应开具证明，保证日后落实相关补偿。解放战争淮海战役中，华东局规定："部队粮食如因后方一时赶运不上，即应以团为单位就地动员征借（地方则就地运送），并应责成团政委负责签署发给收据，保证战役结束后由地方政府偿还。"②

第四节　组织复员的条件

从战争宏观角度看，战时国防动员组织指挥活动包括平战体制转换、动员筹划准备、组织动员展开、组织复员四个阶段。而从微观循环性的角度看，战时国防动员组织指挥活动是多次性行为，数次筹划、实施、复员的反复过程形成周期性运动，而这些微观的周期性运动过程共同构成了整个战时国防动员组织指挥活动。局部的筹划、组织、复员循环过程存在于整个战争动员的各个阶段，无论处于战争动员的哪个阶段，一般来说，具有以下情形之时都应组织复员。

一、规定的动员使用期限已满

一般来说，国家在战时强制征用的动员资源都是有一定时限性的。应征入伍参战的士兵有服役期。强制征用的物力资源，如各类设施、交通工具等也都有一定的征用时限。动员资源的使用期限已满，且没有必要延期时，应组织复员。欧美等西方国家对动员时限有明确的法律规定。如美国规定总统在紧急情况下，不必宣布国家进入紧急状态，"有权命令征召高达 20 万名精选预备役人员转入现役，时间最长为 90 天，当考虑到为国家的安全利益而没有宣布国家紧急状态时，还可以再延长 90 天"③。"当总统宣布国家进入紧急状态时，总统可以命令待命预备役人员转入为期不超过 25 个月的现役。"④当动员资源的使用期限已满时，需要组织复员。

由于战争形势的发展，对于需要继续使用的动员资源，可以适当推迟复

---

① 冀鲁豫行署：《关于向华东运粮工作的报告》，1949 年 1 月 21 日。
② 《中共华东局关于淮海战役支前工作的几项新规定》，1948 年 11 月 9 日。
③ ［美］P. 爱德华：《国防部总动员计划》，军事科学出版社 2007 年 12 月版，第 5 页。
④ ［美］P. 爱德华：《国防部总动员计划》，军事科学出版社 2007 年 12 月版，第 19 页。

员，但要周密组织，做好保障工作，尤其是推迟复员的时间不宜过长。解放战争淮海战役开始之后，由于战局发展顺利，解放军向南、向西推进迅速。此种情况使前线供应与后方支前工作发生许多新的问题。各部队粮食、民工、冬衣以及民夫担架等都一时接应不上。为此，中共中央华东局要求："前方部队现有民工民夫在此次战役结束之前不得复员。务必尽一切可能争取巩固继续留队服务，在新的民工未到达前不可复员。"①

二、动员保障任务已经完成

当动员资源的使用期限未满，但已经完成动员保障任务，没有继续使用的必要时，应组织相关资源的复员。对越自卫反击作战中，我国征集了7400名老兵重新入伍。战争结束后，根据需要对其中没有达到退伍年限的3000多名老兵提前办理了退伍手续。海湾战争中，美军动员了24.5万后备役人员，但实际被派往海湾地区的还不到4万人。随着战争形势的发展，被派往战场的4万后备役人员足以完成动员保障任务，在这种情况下，就对多动员的20余万后备役人员组织了复员。

三、动员保障的能力已经丧失

当动员体系遭到摧毁，丧失了动员保障能力，无法继续提供动员资源时，要组织复员。伊拉克在海湾战争中进行了大规模的动员，几乎到了全民皆兵的地步，战时武装力量的总动员人数达355万。战争期间，以美国为主的多国部队，以高技术武器为"撒手锏"，通过远程精确打击等手段摧毁伊拉克军民的抵抗意志和抵抗能力，达到了速战而屈人之兵。战争后期，伊拉克在动员保障能力已经丧失的情况下，只能组织复员。

四、原有的动员任务已经解除

在动员实施过程中，当动员任务解除时，应该组织复员。科索沃战争中，美国为了做好大规模地面战争准备，提前动员了大批的资源，仅武装力量就动员了10多万人。但随着持续的大规模空中打击促使战争在短时间内结束，在原有的战争动员任务已经解除的情况下，美国迅速停止正在进行的动员行动，并组织复员。

五、战争已经结束或临近结束

当战争结束，应立即组织全面复员。当国家牢牢控制了战略主动权、夺

---

① 中共中央华东局：《关于淮海战役支前工作的几项新规定》，1948年11月9日。

取战争胜利已经指日可待时，应该有计划、有步骤地开始复员，并较快地进入全面复员状态。解放战争淮海战役第三阶段，在"南线战役已经胜利结束，北线之敌也不久即可全歼"的情况下，1948 年 12 月 26 日，豫皖苏三地委就"战区善后救济工作"做出部署，逐步有序地开展了复员活动。当交战双方势均力敌，继续战争都有很大困难，双方谋求通过谈判结束战争时，可以小规模地、在个别方面进行复员。抗美援朝战争阵地战阶段，战局相对稳定，中美均有结束战争的意愿，国家根据战争新形势，于 1952 年 1 月至 10 月，精简压缩了近 200 万人。

第五节 组织复员的程序方法

组织复员的程序方法，是动员指挥员及其指挥机关在组织复员行动时所采取的基本流程和方法。它与动员展开阶段相衔接，从制订复员方案开始到组织动员指挥机构撤收为止，是组织复员活动的基本依据。

一、复员筹划准备

复员筹划准备，是做好复员运筹谋划的一系列准备活动，是组织复员的第一个环节。复员筹划准备主要包括以下几个步骤。

（一）明确组织构成

这是组织复员的第一个步骤，是复员行动筹划、展开的组织基础。一般来说，因动员产生的复员工作，自然应由动员组织负责解决。战争期间进行的力量更替性复员通常由动员指挥机构负责，无须单独成立复员组织。

战时进行的局部削减性复员和战后进行的全面解除性复员，其组织指挥通常是动员组织机构调整改造的产物，主要有两种组建形式。一是以动员指挥机构为基础成立。解放战争淮海战役后期，豫皖苏三地委就"战区善后救济工作"做出部署，决定以战勤司令部为基础成立战地善后工作委员会，下设收容指挥组、调运救济组、调查登记组、宣传慰问组、资料搜集组和总务组。淮海战役结束时，就是由"华支"政治部、相关分区、支前办、民管处等单位共同组织成立了兖州、新安镇两个民工评功复员委员会，负责组织当地复员工作。

二是依靠党政军领导机构设立。以武装力量动员为例，《中华人民共和国兵役法》规定："战争结束后，需要复员的现役军人，根据国务院和中央军事委员会的复员命令、分期分批地退出现役，由各级人民政府妥善安置。"抗美援朝战争后期，为保证复员工作顺利进行，"成立了以周恩来为主任、聂荣臻为副主任的'中央复员委员会'，各大行政区、省、专署、县、区、乡和军队的兵团、军、师、团都成立了复员委员会。"①第一次世界大战结束后，德国在进行经济复员的过程中，"根据企业主和工会的一项建议，1918 年 11 月 7 日设立了经济复员部，克特被任命为部长"②。不久，鉴于"自公布战争辅助服役法以来继续工作的调解处只能做出没有约束力的裁决"，因而专设了"经济复员委员"。"而通过配备在雇用和解雇劳动力问题上具有很大权力的经济复员委员，国家初步贯彻了自己在工资合同事务上的意志，后来这对魏玛共和国来说是有典型意义的。"③此外，原在"德国农业战时委员会"中各方面的代表机构，同参加工会的工人和自由的农民联合组成了农业雇主和雇工的工作组，也称"农民和农工中央代表会"。其任务是："支持各主管当局；在掌握和保护现存粮食方面协助工作并提出建议；维护农业企业，协助接收复员的参战人员；在保护人身和财产方面互相帮助。"④

需要强调的是，由于战争复员是国家的一件大事，涉及国家的军事、政治、经济、文化和社会生活等各个领域，无论采取哪种方式建立指挥机构，都要求复员指挥机构要涵盖党政军各领域和众多行业，通过发挥各行各业的积极性，确保复员有效实施。

(二)定下复员决心

这是动员指挥员及其指挥机关对复员目标、程度、数量、时限、方法和各项保障等筹划与决断的过程，是复员筹划准备的核心。定下复员决心一事，总体上应当按照事权统一的原则进行。

凡可能对国家作战全局产生较大影响的复员事项，均应由国家最高行政机关或国家最高权力机关做出最终决定。原因在于，此类复员决定，不仅关系到战争全局，而且关系到国家战后建设和发展的全局。美国的法律规定，国会和总统都有权结束紧急状态，使社会恢复正常状态。国会在宣布紧急状态 6 个月后，必须开会决定是否终止该状态。如果紧急状态持续一年以上，则国会在一年后必须再次开会，做出是否结束紧急状态的决定。总统认为紧急状态的情况消失后，可以随时单方面终止紧急状态。为了限制紧急状态长期存在，法律规定紧急状态宣布一年以后自动终止，除非总统事先通告国会，"并认为有必要延长时"，紧急状态的局面才可以继续存在。国家层级定下的

---

①　谭冬生、雷渊深：《战争动员学》，军事科学出版社 1997 年版，第 377 页。

②　[德]卡尔·迪特利希·埃尔德曼：《德意志史》第 4 卷上册，商务印书馆 1986 年 7 月第 1 版，第 183 页。

③　[德]卡尔·迪特利希·埃尔德曼：《德意志史》第 4 卷上册，商务印书馆 1986 年 7 月第 1 版，第 184 页。

④　[德]卡尔·迪特利希·埃尔德曼：《德意志史》第 4 卷上册，商务印书馆 1986 年 7 月第 1 版，第 176～177 页。

复员决心往往是宏观指导性质的。

1945 年 9 月 6 日，美国总统杜鲁门在宣布战胜日本四天后，向国会递交了一个以战后复员政策为主要内容的"二十一点咨文"。杜鲁门在回忆录中称："从战时经济回复到和平时期的经济，势必引起许多重大问题，在咨文中，我概括地叙述了业已制订的关于尽快重建和平时期扩充了的工业、贸易和农业的计划。""这是一个极其远大的计划，为了说明这并不是一个不切实际的计划，我对二十一点的每一点都做了详细的解释，并叙述了执行这些政策在立法上所必须采取的步骤。"[①]

该计划主要包括以下 8 项内容：

①尽快复员不必要的武装部队；

②尽快取消和处理战时的各种合同；

③清理战时工厂，以便能按照合同进行和平时期的生产；

④限制物价和房租，直到公平的竞争方式能够制止通货膨胀和解除消费者的过分负担时为止；

⑤凡因增加工资而可能引起通货膨胀和物价高涨的地方，不得增加工资；

⑥尽可能取消战时政府的一切管制，以便加速和鼓励复员工作和扩大生产；

⑦保留必要的管制措施，以防止生产脱节、原料供应紧张和通货膨胀的现象，而有助于复员工作和扩大生产；

⑧防止工资收入或购买力的迅速降低[②]。

国家层面以下定下复员决心，主要是当本级动员指挥机构接到上级的复员命令或者出现符合复员条件的情形时，由指挥员组织军地主要领导参加碰头会，传达上级指示，明确分工，结合本级实际情况对复员工作做出安排。指挥机关会同有关方面采取多种手段，全面掌握动员态势，根据复员任务和实际情况，迅速拟制和提出复员决心建议，为定下复员决心提供依据。指挥员听取机关提出的复员决心建议，经讨论定下复员决心。本级复员决心应当报上级动员指挥机构批准，并及时将有关情况通报有关方面。

复员决心主要内容包括：情况判断结论、复员事项、复员程度、复员时限、组织领导、有关各方的责任义务和要求等。

判断复员决心的合理性，需要有一个客观的评估、优选标准。具体标准主要包括以下几个方面。一是决定复员的时机是否恰当。主要是复员时机的

① [美]哈里·杜鲁门：《杜鲁门回忆录》第一卷，世界知识出版社 1964 年 5 月第 1 版，第 390 页。

② [美]哈里·杜鲁门：《杜鲁门回忆录》第一卷，世界知识出版社 1964 年 5 月第 1 版，第 390 页。

选择要满足组织复员的条件。二是符合上级企图和本级复员任务的程度。复员决心是在上级总体部署下完成本级复员任务的各种途径的规划设计。评定复员决心是否合理，首先要看它是否满足上级总体部署和动员意图的程度如何，同时顾及本级实际情况。三是全局效益的大小。主要是指复员对全局的有利影响和局部付出的代价之比，这是评估复员决心建议的基本依据。只有对全局有利，复员才有意义。只是从局部看有利，但从国家全局和动员活动整个过程看利小于弊，这个复员决心制订得再周密，也不是好的决心建议。

（三）拟制复员计划

指挥机关应当依据复员决心，及时拟制复员计划。复员计划，是在摸清复员有关情况的前提下，依据复员决心制订的规范复员活动的具体安排。第一次世界大战结束时负责德国复员工作的国家代表约瑟夫·克特在一次内阁会议称："复员时期的困难很大，以致在这期间连新经济体制的解决办法也找不到。在复员时，起初只能十分草率地安置群众。"①

需要注意的是，各行各业复员特点不一，各地区、各时期的情况不同，复员方式和计划安排也不尽相同，复员计划的内容也有较大区别。一般来说，复员计划的内容主要包括：复员的基本指导思想、原则、目标、主要任务、指挥、方法步骤、保障措施、负责单位、复员时限等。

对于战后进行的全面解除性复员而言，通常情况下，应该先由国家制订复员总体计划，并迅速形成由军队和地方层层分解落实的复员计划体系。例如经济复员计划要同国家经济体制相适应，在我国实行社会主义市场经济体制的条件下，既要发挥政府的宏观调控作用，又要发挥各部门、各企事业单位的积极性。兵员复员计划要与武装力量体制编制调整相结合，进行科学的论证和规划，以裁减普通兵员为主，多保留技术兵员，同时还要考虑不同战略方向、重点战略方向的需要。武警、民兵、民工的复员方式和计划，也应根据各自的特点，做出适当的安排。

无论何种性质、哪个领域的复员计划都应视战事发展情况择机制订，宜早不宜晚。因为复员问题十分复杂，不仅涉及战时和战后国防能力的保持问题，还涉及诸多的政治、经济和社会问题，需要尽量提前筹划拟制。美国的约翰·C.斯帕罗少校在20世纪50年代完成的美国历史上首部复员专著——《美国陆军复员史》中指出："伴随着每一个动员计划，都应该有一个复员计划。"第二次世界大战美国陆军在着手制订复员计划时，就列出135个需要调查解决的问题。他们将这些问题分成内部研究解决问题、与其他联邦部门协

---

① ［德］卡尔·迪特利希·埃尔德曼：《德意志史》第4卷上册，商务印书馆1986年7月第1版，第179页。

调和协作的问题、要求立法的问题和可能需要总统批准的问题。美国在第二次世界大战中的局部力量削减性复员，是在"欧洲战争胜利到击败日本之前这段时间"进行的。其中，陆军的局部复员计划于1943年1月着手制订，7月得到参联会的批准。当时，马歇尔在向参联会的报告中称：局部复员可能从欧洲战争取得胜利时就开始，这段"时间需要一到两年"。在此期间，美国将在欧洲保持一支40万人的"应急临时部队"，同时"美国国内将维持某种形式的共同基础训练"，"美国将为国际警察部队提供一定的部队"，充分保障美国战后的军事要求。除此之外，"在非洲、中东、近东、南美洲、大西洋地区的美军，除与空运有关的部队外，所有美军都应当撤离或削减至和平时期的状态"。

（四）下达复员命令

复员计划拟制完成后，指挥机关应当根据复员决心和复员计划拟制复员命令，经指挥员审核签署后下达。复员命令主要内容包括：复员的必要性和紧迫性；复员的主要任务；复员所要达到的基本目标；复员的组织与领导；复员的起止时间；复员的工作要求等。

复员命令是下级组织复员的重要依据，需要迅速转达至各单位。复员命令往往是以通知等形式下发的。西沙自卫反击作战1974年1月21日结束，第二天，海南军区后勤部就对海南行政区支前指挥部下达了复员命令，明确：为了更好地抓革命、促生产、促工作、促战备，保证生产更多物资支援前线，决定车队恢复生产，不再集中待命。海南行政区支前指挥部随即通知有关单位。对越自卫反击作战结束后，1979年3月16日，中共中央发出《胜利结束对越自卫反击、保卫边疆战斗的通知》，成为全面进入复员阶段的标志。

（五）进行复员部署

各级收到上级复员命令后，应根据上级要求和本级实际情况组织复员部署。需要部署的复员工作主要包括：明确指挥机构、人民政府和军队有关部门以及社会组织在复员行动中的职责任务；复员的标准、数量、时限；确定复员行动涉及的装载、输送和交接地域，明确交接的相关事宜；落实复员行动所需的经费、物资、器材等各类保障；协调军地有关方面落实复员政策、待遇。

解放战争渡江战役结束后，1949年5月1日，第三野战军后勤司令部根据总前委的要求和下属各部队的实际情况对复员工作进行了部署："各军所配备的临时民工、担架、小挑，在固定住处之各军，应迅速交支前机关组织复员；还在行动与已有战斗任务之各军，自己有运输工具及民工跟上部队者，也应复员(或少留一部分)。"①

(六)检查准备情况

指挥机关应当对复员准备情况进行检查,及时发现和解决问题,并将复员准备情况报告本级指挥员及上级。检查复员准备的主要内容通常包括:下级指挥员对上级复员意图领会程度,下级指挥员的复员决心、部署、计划是否符合上级指挥员的意图和实际情况,复员行动可能对军队作战行动的影响,复员规模是否适当,与地方政府的对接是否通畅,动员协同组织是否严密,相关信息、通信系统是否联通,相关装备器材完好程度,待复员人员的精神状态等。

二、组织复员行动展开

复员筹划工作完成后,复员指挥机构应当会同政府和军队有关部门组织复员展开,通常要完成以下工作。

(一)公布复员计划

适度、及时地向社会公布国家复员计划,一方面是因为复员涉及千家万户和国家建设,社会的大多数成员都十分关注,另一方面是要"阻止谣言和猜测的传播"。

第二次世界大战末期,英、美等国在组织开展复员活动的过程中,都充分考虑到复员的社会性,适时向媒体和公众公布复员的政策和计划安排。1944 年 9 月 5 日,英国战争部发布了一项声明,向社会公布了军队在欧洲战事结束前重新部署和复员的计划。与此同时,英国战时生产委员会也向媒体披露了国家经济从战时过渡到和平时期的计划。9 月 25 日,英军的报纸、杂志刊登了战争部的复员计划。

(二)返还动员资源

复员行动展开之后,复员指挥机构应适时协调组织政府和军队有关部门,按照谁使用,谁负责的原则,组织动员资源的整理、输送、移交。返还动员资源的主要工作包括:制订移交和返还方案,做好移交和返还准备;指挥机构向接收单位的领导介绍动员资源的使用情况;接收单位对人员、装备、物资进行检查、点验;移交和返还动员资源的档案、花名册和装备、物资清单等。此项活动,通常在本级或者上级复员指挥机构的协调组织下,由军队等动员资源的使用单位与政府有关部门共同组织实施。

一是对于军队使用的动员资源,通常由军队系统组织动员资源整理、输

---

① 《第三野战军后勤司令部关于京沪杭战役第二步后勤工作部署》,1949 年 5 月 1 日。

送，向复员指挥机构和政府有关部门移交。需要强调的是，在移交前，军队应按照有关规定落实好相关政策、待遇。在移交时，军队和政府应对落实动员资源的情况进行核实，确认无误后办理移交手续。解放战争渡江战役结束后，"各军各兵团除规定之随军民工团外，其余在苏北配属之临时民工一律交苏南'支司'办理复员，集结地点由各兵团事先派员与苏南'支司'商定之。"①

在动员资源移交过程中，当军队因为特殊情况无法及时落实复员政策、待遇时，军队与地方政府应协商明确待落实待遇的责任方和完成时限，避免发生军队和政府因为落实复员待遇发生推诿的情况，损害复员对象的利益。

二是政府直接掌握使用的动员资源，由政府有关部门按照规定执行。淮海战役后期，支前民工和担架队是由人民政府直接组织的，在复员时，统一由人民政府落实复员资源的整理、输送和移交。豫皖苏三地委下发的战后复员通知规定："门板、工具、车辆以乡（或行政村）为单位集中，任何人不得私自搬运，原则上物归原主，经区、乡、村级政府登记由物主认明发还之。物主确知门板地点而想自行取回时，也须先报告区、乡政府取得同意并登记后方可取回。"②

三是国防动员指挥机构直接掌握使用的动员资源，在履行相关的手续后，移交给政府有关部门，由政府有关部门按照规定处置。

（三）落实政策待遇

动员资源移交完成之后，军地应协调配合，落实各项政策待遇，对被动员方和资源拥有者的损失给予合适的补偿。各项复员政策待遇的落实，关系到复员活动的成败，甚至会影响整个社会的稳定和战争动员的可持续性。如对越自卫反击作战期间，根据国务院、中央军委的指示，"广州、昆明军区在紧急征兵中不仅以武装基干民兵为主要征集对象，而且要求动员部分退伍战士，特别是退伍的专业技术兵重返部队。昆明军区提出征集退伍军人的比例为10%～20%。由于退伍战士年龄较大，多数已结婚生子，家庭负担较重，思想顾虑较多，加之有些地区安置和优抚政策不够落实，有的退伍战士生产、生活上的一些实际困难未得到很好解决，致使动员退伍战士重新入伍比动员武装基干民兵入伍的工作要难做一些。动员一个退伍战士，往往需要做本人、妻子和父母等多方面工作。"

对于落实各项政策待遇的职责分工，通常情况下，除了军队使用的动员资源在移交之前由军队落实必要的政策待遇之外，其他各项政策待遇均由政府负责。暂时不能落实的，应当与当事人达成协议先行复员，然后按约定落

---

① 刘瑞龙：《第三野战军后勤文献资料选编》（下卷），金盾出版社1997年版，第266页。
② 《豫皖苏三地委关于战区善后救济工作的通知》，1948年12月26日。

实相关的政策待遇。

通常，复员政策待遇主要包括人员安置、烈属的抚恤慰问、牺牲人员的安葬、伤残人员的安置和救助、慰问活动、征收征用资源的补偿等内容。

一是人员安置。主要是对退役军人和履行动员义务的战勤人员进行妥善安置。对于退役军人，主要由国家统一组织安置。1997 年 3 月 14 日颁布的《中华人民共和国国防法》第六十一、六十二、六十三条规定，国家妥善安置退出现役的军人，提供培训；县级以上人民政府负责安置转业军人，根据其在军队的职务等级、贡献和专长安排工作；接收转业军人的单位应当按照国家有关规定，在生活福利待遇、教育、住房等方面给予优待。国务院和中央军委还对复员军人的安置原则作了具体规定。家在农村的复员军人，原则上回农村从事农业生产；家在城市的，予以优先就业的便利。对于履行动员义务的战勤人员，主要坚持从哪里来，回哪里去的原则进行安置。

二是烈属的抚恤慰问。主要是搜集宣传烈士事迹，隆重召开烈士追悼会，解决好烈士家属生活困难、子女升学、参军、就业等工作。"对越自卫反击作战结束后，广东省有关县(市)成立慰问烈士家属工作团，由县(市)委领导带队，各部(委、办、局)和武装、工会、青年、妇女、供销、统战等部门领导同志参加，亲自到烈士家中进行慰问。广西宾阳县牺牲支前民兵 8 人，由县委领导亲自带领 16 人组成的慰问小组，在做好思想政治工作的同时，给烈属挂光荣牌，发抚恤金，送慰问品，还落实定期定量补助 1 户，优待工分 2 户，临时补助 1 户，解决烈属的实际困难。"[①]

除以地方为主做好烈属抚恤工作之外，军队系统也应积极参与进来，为烈属解决实际困难。对越自卫反击作战结束后对烈属的慰问和走访中，一些烈属提出送烈士子女、弟妹参军参战的要求。"经总参谋部、总政治部批复，由军区政治部负责审查批准，各县(市)人武部按照符合征兵条件、家长要求、本人自愿、每家批准 1 名的原则，于当年 9 月底前为烈士(包括参战支前民兵、民工)子女、弟妹办理入伍手续。"

三是牺牲人员的安葬。隆重安葬因履行国防和动员义务而在战争中牺牲的现役军人、预备役军人和其他公民是各国的普遍做法。这项活动大都由国家主导，由各级政府组织实施。

在抗日战争中，各抗日根据地就注重烈士的安葬问题。1943 年 3 月 18 日，山东省战时工作推行委员会颁布实施《山东省民兵奖励抚恤暂行办法》。该《办法》规定：民兵作战或掩护人民及后方机关团体任务，因此光荣牺牲者，发给公葬费 200 元并一次发给抚恤金 400 元。1943 年 10 月 24 日，中共中央

---

①　国家民政部〔1979〕27 号文件。

山东分局、山东军区发出关于加强武委会工作的指示：各地武委会于今冬或明年清明节前在当地建立民兵烈士纪念碑，有特殊壮烈表现者，须在另地或战地建碑，其费用责成政府支出。1943 年 11 月，冀中抗日根据地"对于民兵的牺牲者，人民即开追悼大会，如在郭庄开大会时，区干部亲自慰问，老百姓便兴奋地说：'这多么光荣啊，咱村叫大炮打死的那些人，谁来追悼啊？'"[①]

新中国成立之初，国家就在北京天安门广场的中心位置建立了人民英雄纪念碑，纪念自 1840 年以来在中华民族争取独立、民主和解放事业中牺牲的先烈。此后，在历次卫国战争结束后，国家都专门开辟烈士公墓，安葬在战争中牺牲的军人、民兵，以及其他以各种名义参战支前的人员。1979 年对越自卫反击作战结束后，国家有计划地对阵亡将士进行了安葬。据国家民政部 1979 年 8 月 31 日统计，为安葬烈士，云南在 15 个点、广西在 22 个点修建了烈士墓。修建烈士公墓的费用，一般从优抚费中列支。

美国弗吉尼亚州阿灵顿郡坐落着闻名世界的阿灵顿国家公墓，是美国政府专门用于安葬阵亡将士的地方，由国家公园服务处管辖，为美国国家纪念中心。公墓占地 2.48 平方公里，凡在国外作战中阵亡的美国士兵，只要遗体能够运回国内，均可安葬在这里。从南北战争至 20 世纪 90 年代，总共安葬了 22.5 万人。从 1868 年开始，美国政府每年都要在这里举行阵亡将士纪念仪式。

四是伤残人员的安置和救助。主要是军地合力对不同等级的参战伤残人员做出不同的安置政策和照顾。对越自卫反击作战结束后，国务院、中央军委发出《关于做好部队义务兵伤病残战士安置工作的通知》，规定：家居农村的，享受在乡伤残军人的各项待遇。其中二等伤残军人，生产队分配的口粮每月不足 35 斤原粮的，其差额由国家返销补足，并参照当地供应商品粮的粗细粮比例，适当多给些细粮。人民公社在工作安排和分工分业上，要尽可能地给予照顾，对生活困难的，民政部门要给他们补助或通过社、队优待工分加以解决。家居城镇凡能工作的，与其他城镇复员战士一样，由各地区复员退伍军人安置办公室接收安排工作，所需劳动指标，在国家下达的劳动计划内解决。同时，对他们的医疗、生活和住房等问题也做出具体规定。

对越自卫反击作战结束后，总参谋部、总政治部、总后勤部联合对全军处理伤病残战士情况进行检查。"经过部队和地方政府共同努力，全军共安置伤病残战士 6.3 万人，其中伤残军人 1.69 万人，精神病员 1500 多人，慢性病员 4.5 万多人。地方各级政府把特等、一等伤残军人安置在伤残军人休养院，有的分散安置在原籍。有些地区为二、三等伤残军人和精神病人员解决

---

① 程子华：《冀中平原的民兵斗争》，战线社 1944 年第二版，第 25 页。

生活、医疗、住房等方面的困难。"在安置伤病残战士的工作中，成都军区先后组成 200 多个工作组，共 600 多人，分赴全国 19 个省（市）、292 个县（市）联系安置事宜，为约 1.7 万人评定伤残等级，给精神病、慢性病复退战士发放医疗补助费。

五是有组织的慰问活动。有组织地对参战部队、民兵、预备役人员和其他应征服国防勤务的人员进行慰问，是国家在战争结束阶段要做的事情之一。此项活动，一方面表明国家和社会对受慰问者重视、鼓励、褒奖的态度，推崇为国家安全勇于奉献的精神，另一方面使受慰问者得到精神上的抚慰，尽快医治战争给身心带来的创伤，尽快走出战争的阴影，回到和平环境下的工作和生活中，以利于国家战后的恢复、建设和发展。

新中国历次作战结束后，国家均组织了较大规模的慰问活动。1974 年西沙自卫反击战后，海南行政区革命委员会受广东省委托，组成广东省"八一"建军慰问团，于"八一"期间，率领海南黎族苗族自治州文艺宣传队前往西沙群岛，对驻西沙群岛指战员及民兵进行慰问。1979 年对越自卫反击作战结束后，参战部队和随队支前民兵回撤不久，各级大规模的慰问活动陆续展开。3 月 25 日，中共中央、人大常委会、国务院、中央军委给参战部队、民兵和支前民工发出了慰问信。同日，国家组织两个中央慰问团从北京分赴广西、云南，慰问还击越南侵略者胜利归来的边防部队指战员、民兵和支前民工。"中南、西南各省（区）积极开展了对越自卫反击战中光荣负伤的我军指战员和民兵、民工的慰问工作。湖南省、地、县先后组织了 5 个慰问团，由党政军主要领导和民政部门的负责同志亲自率领，深入 8 个部队医院，对 3479 名伤员一一进行慰问，转达党和政府以及人民群众对他们的敬意，赞扬他们的爱国主义和大无畏的革命英雄主义精神，向他们赠送慰问信、慰问品 8600 件。"[①]

六是征收征用资源的补偿。战争中动员了大量的物资器材，尤其是在群众中征用的交通运输工具、通信医药卫生器材及各种物资，战后需要组织相应的经济赔偿或补偿。这一措施具有极大的政治意义，是密切政府、军队与群众关系，调动人民群众以最大的热忱支持战争的一个重要方面。特别是在我国实行的社会主义市场经济条件下，这个问题更需要慎重对待、正确处理。搞好战后经济赔偿或补偿是一项政策性很强的工作，必须有法规、政策可依。一般来说，能够修复的动员物资装备，应当在修复、恢复原有功能后及时返还；不能修复的，经过核实、评估后，应当及时进行赔偿或者补偿。在战时没有全部消耗的剩余物资，能够归还的应当及时归还；不能归还的，应当依法给予适当补偿。信道和频谱等信息资源，也应当及时恢复民用功能等。

---

① 国家民政部〔1979〕27 号文件，1979 年 5 月 10 日。

在进行经济赔偿或补偿时，首先，须核实弄清需要赔偿或补偿的项目；其次，要进行合理的估价，确定赔偿或补偿的数额；最后，采取实物赔偿、货币赔偿等形式，逐一结算。搞好战后经济赔偿或补偿，必须采取实事求是的态度，维护国家和群众双方的利益。

（四）恢复社会正常状态

国家实行全面解除性质的复员时，会根据需要适时解除管制措施，如解除在交通运输、物价等方面的各种限制措施，恢复调整作息制度和学制等，从而使社会迅速恢复正常状态。由于战时社会正常秩序和人民的正常生活受到极大影响，因此在组织复员过程中要力争在最短时间内恢复社会正常秩序。

对越自卫反击作战结束后，针对边境县城河口未及时恢复正常生产生活秩序的情况，1979 年 6 月 4 日，中共红河州委主要领导与中共河口县委主要领导一起，就尽快恢复河口县城正常生活、进一步加强边防斗争、搞好边防建设等问题进行了研究。"关于恢复县城正常生活的问题，为了既能保证县城正常生活，又利于开展对敌斗争"，中共红河州委研究提出以下几种办法："①河口县委、县革委机关已迁回县城，应坚持正常办公，但工作班子要精干，并把机关民兵武装起来，进行巡逻值班。关于老弱病残人员，可继续在槟榔留守，邮电局的机务部分、医院住院部、银行的金库、劳改监狱暂不迁回。县百货公司开设必要的门市，满足群众生活需要；中、小学迁回县城附近，采取临时设施办学，以方便群众。②河口县城原有越侨 190 多人，战前已全部分散，为了便于就业和生活，准备多数都迁回县城。至于少数确有问题，属于不可靠又不够拘捕的，为了便于斗争，拟动员迁到内地县安置，需内迁的人由河口县摸清以后另报。③目前还分散在外活动的集体单位，除生产需要（如需要二万多修路民工服务等）者外，也应积极做工作迁回县城组织生产。④为了保证县城正常生产、生活的需要，请省委督促交通部门将火车、公共汽车一定开到河口县城。为保证交通安全，交通部门可以采取相应的安全措施。"随着上述措施逐一落实，河口县城很快从战时状态恢复到正常的生产、生活状态。

三、复员行动的控制

复员的复杂性和重要性要求在复员过程中应根据进程和阶段转换，对复员命令、计划的执行情况进行检查、督促。控制复员行动应把握以下几个方面。

（一）把握复员态势

主要是在复员全过程综合运用多种手段，连续跟踪、掌握任务完成情况，为控制复员行动提供依据。复员态势主要包括：复员的进程和效果；复员环境条件的变化情况；复员活动的发展趋势；军队作战、应急维稳、社会管控形势发展变化情况及其对复员行动的影响等。

为了做到对复员行动的有效控制，通常需要从全局的高度掌握复员各方面进展情况。对越自卫反击作战结束后，民政部对各级开展的优抚工作进行了检查，发现各级能够"积极配合部队开展拥军支前工作"。"为了保障在自卫反击战中大量部队过往的饮食问题，广西、云南等省、区的民政局联合有关部门，加强和增设了军事供应站，并及时动员人力、物力，积极做好支前工作；做好慰问负伤指战员的工作；积极开展对立功人员家属的报喜庆功活动；为负伤致残人员做好安装假肢器具工作；积极做好阵亡烈士家属的抚恤慰问工作。"

复员态势不会都是一成不变的，第二次世界大战后期，美国"陆军部原计划按照日本投降以前制订的方案进行复员，根据士兵不同的服役期和服役艰苦程度分别给以奖赏"。"但国会和哈里·杜鲁门的新政府却认为此时应迁就公众的呼声，即美国在经历了独立以来最长的一场战争之后，士兵们应返回家园。在很多地方，士兵们自己要求尽快复员。"在这种情况下，"陆军部宣布原方案作废，所有服役满两年的士兵将一律离开军队。"[①]因此，复员指挥机构应在掌握复员态势的基础上，根据已经变化的情况，及时对复员行动做出调整。

（二）督导复员活动

加强督导是顺利实施复员的重要环节。对于某些组织和群体而言，复员意味着利益的损失，因此，不是所有的复员行动都会一帆风顺。第一次世界大战结束后，英国军队的复员就很不顺利，"有工业技术专长的先回家"政策，引起长期服役官兵的不满，导致"陆军的军纪几乎废弛，士兵们的怨恨转化为许多起兵变"。迫使英国政府紧急叫停正在进行的复员活动，直到出台新的政策，复员活动才得以继续。

督导调整复员活动主要表现在宏观和微观两个方面。宏观督导主要是从社会整体和长远发展的全局出发，对复员进行战略筹划、指导。宏观督导复员是政府的职能，必须在政府的统一领导下，依据正确的政策和法规，科学调控各种资源的配置，使经济和社会各部门平稳转到和平建设的轨道。微观督导主要是对复员中各种具体事务的安排进行检查，主要由各级复员指挥机构承担。微观督导复员是一项政策性很强的工作，是确保复员行动顺利展开的基本保证。只有针对战场态势变化和需求变化不断调整复员行为，使复员行动适应形势变化，才能保证复员行动顺利开展。

---

① 《美国陆军史》，第507页。

对越自卫反击作战结束后，军地各级根据中央有关精神，采取积极的措施，帮助作战中伤残的战士和办理退伍手续的老兵解决一些困难，但受政策、地区经济状况和招工指标等因素的制约，有些问题没有完全得到解决。为进一步解决这批伤残、退伍军人的工作和困难，12 月 14 日，中共中央发出《关于发扬拥军优属、拥政爱民光荣传统，进一步加强军政军民团结的通知》，要求："对于在对越自卫反击作战中的伤残人员，尤应给以特殊照顾，采取多种办法组织他们参加适当的劳动和工作。"①可以说，正是中共中央根据复员过程中出现的问题，及时出台相关规定，才保证了兵员复员任务顺利完成。

第二次世界大战后期，1945 年 5 月 21 日，英国首相丘吉尔针对人民群众医疗护理需求缺口巨大的情况，致劳工大臣及其他有关人员：关于复员方面，我现在还不可能订出把医生解除军役的方案。但是现在一般人民所得到的医疗护理的质量非常之差，所以初步应该有 1600 个医生立即从军队中复员。1945 年 7 月 17 日，丘吉尔致海军大臣、陆军大臣、空军大臣、卫生大臣、自治领事务大臣和印度事务大臣："在 5 月间我曾有命令要 1600 名医生立刻从部队中复员过平民生活。据我推想他们已经出来了，希望能给我一个报告以证实此事。现在已是再度削减军队中医生人数的时候了，以保证今冬平民方面能得到足够的医疗护理。因此到 10 月 1 日左右应该再有 1600 名医生复员过平民生活。"②

(三)执行复员纪律

复员纪律是保证复员顺利展开的法规制度保证。在组织复员展开过程中，指挥员及其机关在遵守复员纪律的同时，应监督、检查下级执行复员政策、纪律的情况。

对遵守复员纪律好的单位和个人，可在表彰的基础上视情推广相关经验，促进复员全局工作开展。对越自卫反击作战结束后，在安置伤病残的退伍战士工作中，"为了能够以最快的速度、最好的质量为光荣负伤致残的战士生产和精心安装假肢、辅助器，配制残废车，民政部在广西柳州市召开上海、广东、广西和湖南 4 省(自治区、直辖市)假肢工厂厂长会议，共同研究落实因在参战支前中负伤致残人员安装假肢的各项具体事宜。"③与会的省(自治区、直辖市)按照民政部要求高标准完成相关任务。对此，民政部又分别在广西、云南、四川、湖北、河南等地召开会议，推广了先进省市的经验，进一步促进了伤病残退伍战士假肢安装工作高质落实。

---

① 中共中央《关于发扬拥军优属、拥政爱民光荣传统，进一步加强军政军民团结的通知》。

② 〔英〕温斯顿·丘吉尔：《第二次世界大战回忆录》第六卷，南方出版社 2002 年 12 月第 1 版，第 636 页。

③ 国家民政部〔1979〕27 号文件，1979 年 5 月 10 日，原件存解放军档案馆。

相应的，对违反复员纪律的情况要及时纠正，并通报批评。解放战争胜利后，全国经济秩序非常混乱，部分商店和不法商人违反国家发布的关于复员的有关规定要求，投机倒把，囤积居奇，制造粮荒，引起物价飞涨。为了稳定社会秩序，人民政府采取了一系列加强经济管理的措施：没收官僚资本，控制全国的经济命脉；查封全国金融投机的大本营——"证券大楼"，抓获投机首要分子230人；加强公粮的收购和调运，保证大城市的粮食和棉花供应，稳住了上海等大城市的市场。

第一次世界大战结束后，1919年11月，美国"国会一下从它对总统所有军事行动一概默认的做法中醒悟过来，开始对战争的方法进行严格的调查"。"当时国会被对立的共和党人控制。由伊利诺伊州的众议员威廉·格雷厄姆领导的特别委员会，花了一年半的时间调查陆军部经费开支，尽其所能查出了在临时仓促动员时出现的所有问题。"[①]

四、复员机构的撤销

复员活动基本完成后，应当适时、自下而上撤销复员机构，并完成总结梳理经验教训，废止相关规定，完成设备、资料、经费移交，组织人员归建等收尾工作。

(一)做出复员机构撤收决定

当国家组织全面解除性质的复员时，军队和地方政府应适时做出复员机构撤销的决定。可以说，撤销复员机构是复员结束的重要标志，应谨慎决定。

对于复员机构撤收时机的选择，应充分考虑复员工作的轻重缓急灵活决定，不搞一刀切。1949年9月，美国总统杜鲁门向国会提交了一个战后复员的全面计划。杜鲁门后来回忆："在我的复员计划中，我首先要做的一点是整顿政府的机构，以便适应业已产生的新的需要和任务。"[②]整顿的重点，就是根据1939年的改组法案和1941年的第一个战时权力法案而在政府中建立的临时动员机构。1945年12月以后，根据国会通过的一项法案，杜鲁门相继发布行政命令，"撤销许多战时机构"。"在这些机构中，有许多原是根据行政命令设立的，在战争结束或者总统认为适宜的时候，便应当撤销。列入应予撤销的机构有全国战时劳工局、国外经济署、战时生产局、经济稳定局、检查局、国防运输局、战时情报局、战时石油管理局和战时船舶管理局。其他一些机

①　[美]拉塞尔·韦格利：《美国陆军史》解放军出版社1989年9月1日版，第414页。
②　[美]哈里·杜鲁门：《杜鲁门回忆录》第一卷，世界知识出版社1964年5月第1版，第392页。

— 293 —

构则由于在复员期间还特别需要发挥其作用，故予以保留。"①

通常来说，动员任务和复员任务较轻特别是善后工作相对较少的地区，可先行组织复员机构的撤销，动员任务和复员任务较重特别是善后工作相对较多的地区，可延迟进行复员机构的撤销。新中国历次作战动员的实践表明，省以下支前动员机构因承担大量具体、繁重的动员事务，特别是大量的善后工作，其支前机构的撤销都相对较晚。从 1979 年 3 月 5 日开始，对越自卫反击作战支前动员进入复员阶段。但云南省红河州的支前机构直至 1980 年 2 月 1 日才通知撤销。

复员机构撤销涉及权力的变更、人员的归建、设备的移交、工作内容的调整等众多问题，在组织撤销前应周密计划，以保证行动有序。复员机构撤销计划主要是明确撤销的时间、顺序和方法。对越自卫反击战之后，广西宁明县支前委员会在撤销县 7812 办公室之前对撤销完成时限、军供工作对接、支前民兵民工待遇和补贴发放对接、学校维修费发放对接等进行了详细计划。"根据上级指示，经研究决定，县 7812 办公室于本月十五日撤销，今后有关军供问题，请分别到有关部门联系办理，即有关工业品、小五金、副食品等由商业局办理，粮、油、马料等由粮食局办理，蔬菜、木柴由县供销社办理，统配物资由县计委和物资局办理。参战支前民兵民工中因伤口复发，到医院治疗期间的工分补贴以及因参加对越斗争负伤住院的新伤员的工作补贴，由公社、大队按月或按季造册报县人武部审核同意后，向县财政局报领，县财政局垫支的工分补贴款，在年终办理财政决算时自行增列，向区财政局报销。已拨给各地的边境学校维修费，我室撤销后，用款单位向县财政局报账。现在仍住医院（包括公社卫生院）和出院后没有评残、因伤口复发需继续治疗的民兵民工以及今后对越斗争负伤、住院的民兵、民工所需的医疗费、伙食费、另用费、往返旅费、区卫生局已安排有专款经费，统一由县医院负责开支，年终向区卫生局报账。"

（二）总结经验教训

在复员机构撤销阶段，应组织总结和评功评奖活动。组织动员总结时，应把握好三点。

一是统一部署，视情分头组织。解放战争淮海战役后，1949 年 1 月 10 日至 2 月 15 日，华东支前委完成了胶东、渤海、鲁中南三个地区二十余万常备民工的评功复员工作。华支政治部统一部署，组织了四个民工管理处分头领导评功事宜。据华东支前委对 44 个单位 77490 名人员关于立功情况的调查，

---

① ［美］哈里·杜鲁门：《杜鲁门回忆录》第一卷，世界知识出版社 1964 年 5 月第 1 版，第 393 页。

立功者为 28427 人，占总数的 36.6%。有 5811 名支前民兵、民工成为中共党员，有 6760 名支前民兵、民工被提拔为干部。

二是最好能够按动员的进程，结合军队的作战行动，分阶段对动员组织工作做出总结。1979 年 8 月 4 日云南省支前委员会上报的《关于对越自卫还击保卫边疆参战支前工作总结》就是按三个阶段进行总结的。"第一阶段，自一九七八年十二月中旬至一九七九年二月十六日，为战役集结阶段。""第二阶段，自二月十七日至三月五日，部队出境在亚热带山岳丛林地作战。""第三阶段，中央宣布撤军至军队归建，以及战后工作。"

1949 年 11 月 20 日，华东支前委员会上报的《关于济南淮海渡江京沪三大战役支援工作基本总结》，则将华东地区从战略防御到战略决战的支前动员情况，分四个阶段进行了总结。第一个时期，"自 1946 年到 1947 年鲁南战役，这时期大规模战争主要在华中地区进行，山东胶济北线，临枣南线虽有战争，但规模不大。在支前工作上仍沿用抗日时期分散游击战争经验。"第二个时期，"自 1947 年 2 月莱芜战役到 1947 年 9 月南麻、临朐战役，大规模的自卫战争在山东中心地区进行。支前工作也随着战争发展以及战争需要，建立健全了各级支前组织，动员工作也比较深入普遍，动员了大批人力物力供应了战争，完成了内线歼敌任务，并取得了支援大规模战争的经验，为继续支援打下了基础。"第三个时期，"自 1947 年 10 月，我军已经外线出击，到 1948 年 6 月兖州战役"，"华野 6 个纵队自 1947 年 7 月转向外线，将战争引向蒋占区"。华东地区"在这时期整顿了党，休整补充了部队，战胜了蒋军带给山东人民的大灾难，达到了党与人民、军队与人民的大团结，给三大战役的支援战略任务奠定了精神与物质基础"。第四个时期，"自 1948 年 9 月济南战役开始，到 1949 年渡江京沪战役结束，这时解放战争规模发展到空前巨大，支前任务也就异常繁重而艰巨。"济南战役期间，"山东总动员起来"。淮海战役是全国决定性的战役，华东局在支援方面提出全力以赴支前，并建立华东统一的最高支前机构——华东支前委员会。"争取了支援工作上的主动性，跟上了军事形势的发展，并有冀鲁豫、豫皖苏各大战略区协同支援，取得了战役的全胜，使全国形势迅速发展。"①

三是灵活采取多种方式，注重总结效果。①既找经验，也查教训。对越自卫反击作战主要战事结束后，1979 年 9 月 4 日，总参谋部、总政治部、总后勤部转发广州、昆明军区《对越自卫还击作战组织民兵参战支前总结报告》。各级在认真总结对越自卫反击作战经验的同时，针对兵员动员、民兵参战支前、政治工作、安置优抚等方面存在的问题，提出改进的意见和建议。②表

---

① 1949 年 11 月 20 日，华东支前委员会《关于济南淮海渡江京沪三大战役支援工作基本总结》。此件存解放军档案馆。

彰英模，评出斗志。通过大力表彰英模树立榜样。对越自卫反击作战结束后，"各地对民兵、民工参战支前总结、评功评奖和宣扬表彰的同时，广西、云南两地还组织了作战英雄模范报告团，各地通过接待英模报告团，组织报告会，召开烈士追悼大会，编辑出版英模事迹，举办展览、墙报，编演文艺节目等形式，进行广泛宣传，掀起了学英雄，见行动，为'四化'做贡献的热潮。"[①]。③群众参与，解决困难。主要是深入发动群众参与总结活动，了解退伍、复员人员的实际困难，真正为人民群众排忧解难。对越自卫反击作战基本结束后，国家民政部在充分细致总结的基础上，在拥军优属方面做了很多实在工作，于1979年8月31日向国务院、中央军委呈报了《关于自卫还击战支前和拥军优属工作总结报告》。

（三）废止临时性法规

动员活动结束后，应适时废止为保证战时动员所需而临时出台的法规，并公告社会。废止临时性战时法规应避免一刀切，应根据实际需要渐进废止，防止危及国防建设和经济社会发展。

第二次世界大战结束后上任的美国总统杜鲁门在自传中称："早在1947年1月6日我在给新国会的国情咨文里就已经建议撤销一些紧急条例。""《第二次世界大战战时权力法》将在3月31日期满，我在1月31日就要求国会再度延长权力法的有效期限，并指出人力和工资的管制以及大部分物品的限价都已经在1946年11月撤销，现在只剩下第二次世界大战战时权力法所管制的几个项目还需要加以管制。其中之一就是粮食，粮食目前在世界各地都非常缺乏。目前需要保留的主要权力就是该法第三项所规定的有关优先权和分配权部分。"2月19日，杜鲁门在给国会的另一份咨文"提请废止1939年和1941年罗斯福总统由于紧急情况发布的，迄今仍旧有效的一些临时条例，此外还提请废止将近34项条款和部分法令"。根据杜鲁门的建议，美国国会于1947年春批准实行《第一次撤销管制条例》。"这个条例有效地终止了一切紧急管制和各种战时权力。"[②]

需要指出的是，战时采取的特别措施并不会完全被取消，许多特别措施会被保留下来，继续在国家和平时期的管理中发挥重要作用。英国从战时统制经济的实践看到了国家干预经济对社会发展的必要性和有效性，同时也看到了纯自由经济的弊端，因而在战后将统制政策部分地保留下来，并运用于社会的福利建设，使英国较早成为福利国家。

---

① 国家民政部：《关于自卫还击战支前和拥军优属工作总结报告》，1979年8月31日。
② ［美］哈里·杜鲁门：《杜鲁门回忆录》第二卷，世界知识出版社1964年5月第1版，第30～32页。

（四）搞好财物的清算和移交

复员指挥机构撤销过程中，应对机构使用的设施、设备及资料进行清点，对支前经费进行结算，防止资产流失和资料遗失。

抗美援朝战争后期，东北人民政府民政部在组织部分招待站撤销工作时规定："撤销之招待站占有的房舍、家具、物品，须清查登记报省市备案，由当地政府妥加保管，以备需要时再行恢复，凡非经省市人民政府批准不得动用。"[①]东北人民政府在组织东北区军事招待站移交时规定："各站现有一切设备及物品，不论站方购置或借用者，全部随站移交；招待站撤销时，仍归政府；但借用群众者可逐渐偿还。"[②]对越自卫反击作战后，云南省红河州革命委员会专门下发通知，对各级支前机构撤销中相关资产的移交进行了明确："支前办购置的车辆、电话机、办公用具，移交给革委会办公室；属州分配给个旧、开远、蒙自、弥勒等县作军供接待用的货车，除开远、弥勒两县的归接待站用外，其余县（市）的归交县民政局使用。"[③]

1974年1月下旬对越西沙自卫反击作战已经结束。1月25日下午，在海南行政区所在地——海口市召开支前工作会议。会议根据广州军区的电报指示和海南支前领导小组第二次会议精神，对支前物资和经费进行了核算。经核算，从1月21日到1月31日，为保障西沙作战的物资供应，在海口地区共筹措主副食品、日用百货、燃料等48种物资，计价213775.85元，其中包括：主副食品107吨，64558.86元；日用百货97256.27元；燃料85吨，44323.40元；运费、包装费7637.32元。此时，海口市支前动员机构已经通知支前物资的各接收单位，统一到西沙驻海口办事处结账。海口市设在三亚和清澜的两个支前物资供应点，也会同有关接收单位对财物进行结算。这次会议之后，海口市对部队的供应由战时供应转入平时供应。

（五）公布动员或复员指挥机构撤销情况

动员机构或复员机构的撤销，是复员最后要完成的一项工作。撤销的对象通常是战时新建且具有临时性质的机构。撤销的基本条件有两个：一是局部或整体的动员或复员工作已经完成，二是该机构无继续保留的必要。

动员或复员机构撤销完成之后，各级政府应及时向社会发出机构撤销的通知。对越自卫反击作战结束后，1980年2月1日，云南省红河州革命委员会发出的《关于撤销支前机构的通知》指出："根据云南省人民政府的批复精

① 东北人民政府民政部：《决定调整招待站位置、编制》，1952年1月17日。
② 东北人民政府民政部、人事部、勤务部：《关于交接各省市招待站有关关系问题的决定》，1952年12月31日。
③ 云南省红河州革命委员会：《关于撤销支前机构的通知》，1980年2月1日。

— 297 —

神，红河州各级支前机构，除保留河口、金平两县的牌子，留一人与州级有关单位起联络作用外，其余州、县(市)机构全部撤销。"①

(六)组织有关人员归建

通常动员或复员机构主要是由多个领域、部门的人员构成，随着机构的撤销，应组织相关人员归建。基本方法是从哪里来回哪里去。

抗美援朝战争后期，东北人民政府从1952年开始，逐步撤销了大部分东北区军事招待站，对撤销招待站的工作人员进行了明确规定："招待站撤销时，各站干部须全部交还地方政府；今后因工作需要，调入干部进入招待站或现有各站需增添干部时，由各地方政府人事部门负责调配。"②

1918年年末即第一次世界大战结束两个月之后，美国政府大部分战时管制机构的办事人员均已停止履行职责。对此，美国人所著《新美国经济史》一书有这样的描述：那些"战时被临时调往华盛顿处理政府事务领象征性薪金的官员们，离开他们的办公桌，锁好公文包，在返回他们的公司上班前，去佛罗里达休短假"③。

需要强调的是，战争结束后在动员指挥体制内长期工作的人员可能会出现两种截然不同的状态，在组织人员归建时需要引起注意。一种情况是，有的人员急于离开动员机构回归平民生活。在第二次世界大战结束后的美国，"许多战时在政府里担任重要职务的官员急于摆脱政府职务去过平民生活"。时任总统杜鲁门对此的记忆是："尽管从战争到和平这个过渡时期中有许多急迫的工作要我们去做，可是各级仍有大批的官员纷纷提出辞呈。"杜鲁门认为其中的原因是"随着战争的结束，批评担任政府职务的人的情绪也高了"。"政府官员好像住在玻璃房子中，他们随时都会受到国会和报刊的攻击。很少有人愿意去冒这种风险，特别是习惯于从事私人企业的人。而且政府的薪金，甚至是高级官员的薪金，同企业界比较起来也还是微薄的。"④另一种情况是，有的人习惯了在战时动员体制内的大权独揽，其思维方法难以回到正常状态。在杜鲁门出任总统期间任国务卿的"贝尔纳斯在战争期间担任的行政工作中享有空前的行动自由。为了动员全国的经济力量来支持战争，罗斯福总统给予他各种必要的权力"。"但是这种总统权力的授予对贝尔纳斯产生了重大的影

---

① 云南省红河州革命委员会：《关于撤销支前机构的通知》，1980年2月1日。

② 东北人民政府民政部、人事部、勤务部：《关于交接各省市招待站有关关系问题的决定》，1952年12月31日。

③ ［美］杰里米·阿塔克等：《新美国经济史》，中国社会科学出版社2000年9月第1版，第549页。

④ ［美］哈里·杜鲁门：《杜鲁门回忆录》第一卷，世界知识出版社1964年5月第1版，第462页。

响。这使他认为，他作为一个政府行政部门的官员，可以在他的职务范围内完全自由行事。"①致使他在战后仍独断专行，引起杜鲁门总统的不满，在1946年年末无奈辞职。

（七）法纪的检查和执行

在战争结束及复员阶段，组织力量对动员纪律执行情况进行监督检查，是国防动员组织指挥的主要内容之一。监督检查的重点是各级动员机构经费使用情况。监督检查的最好方式，是由各级权力机构组织具有独立调查权的调查委员会，对国防动员情况进行调查。同时，各级权力机关也可召开听证会，听取国防动员机构关于动员实施情况的报告。上级国防动员机构也可组成纪律检查组织，对下级国防动员组织指挥情况进行检查。除此之外，还应充分发挥社会的监督作用，通过设立信访接待机构和开辟民众举报站点等形式，听取社会对动员的反映。

1945年9月，当美国军队正在组织大规模复员时，众议院军事委员会的各个小组委员会对复员中心、复员基地和复员站点等复员机构进行了一次大范围的调查。美国人事后认为，"这次调查对改进复员工作起到了很好的作用。"

第五节　组织复员的基本原则

组织复员活动，应遵从一定的原则。美国《动员计划联合条令》为复员活动规定了4项准则。一是复员工作应首先确保军事任务的完成，二是复员计划应及早制订，三是制订复员计划时，必须通盘考虑，避免产生不良后果。复员工作不能影响国家安全与战备，不能影响国民经济的正常秩序，也不能影响军人和国防部文职人员的士气和福利待遇等。四是加强协调和通气。要求军队和地方各部门在落实复员政策和执行复员计划时，必须经常通气和协调，做好公关工作，取得民众的理解和支持。在复员实践中，我们应遵循以下原则。

一、适时开展

全面性复员时机的选择，是一项战略性的决策。通常，在战争环境下，民众一般还能够忍受国家实行的非常措施。战争结束或局势已经稳定之时，民众对恢复正常生活的要求就会日益强烈，需要适时展开复员，消除战争影

---

① ［美］哈里·杜鲁门：《杜鲁门回忆录》第一卷，世界知识出版社1964年5月第1版，第463页。

响。复员与战争进程和结局紧密相连，复员的决策需要建立在正确判断战略态势和动员形势发展的前提下，区分不同复员类别适时组织。1947年3月3日，《人民日报》报道，太岳解放区支前动员指挥机构"时刻了解指挥员军事意图和决心，对参战群众也做到了适时的遣散和复员"。"灵石战役后，指挥员的决心是部队整训，后勤部门就很快让各地参战群众复员回家，参加土地改革，因此得到群众拥护。"[①]

具体实践中，组织复员时机既不能过早，也不能过迟。过早，容易打乱国家战略部署，动摇军心民心，难以巩固已经取得的阶段性成果，甚至可能弄巧成拙、转胜为败。过迟，可能会延误医治战争所造成的各种创伤的有利时机，延缓恢复和发展国民经济的宝贵时间，同样不利于国家正常生产生活的恢复。

1918年1月，在俄国军队事实上已经崩溃、大量军人逃亡的情况下，苏维埃政权于1918年1月开始部分复员军队。在布列斯特—里托夫斯克和平谈判中担任苏俄代表团团长的外交人民委员托洛茨基于1918年1月28日以苏俄政府的名义声明，苏维埃俄罗斯不签署和约，也不再进行战争，并将解散军队。最高总司令克雷连科于1918年1月29日向作战部队下达了关于解散军队的命令。位于乌克兰前线的人民委员安东诺夫·奥夫申科收到命令后立即致电列宁，称：我最坚决地抗议宣布全面复员。既然你们赋予我责任，那我就要求你们电报声明的复员不涉及在乌克兰战线上作战的军队。1月29日当天，列宁要求克雷连科以一切办法取消有关全面复员所有战线的军队的命令。一天之后，列宁又要求军队的所有政治委员和邦奇·布鲁耶维奇，扣压托洛茨基和克雷连科签发的一切关于解散军队的电报。

21世纪初的伊拉克战争中，美军逮捕萨达姆之后不久，因对伊拉克国内局势走向的误判，美国总统小布什早早宣布战争结束，开始组织复员。美军在伊拉克和阿富汗军事力量的减弱给了基地组织等恐怖组织重新壮大势力的机会，导致伊拉克和阿富汗国内局势不断恶化，最后美国不得不向伊拉克和阿富汗重新增派武装力量才使局势慢慢得以控制，使原本开始后不到一年就宣布结束的战争最后演变成了十年战争。

二、平稳适度

组织复员的社会环境往往比较复杂，各种矛盾交织，如果处理不当，矛盾很容易激化，引发工人罢工、市民游行、复员军人闹事等问题。因此，组织复员必须妥善平稳处理好各种关系，保证复员顺利开展。

---

① 见1947年3月3日《人民日报》。

中越自卫反击战结束不久，新华社通讯社在报道中对刚刚结束战争的边境县城河口县进行了描述："学校没有开课，县城的中、小学生疏散在外边。现在全县的职工和群众看病找不到医院，做饭买不着煤，吃菜无处买。人们思想动荡，无法安定。"①为此，当日胡耀邦阅后专门做出批示："苍碧、凌云同志，请你们同云南省委联系一下，问问那里的真实情况究竟如何，问问对这个地方究竟采取什么方针较妥。"②一个边境县城战后复员情况得到了国家领导人的高度重视，可见战后尽快恢复社会正常秩序，让人民群众的生活平稳有序，不仅是复员活动顺利展开的前提条件，也对整个国家的稳定具有重要影响。

遵循妥善平稳的原则，需要抓住以下几个基本环节。一是要制定正确的政策，使人员分流、物资调配、社会舆论等方面都保持正确的方向；二是要有计划、有步骤地实施，对复员中人员退伍、运输、接收以及各种物资的处理，要有周密的预先安排；三是要细致地做好思想工作，搞好参战人员及全民的政治思想教育，使之树立正确对待困难、顾全大局的思想，及时发现并纠正各种错误的倾向，认真地对待合理的要求和解决实际困难。

在妥善平稳组织复员同时，还要注意根据实际情况适度复员，避免陷入极端。美国在第一、第二次世界大战结束后对动员采取"过河拆桥"的做法，一直受到美国军事历史学家的批判。第一次世界大战结束时，美国战时工业委员会的负责人巴鲁克提出，美国再也经不起工业毫无准备地进入战争的状况了，因此他建议将战时成立的粮食管理局在战后保留下来。但是，由于这些建议既与当时的政治气候不合拍，又与公众"回到正常秩序"的情绪不相投，因此没有得到美国政府的采纳，包括粮食管理局在内的一大批动员机构，在战争结束后便很快被取消了。美国人对此的评价是：此举表明，美国对战争及战争动员仍然采取不准备的政策。第二次世界大战中，美国进行了规模宏大的总动员。战后却犯了与第一次世界大战同样的错误，即在复员过程中，没有适当保留必要的动员机构和动员基础。

历史的经验告诉我们，当复员的数量较大时，最好能放慢复员的速度。1945年9月，美国在"日本投降后还不到一个月，陆军中每天复员的人数已从四千二百人增加到一万五千二百人以上"。"只有那些有机会了解全面调遣工作的人，才能理解政府在几个月的时间内复员和调遣将近一千二百万军队所承担的任务是多么艰巨。"③1946年1月8日，美国"陆军方面已复员了四百七

①　新华社通讯社：《国内动态〈河口县城还未恢复正常生活群众很有意见〉》，1979年5月16日。
②　胡耀邦批示，1979年5月16日，此件存云南省红河州蒙自市档案馆。
③　[美]哈里·杜鲁门：《杜鲁门回忆录》第一卷，世界知识出版社1964年5月第1版，第417～419页。

十五万男女军职人员"①。美军如此规模的快速复员，给政府带来的不仅是组织上的压力，还有复员后生活保障上的压力，特别是就业和住房的压力，尤以住房为最紧迫。美国政府在1946年年初预计，如果全部满足退伍军人的住房需要，政府要以最快的速度新建住宅500万所，这个数量是战前美国1年新建住宅总量的5倍。1946年5月22日，美国议会通过"紧急住宅法案"，批准在1946年至1947年间为退伍军人建造住宅270万所。同时，美国"国会正在制定一个在十年内完成一千五百万幢住宅建筑的长期性的法律"。尽管如此，退伍军人和社会的不满情绪仍十分高涨，以致形成全国范围的骚乱，"到了10月间，美国面临史无前例的紧急状态"②。10月25日，杜鲁门总统宣布在全国实行紧急状态。

第二次世界大战后苏联的情况，提供了过犹不及的例子。由于高度集中的统制经济在国家动员中发挥了重大作用，因此苏联在第二次世界大战后，继续强化了高度集中的计划经济在国家经济活动中的地位，并充分利用这一体制，大力发展军事经济。在1946年3月13日出台的苏联第四个五年计划，即战后第一个五年计划中，"军事方面的考虑构成了整个计划的基础"，"以最现代化的军事装备供给苏联武装部队"成为计划的主要目标。该计划的执行，使苏联军事力量在战后得以迅速加强，但人们的生活水平直到1949年还没有恢复到战前水平。

三、有序高效

我们知道动员活动有大小、有方向，具有矢量特征，同样，复员作为动员的逆向过程，也要遵循一定的顺序和方向。各类动员资源和各行各业复员有不同的特点，各地区、各时期复员的情况也不完全一样，因此，应根据动员资源使用单位分类组织，并按照一定的顺序有序组织。

一是按顺序组织复员。通常按照先后方、后前方，先次要方向、后主要方向，先人力、后物力，先保障国计民生需要、后保障其他需要的顺序组织复员。①先后方、后前方。由于前方是战争双方力量争夺的焦点，首先复员战略后方的动员资源，可以防止由于前线力量的削弱影响双方战争实力对比。②先次要方向、后主要方向。主要作战方向通常是战略重点，先复员次要方向，可以避免由于主要方向力量的减弱影响战略企图的达成。③先人力、后物力。人力资源与物力、财力相比具有能动性特征，首先进行人力资源复员，

---

① ［美］哈里·杜鲁门：《杜鲁门回忆录》第一卷，世界知识出版社1964年5月第1版，第417～419页。

② ［美］哈里·杜鲁门：《杜鲁门回忆录》第一卷，世界知识出版社1964年5月第1版，第425页。

可以将宝贵的人力资源尽快投入到经济建设中，加快实现经济恢复和社会稳定。同时，在人力资源比较充裕的情况下，首先进行人力资源复员，可以减少不必要的人员供给方面的支出和负担。④先保障国计民生需要、后保障其他需要。凡是对战后国计民生影响巨大的领域、项目、内容和对象，包括国家交通运输、城市基础设施、国有大中型企业等领域，都应当尽可能提前安排复员所需的各种人力、物力和财力资源。

二是分批次组织复员。通常，在战争没有完全结束的情况下，应有步骤、分批次地组织复员，既能够对后续的作战行动提供充足的动员保障，又可以避免复员组织过迟，影响社会经济的快速恢复。解放战争淮海战役后期，华东、华中、中原支前委员会组织召开的联合支前会议明确："民工复员采取有步骤的分散整训复员办法，到期的过期的先复员。分期数目第 1 期 1/4，第 2 期 1/4，淮海战役结束后全部复员。"①

三是分类别组织复员。动员活动的复杂性要求动员指挥人员应区分不同情况，分类别、分情况组织复员，确保每个参与动员的单位、人员都能享受应有待遇，获得应有补偿。解放战争淮海战役后期，华北区在组织民兵、民工复员时，就根据不同情况，对落实政策待遇进行详细区分。对民兵、民工因参战负伤者，"由县政府或配合作战之部队送入公立医院免费治疗；不能送入公立医院者，由县政府视其伤势轻重与家境情形，酌给小米 30 市斤②以上、150 斤以下之疗养费"③。并对民兵、民工因参战负伤致残废者，评定出特等、一等、二等甲级、二等乙级、三等甲级、三等乙级共 6 个等级，根据不同等级，进行抚恤。

四、围绕重点

"复员是社会各种资源的重大调整，其中核心是人的调整"④，可以说，人员复员是复员工作的重中之重。因为在组织人员复员的过程中，涉及直接和间接参战人员的切身利益，各种矛盾会逐渐显露出来，如果人员复员做得不好，在复员时期极易引发群体性事件，影响社会稳定。

对越自卫反击作战结束后，总参谋部在关于兵员动员情况的报告中，分析了作战中动员退伍兵重新入伍比动员新兵入伍工作要难得多的现象。报告提出，在以往战争后的复员工作中没有做好兵员复员工作，是导致这一问题出现的重要原因。对越自卫反击作战之前，部分地区兵员复员工作存在很多

① 刘瑞龙《第三野战军后勤文献资料选编》（中卷），金盾出版社 1997 年版，第 667 页。
② 1 市斤＝0.5 千克。——编辑注
③ 华北人民政府：《华北区民兵民工伤亡抚恤办法》，1949 年 1 月 25 日。
④ 谭冬生、雷渊深：《战争动员学》，军事科学出版社 1997 年版，第 392 页。

问题。"有些地区安置和优抚政策不够落实。有的退伍兵生产、生活上的一些实际困难没有人过问；近几年来在农村招工时退伍兵挂不上号；对回到农村的伤病残退伍兵安置上还有些问题；有的用人单位拒绝接收退伍兵。因此，有些退伍兵有怨气。有的说：'热热闹闹地参军，冷冷清清回家门，平时无人问，枪响找上门。'有的说：'平时病了没有钱买药，没有房子住，没有床睡觉，没人过问，现在打仗倒想起我们退伍兵了。'有的经反复动员也不报名。"针对这种情况，总参谋部在报告中提出建议："政府机关要认真做好安置和优抚工作，关心他们的生活，适当解决他们的一些实际困难；国家在农村招工时，对有劳动能力的残废军人、超期服役并掌握一定技术的退伍兵，以及家庭有特殊困难的退伍兵，给予适当照顾，以体现党和国家对退伍兵的关怀，提高他们的荣誉感。"

对于征召人员的复员，应区分退役军人和解除动员义务战勤人员不同类别分别组织。

一是退役军人的复员组织。妥善处理好退役军人的就业安置、优抚等各项工作，形成规范的退役军人复员保障制度，是组织退役军人复员工作成败的关键所在。德国在第一次世界大战结束后，"把遣散的士兵重新安插到经济生活中"作为复员的第一要务。德国"在停战的时刻有800万人在服役，其中有530万人在返乡途中的野战部队里"①。"为了把复员军人首先安排在经济部门工作，凡是雇佣人员在20名以上的企业都有义务重新雇用过去是它们老职工的复员军人工作。同时，雇用有工作能力的残废人员工作这件事受到了类似的法律保障。""政府呼吁工人不要拥向大城市，而是到中小城市和农村去。农场缺少农业工人，煤矿缺少矿工，而这些熟练的人员又不是很快就可以被人接替的。""此外，战时许多妇女占据的工作岗位现在也空出来了。"由于采取了上述措施，德国"受到救济的失业人数1918年12月初为50万，1919年2月至3月增加到略超过100万，之后失业人数又慢慢减少了"②。

据苏联解密档案，自1945年6月23日苏联颁布《作战部队全体年老人员复员法》和1945年9月25日颁布《红军第二梯队全体人员复员令》以后，苏军有5314700人复员到城市和农村。其中1771500人回城，其余的3543200人回到农村。1946年2月15日前，在城市安置就业的有1286500人，上学的41900人，占复员回城人数的75%。其中531700人是由城市劳动力核算和分配局安置的，自行解决的有754800人。未安置的443000人中有147000人返

---

① ［德］卡尔·迪特利希·埃尔德曼：《德意志史》第4卷上册，商务印书馆1986年7月第1版，第177页。

② ［德］卡尔·迪特利希·埃尔德曼：《德意志史》第4卷上册，商务印书馆1986年7月第1版，第178页。

回居住地，享受他们应该得到的休假。从军队复员回家的大多数人在 3～4 个月长的时间内不去上班，理由是要收拾住宅和料理家务。部分复转人员不愿再回到自己原来的专业生产工作上去，要求给他们提供行政管理工作。

二是战勤人员的复员组织。人员复员前，部队等使用单位应按照责任分工和相关规定，做好向政府移交的各项工作。对越自卫反击作战结束，出境作战的部队回撤后，总参谋部、总政治部、总后勤部于 1979 年 3 月 21 日对临时动员入伍参战人员离队返回原工作岗位时部队应落实的待遇问题做出规定。"各参战部队按照规定，对临时动员入伍参战的退伍战士、复员转业干部和其他借调人员离队返回原工作岗位时，除发给离队当月的零用费、伙食费和返回原工作岗位的差旅费外，另发给 6 个月的零用费，即担任干部职务的 90 元、战士 60 元。对参战负伤已基本治愈，符合评残条件的，按规定评定伤残等级。凡不够评残条件，又不享受公费医疗的，经医院或部队卫生部门证明，由团或相当于团的领导批准，酌情发给 30～50 元医疗补助费。已发给个人的被服装具除雨衣、水壶、吊床、棉褥、大衣、毛毯、背囊、领章、帽徽收回外，其余物品准予带回。按现行粮食定量标准发给离队当月的粮票。这部分人员中需要继续留队的，由有关军区和海、空军报总参谋部批准，由部队和有关省军区联系，经原籍县（市）人武部进行政治审查，并征得原工作单位及其家属的同意后，办理入伍手续。入伍时间，从借调来队之日起算。"①

对于解除动员义务的公民，应发给履行动员义务的证明，作为事后享受相关待遇的凭证。1948 年 9 月 25 日，山东省支前委员会前方办事处下发《关于民工复员服务证使用办法的通知》，正式在全省范围内实行复员服务证制度。通知规定："凡支前民工、担架、小车、挑子，完成任务复员回家者，皆发服务证。""此证只限义务常备民工使用，凡接力运输或提成运输之民工不发此证。""此证之填发一定由使用机关与带队机关签名盖章，复员时经区政府检查盖章方能生效。"

---

① 总参谋部动员部：《1979 年动员工作文件汇编》下册，第 443～444 页。